新 완전절친

TOEIC 스타트 LC

JN412961

The One 더원

新 완전절친
TOEIC 스타트 LC

초판 1쇄 발행 2017년 3월 6일
4쇄 발행 2020년 8월 20일

지은이 천보라 · 황장연
기획 및 편집 유효정
영업마케팅 정병건

펴낸곳 ㈜글로벌21
출판등록 2019년 1월 3일
주소 서울시 종로구 삼일대로 15길 19
전화 02)6365-5169   **팩스** 02)6365-5179
global21.co.kr

ISBN 978-89-8233-302-6 13740

· 본 도서는 『야금야금 공부해 한 번에 고득점 토익 스타트』를 신유형에 맞게 개정한 도서입니다.
· 이 책에 실린 모든 내용, 디자인, 편집 구성의 저작권은 ㈜글로벌21과 지은이에게 있습니다.
  허락 없이 복제하거나 다른 매체에 옮겨 실을 수 없습니다.
· 잘못된 책은 구입하신 곳에서 바꿔 드립니다.

무엇을 하건 첫 스타트가 가장 중요합니다!

현직에서 토익을 강의하다 보면, 영어에 자신 없어하는 수많은 학생들을 마주치게 됩니다. 그런 학생들은 본인의 실력을 객관적으로 알지 못하고, 무조건 "몇 달 안에 몇 점을 받아야지."라고 생각합니다. 하지만 본인의 의지 없이 수동적으로 수업만 듣는다고 단기간에 성적이 오르지는 않습니다. 토익도 언어 시험이기 때문에 이해 → 암기의 패턴이 아닌 암기 → 이해의 패턴이 동반되어야 합니다.

간혹 초보자들 중에는 토익 리스닝을 100% 듣고 해석하는 분들이 있습니다. 물론 기본적으로 해석이 되어야 문제를 풀 수 있는 건 당연하지만 내용의 70~80%만 이해해도 풀 수 있는 문제가 많습니다. 전체적으로 듣고 해석하려 하지 말고, 핵심어를 골라 들으면서 초점 청취를 하게 되면 자연스럽게 귀가 뚫리게 됩니다. 본 교재 『완전절친 TOEIC 스타트 LC』는 토익을 처음 접하는 초보자들과 영어에 자신이 없어 토익을 멀리했던 분들을 위한 첫걸음서입니다. 여러분들은 본 교재만 공부하더라도 충분한 자신감을 갖고 시험에 임할 수 있습니다.

아는 만큼 들린다는 말이 있습니다. 이 책에서는 필수어휘와 관련표현을 집중적으로 다루었습니다. 토익 리스닝에 적용될 뿐만 아니라 실생활에도 사용할 수 있는 실용적인 표현들입니다. 또한, 영국식, 호주식 발음도 들을 수 있어서 학생들이 특히 어려워하는 부분에 적응력을 높일 수 있습니다.

책이 아무리 훌륭해도 결국 공부는 스스로 해야 하는 것입니다. 본책은 스스로 공부를 할 수 있게 구성되었으므로 훌륭한 연장이 될 수 있습니다. "Practice makes perfect"라는 말처럼 누구나 계속 훈련하면 완벽해질 수 있습니다. 첫 출발의 시동을 걸었다면 여러분들은 결국 목표를 이룰 수 있습니다.

책이 나오기까지 함께 고민하고 피드백을 아끼지 않은 출판팀에게 감사드리고, 항상 저를 긴장하게 만들어 주는 살벌한 수강생 여러분들께도 진심으로 감사의 말씀 전합니다. 모두들 힘내시고 파이팅!

Contents

Part 1 사진 묘사 33

Part 2 의문문과 답변 75

About This Book 이 책의 특징

1 초보들도 쉽게 공부할 수 있는 토익 첫걸음서

토익을 처음 시작하는 초보자들도 쉽게 공부할 수 있도록 이 책을 구성하였습니다. 꼭 알아야 할 문법을 간단하고 이해하기 쉽게 설명하였으며, 토익에 자주 나오는 기본적인 단어와 표현을 수록하여 학습자들이 토익에 친숙해질 수 있도록 하였습니다. 또한 정답 및 해설에는 모든 지문의 스크립트와 해석, 해설, 어휘를 수록하여 학습자들이 혼자서도 학습할 수 있도록 하였습니다.

2 신토익 신유형 출제 경향 완벽 반영

2016년부터 새롭게 출제된 신토익 신유형 출제 경향을 반영하였습니다. 학습자들은 토익 리스닝에 새로 추가된 3인 대화, 5회 이상 주고받는 대화, 화자의 의도를 파악하는 문제, 시각자료를 보고 푸는 문제 유형을 이 책으로 학습할 수 있습니다. 토익 공부를 처음 시작하는 학생들에게 부담이 되지 않을 정도의 양과 난이도로 수록하였으니, 미리 겁먹지 말고 신유형을 파악해보기 바랍니다.

3 문제 풀이 전략과 빈출 정답, 오답 유형 제시

토익을 처음 시작하는 초보자라면, 토익에는 어떤 문제가 나오는지, 어떻게 문제를 풀어야 하는지, 어떤 것이 정답 및 오답으로 자주 등장하는지 궁금할 것입니다. 이 책에서는 문제 풀이 전략과 빈출 정답, 오답 유형을 제시하여 토익 초보자들이 토익에 대해 차근차근 알아갈 수 있도록 하였습니다. 최소 2번 이상 이 책을 정독하여 토익 문제 유형과 친숙해지기 바랍니다.

4 파트별 핵심포인트와 리스닝 꿀팁 제공

토익 리스닝 시험은 Part 1, 2, 3, 4로 구성되어 있습니다. 이 책에서는 각 파트의 학습을 시작하기 전, 파트별 핵심포인트를 제공하여 학습자들의 각 파트에 대한 이해도를 높이도록 하였습니다. 또한 교재의 중간중간에 리스닝 꿀팁을 수록하여 어떻게 하면 리스닝을 더 잘 할 수 있을지에 대한 방법을 제시하였습니다.

5 신토익 빈출단어 및 딕테이션 연습 수록

토익 리스닝 각 파트에서 자주 출제되는 신토익 빈출단어를 예문과 함께 수록하였습니다. 단어는 예문을 통해 이해하고 암기하는 것이 효과적이므로, 단어와 예문을 여러 번 듣고 익혀두기 바랍니다. 또한 리스닝 실력 향상에 도움이 되는 딕테이션 연습도 수록하였습니다. 음성을 여러 번 듣고 들리는 단어를 받아 적으며 리스닝 실력을 늘려가기 바랍니다.

6 체계적 학습을 위한 학습캘린더 제공

혼자서도 의지를 가지고 학습할 수 있도록, 4주, 6주, 8주로 구성된 학습캘린더를 제공합니다. 언어는 하루에 몰아서 몇 시간씩 비정기적으로 학습하는 것보다 하루에 1시간씩이라도 꾸준히 하는 것이 더 효과적입니다. 따라서 조금씩이라도 매일매일 학습하기를 권장하며, 제공된 학습캘린더를 적극 활용하기 바랍니다.

7 미국, 영국, 호주식 발음의 mp3

토익에는 미국, 영국, 호주식 발음 등 다양한 발음이 출제됩니다. 실제 시험에서 당황하지 않으려면 미리 미국, 영국, 호주식 발음에 익숙해지는 것이 좋습니다. 이 교재와 함께 제공되는 mp3에는 미국, 영국, 호주식 발음이 골고루 녹음되어 있습니다. 책상에 앉아 학습을 할 때는 물론이고, 자투리 시간을 활용하여 계속 mp3를 청취하는 것을 추천합니다. 리스닝 실력을 빠르게 향상시키는 가장 좋은 방법은 자주 듣는 것이기 때문입니다.

8 학습의 효과를 높여주는 동영상 강의

조금 더 즐겁고 효과적으로 학습하고 싶다면, 글로벌21(www.global21.co.kr)의 동영상 강의를 들으며 학습하세요. 실력 있는 선생님이 여러분의 토익 공부를 좀 더 재미있고 쉽게 만들어드릴 것입니다.

About This Book 이 책의 구성

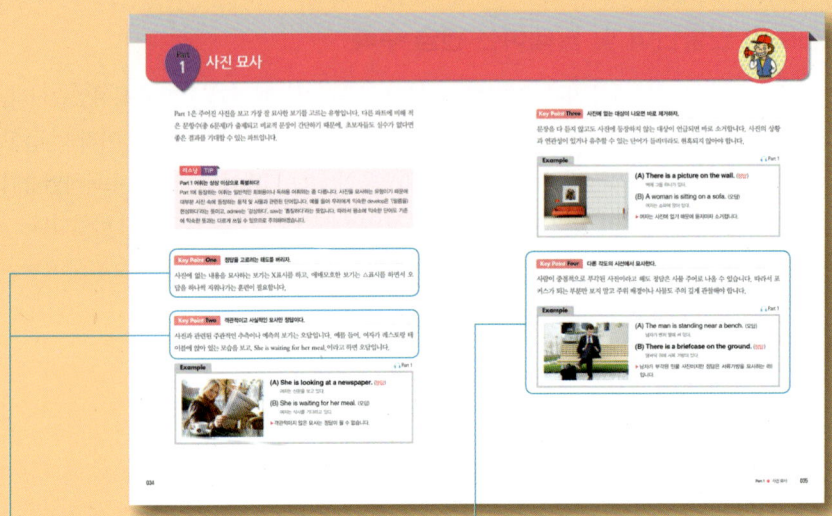

파트를 본격적으로 시작하기 전에 전반적인 키 포인트를 제시하였습니다. 이 포인트를 제대로 숙지하고 실전에 적용한다면 고득점을 받을 수 있습니다.

각각의 키 포인트에는 짧은 예제를 수록하여 키 포인트를 더욱 잘 이해하도록 하였습니다. 예제는 mp3 파일로도 들어볼 수 있습니다.

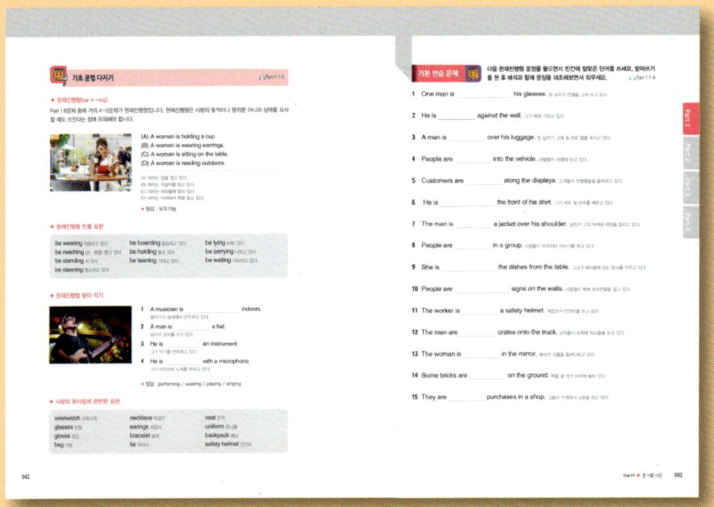

파트1 문제를 풀 때 중요한 문법 개념을 제시하였습니다. 빈출 문법만 알고 있으면 문제를 쉽게 풀 수 있습니다. 문장의 빈칸을 채워 넣고 음원을 들으면서 문법과 관련된 예문을 잘 숙지하도록 하세요.

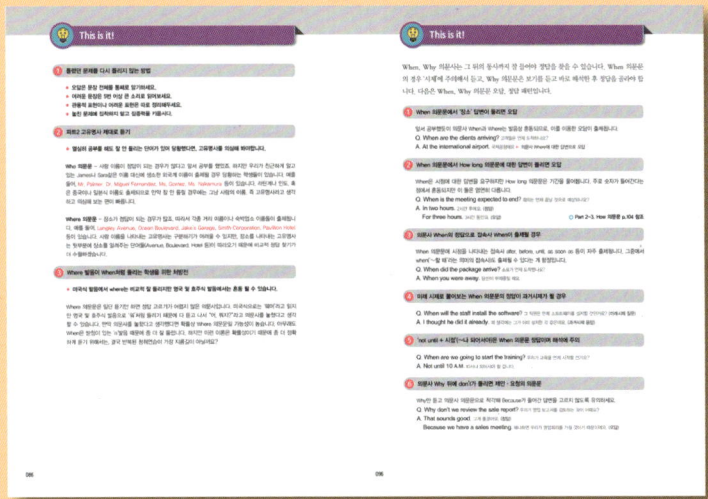

● This is it에서는 문제를 푸는 여러 가지 요령을 소개하였습니다. 틀렸던 문제를 다시 틀리지 않는 방법, 의문문의 정답과 오답 패턴을 보면서 문제를 푸는 감각을 기르도록 하세요.

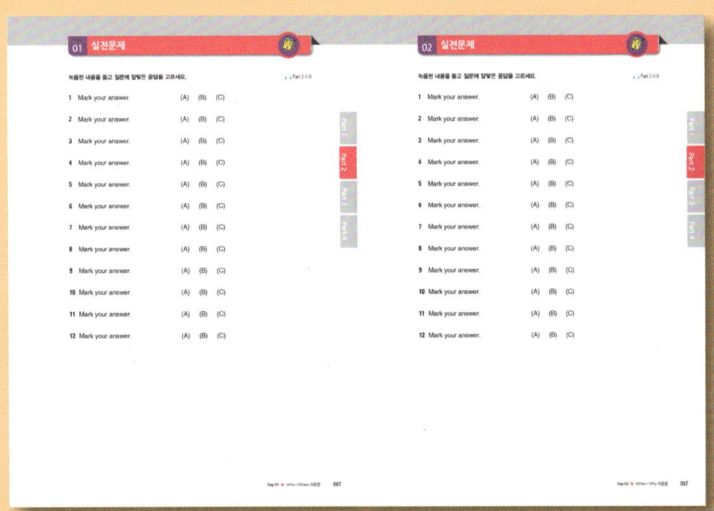

● 단원 별 실전문제는 최근 출제된 문제와 비슷하게 구성하였고, 초보자들을 위해 난이도를 쉽게 조정하였습니다.

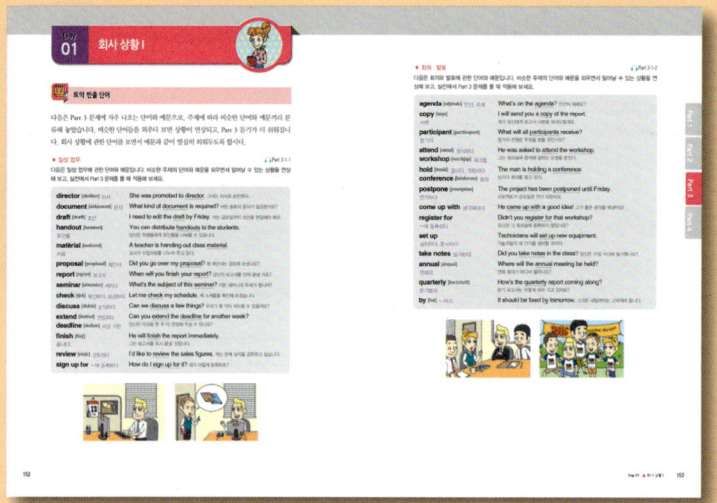

● Part 3, 4 지문의 주제에 따라 비슷한 단어들을 분류하였습니다. LC에서 자주 출제되는 단어들로 음원을 들으면서 문장과 함께 암기하는 것이 좋습니다. 주제와 문장의 이해를 돕기 위해 상황을 나타내는 삽화를 수록하였습니다.

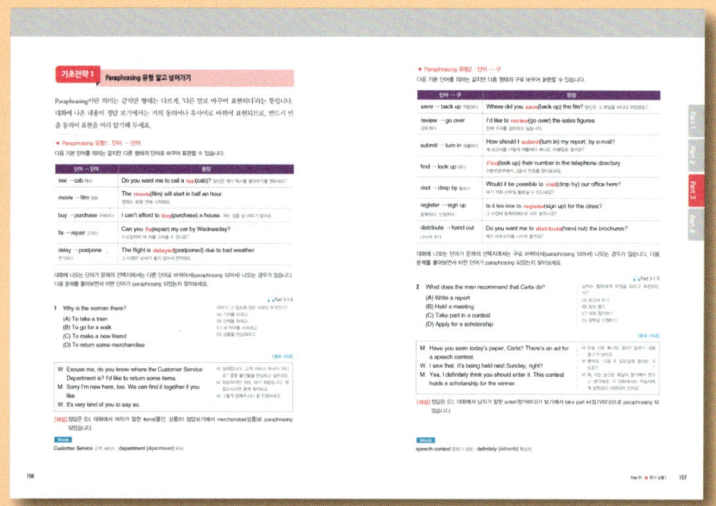

● Part 3, 4의 기초전략을 통해 문제 유형에 따라 정답을 고르는 방법을 배울 수 있습니다. 비슷한 유형의 질문들과 답을 어디에서 찾을 수 있는지 알고 있으면 정답을 고르기 쉽습니다. 같이 나오는 예제를 통해 기초전략을 적용해 보도록 합니다.

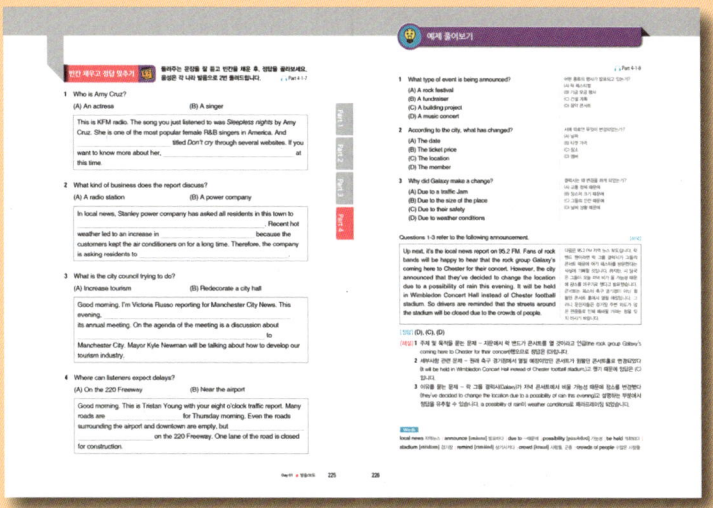

● 빈칸 채우고 정답 맞추기에서 미국, 영국, 호주 발음을 들으면서 아래 빈칸에 알맞은 말을 씁니다. 스크립트를 완성한 후, 문제를 풀어 보세요.

● 예제 풀어보기에서는 실전 문제를 풀기 전 문제 한 세트를 연습할 수 있습니다. 음원을 들으며 문제를 풀고, 아래에 있는 정답 및 해설, 해석을 보면서 틀린 문제는 한번 더 확인할 수 있도록 합니다.

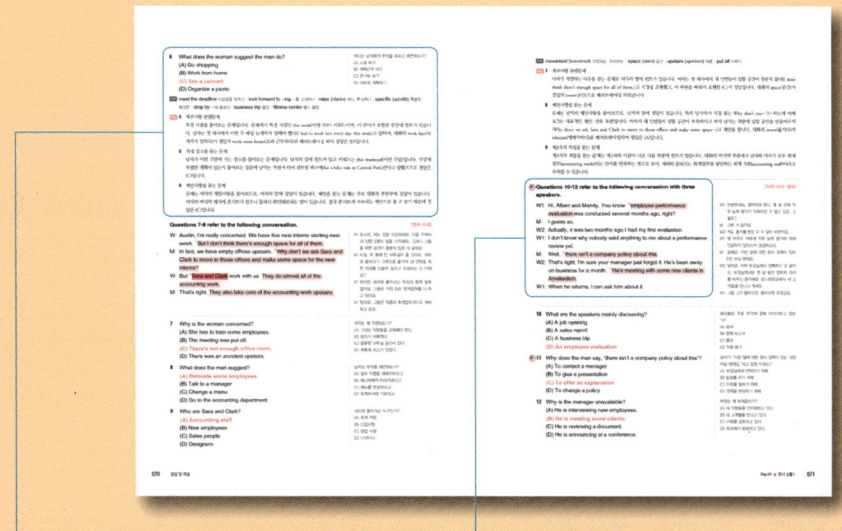

● 문제의 정답, 스크립트, 해석, 해설을 수록하여 학습자가 문제 풀이를 한 눈에 볼 수 있도록 구성하였습니다.

● 문제의 보기에서 정답은 색으로 표시하고, 정답의 근거가 되는 부분은 음영으로 처리하여서 스크립트 분석을 쉽게 할 수 있습니다.

About TOEIC 토익 소개

1 토익이란?

TOEIC(Test of English for International Communication)은 영어가 모국어가 아닌 사람들을 대상으로 언어 본래의 기능인 커뮤니케이션 능력에 중점을 두고 일상생활, 또는 국제업무 등에 필요한 실용영어 능력을 평가하는 시험입니다. 1979년 미국 ETS(Educational Testing Service)에 의해 개발된 이래 전 세계 150개 국가 14,000개의 기관에서 승진 또는 해외파견 인원선발 등의 목적으로 널리 활용되고 있으며 우리나라에는 1982년 도입되었습니다. 현재 전 세계적으로 해마다 약 600만 명 이상이 응시하고 있습니다.

2 토익 시험의 구성

구성	Part	Part별 출제 내용		문항 수	제한 시간	배점
Listening Comprehension	1	사진 묘사		6		
	2	질의 응답		25	100	45분	495점
	3	짧은 대화		39			
	4	설명문		30			
Reading Comprehension	5	단문 공란 채우기(문법/어휘)		30			
	6	장문 공란 채우기		16	100	75분	495점
	7	독해	단일 지문	29			
			복수 지문	25			
Total		7개 파트		200문항	120분	990점

3 토익 시험 출제 분야

TOEIC 시험에서는 주로 일상 생활과 회사 업무 등에서 사용되는 어휘, 표현, 대화, 문장들을 다루며, 크게는 다음과 같은 분야와 관련된 문제들이 출제됩니다.

- ▶ **전문적인 비즈니스** | 계약, 협상, 마케팅, 세일즈, 비즈니스 계획, 회의
- ▶ **제조** | 공장 관리, 조립 라인, 품질 관리
- ▶ **금융과 예산** | 은행, 투자, 세금, 회계, 청구
- ▶ **개발** | 연구, 제품 개발
- ▶ **사무실** | 임원 회의, 위원 회의, 편지, 메모, 전화, 팩스, e-mail, 사무 장비와 가구
- ▶ **인사** | 구인, 채용, 퇴직, 급여, 승진, 취업 지원과 자기 소개
- ▶ **주택/기업 부동산** | 건축, 설계서, 구입과 임대, 전기와 가스 서비스
- ▶ **여행** | 기차, 비행기, 택시, 버스, 배, 유람선, 티켓, 일정, 역과 공항 안내, 자동차 렌트, 호텔, 예약, 연기와 취소

토익 시험 접수

한국토익위원회 사이트(www.toeic.co.kr)에서 시험 일정 및 접수 기간 등 세부 내용을 확인할 수 있습니다. 정기시험과 추가시험 일정을 확인하고, 원하는 시험 날짜를 선택해 접수하면 됩니다.

토익 시험장 지참 준비물

▶ **신분증** | 반드시 규정된 신분증(주민등록증, 운전면허증, 기간 만료 전의 여권, 공무원증 등)을 지참해야 합니다. 신분증이 없으면 시험을 볼 수 없습니다.
▶ **필기구** | 연필, 지우개 (볼펜이나 사인펜은 사용할 수 없음)
▶ **시계** | 아날로그 손목시계 (전자식 시계는 사용할 수 없음)

토익 시험 시간표

오전 시험	오후 시험	시험 진행
~9:20	~14:20	입실
9:30~9:45	14:30~14:45	답안지 작성 오리엔테이션
9:45~9:50	14:45~14:50	휴식
9:50~10:05	14:50~15:05	신분증 확인
9:50~10:05	15:05~15:10	문제지 배부 및 파본 확인
10:10~10:55	15:10~15:55	듣기 평가(LC)
10:55~12:10	15:55~17:10	독해 평가(RC)

토익 시험 성적 확인

시험일로부터 19일 후 오후 3시부터 인터넷과 ARS(060-800-0515)로 성적을 확인할 수 있습니다. TOEIC 성적표는 우편으로 수령하거나 온라인으로 발급받을 수 있습니다. 우편 수령 시 성적 발표 후 약 7~10일 정도가 소요되며, 온라인으로 발급받을 경우 자신의 토익 성적 유효 기간 내에 홈페이지에 접속하여 직접 출력할 수 있습니다. (TOEIC 성적은 해당 시험 시행일로부터 2년 간 유효)

About TOEIC LC 토익 LC 파트별 출제 형식

Part 1 사진 묘사 (Photographs)

1 Part 1 출제 형식

문항 수	6개 (1번 ~ 6번)
Direction 안내 시간	약 1분
문제를 들려주는 시간	약 15초
다음 문제 시작 전까지 정답 선택 시간	약 5초
문제 형식	제시한 사진을 올바르게 묘사한 선택지를 고르는 문제입니다. 방송으로 사진에 대한 4개의 짧은 선택지를 한 번씩 들려줍니다. 4개의 선택지는 문제지에 제시되지 않습니다.

2 Part 1 문제 미리 보기

Part 1은 6개의 사진 묘사 문제로 구성됩니다. 각 사진을 묘사한 4개의 선택지 가운데 가장 적절한 것을 하나만 고르는 형식입니다.

PART 1

Directions: For each question in this part, you will hear four statements about a picture in your test book. When you hear the statements, you must select the one statement that best describes what you see in the picture. Then find the number of the question on your answer sheet and mark your answer. The statements will not be printed in your test book and will be spoken only one time.

Look at the example item below.

1

Look at the picture marked number 1 in your test book.
(A) She's examining a product.
(B) She's carrying a box.
(C) She's pushing a cart.
(D) She's reaching for a vegetable.

Part 2 질의 응답 (Question-Response)

1 Part 2 출제 형식

문항 수	25개 (7번 ~ 31번)
Direction 안내 시간	약 1분
문제를 들려주는 시간	약 15초
다음 문제 시작 전까지 정답 선택 시간	약 5초
문제 형식	질문에 대한 올바른 답변을 찾는 문제입니다. 방송을 통해 질문과 질문에 대한 3개의 응답을 한 번씩 들려줍니다. 질문과 응답은 문제지에 인쇄되어 있지 않으며, 질문에 가장 어울리는 응답을 답으로 선택하면 됩니다.

2 Part 2 문제 미리 보기

Part 2는 짧은 질문에 대해 적절한 응답을 찾을 수 있는지의 여부를 묻습니다. 들려주는 질문과 3개의 응답을 듣고 질문에 가장 어울리는 응답을 골라야 합니다.

PART 2

Directions: You will hear a question or statement and three responses spoken in English. They will not be printed in your test book and will be spoken only one time. Select the best response to the question or statement and mark the letter (A), (B), or (C) on your answer sheet.

---

7   Mark your answer on your answer sheet.

Where is the man moving?

(A) To the 4th avenue.

(B) Yes, he is.

(C) Next week.

Part 3 짧은 대화 (Short Conversations)

1 Part 3 출제 형식

문항 수	39개 (32번 ~ 70번)
Direction 안내 시간	약 30초
문제를 들려주는 시간	약 30 ~ 40초
다음 문제 시작 전까지 정답 선택 시간	약 8초
문제 형식	짧은 대화문을 듣고 그와 관련한 문제를 푸는 형식으로 구성됩니다. 방송을 통해 짧은 대화를 들려준 뒤 이에 해당하는 질문을 3개 들려줍니다. 문제지에는 질문과 4개의 선택지가 인쇄되어 있으며 대화를 들은 뒤 질문과 선택지를 보고 가장 적절한 답을 선택하면 됩니다.

2 Part 3 문제 미리 보기

Part 3는 13개의 대화가 출제되며 한 대화당 3개의 문제가 제시됩니다. 문제지에는 질문과 그에 대한 선택지가 (A), (B), (C), (D)로 보여지므로 선택지 중에서 대화 내용과 질문에 가장 적합한 것을 고르면 됩니다.

PART 3

Directions: You will hear some conversations between two or more people. You will be asked to answer three questions about what the speakers say in each conversation. Select the best response to each question and mark the letter (A), (B), (C), or (D) on your answer sheet. The conversations will not be printed in your test book and will be spoken only one time.

---

32 Who is Andrew Jones?
(A) A reporter
(B) A president
(C) An applicant
(D) A writer

33 Why is the woman surprised?
(A) A room was reserved.
(B) An office was closed.
(C) A meeting was delayed.
(D) A guest has already arrived.

34 What is the receptionist asked to do?
(A) Set up a meeting
(B) Find a meeting room
(C) Speak to a manager
(D) Call a company

Questions 32-34 refer to the following conversation.

M: Hello, Ms. Cooper. This is Tim from the information desk. Andrew Jones is here. He is your 2 o'clock appointment.

W: Oh, he's the reporter from *Auto Times* magazine. He's here to interview me for an article he is writing. I didn't expect him to arrive early.

M: Would you like to have him wait or can you see him now?

W: Could you check an available meeting room and ask Mr. Jones to wait for me there?

32 Who is Andrew Jones?

33 Why is the woman surprised?

34 What is the receptionist asked to do?

1 Part 4 출제 형식

문항 수	30개 (71번 ~ 100번)
Direction 안내 시간	약 30초
문제를 들려주는 시간	약 30 ~ 40초
다음 문제 시작 전까지 정답 선택 시간	약 8초
문제 형식	설명문 또는 담화와 이에 관한 질문을 듣고 문제를 푸는 형식입니다. 설명문 또는 담화는 문제지에 인쇄되어 있지 않으며, 문제지에 제시된 4개의 선택지 중에서 가장 적절한 답을 선택하면 됩니다.

2 Part 4 문제 미리 보기

Part 4는 10개의 설명문 또는 담화가 출제되며, 한 설명문 또는 담화당 3개의 문제가 제시됩니다. 문제지에는 질문과 그에 대한 선택지가 (A), (B), (C), (D)로 보여지므로 선택지 중에서 설명문 또는 담화 내용과 질문에 가장 적합한 것을 고르면 됩니다.

PART 4

Directions: You will hear some talks given by a single speaker. You will be asked to answer three questions about what the speaker says in each talk. Select the best response to each question and mark the letter (A), (B), (C), or (D) on your answer sheet. The talks will not be printed in your test book and will be spoken only one time.

---

71 What does the company produce?
(A) Electronic goods
(B) Furniture
(C) Auto parts
(D) Sports items

72 What does the company plan to do in August?
(A) Perform a new IT project
(B) Create a new company logo
(C) Begin operations in a new factory
(D) Close down their plant

73 What does the mayor think will take place in Amsterdam?
(A) Traffic jam will happen often.
(B) More jobs will be created.
(C) The new items will be launched.
(D) A new subway line will be built.

Questions 71-73 refer to the following news report.

In business news, the fastest growing producer of sports goods, HiTek, has made an agreement to provide some parts for the new athletic shoes. To improve the production, HiTek, recently purchased a factory in Amsterdam and decided to begin the operation in August. In this afternoon, the mayor of Amsterdam mentioned that he's very happy with the new business project of HiTek because more than 1000 jobs will be offered to the society.

71 What does the company produce?

72 What does the company plan to do in August?

73 What does the mayor think will take place in Amsterdam?

학습
캘린더

4주

- ▶ 리스닝 기초세우기와 전체 20개 Day, Actual Test까지 4주에 끝내는 학습 과정입니다.
- ▶ 매일 하나의 Day를 규칙적으로 학습해 나갑니다.
- ▶ 빈출단어와 문장 외우기, 문제풀이 위주로 공부합니다.
- ▶ 각각의 Day를 학습 후 모르는 것이 있으면 돌아가 다시 복습하고, 해당 Day에 대한 성취도를 체크합니다.

	1일	2일	3일	4일	5일
1주	리스닝 기초세우기 Part 1 Day 1	Part 1 Day 2	Part 1 Day 3	Part 1 Day 4	Part 2 Day 1
2주	Part 2 Day 2	Part 2 Day 3	Part 2 Day 4	Part 2 Day 5	Part 2 Day 6
3주	Part 3 Day 1	Part 3 Day 2	Part 3 Day 3	Part 3 Day 4	Part 3 Day 5
4주	Part 4 Day 1	Part 4 Day 2	Part 4 Day 3	Part 4, 5 Day 4, 5	Actual Test 복습

★ 틈틈이 앞서 배운 내용도 복습하세요!

 **6주**

▶ 리스닝 기초세우기와 전체 20개 Day, Actual Test까지 6주에 끝내는 학습 과정입니다.
▶ 매일 하나의 Day를 규칙적으로 학습해 나갑니다.
▶ 빈출 단어와 문장 외우기, 문제풀이 위주로 공부합니다.
▶ 각각의 Day를 학습 후 모르는 것이 있으면 돌아가 다시 복습하고, 해당 Day에 대한 성취도를 체크합니다.

	1일	2일	3일	4일	5일
1주	리스닝 기초세우기	Part 1 Day 1	Part 1 Day 2	Part 1 Day 3	Part 1 Day 4
2주	Part 1 복습	Part 2 Day 1	Part 2 Day 2	Part 2 Day 3	Part 2 Day 4
3주	Part 2 Day 5	Part 2 Day 6	Part 2 복습	Part 1, 2 복습	Part 3 Day 1
4주	Part 3 Day 2	Part 3 Day 3	Part 3 Day 4	Part 3 Day 5	Part 3 복습
5주	Part 4 Day 1	Part 4 Day 2	Part 4 Day 3	Part 4 Day 4	Part 4 Day 5
6주	Part 4 복습	Part 3, 4 복습	Actual Test	Actual Test 복습	전체 복습

8주

▶ 리스닝 기초세우기와 전체 20개 Day, Actual Test까지 8주에 끝내는 학습 과정입니다.
▶ 매일 하나의 Day를 규칙적으로 학습해 나갑니다.
▶ 빈출 단어와 문장 외우기, 문제풀이 위주로 공부합니다.
▶ 각각의 Day를 학습 후 모르는 것이 있으면 돌아가 다시 복습하고, 해당 Day에 대한 성취도를 체크합니다.

	1일	2일	3일	4일	5일
1주	리스닝 기초세우기 Part 1 Day 1	Part 1 Day 1	Part 1 Day 2	Part 1 Day 2	Part 1 Day 3
2주	Part 1 Day 3	Part 1 Day 4	Part 1 Day 4	Part 2 Day 1	Part 2 Day 1
3주	Part 2 Day 2	Part 2 Day 2	Part 2 Day 3	Part 2 Day 3	Part 2 Day 4
4주	Part 2 Day 4	Part 2 Day 5	Part 2 Day 5	Part 2 Day 6	Part 2 Day 6
5주	Part 3 Day 1	Part 3 Day 1	Part 3 Day 2	Part 3 Day 2	Part 3 Day 3
6주	Part 3 Day 3	Part 3 Day 4	Part 3 Day 4	Part 3 Day 5	Part 3 Day 5
7주	Part 4 Day 1	Part 4 Day 1	Part 4 Day 2	Part 4 Day 2	Part 4 Day 3
8주	Part 4 Day 3	Part 4 Day 4	Part 4 Day 4	Part 4 Day 5	Actual Test 복습

▶ 하루에 많은 시간을 학습하기보다는 매일 꾸준히 정해진 시간 동안 학습하세요. 언어는 하루도 빠지지 않고 계속 공부해야 실력이 향상됩니다.

▶ 동영상 강의를 보면서, 같이 공부하는 친구들과 함께 문제풀이 스터디를 병행하세요.

▶ 토익은 처음부터 기본 실력을 쌓아야 고득점을 얻을 수 있기 때문에, 지나치게 비법과 요령에만 의존하지 말고 부딪히면서 공부를 해야 합니다.

▶ 듣기를 할 때는 무조건 집중을 해서 음성을 듣도록 하세요. 음성을 귀로 들으면서 눈으로 문제를 같이 읽으며 정답을 고르고, 들은 정보들은 잘 기억해서 답을 선택하기 바랍니다. 음성을 들으면서 한 문장이라도 놓치지 않도록 해야 합니다.

▶ 자신에게 맞는 학습 스타일을 정해 라이프 사이클에 맞춰 시간표를 계획하세요.

TOEIC Listening 1 리스닝 기초세우기 1

미국식 발음 vs 영국식 발음

분명히 알고 있는 단어인데도 리스닝에 애를 먹고 있나요? 어쩌면 당연합니다. 영어권 국가마다 발음이 다를 뿐 아니라 억양이나 톤도 다르기 때문입니다. 우리나라 학생들은 미국이나 캐나다식 발음에 더 익숙해서, 영국이나 호주식 발음이 생소하게 느껴질 수 있습니다. 호주 발음은 영국식에 가깝고, 영국 발음보다 출제 빈도가 조금 더 낮으므로, 일단 영국식 영어에 익숙해지는 편이 좋겠습니다.

자음[t]의 차이

영국에서는 /t/ /d/를 있는 그대로 발음합니다. 하지만 미국에서는 모음 사이의 /t/를 우리말의 [ㄷ]나 [ㄹ]로 발음합니다.

단어	미국식	영국식	뜻
later	[레이러]	[레이터]	~후에
matter	[매러]	[매터]	일, 문제
waiter	[웨이러]	[웨이타]	웨이터
computer	[컴퓨우러]	[컴퓨우터]	컴퓨터

자음[r]의 차이

영국에서는 음절의 끝에 /r/ 사운드를 발음하지 않습니다. 하지만 미국에서는 혀를 말아 올려 정확하게 발음합니다.

단어	미국식	영국식	뜻
cart	[카ㄹ트]	[카트]	카트
order	[올덜]	[오더]	주문: 주문하다
parking	[파ㄹ킹]	[파킹]	주차
curve	[커ㄹ브]	[커브]	곡선

▶ 빈출 표현

① I'll call back later in the afternoon. 오후에 다시 전화 할게요.

② It doesn't matter what you say. 당신이 뭐라고 하든지 상관없어요.

③ The man is pushing a shopping cart. 남자가 쇼핑 카트를 밀고 있습니다.

④ Do we need to order more paper? 용지를 더 주문해야 될까요?

 **모음[a]의 차이**

영국에서는 우리말의 [아―]처럼 발음하고, 미국에서는 [æ]로 발음합니다.

단어	미국식	영국식	뜻
ask	[애스크]	[아―스크]	물어보다
class	[클래쓰]	[클라아쓰]	수업, 학급
can't	[캔트]	[칸트]	~할 수 없다
answer	[앤써ㄹ]	[안써]	대답하다

 **모음[o]의 차이**

영국에서는 우리말의 [오]에 가깝게 발음하고, 미국에서는 [아]에 가깝게 발음합니다.

단어	미국식	영국식	뜻
job	[잡]	[좁]	일, 직업
bottle	[바를]	[보틀]	병
stop	[스땁]	[스톱]	멈추다
borrow	[바로우]	[보로우]	빌리다

▶ **기출 유형**

① May I ask where you bought it? 그걸 어디서 샀는지 물어봐도 될까요?

② What time is your class over? 수업이 몇 시에 끝납니까?

③ Are you still looking for a job? 아직도 직업을 찾고 있나요?

④ Could you bring us a bottle of water? 물 한병 가져다 주시겠어요?

 **그 외에 다른 발음**

단어	미국식	영국식	뜻
often	[오픈]	[오프튼]	자주
schedule	[스케줄]	[쉐줄]	일정
director	[디렉터]	[다이렉터]	이사
advertisement	[애드벌타이즈먼트]	[어드버―티스먼트]	광고

미국식, 영국식 발음으로 각 한번 씩 듣고, 빈칸을 채워보세요.

1 _____, could you bring me some water?

2 She's looking at the _____ monitor.

3 Employee _____ is behind the building.

4 The truck is going around a _____.

5 I _____ understand what he said.

6 That's a difficult question to _____.

7 Is there a bus _____ nearby?

8 Where did you _____ that book?

9 How _____ do you walk to school?

10 Let me check my seminar _____.

11 What do you think of the new _____?

12 We placed an _____ in the local paper.

● 토익 발음 Answer Key

1   **Waiter**, could you bring me some water?

웨이터, 물 좀 가져다 주시겠어요?

2   She's looking at the **computer** monitor.

그녀는 컴퓨터 모니터를 보고 있어요.

3   Employee **parking** is behind the building.

직원 주차장은 건물 뒤쪽에 있습니다.

4   The truck is going around a **curve**.

트럭이 커브 길을 돌고 있습니다.

5   I **can't** understand what he said.

나는 그가 말한 것을 이해하지 못하겠어요.

6   That's a difficult question to **answer**.

대답하기 곤란한 질문이네요.

7   Is there a bus **stop** nearby?

근처에 버스 정류장 있나요?

8   Where did you **borrow** that book?

어디서 그 책을 빌려왔나요?

9   How **often** do you walk to school?

학교에 얼마나 자주 걸어가나요?

10 Let me check my seminar **schedule**.

제 세미나 스케줄을 확인해 보겠습니다.

11 What do you think of the new **director**?

새로 온 이사는 어떤 거 같아요?

12 We placed an **advertisement** in the local paper.

우리는 지역 신문에 광고를 냈습니다.

TOEIC Listening 2 리스닝 기초세우기 2

유사한 발음의 단어

토익 Part 1과 Part 2에서는 발음이 유사한 단어를 이용해 오답을 유도합니다. 자주 출제되는 단어를 미리 익혀두면 나중에 정답을 수월하게 찾을 수 있습니다. 다음의 빈출 유사어를 반드시 익혀두세요.

1 자음 유사어

best [best] 최고의 – vest [vest] 조끼	load [loud] 싣다 – road [roud] 도로
curb [kəːrb] 연석 – curve [kəːrv] 곡선	ladder [lǽdər] 사다리 – letter [létər] 편지
copy [kápi] 복사하다 – coffee [kɔ́ːfi] 커피	light [lait] 빛, 등 – right [rait] 오른쪽의
boss [bɔːs] 상사 – both [bouθ] 둘 다	lake [leik] 호수 – rake [reik] 갈퀴
file [fail] 철하다 – pile [pail] 쌓다	low [lou] 낮은 row [rou] 노를 젓다; 줄
fair [fɛər] 공정한 – pair [pɛər] 한 쌍	ride [raid] 타다 – write [rait] 쓰다

▶ 유사한 발음으로 오답을 유도하는 문제

How did you learn to fix the copy machine? 복사기 수리하는 것을 어떻게 배웠나요?

(A) I need a cup of strong coffee. 나는 진한 커피 한잔이 필요해요. (오답)

(B) I read the manual. 저는 사용설명서를 읽었습니다. (정답)

2 모음 유사어

live [liv] 살다 – leave [liːv] 떠나다	sew [sou] 바느질하다 – saw [sɔː] 톱질하다
list [list] 리스트 – least [liːst] 최소의	lunch [lʌntʃ] 점심 – launch [lɔːntʃ] 출시하다
lid [lid] 뚜껑 – lead [liːd] 이끌다	boat [bout] 보트 – bought [bɔːt] 샀다
lend [lend] 빌려주다 – land [lænd] 땅	won't [wount] ～않을 것이다 – want [want] 원하다
fill [fil] 채우다 – feel [fiːl] 느끼다	call [kɔːl] 전화하다 – cold [kould] 추운
sit [sit] 앉다 – seat [siːt] 앉히다	walk [wɔːk] 걷다 – work [wəːrk] 일하다

▶ 유사한 발음으로 오답을 유도하는 문제

What time do you leave for Dubai? 몇 시에 두바이로 출발하나요?

(A) In about 30 minutes. 약 30분 후에요. (정답)

(B) She lives in a huge house. 그녀는 아주 큰 집에서 살아요. (오답)

3 동음이의어

two 둘 – too 역시, 또한	right 옳은 – write 쓰다
our 우리의 – hour 시간	sight 시력 – site 장소
fare 요금 – fair 박람회	brake 브레이크 – break 깨다
ate 먹었다 – eight 여덟	flour 밀가루 – flower 꽃
new 새로운 – knew 알았다	wait 기다리다 – weight 무게
meat 고기 – meet 만나다	whether ~인지 아닌지 – weather 날씨

▶ 동음이의어로 오답을 유도하는 문제

What's the weather like in New York? 뉴욕 날씨는 어때요?
(A) It's very cold. 매우 추워요. (정답)
(B) I wonder whether he is at home. 그가 집에 있을지 모르겠어요. (오답)

4 유사한 발음의 단어

go [gou] 가다 – ago [əgóu] ~전에	wait [weit] 기다리다 – weigh [wei] 무게를 재다
fax [fæks] 팩스 – fact [fækt] 사실	just [dʒʌst] 단지 – adjust [ədʒʌst] 조정하다
due [djuː] 예정된 – do [du] 하다	contact [kántækt] 연락하다 – contract [kántrækt] 계약서
price [prais] 가격 – prize [praiz] 상	move [muːv] 옮기다 – remove [rimúːv] 치우다
rain [rein] 비 – train [trein] 기차	plan [plæn] 계획하다 – plant [plænt] 식물
long [lɔːŋ] 긴 – belong [bilɔ́ːŋ] 속하다	supplies [səpláiz] 물품 – surprise [sərpráiz] 놀라게 하다

▶ 유사한 발음으로 오답을 유도하는 문제

When did you fax the report to the office? 보고서를 언제 사무실로 보냈나요?
(A) It was sent at 11 o'clock. 11시에 보내졌어요. (정답)
(B) I can tell you the facts. 당신에게 그 사실을 말해줄게요. (오답)

5 빈출 다의어

plant [plænt] ① 식물 ② 공장 ③ 심다	board [bɔːrd] ① 탑승하다 ② 게시판
park [paːrk] ① 공원 ② 주차하다	check [tʃek] ① 확인하다 ② 수표
book [buk] ① 책 ② 예약하다	present [préznt] ① 선물 ② 출석한

미국식, 영국식 발음으로 각 한번 씩 듣고, 빈칸을 채워보세요.

1 I can't _____ the city without a job.

2 Please stamp the _____ before-mailing.

3 Could you add her name to the _____?

4 Do we have a _____ date for the new product?

5 The man is resting on a _____ of boxes.

6 I've been taking a _____ here for over a month.

7 Where should I put these _____?

8 How do you _____ the video quality?

9 I'll ask the clerk to _____ my parcel.

10 How do I know it _____ happen again?

11 Don't forget to _____ the banner when the party is over.

12 How important is this _____ with the company?

1   I can't **leave** the city without a job.

직업 없이는 도시를 떠날 수 없어요.

2   Please stamp the **letter** before-mailing.

편지를 보내기 전에 우표를 붙이세요.

3   Could you add her name to the **list**?

그녀의 이름을 명단에 써 주시겠습니까?

4   Do we have a **launch** date for the new product?

신상품 출시 날짜가 잡혔나요?

5   The man is resting on a **pile** of boxes.

남자가 종이상자 무더기에 앉아 쉬고 있다.

6   I've been taking a **walk** here for over a month.

한 달 이상이나 이곳에서 산책을 해 왔어요.

7   Where should I put these **supplies**?

이 물건들을 어디에 둘까요?

8   How do you **adjust** the video quality?

비디오 화질을 어떻게 조정하나요?

9   I'll ask the clerk to **weigh** my parcel.

직원한테 소포의 무게를 재달라고 할 겁니다.

10   How do I know it **won't** happen again?

이런 일이 다시 일어나지 않을 거라는 걸 제가 어떻게 알죠?

11   Don't forget to **remove** the banner when the party is over.

파티가 끝나면 현수막 제거하는 것을 잊지 마세요.

12   How important is this **contract** with the company?

회사와의 계약이 얼마나 중요한가요?

완전절친
TOEIC 스타트 LC

Part 1

사진 묘사

사진 묘사

Part 1은 주어진 사진을 보고 가장 잘 묘사한 보기를 고르는 유형입니다. 다른 파트에 비해 적은 문항수(총 6문제)가 출제되고 비교적 문장이 간단하기 때문에, 초보자들도 실수가 없다면 좋은 결과를 기대할 수 있는 파트입니다.

리스닝 TIP

Part 1 어휘는 상상 이상으로 특별하다!

Part 1에 등장하는 어휘는 일반적인 회화용이나 독해용 어휘와는 좀 다릅니다. 사진을 묘사하는 유형이기 때문에 대부분 사진 속에 등장하는 동작 및 사물과 관련된 단어입니다. 예를 들어 우리에게 익숙한 develop은 '(필름을) 현상하다'라는 뜻이고, admire는 '감상하다', saw는 '톱질하다'라는 뜻입니다. 따라서 평소에 익숙한 단어도 기존에 익숙한 뜻과는 다르게 쓰일 수 있으므로 주의해야겠습니다.

Key Point One 정답을 고르려는 태도를 버리자.

사진에 없는 내용을 묘사하는 보기는 X표시를 하고, 애매모호한 보기는 △표시를 하면서 오답을 하나씩 지워나가는 훈련이 필요합니다.

Key Point Two 객관적이고 사실적인 묘사만 정답이다.

사진과 관련된 주관적인 추측이나 예측의 보기는 오답입니다. 예를 들어, 여자가 레스토랑 테이블에 앉아 있는 모습을 보고, She is waiting for her meal.이라고 하면 오답입니다.

Example   Part 1

(A) She is looking at a newspaper. (정답)
여자는 신문을 보고 있다.

(B) She is waiting for her meal. (오답)
여자는 식사를 기다리고 있다.

▶ 객관적이지 않은 묘사는 정답이 될 수 없습니다.

문장을 다 듣지 않고도 사진에 등장하지 않는 대상이 언급되면 바로 소거합니다. 사진의 상황 과 연관성이 있거나 유추할 수 있는 단어가 들리더라도 현혹되지 않아야 합니다.

Example
 Part 1

(A) There is a picture on the wall. (정답)
벽에 그림 하나가 있다.

(B) A woman is sitting on a sofa. (오답)
여자는 소파에 앉아 있다.

▶여자는 사진에 없기 때문에 듣자마자 소거합니다.

사람이 중점적으로 부각된 사진이라고 해도 정답은 사물 주어로 나올 수 있습니다. 따라서 포 커스가 되는 부분만 보지 말고 주위 배경이나 사물도 주의 깊게 관찰해야 합니다.

Example
 Part 1

(A) The man is standing near a bench. (오답)
남자가 벤치 옆에 서 있다.

(B) There is a briefcase on the ground. (정답)
땅바닥 위에 서류 가방이 있다.

▶남자가 부각된 인물 사진이지만 정답은 서류가방을 묘사하는 (B) 입니다.

주어보다는 동사와 마지막 명사에 집중해야 합니다. 인물 사진의 보기는 대부분 같은 주어로 시작하기 때문에 동사에서 답이 결정되는 경우가 많습니다. 동사를 잘 알기 위해서는 시제, 태와 같은 기초 문법도 중요합니다.

Example Part 1

(A) The man is riding a bicycle. (오답)
남자가 자전거를 타고 있다.

(B) **The man is repairing a bicycle.** (정답)
남자가 자전거를 고치고 있다.

▶동사를 제외하고는 다 같은 표현입니다. 남자가 자전거를 타고 (riding)있는 것이 아니기 때문에 (A)는 오답입니다.

Key Point Six 구체적인 묘사는 오답이다.

여러 사람이 다양한 동작을 해서 공통점이 없을 경우에는 포괄적인 묘사표현이 정답입니다. 만약에 한 사람은 기타를, 한 사람은 드럼을 연주하고 있을 경우에는 They are playing instruments.가 정답입니다.

Example Part 1

(A) The man is playing a piano. (오답)
남자가 피아노를 치고 있다.

(B) **They are playing instruments.** (정답)
그들은 악기를 연주하고 있다.

▶피아노를 치고 있는 남자의 모습이 보이지 않기 때문에 오답입니다.

사람의 상태를 묘사할 때 조심해야 할 부분은 동사 wear와 put on의 차이입니다. wear는 착용 상태를, put on은 동작을 나타냅니다. 스카프를 이미 매고 있는 여성을 묘사할 때 She is wearing a scarf.라고 해야지, She is putting on a scarf.라고 하면 오답입니다. 사진이라는 특성상 옷차림에서 동작을 묘사하기 어렵기 때문에, 지금까지 put on은 오답으로 출제되었습니다.

Example Part 1

(A) She's wearing a scarf. (정답)

여자가 스카프를 매고 있다.

(B) She's putting on a scarf. (오답)

여자가 스카프를 매고 있다.

▶ 여자가 이미 스카프를 착용하고 있기 때문에 (B)는 오답입니다.

완전절친
TOEIC 스타트 LC

한 사람 사진

- 기출 분석
- 토익 빈출 단어
- 기초 문법 다지기
- 기본 연습 문제
- 빈칸 채우고 정답 맞추기

Part 1에 나오는 사진은 크게 두 종류로 인물 사진과 사물·풍경 사진으로 나뉩니다. 인물 사진은 가장 많이 출제되는 사진 유형으로, 인물의 동작과 상태를 파악하는 것이 중요합니다.

 기출 분석   🎧 Part 1-1-1

한 사람 사진의 경우에는 인물의 행동, 상황, 옷차림 등을 설명하는 동사구문이 정답으로 자주 출제됩니다. 따라서 시험에 등장하는 한 사람 사진의 기본 표현을 확실하게 암기합시다.

[예제]

(A) She's standing in a restaurant.
(B) She's selecting fruits.
(C) She's holding a basket.
(D) She's paying for food.

(A) 그녀는 식당 안에 서 있다.
(B) 그녀는 과일을 고르고 있다.
(C) 그녀는 바구니를 들고 있다.
(D) 그녀는 음식 값을 지불하고 있다.

[해설] 1인 사진은 주어가 다 같으므로 동사 부분을 더 집중적으로 들어야 합니다.
　　　(A) 여자가 서 있기는 하지만 장소가 식당(restaurant)이 아니므로 수식어 오답입니다.
　　　(B) 여자가 과일(fruits)을 고르고 있으므로 정답입니다.
　　　(C) 여자가 카트(cart)를 잡고 있지, 바구니(basket)를 들고 있는 게 아니므로 목적어 오답입니다.
　　　(D) 여자가 돈을 지불(paying)하고 있지 않으므로 동사 오답입니다.

● Possible Answers

She's wearing pants. 여자가 바지를 입고 있다.
She's reaching for items. 여자가 물건 쪽으로 손을 뻗고 있다.
She's standing in a supermarket. 여자가 슈퍼마켓 안에 서 있다.
She's looking at produce. 여자가 농산물을 보고 있다.
She's holding a cart in her hand. 여자가 한 손에 카트를 잡고 있다.
She's examining products. 여자가 상품을 자세히 보고 있다.

Words

stand [stænd] 서 있다 | select [silékt] 고르다, 선택하다 | fruit [fruːt] 과일 | hold [hould] 잡다, 쥐다 | basket [bǽskit] 바구니 | pay [pei] 지불하다

토익 빈출 단어

Part 1-1-2

다음은 토익 시험에서 자주 나오는 표현입니다. 단어와 함께 문장 전체를 암기해서 실전에서 활용할 수 있도록 하세요.

단어	예문
article [ɑ́ːrtikl] 품목	She's examining an article of clothing. 그녀는 옷 한 벌을 보고 있다.
nail [neil] 못	He's hammering a nail. 그는 못질을 하고 있다.
portrait [pɔ́ːrtrit] 초상화	A woman is posing for a portrait. 여자가 초상화를 위해 포즈를 취하고 있다.
rack [ræk] 선반	She's reaching for something on a rack. 그녀는 선반 위의 무엇쪽으로 손을 뻗고 있다.
ruler [rúːlər] 자	He's holding a ruler with one hand. 그는 한 손에 자를 쥐고 있다.
strap [stræp] 끈	A woman has the strap of a bag in her hand. 여자가 한 손에 가방 끈을 잡고 있다.
wristwatch [rístwatʃ] 손목시계	The man is wearing a wristwatch. 남자가 손목시계를 차고 있다.
steering wheel 운전대	He's holding the steering wheel. 그는 운전대를 잡고 있다.
address [ədrés] 연설하다	A woman is addressing a group. 여자가 사람들에게 연설을 하고 있다.
dig [dig] 파다	A man is digging a hole. 남자가 구멍을 파고 있다.
face [feis] 향하다	He's facing a computer screen. 그는 컴퓨터 모니터를 향하고 있다.
lean [liːn] 기대다	A man is leaning on the counter top. 남자가 카운터에 기대고 있다.
position [pəzíʃən] 놓다	She's positioning a sheet of paper on the glass. 그녀는 (복사기) 유리 위에 종이를 얹고 있다.
pour [pɔːr] 붓다	The woman is pouring liquid into a mug. 여자가 머그컵에 액체를 따르고 있다.
rest [rest] 쉬다	She's resting on a bench. 그녀는 벤치에서 쉬고 있다.
spray [sprei] 뿌리다	He's spraying water on the pavement. 그는 인도에 물을 뿌리고 있다.
transport [trænspɔ́ːrt] 옮기다	He's transporting some items on a cart. 그는 카트에 있는 물건들을 옮기고 있다.
turn [təːrn] 돌다	The women are turned toward the presenter. 여자들이 발표자를 향해 돌아있다.
walk [wɔːk] 산책시키다	A woman is walking her dog along the shore. 여자가 해안을 따라 개를 산책시키고 있다.
wheel [hwiːl] 밀다	The man's wheeling a cart. 남자가 카트를 밀고 있다.

Day 01 ● 한 사람 사진   041

● 현재진행형(be + -ing)

Part 1 6문제 중에 거의 4~5문제가 현재진행형입니다. 현재진행형은 사람의 동작이나 행위뿐 아니라 상태를 묘사할 때도 쓰인다는 점에 유의해야 합니다.

(A) A woman is holding a cup.
(B) A woman is wearing earrings.
(C) A woman is sitting at the table.
(D) A woman is reading outdoors.

(A) 여자는 컵을 잡고 있다.
(B) 여자는 귀걸이를 하고 있다.
(C) 여자는 테이블에 앉아 있다.
(D) 여자는 야외에서 책을 읽고 있다.

▶정답 : 모두가능

● 현재진행형 빈출 표현

be wearing 착용하고 있다	**be boarding** 탑승하고 있다	**be lying** 누워 있다
be reaching (손·팔을) 뻗고 있다	**be holding** 들고 있다	**be carrying** 나르고 있다
be standing 서 있다	**be leaning** 기대고 있다	**be waiting** 기다리고 있다
be cleaning 청소하고 있다		

● 현재진행형 받아 적기

1 A musician is ＿＿＿＿＿＿＿＿＿ indoors.
음악가가 실내에서 연주하고 있다.

2 A man is ＿＿＿＿＿＿ a hat.
남자가 모자를 쓰고 있다.

3 He is ＿＿＿＿＿＿ an instrument.
그가 악기를 연주하고 있다.

4 He is ＿＿＿＿＿＿ with a microphone.
그가 마이크로 노래를 부르고 있다.

▶정답 : performing / wearing / playing / singing

● 사람의 옷차림에 관련된 표현

wristwatch 손목시계	**necklace** 목걸이	**vest** 조끼
glasses 안경	**earings** 귀걸이	**uniform** 유니폼
gloves 장갑	**bracelet** 팔찌	**backpack** 배낭
bag 가방	**tie** 넥타이	**safety helmet** 안전모

1 One man is _____ his glasses. 한 남자가 안경을 고쳐 쓰고 있다.

2 He is _____ against the wall. 그가 벽에 기대고 있다.

3 A man is _____ over his luggage. 한 남자가 그의 짐 위로 몸을 숙이고 있다.

4 People are _____ into the vehicle. 사람들이 차량에 타고 있다.

5 Customers are _____ along the displays. 고객들이 진열품들을 둘러보고 있다.

6 He is _____ the front of his shirt. 그가 셔츠 앞 단추를 채우고 있다.

7 The man is _____ a jacket over his shoulder. 남자가 그의 어깨에 재킷을 걸치고 있다.

8 People are _____ in a group. 사람들이 무리지어 이야기를 하고 있다.

9 She is _____ the dishes from the table. 그녀가 테이블에 있는 접시를 치우고 있다.

10 People are _____ signs on the walls. 사람들이 벽에 표지판들을 걸고 있다.

11 The worker is _____ a safety helmet. 작업자가 안전모를 쓰고 있다.

12 The men are _____ crates onto the truck. 남자들이 트럭에 박스들을 싣고 있다.

13 The woman is _____ in the mirror. 여자가 거울을 들여다보고 있다.

14 Some bricks are _____ on the ground. 벽돌 몇 개가 바닥에 놓여 있다.

15 They are _____ purchases in a shop. 그들이 가게에서 쇼핑을 하고 있다.

들려주는 문장을 잘 듣고 빈칸을 채운 후, 정답을 골라보세요.
음성은 각 나라 발음으로 3번 들려드립니다. 🎧 Part 1-1-5

1

(A) She's _____ a product.

(B) She's _____ a box.

(C) She's _____ a cart.

(D) She's _____ for a vegetable.

2

(A) A man is carrying some _____.

(B) A man is _____ a walkway.

(C) A man is _____ a cabinet.

(D) A man is _____ a street.

3

(A) He's _____ something down.

(B) He's _____ some items on the shelf.

(C) He's _____ his jacket.

(D) He's _____ some packages.

4

(A) He is _____ a shelf.
(B) He is _____ a box.
(C) He is _____ a cart.
(D) He is _____ for an item.

5

(A) He's _____ a book.
(B) He's _____ a
pencil.
(C) He's _____ a
watch.
(D) He's _____ up his
sleeves.

6

(A) A _____ is being
swept.
(B) Some people are
_____ against the
statue.
(C) A man is _____
traffic.
(D) A man is _____ a
camera.

완전절친
TOEIC 스타트 LC

Part 1
Day 2

여러 사람 사진

- 기출 분석
- 토익 빈출 단어
- 기초 문법 다지기
- 기본 연습 문제
- 빈칸 채우고 정답 맞추기
- 실전 문제

여러 사람 사진은 한 사람 사진에 비해 주의해야 할 부분이 많습니다. 한 사람 사진의 경우 주어가 거의 같지만, 여러 사람 사진은 주어가 다를 수 있습니다.

 기출 분석　　　　　　　　　　　　　🎧 Part 1-2-1

여러 사람의 공통된 동작이 무엇인지, 한 사람의 눈에 띄는 개별 동작이 무엇인지를 잘 살펴야 합니다. 남녀 성별 구분을 잘해서 주어와 동사의 매칭도 확인하세요.

[예제]

(A) A man is washing dishes.
(B) A man is serving some food.
(C) They are sitting at their desk.
(D) The woman is eating something.

(A) 남자가 설거지를 하고 있다.
(B) 남자가 음식을 서빙하고 있다.
(C) 그들은 그들의 책상에 앉아 있다.
(D) 여자는 무언가를 먹고 있다.

[해설] 여러 사람 사진은 주어가 다르기 때문에 주어와 동사의 매칭이 중요합니다.
　　　(A) 남자가 설거지(washing dishes)하는 모습이 없기 때문에 동사 오답입니다.
　　　(B) 남자가 음식을 서빙(serving)하고 있으므로 정답입니다.
　　　(C) 사진에 없는 책상(desk)을 언급했으므로 수식어 오답입니다.
　　　(D) 여자가 아직 무언가를 먹고(eating)있지 않으므로 동사 오답입니다.

● **Possible Answers**

One of the men is wearing a belt. 남자 중에 한 명이 벨트를 하고 있다.
Two of them are sitting in a restaurant. 두 명은 레스토랑 안에 앉아 있다.
There are two glasses on the table. 테이블 위에는 잔이 두 개 있다.

● **구체적 개념 vs 포괄적 개념**

구체적 개념	포괄적 개념	구체적 개념	포괄적 개념
crane 크레인 forklift 지게차	machinery 기계류	bus 버스 car 차	vehicle 탈 것
guitar 기타 violin 바이올린	instrument 악기	shovel 삽 projector 영사기	equipment 장비
vegetable 야채 fruit 과일	produce 농산물	hammer 망치 saw 톱	tool 도구
food 음식 jewelry 보석	item, product 물품	repair 수리하다 fix 고치다	work on 작업하다

Words

wash dishes 설거지 하다 | serve [səːrv] 서빙하다 | food [fuːd] 음식 | sit [sit] 앉다 | something [sʌ́mθiŋ] 어떤 것

다음은 토익 시험에서 자주 나오는 표현입니다. 단어와 함께 문장 전체를 암기해서 실전에서 활용할 수 있도록 하세요.

bicyclist [báisiklist]
자전거 탄 사람
A bicyclist is riding through a tunnel.
자전거를 탄 사람이 터널을 지나가고 있다.

counter [káuntər]
카운터
Some people are being helped at a counter.
몇몇 사람들이 카운터에서 도움을 받고 있다.

curb [kə:rb] 연석
Diners are seated near the curb. 식사하는 사람들이 연석 근처에 앉아 있다.

fountain [fáuntən]
분수
Some people are sitting around the fountain.
몇몇 사람들이 분수 주변에 앉아 있다.

instrument [ínstrəmənt]
악기
Some men are playing instruments.
몇몇 남자들이 악기를 연주하고 있다.

spectator [spékteitər]
관객
The stands are filled with spectators.
관중석이 관중들로 가득 차 있다.

tool [tu:l]
연장
The workers are using a power tool on a piece of wood.
일꾼들이 나무토막에 전동 연장을 사용하고 있다.

pedestrian [pədéstriən]
보행자
Pedestrians are walking on a bridge.
보행자들이 다리 위를 걸어가고 있다.

attend [əténd] 참가하다
Some people are attending a concert. 몇몇 사람들이 콘서트에 참석하고 있다.

climb [klaim] 오르다
Two men have climbed onto a roof. 두 남자가 지붕 위에 올라가 있다.

exit [éksit] 나오다, 내리다
People are exiting through a door. 사람들이 문을 통해 나오고 있다.

gaze [geiz]
응시하다
Passengers are gazing at a city landscape.
승객들은 도시 풍경을 응시하고 있다.

handle [hǽndl] 다루다
Two women are handling a package. 두 여자가 소포를 다루고 있다.

march [ma:rtʃ] 행진하다
Musicians are marching in rows. 음악가들이 줄을 지어 행진하고 있다.

rearrange [rì:əréindʒ]
재배치하다
Women are rearranging some furniture.
여자들이 가구를 재배치하고 있다.

sew [sou]
바느질하다
Two women are working on a sewing project.
두 여자가 바느질 작업을 하고 있다.

sort [sɔ:rt]
분류하다
Employees are sorting through documents in a filing cabinet.
직원들이 서류들을 파일 캐비닛에 분류하고 있다.

stroll [stroul]
걷다, 산책하다
Two people are strolling along the water's edge.
두 사람이 물가를 걷고 있다.

study [stʌ́di]
자세히 보다
A pair of customers are studying a sign.
한 쌍의 고객들이 표지판을 자세히 보고 있다.

view [vju:]
보다
They're viewing some artworks in a gallery.
그들은 갤러리에서 미술작품들을 보고 있다.

● 수동형(be + p.p.)

수동형(be p.p.)은 어떤 동작을 당한 주어의 상태를 나타냅니다. 일반적으로 사물을 묘사할 때 쓰이지만, 동사에 따라 사람 묘사에도 쓰입니다.

(A) Cars are stopped at a traffic signal.
(B) Some cars are parked near a building.
(C) An apartment building is under construction.
(D) People are parking their vehicles on the road.

(A) 차들이 신호등 앞에 멈춰있다.
(B) 차량 몇 대가 건물 근처에 주차돼 있다.
(C) 아파트 빌딩이 공사 중이다.
(D) 사람들이 도로 위에 그들의 차량을 주차하고 있다.

▶정답 : (B)

● 수동형 빈출 표현

be set up 설치되어 있다	be piled up 쌓여 있다	be placed 놓여 있다
be displayed 진열되어 있다	be parked 주차되어 있다	be arranged 배열되어 있다
be covered 덮여 있다	be gathered 모여 있다	be located 위치해 있다
be installed 설치되어 있다		

● 수동형 받아 적기

1 People are _____ around a table.
사람들이 테이블 주위에 모여 있다.

2 People are _____ in a circle.
사람들이 원형을 지어 앉아 있다.

▶정답 : gathered / seated

Part 1

Part 2

Part 3

Part 4

1 Some _____ are exhibited. 예술작품들이 전시되어 있다.

2 The containers are _____ with water. 용기들이 물로 가득 차 있다.

3 The bike is _____ with bags. 자전거에 가방들이 실려 있다.

4 Most of the seats are _____. 대부분의 좌석이 차 있다.

5 The chairs are _____ in a room. 의자들이 방 안에 배열되어 있다.

6 The kitchen is _____. 부엌이 닫혀 있다.

7 The restaurant is _____. 식당이 사람들로 가득 차 있다.

8 The lobby is _____ with potted plants. 로비가 화분들로 장식되어 있다.

9 Clothes are _____ for sale. 의류가 판매를 위해 진열되어 있다.

10 A truck is _____ next to the water. 트럭이 물가 옆에 주차되어 있다.

11 Some books are _____ up on the table. 책들이 테이블 위에 쌓여 있다.

12 The house is _____ in the water. 집의 모습이 물에 비치고 있다.

13 Chairs are stacked next to a _____. 의자들이 기둥 옆에 쌓여 있다.

14 Tables are _____ with items. 테이블들이 상품들로 쌓여 있다.

15 A boat is _____ to the dock. 보트가 부두에 정박되어 있다.

들려주는 문장을 잘 듣고 빈칸을 채운 후, 정답을 골라보세요.
음성은 각 나라 발음으로 3번 들려드립니다.　🎧 Part 1-2-5

1

(A) People are _____ on a bench.

(B) A woman is _____ a dog.

(C) _____ are getting off a boat.

(D) A man is _____ onto a railing.

2

(A) They are _____ a tent.

(B) They are _____ at a table.

(C) They are crossing the _____.

(D) They are seated _____.

3

(A) The woman is _____ on a note pad.

(B) The man is _____ for a glass.

(C) The man is _____ the restaurant.

(D) The woman is _____ against the window.

4

(A) The men are pushing a
_____.

(B) The men are _____
a tire.

(C) The men are _____
a bicycle.

(D) The men are _____
a car together.

5

(A) They are _____ on
shoes.

(B) They are _____ in
a park.

(C) They are reading
_____.

(D) They are _____
near a bench.

6

(A) They are _____
each other.

(B) They are _____ on
a path.

(C) They are leaning against a
_____.

(D) They are carrying
_____.

Part 1

Part 2

Part 3

Part 4

다음 녹음을 듣고 사진을 가장 적절히 묘사한 보기를 고르세요.

Part 1-2-6

1

(A)　　(B)　　(C)　　(D)

2

(A)　　(B)　　(C)　　(D)

3

(A)　　(B)　　(C)　　(D)

4

(A)   (B)   (C)   (D)

5

(A)   (B)   (C)   (D)

6

(A)   (B)   (C)   (D)

완전절친
TOEIC 스타트 LC

사물·풍경 사진

- 기출 분석
- 토익 빈출 단어
- 기초 문법 다지기
- 기본 연습 문제
- 빈칸 채우고 정답 맞추기

사물·풍경 사진은 인물 사진보다는 출제 빈도가 낮습니다. 하지만 인물 사진보다 난이도가 높으며, 생소한 장소가 등장할 때는 더욱 그렇습니다. 관련 어휘 및 시제를 미리 파악을 해 둘 필요가 있습니다.

 기출 분석 🎧 Part 1-3-1

사람은 없고 사물 및 풍경만 있는 사진입니다. 전치사구를 이용한 상태표현과 위치표현을 잘 익혀두어야 합니다.

[예제]

(A) A guitar is being polished.
(B) A concert is being held.
(C) Some benches are lined up in the hall.
(D) Some musical instruments are on display.

(A) 기타가 윤이 나게 닦이고 있다.
(B) 콘서트가 열리고 있다.
(C) 벤치들이 홀 안에 늘어서 있다.
(D) 악기들이 진열되어 있다.

[해설] 주어가 다 다르기 때문에 사물의 상태나 장소와의 관계를 살핍니다.
(A) 기타는 있지만 윤이 나게 닦이고 있는 상황은 아니므로 동사 오답입니다.
(B) 사진에 있는 악기를 보고 연상할 수 있는 오답이고, 콘서트는 열리고 있지 않습니다.
(C) 악기 가게에 벤치(bench)가 보이지 않으므로 사진에 없는 명사 오답입니다.
(D) 기타(guitar)가 진열되어 있는 악기 가게로 보이므로 정답입니다.

● **사물의 위치·장소를 묘사하는 전치사구**

in the sink 싱크대 안에	**by the water** 물가에
under the table 테이블 아래에	**on the wall** 벽 위에
by the window 창문 옆에	**on the road** 길 위에
in the corner 구석에	**in a lobby** 복도에
on the shelf 선반 위에	**behind the counter** 카운터 뒤에

Words

polish [pάliʃ] 닦다, 윤을 내다 | hold [hould] 열다, 개최하다 | line up 줄을 서다 | hall [hɔːl] 홀, 회관 | musical instrument 악기 | on display 진열된, 전시된

다음은 토익 시험에서 자주 나오는 표현입니다. 단어와 함께 문장 전체를 암기해서 실전에서 활용할 수 있도록 하세요.

aircraft [ɛ́ərkræft] 비행기	Some aircraft are parked in front of a terminal. 일부 비행기들이 터미널 앞에 주차되어 있다.
crate [kreit] 상자	Some of the crates are stacked on top of each other. 상자 몇 개가 차곡차곡 쌓여 있다.
edge [edʒ] 가장자리	A fence runs along the edge of the road. 길의 가장자리를 따라 울타리가 있다.
intersection [ìntərsékʃən] 교차로	A vehicle's at the intersection. 차량 한대가 교차로에 서 있다.
pathway [pǽθwèi] 좁은 길	The pathway is bordered by a wall. 좁은 길 쪽으로 담벼락이 있다.
pottery [pátəri] 도자기	A large piece of pottery is situated in the corner. 구석에 큰 도자기가 놓여 있다.
rack [ræk] 거치대	Bicycles are parked on a rack. 자전거들이 거치대에 세워져 있다.
vine [vain] 포도나무	Fruit is growing on a vine. 과일이 포도나무에서 자라고 있다.
attach [ətǽtʃ] 붙이다	A balcony is attached to every apartment. 아파트마다 발코니가 있다.
cast [kæst] 드리우다	The ladder is casting a shadow. 사다리가 그림자를 드리우고 있다.
line [lain] 늘어서다	Trees line both sides of the street. 나무들이 도로 양편에 늘어서 있다.
overlook [òuvərlúk] 내려다보다	The train station overlooks a parking area. 기차역이 주차장을 내려다본다. (= 기차역 밑에 주차장이 있다.)
sit [sit] 놓다	A clock is sitting on a shelf. 선반에 시계가 놓여 있다.
travel [trǽvəl] 이동하다, 가다	A train is traveling on the track. 기차가 철로 위를 달리고 있다.
lead to ~로 이어지다	The path leads to the building. 길이 건물까지 이어져 있다.
beside [bisáid] ~옆에	Seating space is available beside the man. 남자 옆에 앉을 자리가 있다.
deserted [dizə́ːrtid] 사람이 없는	The intersection is deserted. 교차로에 사람이 한 명도 없다.
square [skwɛər] 정사각형의	The table has a square base. 테이블 밑받침이 정사각형 모양이다.
be stocked with ~로 채워지다	Display shelves are stocked with products. 진열 선반들이 상품들로 채워져 있다.
on display 진열된	Many types of pots are on display near a window. 창문 근처에 여러 종류의 도자기가 진열되어 있다.

● 현재진행 수동태(be + being + p.p.)

Part 1을 만점 받기 위해서 가장 중요한 문법입니다. 한국말로 번역했을 땐 어색한 표현이므로 유형을 미리 숙지합니다.

(A) Some grass is being cut.
(B) A railing is being repaired.
(C) Some bushes are being trimmed.
(D) Some chairs are arranged on the lawn.

(A) 잔디가 잘려 나가고 있다.
(B) 난간이 수리되고 있다.
(C) 관목이 손질되고 있다.
(D) 의자들이 잔디 위에 정렬되어 있다.

▶ 정답 : (D)

● 현재진행 수동태 빈출 표현

be being planted 심어지고 있다	be being used 사용되고 있다	be being repaired 수리되고 있다
be being stacked 쌓여지고 있다	be being served 제공되고 있다	be being painted 칠해지고 있다
be being towed 견인되고 있다	be being moved 옮겨지고 있다	be being washed 씻겨지고 있다
be being hung 걸려지고 있다		

● 현재진행 수동태 알고 넘어가기

현재진행 수동태 기본 형태 : be + being + p.p. (진행 중인 동작을 강조할 때: '~되고 있다')

능동	The waiter is serving the food to the customers. 웨이터가 손님들에게 음식을 서빙하고 있다.
수동	The food is being served to the customers. 음식이 손님들에게 서빙되고 있다.

현재진행 수동태는 앞서 배운 현재진행형(be + –ing)의 목적어를 강조한 표현입니다. 예를 들어 여자가 전화기를 사용하고 있으면 능동으로는 'She is using a telephone'(그녀는 전화기를 사용하고 있다)이라고 하지만, 목적어인 전화기를 강조할 때는 'A telephone is being used'(전화기가 사용되어지고 있다)라고 합니다.

TIP 현재진행 수동태를 우리나라말로 해석할 때는 '누군가에 의해서'를 붙여서 해석하면 편리합니다.

다음 예제를 보고 현재진행형 문장을 현재진행 수동태로 바꾸어 보세요.

[예제]	현재진행형(be + –ing)	현재진행 수동태(be + being + p.p.)
	Some men are playing instruments.	Instruments are being played.
	They are rearranging some furniture.	Some furniture is being rearranged.

1 Machines are making tracks on the ground.

2 The woman is pouring liquid into a mug.

3 The workers are using a power tool on a piece of wood.

4 He's hammering a nail.

5 They're viewing some artwork in a gallery.

리스닝 **TIP**

사람이 등장하지 않아도 정답이 되는 현재진행 수동태 구문

진행 중인 동작을 강조하는 현재진행 수동태 구문은 일반적으로 사람이 등장하는 사진이 정답입니다.
하지만 상태를 강조한 표현으로 사람이 등장하지 않아도 정답이 될 수 있는 예가 있습니다.

Various types of bags are being displayed. 다양한 종류의 가방이 전시되고 있다.
display와 유사한 view, show 등의 동사도 사람의 등장에 관계없이 정답이 될 수 있습니다.

The car is being lifted into the air. 차가 공중으로 들어 올려지고 있다.
기계가 기계에 힘이나 압력을 가하는 경우도 사람의 등장에 관계없이 정답이 될 수 있습니다.

The grass is being watered. 잔디에 물이 뿌려지고 있다.
자동적으로 잔디에 물이 뿌려지는 경우도 사람의 등장에 관계없이 정답이 될 수 있습니다.

1

(A) Some tall buildings are
_____ near the
shoreline.
(B) Some sailboats are tied to a
_____ .
(C) The city _____ is
reflected in the water.
(D) Some trucks are parked
_____ the beach.

2

(A) All of the _____
are open.
(B) Some _____ are
arranged on shelves.
(C) Boxes are _____
in front of a cabinet.
(D) The door is _____
to a window.

3

(A) _____ have been
set up on a beach.
(B) Some people are
_____ a hotel.
(C) A boat is being
_____ onto the
shore.
(D) People are _____
up to buy snacks.

4

(A) Some boxes are lined up on a
_____ belt.
(B) Some packages are being
_____ onto a cart.
(C) A man is changing a light bulb
_____.
(D) A woman is taking a box down
_____ a shelf.

5

(A) Carpets are being
_____.
(B) A room is _____
with furniture.
(C) Food has been placed on the
_____ table.
(D) Furniture has been
_____ in crates.

6

(A) A man is picking up a sign from
the _____.
(B) A pointed roof is _____
in the distance.
(C) An outdoor market is
_____ despite the
rain.
(D) A pedestrian is _____
the rain off of his umbrella.

완전절친
TOEIC 스타트 LC

혼합 사진

- 기출 분석
- 토익 빈출 단어
- 기초 문법 다지기
- 기본 연습 문제
- 빈칸 채우고 정답 맞추기
- 실전 문제

Day 04 혼합 사진

혼합 사진은 인물과 풍경이 함께 등장하는 사진입니다. 인물이 등장하기는 하지만 집중적으로 부각되지 않으며, 사진 속에서 알아보기 힘든 세부적인 부분이 주로 정답으로 출제됩니다.

기출 분석

Part 1-4-1

처음부터 정답을 고르려고 하면 더 어렵습니다. 보기를 하나씩 듣고 오답인 부분을 지워나가면서 정답을 확인해야 합니다.

[예제]

(A) A cyclist is viewing a city from a distance.
(B) The city skyline is obscured by clouds.
(C) Several people are leaning against the wall.
(D) A woman is getting on a bicycle.

(A) 자전거 타는 사람이 멀리서 도시를 보고 있다.
(B) 도시 스카이라인이 구름 때문에 가려졌다.
(C) 몇몇 사람들이 벽에 기대어 있다.
(D) 여자가 자전거에 타고 있다.

[해설] 혼합 사진은 난이도가 있으므로 사진에 없는 단어가 나오면 바로 오답 처리합니다.
    (A) 자전거 타는 사람이 멀리서 도시를 바라보고 있으므로 정답입니다.
    (B) 도시 스카이라인이 비교적 잘 보이기 때문에 가려진(obscured)이라는 표현에서 동사 오답입니다.
    (C) 눈에 띄는 사람은 한 사람이고, 벽에 기댄 사람도 안 보이므로 사진에 없는 명사 오답입니다.
    (D) 여자가 자전거를 타고(getting on)있지 않기 때문에 동사 오답입니다.

● 시험에 꼭 나오는 단어

상황	단어
사무실	document 서류 sort 분류하다 address 연설하다 bulletin board 게시판
공사장	weld 용접하다 transport 운반하다 demolish 철거하다 pave 포장하다 supplies 물품
식사/요리	chef 주방장 ingredient 식재료 patio 테라스 tray 쟁반 utensil 조리 기구
여가/취미	lawn 잔디 row 노를 젓다 spectator 관중 gym 체육관 auditorium 강당
교통	ramp 경사로 crosswalk 횡단보도 land 착륙하다 take off 이륙하다
공공장소	cash register 계산대 souvenir 기념품 sew 바느질하다 couch 소파 rug 깔개

Words

cyclist [sáiklist] 자전거 타는 사람 | view [vjuː] 보다 | from a distance 멀리서 | skyline [skáilàin] 스카이라인, 하늘과 맞닿은 윤곽선 | obscure [əbskjúər] 숨기다, 가리다 | lean against ～에 기대다 | get on 타다

다음은 토익 시험에서 자주 나오는 표현입니다. 단어와 함께 문장 전체를 암기해서 실전에서 활용할 수 있도록 하세요.

carton [káːrtn] 상자	A carton's cover has been removed. 상자의 뚜껑이 제거 되어져 있다.
cliff [klif] 절벽	Some boats are passing between the cliffs. 배들이 절벽 사이로 지나가고 있다.
ladder [lædər] 사다리	A ladder has been propped against the house. 사다리가 집에 받쳐 놓여져 있다.
ledge [ledʒ] 선반	A plant has been put on a ledge. 화분 하나가 선반에 놓여 있다.
level [lévəl] 층	The cars are on multiple levels. 차들이 여러 층에 있다.
sculpture [skʌ́lptʃər] 조각상	A sculpture has been placed by the park. 조각상이 공원 옆에 놓여 있다.
shadow [ʃǽdou] 그림자	Some rocks are casting shadows on the beach. 바위들이 해변에 그림자를 드리우고 있다.
shelf [ʃelf] 선반	Containers have been set on shelves. 용기들이 선반들 위에 진열되어 있다.
stool [stuːl] 등받이 없는 의자	A stool has been placed beside the table. 등받이 없는 의자가 테이블 옆에 놓여있다.
track [træk] 자국	Tracks have been left on the sand. 모래 위에 자국들이 나 있다.
stream [striːm] 계곡	A bridge is suspended over a stream. 다리가 계곡 위로 놓여 있다.
carry [kǽri] 나르다	A container is being carried by a man. 용기 하나가 남자에 의해 운반되어지고 있다.
decorate [dékərèit] 장식하다	A floral arrangement decorates each table. 꽃꽂이가 각 테이블을 장식하고 있다.
draw [drɔː] 끌다	Some artworks have drawn the woman's attention. 몇몇 작품들이 여자의 주목을 끌었다.
gather [gǽðər] 모으다	Some leaves are being gathered into a pile. 나뭇잎들이 더미로 모아지고 있다.
measure [méʒər] 측정하다	A piece of wood is being measured. 나무 토막이 측정 되어지고 있다.
surround [səráund] 둘러싸다	A railing surrounds the top deck. 난간이 갑판을 둘러싸고 있다.
suspend [səspénd] 매달다	A boat is suspended in the air. 배 한 척이 공중에 매달려 있다.
throw [θrou] 버리다	A piece of paper is being thrown out. 종이 한 장이 버려지고 있다.
water [wɔ́ːtər] 물을 주다	Plants are being watered in a garden. 정원의 식물에 물이 주어지고 있다.

● 현재형

현재형은 주로 사물의 상태를 묘사할 때 쓰입니다. 주로 전치사구와 함께 쓰여 풍경, 배경사진에 등장하는 사물의 위치나 장소를 묘사합니다.

(A) The chairs face the same direction.
(B) The chairs are stacked up in a room.
(C) All of the seats are taken.
(D) There are some lamps on the table.

(A) 의자들이 같은 방향을 향하고 있다.
(B) 의자들이 방 안에 쌓여 있다.
(C) 모든 자리가 차 있다.
(D) 테이블 위에 램프 몇 개가 있다.

▶정답 : (A)

● 현재형 빈출 표현

divide 나누다	**surround** 둘러싸다	**overlook** 내려다보다
lead to 연결되다	**decorate** 장식하다	**extend** 뻗다
line 줄지어 있다	**face** 향하다	**run** (길·복도 등이) 나 있다
hang 걸리다	**pass by** 통과하다	**support** 지탱하다

● 현재완료(have + p.p.)

현재완료는 비록 과거처럼 해석되지만, 과거가 아니라 현재입니다. 이미 동작이 완료된 모습을 나타내며, 실제로는 거의 사물을 묘사하는 선택지로 출제됩니다.

(A) Some boxes have been stacked.
(B) Some cartons are being piled up.
(C) A vehicle is being lifted.
(D) People are working in a garage.

(A) 몇몇 상자들이 쌓여 있다.
(B) 몇몇 상자들이 쌓여지고 있다.
(C) 차량 한 대가 들어 올려지고 있다.
(D) 사람들이 창고에서 일하고 있다.

▶정답 : (A)

● 현재완료 / 현재완료 수동태 빈출 표현

have stopped 정차했다	**have been closed** 닫혀 있다	**have opened** 열었다
have been pushed 밀려 있다	**have arranged** 정렬되어 있다	**have been parked** 주차되어 있다
have filled 채워져 있다	**have been organized** 정리되어 있다	**have set** 세팅되어 있다
have been positioned 놓여 있다		

1 A vehicle is being _____. 차량 한 대가 견인되고 있다.

2 The kitchen _____ are being washed. 부엌 조리 기구들이 씻겨지고 있다.

3 The windows are being _____. 창문이 닦이고 있다.

4 Cars are being _____ across a bridge. 차량들이 다리를 건너 운행되고 있다.

5 A railing is being _____ in a garden. 정원에 난간이 설치되고 있다.

6 The trees are being planted along the _____. 나무들이 해변을 따라 심어지고 있다.

7 The building is being _____. 건물이 개조되고 있다.

8 The bicycle is being _____. 자전거가 수리되고 있다.

9 The door has been _____ wide open. 문이 활짝 열려 있다.

10 There is a _____ on each side of the bed. 침대 양쪽에 램프가 있다.

11 A path leads to the _____. 길이 분수로 이어진다.

12 Some buildings _____ the train station. 몇몇 건물들에서는 기차역이 내려다보인다.

13 Waves are _____ on the shore. 파도가 해변에 부딪치고 있다.

14 A group of boats is _____ in the water. 보트 한 무리가 물 위에 떠 있다.

15 The traffic is moving in a _____ direction. 자동차 통행이 한 방향으로 움직이고 있다.

Part 1

Part 2

Part 3

Part 4

들려주는 문장을 잘 듣고 빈칸을 채운 후, 정답을 골라보세요.
음성은 각 나라 발음으로 3번 들려드립니다.　🎧 Part 1-4-5

1

(A) Some people are seated in a
_____.

(B) Some people are riding an
_____.

(C) Some people are standing on a
_____.

(D) Some people are walking down
a _____.

2

(A) Some people are working in a
_____.

(B) Some people are walking
_____ a truck.

(C) Some people are picking
_____ from trees.

(D) Some people are
_____ a house.

3

(A) Chairs are being
_____ in the
corner.

(B) People are walking through the
_____.

(C) Some of the seats are
_____.

(D) _____ is being
displayed outdoors.

4

(A) A ship is _____ under a bridge.

(B) A stone wall is being _____.

(C) A woman is sitting near a _____.

(D) A woman is taking off her _____.

5

(A) Bicycles have been _____ on a balcony.

(B) A _____ is being cleaned near a window.

(C) Shoes have been lined up in a _____.

(D) Some plants are being hung from a _____.

6

(A) He is _____ up the windows of a house.

(B) One of the men is _____ a balcony.

(C) Ladders are _____ against the building.

(D) A bucket is being _____ from a window.

다음 녹음을 듣고 사진을 가장 적절히 묘사한 보기를 고르세요.　🎧 Part 1-4-6

1

(A)　　(B)　　(C)　　(D)

2

(A)　　(B)　　(C)　　(D)

3

(A)　　(B)　　(C)　　(D)

4

(A)　　(B)　　(C)　　(D)

5

(A)　　(B)　　(C)　　(D)

6

(A)　　(B)　　(C)　　(D)

완전절친
TOEIC 스타트 LC

Part
2

의문문과 답변

의문사(Who, Where, When, Why, What, How)로 시작하는 의문문은 Part 2에서 대략 절반정도 차지합니다. 질문의 첫 단어인 의문사만 제대로 듣더라도 정답을 비교적 쉽게 고를 수 있습니다. 따라서 각 의문문의 유형에 따라 전형적인 정답 유형을 암기하기 바랄게요.

리스닝 TIP

정답을 고르기보다 오답을 먼저 소거하세요.
토익문제 출제자들은 여러분들이 어떤 부분에서 잘 틀리는지를 알고, 그 부분을 집중적으로 공략하고 있습니다. 정답을 고르려고 하다보면 정확성이 떨어질 수 있기 때문에 오답 포인트를 알고 문제를 접해야 합니다. 가끔은 출제자의 입장에서 '어떤 식으로 문제를 출제하면 더 많이 틀릴까?'라는 식으로 접근해 보면 오답 및 정답에 대한 이해도가 높아질 겁니다.

Key Point One 문제의 의문사에 집중하자.

무조건 질문의 첫 단어인 의문사에 신경을 집중하세요. 다른 의문사에 대한 답변이나 Yes/No로 시작하는 문장은 오답입니다.

Example Part 2

1   **When does the movie start?** 영화는 언제 시작하나요?

   (A) At 7 o'clock 7시
     (첫 단어인 의문사 When에 신경 집중! 대부분 시간과 관련된 답변이 **정답**)

   (B) No, I don't like sports.
     아니요, 저는 스포츠를 좋아하지 않아요.
     (의문사 의문문에 Yes/No 답변은 100% 오답)

   (C) In the meeting room 회의실에서
     (다른 의문사 Where에 대한 답변이므로 오답)

Key Point Two 대답에 질문과 유사하거나 동일한 발음, 관련있는 단어가 나오면 오답이다.

질문에 나온 단어와 유사한 발음이 대답에 나오는 경우, 혹은 질문에 나온 단어가 보기에 반복되면 오답입니다. 문제에서 들었던 단어로 연상되는 단어가 나와도 오답입니다.

Example   🎧 Part 2

2   **Where did you buy the briefcase?**
서류가방은 어디서 사셨어요?

(A) **It was a brief meeting.** 간단한 회의였어요.
(유사하거나 동일한 발음이 나오면 오답)

(B) **At the department store.** 백화점에서요.
(Where 의문문에 대한 답변이므로 **정답**)

(C) **I left documents in the taxi.** 저는 택시에 서류들을 놓고 내렸어요.
(질문의 briefcase로 연상되는 단어인 document를 이용한 오답)

Key Point Three 너(you)와 나(I)의 대화에서 3인칭 대명사(he, she)가 들리면 오답이다.

너(you)와 나(I)의 대화에서 언급되지 않은 3인칭 대명사(he, she)가 언급되면 오답입니다. 주어가 일치하는지 항상 귀 기울여 들어주세요!

Example   🎧 Part 2

3   **Where are you traveling this summer?**
이번 여름에 당신은 어디로 여행을 갈 건가요?

(A) **They are traveling by plane.**
그들은 비행기를 타고 여행을 합니다.
(질문의 travel과 동일한 단어인 travel이 반복되어 오답)

(B) **Every winter.** 겨울 마다요.
(질문의 summer와 연관된 단어 오답)

(C) **I am going to Hong Kong.** 저는 홍콩으로 갈 예정이에요.
(첫 단어인 의문사 Where에 대한 행선지가 나왔으므로 **정답**)

완전절친
TOEIC 스타트 LC

Who / Where 의문문

다음은 Who 의문문에 자주 나오는 어휘 표현입니다. 단어를 귀로 듣고 눈으로 읽으며 의미와 함께 외우고, 예문을 보면서 어떻게 사용되는지도 알아두세요.

 토익 빈출 단어   🎧 Part 2-1-1

① guest speaker 초청 연사
Q. Who is the <u>guest speaker</u> at the conference? 그 회의의 초청 연사는 누구인가요?
A. You should ask Betty. 베티에게 물어봐요.

② lab results 실험 결과
Q. Who has the <u>lab results</u>? 누가 실험 결과물을 갖고 있나요?
A. They are on my desk. 그것들은 제 책상 위에 있어요.

③ hand in 제출하다
Q. Who <u>handed in</u> this report to you? 누가 당신에게 이 보고서를 제출했나요?
A. Ms. Anderson did. 앤더슨 씨가요.

④ organize [ɔ́ːrɡənàiz] (어떤 일을) 준비하다, 조직하다
Q. Who <u>organized</u> the reception? 누가 환영회를 준비했나요?
A. David from Marketing. 마케팅부서의 데이빗이죠.

⑤ work on 착수하다
Q. Who's <u>working on</u> the marketing report? 누가 마케팅 보고서를 작성하고 있나요?
A. Mr. Kent, the new assistant. 새 조수인 켄트 씨요.

⑥ make a speech 연설하다
Q. Who is available to <u>make a speech</u>? 누가 연설할 시간이 있나요?
A. That would be Karen. 캐런일 거예요.

● **필수적으로 알아야 할 직책명과 부서명**
다음은 문제를 풀 때 알아두어야 할 직책명과 부서명입니다. 비슷한 것들끼리 헷갈리지 않게 확실히 외워두세요.

직책명	부서명
assistant 보조(조수)	accounting department 회계부(경리부)
manager 부장	advertising department 광고부
director 이사	human resources department 인사부
supervisor 감독관, 상사	(=personnel department)
secretary 비서	maintenance department 관리부
technician 기술자	marketing department 마케팅부
president 사장	sales department 영업부
CEO 최고경영자	shipping department 배송부

Who 의문문은 일반적으로 사람 이름, 부서, 직책명이나 '나'를 지칭하는 말, 혹은 '잘 모르겠다'고 하는 간접적 답변이 정답입니다.

● **직접적 답변 유형**

직접적 답변은 Who 의문사가 물어보는 대상에 대해 정확하게 대답하는 유형입니다. 사람 이름, 부서명, 직책명, 인칭대명사, 애매모호한 대상으로 응답할 수 있습니다.

Q. Who is your accountant?
당신의 회계사는 누구죠?

A. Mr. Garcia.
가르시아 씨입니다.

Q. Who has Annie's telephone number?
누가 애니의 전화번호를 가지고 있죠?

A. Ask her assistant.
그녀의 조수에게 물어보세요.

Q. Who won the award?
누가 상을 탔죠?

A. Someone from Marketing.
마케팅 부서의 어떤 사람입니다.

Q. Who's attending the meeting?
누가 회의에 참석하죠?

A. Anyone who's interested.
관심 있는 사람은 누구나요.

Q. Who's interviewing the candidate?
누가 지원자를 면접 보죠?

A. I'm planning to.
제가 할 계획입니다.

● **간접적 답변 유형**

간접적 답변은 '모르겠다' 혹은 '다른 사람에게 물어보겠다' 등 우회적으로 답변하는 유형입니다. 이와 같은 답변은 의문사의 종류를 불문하고 정답이 될 확률이 높습니다.

Q. Who is in charge of the project?
누가 그 프로젝트의 책임을 맡고 있죠?

A. I have no idea.
잘 모르겠습니다.

Q. Who's going to be the new director?
누가 새로운 이사가 되나요?

A. It hasn't been decided.
아직 결정되지 않았습니다.

Q. Who's giving the speech tomorrow?
내일 누가 연설하나요?

A. I don't know.
잘 모르겠어요.

Q. Who did you meet at the party?
파티에서 누구를 만났나요?

A. I didn't go there.
거기에 가지 않았어요.

Q. Who approved the new building plans?
누가 새 건축 계획을 승인했나요?

A. I'll have to check.
저도 확인해봐야 해요.

Words

conference [kɑ́nfərəns] 회의 | reception [risépʃən] 환영회 | department [dipɑ́ːrtmənt] 부서 | accountant [əkáuntənt] 회계사 | assistant [əsístənt] 조수 | award [əwɔ́ːrd] 상 | win an award 상을 타다 | interview [íntərvjùː] 면접을 보다 | candidate [kǽndidət] 지원자 | in charge of ~을 맡고 있는 | director [diréktər] 이사, 임원 | decide [disáid] 결정하다 | give a speech 연설하다

1 Who's the next _____?

(A) The company _____ president.

(B) No, I _____ yesterday.

2 Who _____ this cake?

(A) James _____ know.

(B) I'll _____ them.

3 Who does this jacket _____ to?

(A) It looks like _____.

(B) The show _____ long.

4 Who's _____ to go to the training?

(A) The _____ one is at 2.

(B) _____ who's interested.

(C) I _____ the train.

5 Who _____ the new floor plans?

(A) On the _____ floor.

(B) The building _____.

(C) I'll water the _____.

리스닝 TIP

눈으로 보고 리스닝을 하면 안됩니다!
문제를 풀고 나서 어렵더라도 정답을 먼
저 확인하지 말고, 일단 3번 이상 들어
보세요. 그리고 나서 단어 뜻에 신경 쓰
지 말고 원어민 발음을 흉내내듯 따라
읽어보세요. 마지막으로 할 일이 단어
확인 및 오답 정리입니다. 순서를 잘 기
억해주세요.

QUIZ 풀어보기 Part 2-1-4

1 Who decorated the office? (A) (B)

2 Who's going to speak at the meeting? (A) (B)

3 Who's responsible for the budget? (A) (B)

4 Who's the woman next to the door? (A) (B)

5 Who is the manager's new secretary? (A) (B)

Where 의문문

다음은 Where 의문문에 자주 나오는 어휘 표현입니다. 단어를 귀로 듣고 눈으로 읽으며 의미와 함께 외우고, 예문을 보면서 어떻게 사용되는지도 알아두세요.

 토익 빈출 단어　🎧 Part 2-1-5

1 bulletin board 게시판
Q. Where is the bulletin board located? 게시판은 어디에 있죠?
A. Next to the printer. 프린터 옆이요.

2 invoice [ínvɔis] 송장
Q. Where is the invoice from Japan? 일본에서 온 송장은 어디에 있나요?
A. In the file cabinet. 문서 보관함 안이요.

3 job application 입사 지원서
Q. Where can I submit my job application? 제 입사 지원서를 어디에 제출해야 할까요?
A. Right over there. 바로 저쪽이요.

4 sign [sain] 서명하다
Q. Where do I sign my name? 제 이름을 어디에 서명하죠?
A. On this line right here. 여기 이 줄 위에요.

5 catch the bus 버스를 타다
Q. Where can I catch the next bus into the town? 시내로 가는 다음 버스는 어디에서 탈 수 있죠?
A. Just across the street. 바로 길 건너편에서요.

6 nearest 가장 가까운
Q. Where is the nearest post office? 가장 가까운 우체국은 어디죠?
A. One block from here. 여기서부터 한 블록이요.

● **장소 및 위치, 출처 관련 표현**

다음은 문제를 풀 때 알아두어야 할 장소 및 위치, 출처 관련 표현입니다. 비슷한 것들끼리 헷갈리지 않게 확실히 외워두세요.

물건 두는 장소	사람이 가는 장소	출처 및 방향
on the desk 책상에 in the drawer 서랍에 in the cabinet 캐비닛에 in the closet 옷장에 in one's pocket 주머니에	at a gift shop 선물가게에 across the street 길 건너편에 in the lobby 로비에 in the hallway 복도에 near the park 공원 근처에 on the second floor 2층에	on the website 웹사이트에서 on the front page 1면에 to this address 이 주소로 to my office 내 사무실로 from New York 뉴욕에서

토익 빈출 유형

Where 의문문은 장소를 나타내는 전치사구, 사람을 이야기하거나 간접적 답변, 반문하는 유형 등이 정답으로 자주 출제됩니다. 고유명사인 장소 이름과 장소에 관련된 다양한 표현을 반드시 암기하세요.

리스닝 TIP

고유명사란?
사람, 사물, 장소 등의 고유한 이름을 말합니다.

● **전치사를 이용한 장소 표현으로 응답**

Q. Where do you live?
어디에 살고 있죠?

A. On Oak street.
오크 가예요.

Q. Where did Margaret go on vacation?
마가렛은 어디로 휴가를 떠났죠?

A. To a beach resort.
해변 휴양지로요.

Q. Where is the art director?
미술 감독은 어디에 있죠?

A. At the gallery.
갤러리예요.

● **사람으로 응답하는 유형**

Q. Where should I put these chairs?
이 의자들을 어디에 둬야 하죠?

A. You should ask the manager.
부장님에게 물어보세요.

Q. Where did Emma find the file?
엠마는 어디에서 그 파일을 찾았죠?

A. Carlos gave it to her.
카를로스가 그녀에게 주었어요.

● **간접적 유형의 답변**

Q. Where can I get the paper?
서류를 어디에서 얻죠?

A. Check the cabinet.
캐비닛을 확인해 보세요.

Q. Where can I find Jill's phone number?
질의 전화번호를 어디에서 찾을 수 있죠?

A. Try the company directory.
회사 전화 번호부를 찾아보세요.

● **반문하는 유형의 답변**

Q. Where did you put the brochure?
책자는 어디에 두었죠?

A. Isn't it on the desk?
책상 위에 있지 않나요?

Words

locate [lóukeit] 위치하다 | cabinet [kǽbinət] 캐비닛, 수납장 | submit [səbmít] 제출하다 | vacation [veikéiʃən] 휴가 | resort [rizɔ́:rt] 휴양지, 리조트 | manager [mǽniʤər] 부장, 관리자 | directory [diréktəri; dairéktəri] (이름·주소 등의 관련 정보를 보통 알파벳순으로 나열한) 안내 책자 | brochure [brouʃúər] 책자

1 Where is your _____ ?

(A) It's in my _____ .

(B) At a quarter _____ four.

2 Where can I buy a new _____ for my bicycle?

(A) I'm feeling _____ today.

(B) There's a bike shop _____ .

3 Where can I _____ my coat?

(A) I _____ have some.

(B) There's a _____ in the closet.

4 Where's the _____ restaurant?

(A) I'll _____ the map.

(B) All _____ of sandwiches.

(C) I _____ take a break.

5 Where can I _____ the train ticket?

(A) I usually use the _____ .

(B) With a _____ card.

(C) _____ program.

QUIZ 풀어보기 🎧 Part 2-1-8

1 Where does Mr. Wilson work? (A) (B)

2 Where did Yumi go? (A) (B)

3 Where can I find a library? (A) (B)

4 Where will the conference be next year? (A) (B)

5 Where is the guest list? (A) (B)

This is it!

1 틀렸던 문제를 다시 틀리지 않는 방법

- 오답은 문장 전체를 통째로 암기하세요.
- 어려운 문장은 5번 이상 큰 소리로 읽어보세요.
- 관용적 표현이나 어려운 표현은 따로 정리해두세요.
- 놓친 문제에 집착하지 말고 집중력을 키웁시다.

2 파트2 고유명사 제대로 듣기

- 열심히 공부를 해도 잘 안 들리는 단어가 있어 당황했다면, 고유명사를 의심해 봐야합니다.

Who 의문문 – 사람 이름이 정답이 되는 경우가 많다고 앞서 공부를 했었죠. 하지만 우리가 친근하게 알고 있는 James나 Sara같은 이름 대신에 생소한 외국계 이름이 출제될 경우 당황하는 학생들이 있습니다. 예를 들어, Mr. Palmer, Dr. Miguel Fernandez, Ms. Gomez, Ms. Nakamura 등이 있습니다. 라틴계나 인도, 혹은 중국이나 일본식 이름도 출제되므로 만약 잘 안 들릴 경우에는 그냥 사람의 이름, 즉 고유명사라고 생각하고 의심해 보는 편이 빠릅니다.

Where 의문문 – 장소가 정답이 되는 경우가 많죠. 따라서 각종 거리 이름이나 숙박업소 이름들이 출제됩니다. 예를 들어, Langley Avenue, Ocean Boulevard, Jake's Garage, Smith Corporation, Pavillion Hotel 등이 있습니다. 사람 이름을 나타내는 고유명사는 구분하기가 어려울 수 있지만, 장소를 나타내는 고유명사는 뒷부분에 장소를 알려주는 단어들(Avenue, Boulevard, Hotel 등)이 따라오기 때문에 비교적 정답 찾기가 더 수월하겠습니다.

3 Where 발음이 When처럼 들리는 학생을 위한 처방전

- 미국식 발음에서 where는 비교적 잘 들리지만 영국 및 호주식 발음에서는 혼동 될 수 있습니다.

Where 의문문은 일단 듣기만 하면 정답 고르기가 어렵지 않은 의문사입니다. 미국식으로는 '웨어'라고 읽지만 영국 및 호주식 발음으로 '워'처럼 들리기 때문에 다 듣고 나서 "어, 뭐지?"라고 의문사를 놓쳤다고 생각할 수 있습니다. 만약 의문사를 놓쳤다고 생각했다면 확률상 Where 의문문일 가능성이 높습니다. 아무래도 When은 받침이 있는 'n'발음 때문에 좀 더 잘 들립니다. 하지만 이런 이론은 확률상이기 때문에 좀 더 정확하게 듣기 위해서는, 결국 반복된 청취연습이 가장 지름길이 아닐까요?

녹음된 내용을 듣고 질문에 알맞은 응답을 고르세요.

Part 2-1-9

1 Mark your answer. (A) (B) (C)

2 Mark your answer. (A) (B) (C)

3 Mark your answer. (A) (B) (C)

4 Mark your answer. (A) (B) (C)

5 Mark your answer. (A) (B) (C)

6 Mark your answer. (A) (B) (C)

7 Mark your answer. (A) (B) (C)

8 Mark your answer. (A) (B) (C)

9 Mark your answer. (A) (B) (C)

10 Mark your answer. (A) (B) (C)

11 Mark your answer. (A) (B) (C)

12 Mark your answer. (A) (B) (C)

Part 1
Part 2
Part 3
Part 4

완전절친
TOEIC 스타트 LC

When / Why 의문문

- 토익 빈출 단어
- 토익 빈출 유형
- 빈칸 채우고 정답 맞추기
- QUIZ 풀어보기
- This is it!
- 실전문제

다음은 When 의문문에 자주 나오는 어휘 표현입니다. 단어를 귀로 듣고 눈으로 읽으며 의미와 함께 외우고, 예문을 보면서 어떻게 사용되는지도 알아두세요.

 토익 빈출 단어 🎧 Part 2-2-1

① board meeting 이사회
Q. When is the board meeting in Seattle? 시애틀에서 열리는 이사회는 언제죠?
A. We don't know yet. 우리도 아직 모르겠어요.

② proposal [prəpóuzəl] 제안서 .
Q. When can you submit the proposal? 당신은 언제 그 제안서를 제출할 수 있죠?
A. After lunch. 점심식사 이후에요.

③ hire [haiər] 고용하다
Q. When will you hire new employees? 당신은 언제 새 직원들을 고용할 건가요?
A. As soon as possible. 가능한 빨리요.

④ inspect [inspékt] 점검하다, 검사하다
Q. When will the factory be inspected? 공장은 언제 점검되나요?
A. On Wednesday afternoon. 수요일 오후에요.

⑤ release [rilí:s] 출시하다
Q. When is the new product going to be released? 새 제품은 언제 출시되죠?
A. Sometime next week. 다음 주 중에요.

⑥ be held 열리다
Q. When will the event be held? 언제 그 행사가 열리죠?
A. Next Saturday. 다음 토요일요.

● **필수적으로 알아야 할 시간 관련 부사, 전치사구**

다음은 문제를 풀 때 알아두어야 할 시간 관련 부사, 전치사구입니다. 비슷한 것들끼리 헷갈리지 않게 확실히 외워두세요.

과거 · 현재	미래
yesterday 어제	soon 곧
last week 지난주에	tomorrow 내일
right now 바로 지금	later today 오늘 늦게
before lunch 점심 전에	after the meeting 회의 후에
two weeks ago 2주 전에	not until 5 o'clock 5시나 되어서야
late last night 어젯밤 늦게	the day after tomorrow 모레
the day before yesterday 그저께	by the end of the month 이번 달 말까지
on Saturdays 토요일마다	in a few minutes 잠시 후에

토익 빈출 유형

🎧 Part 2-2-2

Part 1

Part 2

Part 3

Part 4

When 의문문은 시간, 날짜, 요일을 주로 물어봅니다. 정확한 시점이 정답이 될 수도 있지만 대략적인 시점으로도 답할 수 있습니다.

● 전치사를 이용한 확실한 시간 표현 응답

Q. When are you leaving work today?
오늘 언제 퇴근하시죠?

A. In an hour.
한 시간 후에요.

Q. When is the company banquet?
회사 연회는 언제죠?

A. Two weeks from Friday.
2주 후 금요일이요.

Q. When is the sales report due?
영업 보고서 마감은 언제죠?

A. No later than 5:00 P.M.
늦어도 오후 5시까지요.

● 과거 또는 미래시제 응답 유형

Q. When did Ashley come back from Singapore?
애슐리는 언제 싱가포르에서 돌아왔죠?

A. About a week ago.
약 1주 전에요.

Q. When will we meet the new interns?
우리는 새 인턴들을 언제 만날거죠?

A. Next week.
다음 주에요.

Q. When will the staff install the software?
그 직원은 언제 소프트웨어를 설치할거죠?

A. I thought he did it already.
제 생각에는 벌써 설치한 것 같은데요.

● 간접적 유형의 답변

Q. When will the presentation begin?
발표는 언제 시작하죠?

A. Let me ask the secretary.
비서에게 물어볼게요.

● 그 외의 표현으로 응답하는 유형

Q. When are you going to our head office?
당신은 우리 본사로 언제 갈 거죠?

A. As soon as I can.
최대한 빨리요.

Words

employee [implɔ́iiː] 직원 | possible [pά:səbl] 가능한 | factory [fǽktəri] 공장 | banquet [bǽŋkwit] (공식) 연회[만찬]
| sales report 영업 보고서 | no later than~ 늦어도 ~까지는 | install [instɔ́:l] (장비·가구를) 설치하다 | presentation
[prì:zentéiʃən] 발표 | secretary [sékrəteri] 비서 | head office 본사

빈칸 채우고 정답 맞추기

들려주는 문장을 잘 듣고 빈칸을 채운 후, 정답을 골라보세요.
음성은 각 나라 발음으로 2번 들려드립니다. 🎧 Part 2-2-3

1 When is the _____?

   (A) _____ Tuesday.

   (B) Three _____.

2 When do you _____ your job?

   (A) On _____ 17.

   (B) Please _____ your computer.

3 When did your family _____ to Canada?

   (A) Two _____.

   (B) After I _____ jobs.

4 When are you going to _____?

   (A) _____ last month.

   (B) To see my _____.

   (C) Not _____ next year.

5 When will you finish the _____ project?

   (A) _____ this summer.

   (B) It's a _____ model.

   (C) Set up the _____.

QUIZ 풀어보기 🎧 Part 2-2-4

1 When does the train leave?   (A)   (B)

2 When is she expected to call?   (A)   (B)

3 When's your next trip to Beijing?   (A)   (B)

4 When's the meeting supposed to begin?   (A)   (B)

5 When can we reschedule the interview?   (A)   (B)

다음은 Why 의문문에 자주 나오는 어휘 표현입니다. 단어를 귀로 듣고 눈으로 읽으며 의미와 함께 외우고, 예문을 보면서 어떻게 사용되는지도 알아두세요.

 토익 빈출 단어 🎧 Part 2-2-5

1 traffic [træfik] 교통, 교통량
> Q. Why is the traffic so heavy here? 이곳은 왜 이리 차가 막히죠?
> A. They're paving the road ahead. 앞쪽에 도로를 포장하고 있어요.

2 bill [bil] 청구서를 보내다
> Q. Why haven't we billed our new customers yet? 왜 아직도 새 고객들에게 청구서를 보내지 않았나요?
> A. The invoices aren't complete. 송장이 완성되지 않았어요.

3 reject [ridʒékt] 거절하다
> Q. Why did the client reject our proposal? 왜 그 고객은 우리의 제안을 거절했나요?
> A. Another firm offered a lower price. 다른 회사가 더 저렴한 가격을 제시했어요.

4 retire [ritáiər] 퇴직·은퇴하다
> Q. Why did Gary decide to retire this year? 왜 개리는 올해 은퇴하기로 결심했나요?
> A. For personal reasons. 개인적인 이유들 때문에요.

5 quit [kwit] 그만두다
> Q. Why is he going to quit his job? 그는 왜 일을 그만두나요?
> A. I have no idea. 잘 모르겠어요.

6 push back 미루다
> Q. Why was the board meeting pushed back? 왜 이사회가 늦춰졌죠?
> A. The director is away. 이사님이 출장 중이어서요.

● **자주 출제되는 이유·목적 관련 표현**

다음은 문제를 풀 때 알아두어야 할 이유·목적 관련 표현입니다. 비슷한 것들끼리 헷갈리지 않게 확실히 외워두세요.

전형적 변명	이유·목적
sick 아픈	for a meeting 회의에 참석하려고
flat tire 펑크난 타이어	to get a job 일자리를 얻으려고
accident 사고	to book a flight 비행편을 예약하려고
broken 고장난	It's a holiday. 휴일이라서요.
out of stock 품절된	I was busy all day. 하루 종일 바빴어요.
due to bad weather 악천후 때문에	She had an appointment. 그녀가 약속이 있었기 때문이에요.
because of the storm 폭풍우 때문에	So I can attend the conference. 그래서 제가 회의에 참석할 수 있도록요.

이유나 목적을 물어보는 Why 의문문은 해석을 하면서 정답을 골라야하기 때문에 의문사 중에서 가장 까다롭습니다. 문제와 보기를 귀로 듣고 바로 해석하는 연습을 하도록 합시다.

● **이유 · 목적의 전치사와 접속사를 이용한 응답**

Q. Why was Ryan so late?
라이언은 왜 이렇게 늦었죠?

A. Due to the heavy traffic.
교통이 혼잡해서요.

Q. Why was the board meeting changed?
이사회가 왜 변경되었죠?

A. Because the president was sick.
회장님이 아팠기 때문이에요.

Q. Why are you moving to Rome?
왜 로마로 이사 가나요?

A. For a new job.
새 일자리 때문에요.

● **이유 · 목적의 전치사와 접속사가 생략된 응답**

Q. Why is the restaurant closed?
레스토랑은 왜 문을 닫았죠?

A. It's a holiday.
휴일이기 때문이죠.

Q. Why is the park so crowded?
공원이 왜 이리 혼잡하죠?

A. There's a free concert.
무료 콘서트가 있어요.

● **to부정사로 응답하는 유형 (～하기 위해서)**

Q. Why are you meeting with Karen?
캐런과 왜 만나죠?

A. To discuss the new plan.
새 계획을 의논하기 위해서요.

● **간접적 유형의 답변**

Q. Why was the seminar postponed?
세미나는 왜 연기되었죠?

A. Oh, I didn't know it was.
오, 세미나가 연기된 줄 몰랐어요.

Words

pave [peiv] (벽돌 등으로) 포장하다 | customer [kΛstəmər] 고객 | complete [kəmplíːt] 완성된 | personal [pə́rsənl] 개인적인 | move to ～로 이사하다 | holiday [hάlədèi] 휴일; 휴가 | postpone [poustpóun] 연기하다, 미루다

1 Why did Ms. Chu leave _____?

(A) She had an _____.

(B) _____ by five o'clock.

2 Why is Nicole _____ so late?

(A) She _____ the bus.

(B) At the _____.

3 Why is it so _____ in the library?

(A) Because it's too _____.

(B) The air conditioner's _____.

4 Why is there so much _____ this afternoon?

(A) I _____ think so.

(B) There's a _____ in town.

(C) Yes, it's _____.

5 Why is the _____ cabinet empty?

(A) The new _____'s files.

(B) We're _____ it.

(C) In the second office on the _____.

QUIZ 풀어보기 🎧 Part 2-2-8

1 Why did she go to Atlanta? (A) (B)

2 Why is the warehouse locked? (A) (B)

3 Why was your flight delayed? (A) (B)

4 Why was the store's opening changed? (A) (B)

5 Why were you late to the event? (A) (B)

This is it!

When, Why 의문사는 그 뒤의 동사까지 잘 들어야 정답을 찾을 수 있습니다. When 의문문의 경우 '시제'에 주의해서 듣고, Why 의문문은 보기를 듣고 바로 해석한 후 정답을 골라야 합니다. 다음은 When, Why 의문문 오답, 정답 패턴입니다.

1 When 의문문에서 '장소' 답변이 들리면 오답

앞서 공부했듯이 의문사 When과 Where는 발음상 혼동되므로, 이를 이용한 오답이 출제됩니다.

Q. When are the clients arriving? 고객들은 언제 도착하나요?

A. At the international airport. 국제공항에요 ▶ 의문사 Where에 대한 답변으로 오답

2 When 의문문에서 How long 의문문에 대한 답변이 들리면 오답

When은 시점에 대한 답변을 요구하지만 How long 의문문은 기간을 물어봅니다. 주로 숫자가 들어간다는 점에서 혼동되지만 이 둘은 엄연히 다릅니다.

Q. When is the meeting expected to end? 회의는 언제 끝날 것으로 예상되나요?

A. In two hours. 2시간 후에요. (정답)

   For three hours. 3시간 동안요. (오답)   ⊙ Part 2-3. How 의문문 p.104 참조

3 의문사 When의 정답으로 접속사 When이 출제될 경우

When 의문문에 시점을 나타내는 접속사 after, before, until, as soon as 등이 자주 출제됩니다. 그중에서 when('~할 때'라는 의미의 접속사)도 출제될 수 있다는 게 함정입니다.

Q. When did the package arrive? 소포가 언제 도착했나요?

A. When you were away. 당신이 부재중일 때요.

4 미래 시제로 물어보는 When 의문문의 정답이 과거시제가 될 경우

Q. When will the staff install the software? 그 직원은 언제 소프트웨어를 설치할 것인가요? (미래시제 질문)

A. I thought he did it already. 제 생각에는 그가 이미 설치한 것 같은데요. (과거시제 응답)

5 'not until + 시점'(~나 되어서야)은 When 의문문 정답이며 해석에 주의

Q. When are we going to start the training? 우리가 교육을 언제 시작할 건가요?

A. Not until 10 A.M. 10시나 되어서야 할 겁니다.

6 의문사 Why 뒤에 don't가 들리면 제안·요청의 의문문

Why만 듣고 의문사 의문문으로 착각해 Because가 들어간 답변을 고르지 않도록 유의하세요.

Q. Why don't we review the sale report? 우리가 영업 보고서를 검토하는 것이 어때요?

A. That sounds good. 그게 좋겠어요. (정답)

   Because we have a sales meeting. 왜냐하면 우리가 영업회의를 가질 것이기 때문이에요. (오답)

녹음된 내용을 듣고 질문에 알맞은 응답을 고르세요.   🎧 Part 2-2-9

1 Mark your answer.   (A)   (B)   (C)

2 Mark your answer.   (A)   (B)   (C)

3 Mark your answer.   (A)   (B)   (C)

4 Mark your answer.   (A)   (B)   (C)

5 Mark your answer.   (A)   (B)   (C)

6 Mark your answer.   (A)   (B)   (C)

7 Mark your answer.   (A)   (B)   (C)

8 Mark your answer.   (A)   (B)   (C)

9 Mark your answer.   (A)   (B)   (C)

10 Mark your answer.   (A)   (B)   (C)

11 Mark your answer.   (A)   (B)   (C)

12 Mark your answer.   (A)   (B)   (C)

Part 1

Part 2

Part 3

Part 4

완전절친
TOEIC 스타트 LC

What, Which / How 의문문

- 토익 빈출 단어
- 토익 빈출 유형
- 빈칸 채우고 정답 맞추기
- QUIZ 풀어보기
- This is it!
- 실전문제

Day 03   What, Which 의문문

다음은 What 의문문에 자주 나오는 어휘 표현입니다. 단어를 귀로 듣고 눈으로 읽으며 의미와 함께 외우고, 예문을 보면서 어떻게 사용되는지도 알아두세요.

 토익 빈출 단어   🎧 Part 2-3-1

①　payment [péimənt] 지불
　　Q. What form of <u>payment</u> do you prefer? 무엇으로 결제하시겠어요?
　　A. I'll use a credit card. 신용카드를 사용하겠습니다.

②　working hours 영업시간
　　Q. What are the <u>working hours</u> of the restaurant? 레스토랑의 영업시간은 어떻게 되죠?
　　A. We are open from 10 A.M. to 9 P.M. 오전 10시부터 오후 9시까지입니다.

③　intend to ~할 작정이다
　　Q. What does Tom <u>intend to</u> do after he retires? 탐은 은퇴 후에 무엇을 할 작정이죠?
　　A. He wants to travel in Europe. 그는 유럽을 여행하고 싶어 해요.

④　reserve [rizə́ːrv] 예약하다
　　Q. Which car should I <u>reserve</u> for you? 어떤 종류의 차를 예약해 드려야 하죠?
　　A. One that's reasonably priced. 가격이 적당한 차요.

⑤　lock the door 문을 잠그다
　　Q. Which key do I use to <u>lock the door</u>? 문을 잠그려면 어떤 열쇠를 사용해야 하죠?
　　A. Try this one. 이 열쇠로 해 보세요.

⑥　go well 잘 어울리다
　　Q. Which necktie looks better with my suit? 어떤 넥타이가 제 정장과 잘 어울려요?
　　A. I think this <u>goes well</u> with your suit. 제 생각에는 이 넥타이가 당신 정장과 잘 어울려요.

● **다양한 용법의 What 관용표현 모음**
다음은 문제를 풀 때 알아두어야 할 What 관용표현입니다. 비슷한 것들끼리 헷갈리지 않게 확실히 외워두세요.

What brings you here? 여기 무슨 일로 왔나요?
What is the seminar about? 무엇에 관한 세미나인가요?
What does he do for a living? 그의 직업은 무엇인가요?
What does she look like? 그녀는 어떻게 생겼나요? (외모)
What does your secretary like? 새 비서는 어떤가요? (성격)
What's your extension number? 당신의 내선번호는 무엇인가요?
What if there is an accident? 사고가 나면 어떻게 하죠?
What made you so late? 왜 이렇게 늦었어요?
What do you think of my plan? 제 계획 어때요?

What 의문문은 다양한 해석이 가능하면서, 다른 의문사의 의미까지도 포함합니다. '무엇'이라고만 해석하면 정답을 찾기가 어렵기 때문에 관용적 용법들을 미리 암기해 둡시다.

● 비용 · 요금/방법을 묻는 유형

Q. **What's the cost of shipping?**
선박 요금은 얼마죠?

A. **It depends on the weight.**
무게에 따라 다릅니다.

Q. **What's the best way to get to the airport?**
공항으로 가는 가장 좋은 방법은 뭐죠?

A. **Take a taxi.**
택시를 타세요.

● 날씨/문제점을 묻는 유형

Q. **What's the weather like tomorrow?**
내일 날씨가 어떨까요?

A. **I think you should bring your jacket.**
저는 당신이 재킷을 가져오는 게 좋을 것 같아요.

Q. **What happened to the meeting?**
회의는 어떻게 된 거죠?

A. **Oh, it was canceled.**
오, 그것은 취소되었어요.

● 시간을 묻는 유형

Q. **What's the deadline for this report?**
이 보고서 마감 기한이 언제죠?

A. **Next Friday.**
다음 주 금요일이에요.

● 간접적 유형의 답변

Q. **What's the name of the new museum?**
새 박물관 이름은 뭐죠?

A. **Actually, I'm not sure.**
사실 저도 모릅니다.

● 의문 형용사로 쓰인 what 유형

Q. **What kind of job are you looking for?**
어떤 종류의 일을 찾고 있죠?

A. **I'm interested in Marketing.**
저는 마케팅에 관심이 있어요.

Q. **What time do you leave for Bangkok?**
방콕으로 몇시에 출발하죠?

A. **My plane leaves at 10 A.M.**
제 비행기는 오전 10시에 출발합니다.

Words

shipping [ʃípiŋ] 선박 | **depend on** ～에 달려 있다; ～에 의존하다 | **deadline** [dédlàin] 마감 시간, 기한

Part 1
Part 2
Part 3
Part 4

Which 의문문은 특정한 다수의 사람이나 사물 중에서 하나를 고르라는 의문문입니다. 정해져 있는 범위 내에서 고르라는 문제기 때문에, 정답으로는 부정대명사인 the one이 포함된 답변이 주로 출제됩니다.

● **the one이 들어간 답변**

Q. Which scarf do you think I should buy?
어떤 스카프를 사야할까요?

A. The one with the black stripes.
검은색 줄무늬가 있는 스카프요.

Q. Which computer is for the new employee?
어떤 컴퓨터가 신입 사원을 위한 거죠?

A. The one on the shelf.
선반 위에 있는 컴퓨터요.

● **사람을 묻는 유형**

Q. Which of you revised the contract?
당신들 중 누가 계약서를 수정했죠?

A. Julie did it.
줄리가 했어요.

● **선택의문문 유형**

Q. Which restaurant should we eat dinner at?
어느 식당에서 저녁을 먹어야 할까요?

A. Either one is fine.
아무 곳이나 괜찮아요.

● **반문하는 유형의 답변**

Q. Which hotel should I book for the clients?
고객들을 위해 어느 호텔을 예약해야 할까요?

A. How about the new one on 5th Avenue?
5번 가에 새로운 호텔은 어때요?

● **간접적 유형의 답변**

Q. Which department does Eugene work for?
유진은 어느 부서에서 일하죠?

A. Actually, I'm not sure.
사실, 저도 모릅니다.

Words

stripe [straip] 줄무늬 | shelf [ʃelf] 선반 | revise [riváiz] 수정하다 | either A or B A와 B 중 하나 | client [kláiənt] 고객

1 What was the _____ about?

(A) _____ benefits.

(B) We discussed the _____.

2 What's the _____ with this copy machine?

(A) We _____ her last week.

(B) It's _____.

3 What's the _____ for that red skirt?

(A) 25 dollars plus _____.

(B) A _____ size.

4 What _____ I do with these pamphlets?

(A) Put them in the _____.

(B) It was our _____ event.

(C) _____ very much.

5 Which office is the most _____ for our meeting?

(A) The one on the _____.

(B) He has gone _____ to the office.

(C) I'm _____ to meet you.

QUIZ 풀어보기 Part 2-3-5

1 What's the new assistant's name? (A) (B)

2 What do you need for your trip? (A) (B)

3 Which applicant will you hire? (A) (B)

4 What should we bring to the reception? (A) (B)

5 What did you think of the movie? (A) (B)

다음은 How 의문문에 자주 나오는 어휘 표현입니다. 단어를 귀로 듣고 눈으로 읽으며 의미와 함께 외우고, 예문을 보면서 어떻게 사용되는지도 알아두세요.

 토익 빈출 단어 🎧 Part 2-3-6

① **contract** [kάntrækt] 계약서
Q. How am I supposed to send the contract? 계약서를 어떻게 보내야 할까요?
A. By express mail. 속달 우편으로요.

② **shipment** [ʃípmənt] 선적
Q. How soon will the shipment arrive? 선적은 얼마나 빨리 도착할까요?
A. Tomorrow morning. 내일 아침이요.

③ **subscription** [səbskrípʃən] 정기구독
Q. How do I cancel my subscription? 정기구독을 어떻게 취소하나요?
A. Call the customer service number. 고객서비스 번호로 전화하세요.

④ **expense report** 지출 보고서
Q. How often do you submit the expense report? 지출 보고서를 얼마나 자주 제출하나요?
A. Every two weeks. 2주 마다요.

⑤ **apply for** ~에 지원하다
Q. How many people have applied for the position? 얼마나 많은 사람들이 그 자리에 지원했죠?
A. Only a couple so far. 지금까지 두 명 정도요.

⑥ **these days** 요즘
Q. How are the sales figures these days? 요즘 판매수치는 어때요?
A. They are better than I expected. 기대했던 것 보다 좋아요.

● **필수적으로 알아야 할 How 관련 표현**
다음은 문제를 풀 때 알아두어야 할 How 관련 표현입니다. 비슷한 것들끼리 헷갈리지 않게 확실히 외워두세요.

방법 · 수단	상태 · 의견	빈도 · 숫자
on foot 걸어서	fine 괜찮은	almost 거의
in person 직접	better 더 좋은	around 대략
messenger 배달원	boring 지겨운	at least 최소한
fill out (양식을) 작성하다	useful 유용한	approximately 대략
by air 항공편으로	perfect 완벽한	every week 매주
by mail 우편으로	helpful 도움이 되는	on Sundays 일요일마다
by subway 지하철로	impressive 인상적인	quarterly 분기마다
pay in cash 현금으로 지불하다	interesting 흥미있는	once a month 한 달에 한 번
through the internet 인터넷으로	pretty well 대단히 잘	twice a year 일 년에 두 번

토익 빈출 유형

🎧 Part 2-3-7

How 의문문도 What 의문문과 마찬가지로 다양하게 활용됩니다. How만 듣고 해석을 하는 것이 어렵기 때문에 용법을 잘 익혀두어야 합니다. 특히 'How + 형용사/부사' 구문은 정답이 거의 정해진 패턴이므로 외워둡시다.

● 교통수단을 묻는 유형

Q. How are we going to the airport?
공항까지 어떻게 가죠?

A. By taxi.
택시로요.

Q. How do you commute to work?
어떻게 통근하시죠?

A. Usually by subway.
보통 지하철을 타요.

● 의견을 묻는 유형

Q. How was the sales meeting?
영업 회의는 어땠나요?

A. Very useful.
매우 유용했어요.

● 방법을 묻는 유형

Q. How can I contact him?
그에게 어떻게 연락하죠?

A. I'll give you his e-mail address.
내가 당신에게 그의 이메일 주소를 줄게요.

Q. How can I sign up for the class?
그 강좌에 어떻게 신청하죠?

A. You can register online.
당신은 온라인을 통해서 신청할 수 있어요.

● 수량을 묻는 유형

Q. How many tickets do you need?
표가 몇 장 필요하세요?

A. Just two, for my parents.
부모님 드릴 두 장이요.

● 가격을 묻는 유형

Q. How much does this shirt cost?
이 셔츠 가격 얼마죠?

A. 50 dollars.
50달러입니다.

● 빈도를 묻는 유형

Q. How often do you wash your car?
얼마나 자주 당신의 차를 세차하나요?

A. At least twice a week.
적어도 일주일에 두 번 정도요.

Part 1
Part 2
Part 3
Part 4

● 기간을 묻는 유형

Q. How long does it take to Tokyo?
도쿄까지 얼마나 걸리죠?

A. About two hours by plane.
비행기로 대략 두 시간요.

● 거리를 묻는 유형

Q. How far is it to the hotel?
호텔까지 거리가 얼마나 되나요?

A. About five miles.
약 5마일 정도요.

Words

contact [kάntækt] 연락하다 | at least 적어도[최소한]

들려주는 문장을 잘 듣고 빈칸을 채운 후, 정답을 골라보세요.
음성은 각 나라 발음으로 2번 들려드립니다.　　🎧 Part 2-3-8

1　How _____ is the museum open?

(A) _____ 7 P.M.

(B) I can't sleep _____ .

2　How _____ can you be here?

(A) Yes, they _____ here.

(B) I can be _____ in 10 minutes.

3　How do I call the _____ desk?

(A) It's _____ 24 hours.

(B) Just _____ 0.

4　How long is the _____ to Paris?

(A) A long time _____ .

(B) _____ 11 hours.

(C) By _____ , I think.

5　How _____ do you visit your family in LA?

(A) A _____ of times a year.

(B) I have two _____ .

(C) No, It was a _____ trip.

QUIZ 풀어보기　　　　　　　　　　　　　　　　🎧 Part 2-3-9

1　How do I start the microwave oven?　　　　(A)　(B)

2　How did your interview go?　　　　　　　　(A)　(B)

3　How would you like your coffee?　　　　　　(A)　(B)

4　How was the French class?　　　　　　　　(A)　(B)

5　How should we celebrate Gary's birthday?　(A)　(B)

What / How 의문문은 가장 어렵다고 느껴지는 의문사 의문문입니다. 용법 및 쓰임새가 다양하며 의문사만 듣고 정답을 고를 확률이 적습니다. 따라서 관용적인 표현들은 통째로 암기하는 것이 좋습니다. 다음을 보고 What / How 의문문의 다양한 유형들을 파악해 보세요.

1 What's the 명사 ～ ? : 명사와 관련된 표현이 정답이다.

의문사 What은 뒤에 나온 명사에 따라 뜻이 정해지는 특징이 있습니다.

❶ What's the price, cost, charge, fee(가격명사) ～ ? = how much
   Q. What's the price of the bag? 그 가방의 가격이 얼마죠?

❷ What's the place, location, site(장소명사) ～ ? = where
   Q. What's the best place to get good furniture? 좋은 가구를 사기에 좋은 장소는 어디죠?

❸ What's the hours, due date, deadline(기간명사) ～ ? = when
   Q. What's the deadline for the report? 보고서 마감기한은 언제죠?

❹ What's the way, number, address(기타명사) ～ ? = 방법(how), 전화번호, 주소를 묻는 질문
   Q. What's the fastest way to get to downtown? 시내로 가는 가장 빠른 방법 뭐죠?

2 YES/NO 응답이 가능한 How 의문문이 있다.

의문사로 시작하는 의문문의 경우 Yes/No 응답이 불가능하지만, 관용적인 용법으로 제안·요청문처럼 해석될 경우 Yes/No 응답이 가능합니다.

Q. How about going for a walk? 산책하러 갈까요?
A. Yes, that would be great. 네, 좋아요. (Yes 응답이 가능하다)

3 How long 의문문에서 When 의문문에 대한 답변이 들리면 오답이다.

앞서 공부했듯이 How long 의문문과 When 의문문은 주로 숫자가 포함된 답변이 출제되므로 혼동되기 쉽습니다. When은 특정시점을, How long은 기간을 물어보므로 주의해야 합니다.

Q. How long have you been working here? 여기서 일하신지 얼마나 됐어요?
A. Almost three years. 거의 3년이요. (정답)
   A few weeks ago. 몇 주 전에요. (오답 – 의문사 when에 대한 답변)

4 기타 How 의문사의 관용적 표현들

Q. How did your presentation go? 발표는 어떻게 되었죠?
   ▶ '가다'라고 해석하지 않게 주의
A. Pretty well. 꽤 잘했어요.
Q. How do you like your new desk? 새로운 책상은 마음에 드나요?
   ▶ '～는 마음에 드니?'라는 표현으로 상대방의 의견을 물어볼 때 쓰임
A. It looks really nice. 정말 좋아 보이네요.

녹음된 내용을 듣고 질문에 알맞은 응답을 고르세요.

Part 2-3-10

1	Mark your answer.	(A)	(B)	(C)
2	Mark your answer.	(A)	(B)	(C)
3	Mark your answer.	(A)	(B)	(C)
4	Mark your answer.	(A)	(B)	(C)
5	Mark your answer.	(A)	(B)	(C)
6	Mark your answer.	(A)	(B)	(C)
7	Mark your answer.	(A)	(B)	(C)
8	Mark your answer.	(A)	(B)	(C)
9	Mark your answer.	(A)	(B)	(C)
10	Mark your answer.	(A)	(B)	(C)
11	Mark your answer.	(A)	(B)	(C)
12	Mark your answer.	(A)	(B)	(C)

Part 1
Part 2
Part 3
Part 4

완전절친
TOEIC 스타트 LC

조동사 / 간접 의문문

- 토익 빈출 단어
- 토익 빈출 유형
- 빈칸 채우고 정답 맞추기
- QUIZ 풀어보기
- This is it!
- 실전문제

Day 04 조동사 의문문

다음은 조동사 의문문에 자주 나오는 어휘 표현입니다. 단어를 귀로 듣고 눈으로 읽으며 의미와 함께 외우고, 예문을 보면서 어떻게 사용되는지도 알아두세요.

리스닝 TIP

문장 전체를 다 듣기가 어렵다면 3~4 단어만 정확하게 들어보세요. Part 2에서는 3~4단어(주어, 동사, 목적어)만 제대로 들어도 문장의 의미 파악이 가능하기 때문이에요.

 ## 토익 빈출 단어 🎧 Part 2-4-1

1 fill out (서류·양식 등) 작성하다, 기입하다
　Q. Should I fill out this form for you?
　　제가 당신을 위해서 이 양식을 작성해야 할까요?
　A. That will be a great help.
　　그건 큰 도움이 될 겁니다.

2 be able to + 동사원형 ~을 할 수 있다
　Q. Were you able to sleep on the plane?
　　당신은 비행기에서 잠을 잘 수 있었나요?
　A. Only for a few hours.
　　고작 몇 시간이요.

3 assignment [əsáinmənt] 업무, 과제
　Q. Have you completed the assignment? 당신은 업무를 끝냈나요?
　A. I'm almost done. 저는 거의 끝냈어요.

4 telephone directory 전화번호부
　Q. Don't you have a copy of the telephone directory? 당신은 전화번호부 한 권을 가지고 있지 않나요?
　A. Yes, but it's in my office. 예. 하지만 그것은 제 사무실에 있습니다.

5 look forward to ~를 기대하다, 고대하다
　Q. Aren't you coming to the yoga class tomorrow? 당신은 내일 요가 수업에 오지 않나요?
　A. I'm looking forward to it. 저는 수업을 기대하고 있습니다.

6 sell well 잘 팔리다
　Q. Did this product sell well in Mexico? 이 상품이 멕시코에서 잘 팔렸나요?
　A. Yes, and also in Asia. 예. 아시아에서도 잘 팔렸어요.

7 put in for 신청·요청하다
　Q. Have you put in for your vacation? 당신은 당신의 휴가를 신청했나요?
　A. Not yet. 아직요.

Be 동사, 일반 동사(Do, Have), 조동사(Can, May, Will, Should 등)로 시작하는 의문문을 모두 말합니다. 대부분 Yes/No로 응답하거나 가끔 Yes/No가 생략되고 문제에 대한 부연설명이 나옵니다.

● **Be 동사로 시작하는 의문문**

Q. Was the fax machine off all night?
팩스 기계가 밤새 꺼져 있었나요?

A. Yes, I think it's broken.
예, 제 생각에는 그것은 고장난 것 같아요.

Q. Are you working on the new plan?
새 계획을 작업하고 있나요?

A. No, I'm busy.
아니요, 전 바쁩니다.

Q. Is Alan coming to the party?
알란은 파티에 오나요?

A. He's planning to attend.
그는 참석할 예정입니다.

● **Do 동사, Have 동사로 시작하는 의문문**

Q. Do you want to go to a concert tonight?
당신은 오늘 밤 콘서트에 가고 싶나요?

A. I'll be out of town.
저는 오늘 밤에 여기 없을 겁니다.

Q. Have you already booked a flight?
당신은 벌써 항공편을 예약했나요?

A. No, not yet.
아니요, 아직 못 했어요.

Q. Has Mr. Gomez hired an assistant?
고메즈 씨는 조수를 고용했나요?

A. She started work yesterday.
그녀는 어제 일을 시작했어요.

● **기타 조동사(Can, May, Will, Should 등)로 시작하는 의문문**

조동사 Can (허락 여부를 물을 때) ~해도 될까요? (도움을 구할 때) ~해 주겠니?, May (정중한 질문 · 논평 등에서) ~해도 될까요?, Will (부탁을 할 때) ~해도 되겠니? 로 시작하는 의문문입니다.

Q. Can I help you, Sir?
제가 도와드릴까요?

A. Yes, I'm looking for a green shirt.
예, 저는 초록색 셔츠를 찾고 있어요.

Q. May I buy you a dinner?
제가 저녁 사 드릴까요?

A. I've already eaten, thanks.
벌써 먹었어요, 감사합니다.

Q. Will you please go over the report?
보고서 좀 검토해 줄래요?

A. I'd be happy to.
기꺼이 해 드리죠.

Words

tomorrow [təmάːrrou] 내일 | product [prάːdʌkt] 상품, 제품 | out of town 도시를 떠나서 | book [buk] (비행기 등의 좌석을) 예약하다 | assistant [əsístənt] 조수, 보조원 | look for ~을 찾다 | go over ~을 검토하다

1 May I _____ your umbrella?

   (A) I'll _____ you some money.

   (B) Yes, of _____.

2 Did you go to the _____ workshop?

   (A) No, I _____ it.

   (B) At the _____ center.

3 Was that the _____ bus to 5th Avenue?

   (A) _____ five kilometers.

   (B) No, there's _____ one soon.

4 Do you think the copy machine can be _____?

   (A) There's coffee in the _____ room.

   (B) _____ me a copy of the report.

   (C) Yes, a technician will _____ it tomorrow.

5 Have you seen my green _____?

   (A) No, I already _____ them.

   (B) I'll _____ the red one.

   (C) Check the top _____.

QUIZ 풀어보기 Part 2-4-4

1 Are you going to the dance festival?   (A)   (B)

2 Have you finished the marketing report?   (A)   (B)

3 Can you make a call to the taxi company?   (A)   (B)

4 Is the new Italian restaurant expensive?   (A)   (B)

5 Have you seen the manager lately?   (A)   (B)

다음은 간접 의문문에 자주 나오는 어휘 표현입니다. 단어를 귀로 듣고 눈으로 읽으며 의미와 함께 외우고, 예문을 보면서 어떻게 사용되는지도 알아두세요.

 토익 빈출 단어　　　　　🎧 Part 2-4-5

①　shortcut [ʃɔ́ːrtkʌ̀t] 지름길

　Q. Do you know a <u>shortcut</u> to the station?
　　역으로 가는 지름길을 아세요?
　A. This is the only way.
　　이것이 유일한 길입니다.

②　be scheduled to ~할 예정이다

　Q. Do you know when Alice <u>is scheduled to</u> come here?
　　당신은 앨리스가 언제 여기로 오기로 되어 있는지 알고 있나요?
　A. At 3 P.M.
　　오후 3시입니다.

③　appointment [əpɔ́intmənt] 약속

　Q. May I ask why you canceled the <u>appointment</u>? 당신이 왜 약속을 취소했는지 물어봐도 될까요?
　A. I had an urgent meeting. 긴급한 회의가 있었어요.

④　carry [kǽri] 취급하다

　Q. I wonder if you <u>carry</u> a digital camera. 당신이 디지털 카메라를 취급하는지 궁금합니다.
　A. You'll find it in the front. 앞 쪽에서 찾으실 수 있습니다.

⑤　promote [prəmóut] 승진하다, 촉진하다

　Q. Did you hear (that) Helen's been <u>promoted</u>? 당신은 헬렌이 승진했다는 소식 들었나요?
　A. Yes, she really deserves it. 예. 그녀는 정말 그럴만해요.

⑥　stop by ~에 들르다

　Q. Do you think Sam is <u>stopping by</u> the grocery store today?
　　당신 생각에 샘은 오늘 식료품점에 들를 것 같나요?
　A. Yes, he'll be here at 2. 그는 2시에 여기로 올 거예요.

토익 빈출 유형 Part 2-4-6

간접 의문문에는 중간에 의문사가 들어가 있는 의문문이 있습니다. 이 유형의 경우 문장 중간에 나오는 의문사를 잘 들어야 합니다. 의문사와 관련된 대답이 정답이기 때문입니다.

● **의문사 간접 의문문(Do you know + 의문사 ~?)**

Q. Do you know where the copy room is?
당신은 복사실이 어디 있는지 알고 있나요?

A. On the 5th floor.
5층에 있습니다.

Q. Do you know who took notes at the meeting?
당신은 누가 회의에서 필기했는지 알고 있나요?

A. I think Martin did.
제 생각엔 마틴이 했어요.

Q. Do you know how often the bus comes?
당신은 버스가 얼마나 자주 오는지 알고 있나요?

A. Every thirty minutes.
30분마다 옵니다.

● **기타 형태의 의문사 간접 의문문**

Q. Did you find what's wrong with the copier?
당신은 복사기에 무슨 일이 있는지 알아냈나요?

A. It needed a new toner.
새 토너가 필요했어요.

Q. Can you tell me how to fix the printer?
당신은 나에게 프린터 고치는 방법을 말해줄 수 있나요?

A. I'm sorry I don't know.
죄송하지만 저도 몰라요.

● **의문사가 없는 간접 의문문**

문장 중간에 의문사 없이 명사절 접속사 that이 들어가 있는 형태가 있습니다. 여기서 that은 생략되기도 합니다.

Q. Do you think I should call the director?
당신은 제가 이사님께 전화를 해야 한다고 생각하나요?

A. No, he's out of town.
아니요, 그는 출장 갔어요.

Q. Do you know if Susan is coming for a party?
당신은 수잔이 파티에 오는지 혹시 알고 있나요?

A. Let me ask her.
그녀에게 물어볼게요.

● **평서문 형태의 간접 의문문**

Q. I wonder how long she has been in China.
저는 그녀가 중국에 얼마나 있었는지 궁금해요.

A. For three years, I guess.
3년이라고 한 것 같아요.

Q. I don't know how to operate this machine.
이 기계를 어떻게 작동하는지 모릅니다.

A. Let me show you.
제가 보여드릴게요.

Words

cancel [kǽnsəl] 취소하다 | urgent [ə́ːrdʒənt] 긴급한 | deserve [dizə́ːrv] ~을 받을 만하다 | grocery store 식료품점 | take notes 필기하다 | toner [tóunər] (복사기 등의) 토너 | director [diréktər;dairéktər] 임원[이사] | wonder [wʌ́ndər] 궁금하다 | operate [ɑ́pərèit] (기계가 특정 방식으로) 작동하다

1 Do you know where the _____ office is ?

　(A) Yes, _____ me.
　(B) A meeting has been _____.

2 Do you know when the report is _____?

　(A) Not _____ next week.
　(B) I'm not a _____.

3 Do you know who Jenny is meeting _____?

　(A) A new _____.
　(B) The _____ room.

4 Do you know why the _____ is closed?

　(A) I can _____ the book.
　(B) They've changed their _____.
　(C) Close to the bus _____.

5 Do you think we should get a new _____ for the next presentation?

　(A) The manager is _____ it.
　(B) He wasn't _____ at the meeting.
　(C) The president _____ the new project.

QUIZ 풀어보기 🎧 Part 2-4-8

1 Can you tell me where Terry is working?　　(A)　(B)

2 Do you know how often the train comes?　　(A)　(B)

3 Do you know why Mr. Miller is moving?　　(A)　(B)

4 Do you know how many people are coming?　　(A)　(B)

5 Do you know why the fax machine isn't working?　　(A)　(B)

This is it!

부정어 not이 들어간 의문문은 토익에서 크게 두 가지로 나뉩니다. 첫째는 의문문 형태의 부정 의문문이 있고 둘째는 평서문 안에 부정어인 not이 들어간 형태입니다. 하지만 평서문으로 출제되는 경우는 별로 없고 평서문 뒤에 꼬리말이 붙은 부가 의문문 형태로 출제됩니다.

1 의문문 형태의 부정 의문문

다음 두 문장을 비교해보세요.

Q. Have we met before? 우리 전에 만난 적 있던가요?

Q. Haven't we met before? 우리 전에 만난 적 있지 않나요?

두 문장의 의미가 다른 것처럼 보이지만 응답은 같습니다. 만난 적 있다면 Yes, 만난 적이 없다면 No로 대답합니다. 부정어는 대답에 있어 전혀 영향을 주지 않습니다.

위 질문에 대한 응답은 이렇습니다.

A. Yes, at the workshop in Taipei. 예, 타이베이에서 있었던 워크숍에서요.

A. No, I don't think so. 아니요, 그런 것 같지 않습니다.

2 의문문 형태의 부정 의문문 Yes/No 응답 방법

❶ 부정어 not을 빼고 긍정어로 바꿔 해석한다. **ex.** Isn't → Is, Won't → Will

❷ 내용부분(문장에서 '동사 + 목적어' 부분)이 긍정이면 Yes, 부정이면 No로 답한다.

3 문제 풀어보기(Yes/No 중 한 곳에 동그라미하세요)

❶ Don't you have a doctor's appointment today?   [Yes / No], I'd better go.

❷ Won't you be coming to dinner with us?   [Yes / No], I can't.

❸ Shouldn't we take a coffee break?   [Yes / No], that would be nice.

❹ Haven't you been to our factory before?   [Yes / No], this is my first time.

❺ Didn't you receive training yesterday?   [Yes / No], I wasn't there.

❻ Doesn't the package come today?   [Yes / No], in the afternoon.

❼ Aren't you coming to the meeting tomorrow?   [Yes / No], if possible.

❽ That is not today's paper, is it?   [Yes / No], I bought it this morning.

❾ This isn't your own plan, is it?   [Yes / No], it's Sara's plan.

❿ Tom hasn't finished the report, has he?   [Yes / No], he's working on it.

Words

appointment [əpɔ́intmənt] 약속 | had better [bétər] (~하는 것이) 좋을 것이다 | coffee break (일을 잠깐 쉬며 커피를 마시는) 휴식 시간 | training [tréiniŋ] 교육, 훈련 | package [pǽkidʒ] 소포

녹음된 내용을 듣고 질문에 알맞은 응답을 고르세요.

Part 2-4-9

1 Mark your answer. (A) (B) (C)

2 Mark your answer. (A) (B) (C)

3 Mark your answer. (A) (B) (C)

4 Mark your answer. (A) (B) (C)

5 Mark your answer. (A) (B) (C)

6 Mark your answer. (A) (B) (C)

7 Mark your answer. (A) (B) (C)

8 Mark your answer. (A) (B) (C)

9 Mark your answer. (A) (B) (C)

10 Mark your answer. (A) (B) (C)

11 Mark your answer. (A) (B) (C)

12 Mark your answer. (A) (B) (C)

Part 1

Part 2

Part 3

Part 4

완전절친
TOEIC 스타트 LC

Part 2
Day 5

선택 / 제안 · 요청 의문문

- 토익 빈출 단어
- 토익 빈출 유형
- 빈칸 채우고 정답 맞추기
- QUIZ 풀어보기
- This is it!
- 실전문제

다음은 선택 의문문에 자주 나오는 어휘 표현입니다. 단어를 귀로 듣고 눈으로 읽으며 의미와 함께 외우고, 예문을 보면서 어떻게 사용되는지도 알아두세요.

 토익 빈출 단어 🎧 Part 2-5-1

① **afford to** ~할 여유가 있다, 형편이 되다

Q. Are you going to buy a car or rent one?
당신은 차를 살 건가요, 아니면 임대할 건가요?

A. Actually, I can't afford to buy a car.
사실, 차를 살만한 여유는 없어요.

② **miss the deadline** 마감일을 못 맞추다

Q. Have you submitted the report or did you miss the deadline?
당신은 보고서를 제출했나요, 아니면 마감일을 못 맞췄나요?

A. I turned it in this morning.
저는 오늘 아침에 제출했어요.

③ **job fair** 취업 박람회

Q. Will you be at the job fair or are you busy? 당신은 취업 박람회에 갈 건가요, 아니면 바쁜가요?

A. I really should be there. 저는 정말로 거기에 가야해요.

④ **proofread** [prúːfriːd] 교정을 보다

Q. Can you proofread the proposal now or later? 당신은 지금이나 나중에 제안서를 교정 봐주실 수 있나요?

A. Anytime is OK. 아무 때나 괜찮습니다.

⑤ **prefer** [prifə́ːr] ~을 (더) 좋아하다, 선호하다

Q. Do you prefer a table inside or outside? 자리(테이블)는 안쪽이 좋으세요, 아니면 바깥쪽이 좋으세요?

A. Outside would be better. 바깥쪽이 더 좋아요.

⑥ **the day after tomorrow** 모레

Q. Is the package arriving today or tomorrow? 소포는 오늘 도착하나요, 아니면 내일 도착하나요?

A. It'll be here the day after tomorrow. 그것은 모레 도착할 겁니다.

토익 빈출 유형 🎧 Part 2-5-2

선택 의문문은 질문 속에 'A or B'의 구조가 들어간 의문문으로 다양한 답변이 가능합니다. 다양한 경우의 답변 중에서 A, B 답변이 우회적으로 표현된 경우와 '상관없다' 종류의 답변이 빈출 유형입니다.

● A와 B 중 하나를 선택

A or B 의문문에서 A와 B 중 하나를 선택하여 직접적으로 대답합니다.

> **Q. Are you ready to order now or a few minutes later?**
> 당신은 지금 주문할 준비가 되셨나요, 아니면 몇 분 후에 하실 건가요?
> **A. Later is better for me.** 저는 잠시 후에 하는 것이 좋겠습니다.
>
> **Q. Do you want me to call you or send you an e-mail?**
> 제가 전화해드릴까요, 아니면 이메일을 보내드릴까요.
> **A. I prefer e-mail.** 저는 이메일이 좋아요.

● A와 B 중 하나를 선택하고 다른 표현으로 바꿔 답하는 경우

A or B 의문문에서 하나를 선택해서 다른 표현으로 바꿔서 대답합니다.

> **Q. Is it better to drive or take the express bus to Florida?**
> 플로리다까지 운전하는 것이 나은가요, 아니면 고속버스를 타는 것이 나은가요?
> **A. It's faster by car.** 차가 더 빠릅니다.
>
> **Q. Can you give me a hand now or are you doing something?**
> 지금 저를 도와주실 수 있나요, 아니면 할 일이 있으신가요?
> **A. I'm free until noon.** 정오까지는 시간이 있습니다.

● A, B 모두 좋다 / A, B 모두 아니다

A or B 의문문에서 둘 다 좋다고 하거나, 둘 다 아니라고 하는 대답이 나오기도 합니다.

> **Q. Which scarf do you like better the red or the pink?**
> 빨간색 혹은 분홍색 스카프 중에서 어느 것이 좋나요?.
> **A. They both look nice.** 둘 다 좋아 보이네요
>
> **Q. Is this year's trade fair going to be in New York or Seattle?**
> 올해 무역 박람회는 뉴욕에서 있나요, 아니면 시애틀에서 있나요?
> **A. Neither. It will be held in London.** 둘 다 아닙니다. 런던에서 열릴 예정입니다.

Words

afford [əfɔ́ːrd] ~할 여유가 되다 | express bus 고속버스 | give a hand 도와주다 | trade fair 무역[산업] 박람회 | neither [náiːðər; níːðər] (둘 중) 어느 것도 ~아니다

● 상관없다 응답

Q. Would you prefer a window seat or an aisle?
창가 혹은 통로 쪽 좌석 중 어떤 것을 선호하세요?
A. It doesn't matter. 아무것이나 상관없어요.

Q. Can you revise the proposal now or later?
제안서를 지금 수정할 수 있나요, 아니면 나중에 수정할 수 있나요?
A. Anytime is OK with me. 아무 때나 괜찮아요.

● A, B가 아닌 제 3의 답변

Q. Are you going home or can you join us for dinner?
당신은 집에 가나요, 아니면 우리와 함께 저녁식사 할 수 있나요?
A. Oh, what time is the dinner? 아, 식사는 몇 시죠?

Q. Should we call Kate before or after we arrive in LA?
우리는 케이트에게 LA 도착 전에 전화해야 하나요, 아니면 후에 해야 하나요?
A. Let's call her now. 지금 그녀에게 전화해 봅시다.

● 간접적 · 회피성 응답

아직 결정하지 않았다, 잘 모르겠다 등과 같이 간접적, 회피성으로 응답하는 경우도 많습니다.

Q. Are you going to promote Mr. Smith or hire someone new?
스미스 씨를 승진 시킬 건가요, 아니면 새로운 사람을 고용할 건가요?
A. I haven't decided yet. 아직 결정하지 않았어요.

Q. Is the vice president here today or is he still in Greece?
부사장님이 이곳에 있나요, 아니면 아직도 그리스에 있나요?
A. I'm not sure. Why don't you ask his secretary?
잘 모르겠어요. 그의 비서에게 물어보는 게 어때요?

Words

aisle [ail] 통로 | revise [riváiz] 수정[개정]하다 | vice president 부사장

선택 의문문 빈출 답변

선택 의문문에서 질문의 보기(A or B)로 자주 나오는 구문입니다. 대화에 자주 등장하니 반드시 암기해 두세요.

유형	필수 암기 구문
A 또는 B	now or later 지금 아니면 나중에 today or tomorrow 오늘 아니면 내일 fax or e-mail 팩스 혹은 이메일 this year or next 올해 아니면 내년 a table inside or on the patio 실내 테이블 혹은 테라스 a window or an aisle seat 창가 쪽 혹은 통로 쪽

답변으로 어떤 것이든지 상관없다고 하거나, 둘 다 좋다/싫다, 혹은 기타 의견을 표현할 때 다음과 같이 나타냅니다.

유형	필수 암기 구문
상관없다	Either will be fine. 어느 쪽도 괜찮아요. It doesn't matter. 상관없어요. Whatever you want. 원하시는 대로요. It's up to you. 당신이 결정해요. I don't care. 상관없어요. I have no preference. 선호하는 게 없어요.
둘 다 좋다 둘 다 싫다	I like both of them. 둘 다 좋아요. I like all of them. 둘 다 좋아요. Neither, thanks. 둘 다 아니에요. I don't like, either. 둘 다 싫어요.
기타 답변	Do you have anything else? 다른 것은 없나요? It's not my decision. 제가 결정할 일이 아니에요. Let me check the schedule. 제가 일정을 확인해 볼게요.

Words

patio [pǽtiòu] 테라스, 베란다 | preference [préfrəns] 선호(도)

1 Would you _____ walk or take a bus?

(A) I like that _____.
(B) Which would you _____?

2 Would you like some sugar or _____ with your coffee?

(A) _____, thanks.
(B) At the _____ cafe.

3 Do you want the information _____ to you by e-mail or by fax?

(A) _____ will be fine.
(B) It hasn't _____.

4 Should I send the document now or after the _____?

(A) _____ of the pages.
(B) I _____ there is.
(C) _____ until after.

5 Would you like to sit in the cafeteria or on the _____?

(A) Let's stay _____.
(B) A _____, please.
(C) No, _____ left.

QUIZ 풀어보기　🎧 Part 2-5-4

1 Do you prefer steak or spaghetti for dinner? (A) (B)

2 Would you like to see a movie or a play? (A) (B)

3 Should we buy some new chairs or keep the old ones? (A) (B)

4 Are you ready to leave now or do you want to stay a while? (A) (B)

5 Are you going to the theater tonight or do you have other plans? (A) (B)

제안 · 요청 의문문

다음은 제안 · 요청 의문문에 자주 나오는 어휘 표현입니다. 단어를 귀로 듣고 눈으로 읽으며 의미와 함께 외우고, 예문을 보면서 어떻게 사용되는지도 알아두세요.

 토익 빈출 단어　　　🎧 Part 2-5-5

❶ calculator [kǽlkjulèitər] 계산기

Q. Can I borrow your <u>calculator</u>?
당신의 계산기를 빌려도 될까요?

A. Help yourself.
그렇게 하세요.

❷ put through (전화로) 연결해주다

Q. Would you like me to <u>put</u> you <u>through</u> to Mr. Collins?
제가 당신을 콜린스 씨에게 전화 연결해 드릴까요?

A. Yes, I'd appreciate that.
예, 고마워요.

❸ document [dάkjumənt] 문서

Q. Could you print out this <u>document</u> for me? 저를 위해 이 문서를 출력해 주시겠어요?

A. I'd be glad to. 기꺼이 그럴게요.

❹ promotion [prəmóuʃən] 승진, 홍보

Q. Why don't you ask for a <u>promotion</u>? 승진을 요청하는 것은 어때요?

A. That's a good idea. 좋은 생각이에요.

❺ apply for 지원하다, 신청하다

Q. Why don't you <u>apply for</u> the job in accounting? 회계부의 일자리에 지원해 보는 건 어때요?

A. That sounds good to me. 저는 좋아요.

❻ give a ride 태워주다

Q. Would you mind <u>giving</u> me <u>a ride</u> to the hospital? 병원까지 좀 태워줄래요?

A. Sorry, my car is being repaired. 미안하지만, 제 차가 수리중입니다.

Would/Could you(~하시겠어요?), How about ~ing/Why don't you(~하는 건 어떠세요?) 등으로 제안하거나 요청하는 의문문이 있습니다. Yes/No 응답이 가능하며 허락하거나 거절하는 표현이 대부분 정답입니다.

● 조동사가 들어간 제안, 권유 의문문

Q. Would you like to try the new Italian restaurant?
새로 생긴 이탈리아 식당에 가 볼래요?
A. That sounds good.
좋아요.

Q. Do you want me to hand out these brochures?
당신은 제가 이 소책자를 나눠주길 원하세요?
A. No, I'll do it.
아니요, 제가 할게요.

Q. Shouldn't we make reservations in advance?
우리가 미리 예약해야 하는 거 아닌가요?
A. I've already made one.
제가 벌써 했습니다.

● 의문사가 들어간 제안, 권유 의문문

의문사로 시작하는 제안, 권유 의문문은 의문사 의문문처럼 들리기 때문에 구분이 필요합니다.

Q. Why don't we talk about it over lunch?
점심 먹으면서 그것에 관해 얘기하는 건 어때요?
A. That's a good idea.
좋은 생각이에요.

Q. Why don't I carry your suitcase?
제가 여행 가방을 들어드릴까요?
A. I can manage, thanks.
혼자 할 수 있어요, 고마워요.

Q. How about taking a ten-minute break?
10분간 쉬는 게 어떨까요?
A. No, I have to finish this.
아니요, 저는 이것을 끝내야 해요.

● 부탁, 요청 의문문

Q. May I borrow that calculator from you?
제가 당신으로부터 계산기 좀 빌려도 될까요?
A. Sure, go ahead.
물론이죠, 그렇게 하세요.

Q. Will you join us for dinner this evening?
오늘 저녁에 우리와 식사 함께 할래요?
A. Sorry, I have other plans.
미안하지만, 다른 일이 있어요.

Q. Can you pick up the buyer at the airport?
당신은 공항에서 바이어를 모셔 올 수 있나요?
A. I can't. I'm in a meeting all day.
안됩니다. 하루 종일 미팅이 있어요.

Words

appreciate [əpríːʃieit] 감사하다 | accounting [əkáuntiŋ] 회계 | brochure [brouʃúər] (안내 · 광고용) 소책자; 브로슈어 | reservation [rèzərvéiʃən] 예약 | in advance 미리[앞서]; 사전에 | suitcase [súːtkèis] 여행 가방 | manage [mǽnidʒ] (어떻게든) ~하다[해내다] | pick up ~를 (차에) 태우러 가다

1 Could you pass me the user's _____ ?

    (A) I _____ him this morning.

    (B) Sure, _____ is it?

2 Would you like to _____ our Tennis Club?

    (A) _____ at lunch time.

    (B) I'd be _____ to.

3 Can anyone take these _____ to the lab?

    (A) It's a _____ question.

    (B) I can do it in a _____ .

4 Would you _____ opening the door?

    (A) On the 4th _____ .

    (B) No, _____ at all.

    (C) It's only _____ in the evening.

5 Why don't we ask the manager for his _____ ?

    (A) It's in _____ .

    (B) A lot of good _____ .

    (C) Is he _____ today?

QUIZ 풀어보기 🎧 Part 2-5-8

1	Could you introduce us?	(A)	(B)
2	Why don't you stop by before noon?	(A)	(B)
3	Could you help me find a shirt in my size?	(A)	(B)
4	Why don't we meet at the cafe after work?	(A)	(B)
5	Would you like to see our latest catalog?	(A)	(B)

Part 1
Part 2
Part 3
Part 4

This is it!

회화체로 쓰이는 문형은 단어 하나하나 이해하려 하면 더 어렵습니다. 아예 문장을 통째로 암기하며 여러 번 따라 읽어보는 게 좋습니다. 다음은 반드시 암기해야 하는 제안·요청 의문문입니다.

1 **Would you mind if 주어 + 동사~? / Do you mind ~ing? (꺼리는지 물어볼 때)**

mind는 '꺼리다, 신경쓰다'의 의미로 'Do you mind opening the door?(문 여는 거 꺼리시나요?)'라고 물을 때 꺼려지면 Yes, 꺼려지지 않는다면 No라고 답해야 맞습니다. 하지만 실생활에서는 수락하는 경우 거의 'sure'라고 대답합니다. 문법적으로만 따진다면 혼동되므로 아예 답변을 암기하는 것이 좋겠습니다.

Would(do) you mind ~ing? 질문에 수락하는 답변	
No, not at all. 아니요, 전혀요.	Sure, no problem. 물론, 문제없어요.
Sure, I'd be happy to. 물론, 기꺼이요.	
= glad, delighted, pleased	

2 **May(Can) I borrow(use)~?**

May(Can) I borrow(use)~?	질문에 허가하는 답변
Can I borrow your ruler?	Go ahead. 그렇게 하세요.
당신의 자 좀 빌려도 될까요?	By all means. 그렇게 하세요.
May I use your computer?	Be my guest. 그렇게 하세요.
당신의 컴퓨터 좀 써도 될까요?	Help yourself. 마음껏 가져다 쓰세요.

3 **Yes/No를 대신하는 긍정과 부정의 표현**

Yes 유형 답변	No 유형 답변
Why not? 물론이죠.	I don't think so. 그렇게 생각하지 않아요.
Absolutely 물론이죠.	No, thanks. 아니요, 감사해요.
Not bad. 괜찮아요.	Not that I know of. 제가 알기로는 아닌 것 같아요.
I'd like that. 저는 좋아요.	I'd rather not. 하지 않는 게 낫겠어요.
I think so. 그런 것 같아요.	I'm sorry I can't. 죄송하지만 안 되겠어요.
Of course. 물론이죠.	I have other plans. 다른 일이 있어요.
That's what I heard. 제가 들은 바로 그래요.	Let me think about it. 생각해 볼게요.

녹음된 내용을 듣고 질문에 알맞은 응답을 고르세요.

🎧 Part 2-5-9

1   Mark your answer.   (A)   (B)   (C)

2   Mark your answer.   (A)   (B)   (C)

3   Mark your answer.   (A)   (B)   (C)

4   Mark your answer.   (A)   (B)   (C)

5   Mark your answer.   (A)   (B)   (C)

6   Mark your answer.   (A)   (B)   (C)

7   Mark your answer.   (A)   (B)   (C)

8   Mark your answer.   (A)   (B)   (C)

9   Mark your answer.   (A)   (B)   (C)

10 Mark your answer.   (A)   (B)   (C)

11 Mark your answer.   (A)   (B)   (C)

12 Mark your answer.   (A)   (B)   (C)

Part 1

Part 2

Part 3

Part 4

완전절친
TOEIC 스타트 LC

평서문 / 부가 의문문

- 토익 빈출 단어
- 토익 빈출 유형
- 빈칸 채우고 정답 맞추기
- QUIZ 풀어보기
- 실전문제

다음은 평서문에 자주 나오는 어휘 표현입니다. 단어를 귀로 듣고 눈으로 읽으며 의미와 함께 외우고, 예문을 보면서 어떻게 사용되는지도 알아두세요.

 토익 빈출 단어   Part 2-6-1

① take off 떠나다

Q. It's the perfect weather for a picnic.
피크닉 가기에 좋은 날씨네요.

A. You're right. Let's take off right now.
맞아요. 지금 떠납시다.

② crowded [kráudid] 붐비는, 복잡한

Q. I can't believe how crowded this store is.
이 가게가 이렇게 붐비다니 믿을 수 없군요.

A. That's because they're having a sale.
가게가 세일을 하고 있기 때문이에요.

③ destination [dèstənéiʃən] 도착지, 목적지

Q. I'm calling to change my destination from LA to New York.
LA에서 뉴욕으로 제 도착지를 변경하려고 전화 드립니다.

A. What is your reservation number? 예약 번호가 어떻게 되죠?

④ report [ripɔ́ːrt] 보고서

Q. I'd like you to finalize the report by tonight.
나는 당신이 오늘 밤까지 그 보고서를 완성해 주었으면 합니다.

A. OK. I'll do my best. 좋아요. 최선을 다할게요.

⑤ board meeting 이사회 (회의)

Q. Let's serve refreshments at the board meeting. 이사회에서 다과를 제공합시다.

A. Where should we get them? 어디에서 사야 하죠?

⑥ deserve ~을 받을 만하다

Q. I think you deserve the promotion this time.
나는 이번에 당신이 승진할 만하다고 생각해요.

A. That's kind of you to say so. 그렇게 말해줘서 고마워요.

⑦ out of ink 잉크가 떨어진

Q. This printer seems to be out of ink. 이 프린터는 잉크가 다 떨어진 것 같아요.

A. Use the one in my office. 제 사무실에 있는 걸 쓰세요.

토익 빈출 유형

🎧 Part 2-6-2

물어보는 형태의 의문문이 아니라, 평서문에 대한 반응을 골라야 하는 유형입니다. 답변을 예측하기가 어렵기 때문에 난이도가 높은 편이며 진짜 실력을 길러야만 해결할 수 있습니다.

● **사실을 전달하는 평서문**

Q. The air conditioner in my office is broken again. 제 사무실에 에어컨이 또 고장 났습니다.
A. OK. We'll call the repair person. 알겠어요. 우리가 수리공에게 전화할게요.

Q. We'll have some buyers from Russia this evening. 오늘 저녁에 러시아에서 바이어들이 옵니다.
A. Then we should prepare for meeting them. 그러면 그들을 맞이할 준비를 해야겠네요.

● **Yes/No 답변**

Q. That grocery store is always very crowded with customers. 저 식료품점은 항상 손님들로 붐비네요.
A. Yes, but the prices are good. 예, 하지만 가격대가 좋아요.

Q. I think we already passed the gas station. 우리는 이미 주유소를 지나친 것 같아요.
A. No, it's still a few blocks up ahead. 아니요. 아직 몇 블록 더 남았어요.

● **Yes/No 생략 답변**

Q. Jeff was promoted to vice president last month. 제프는 지난 달에 부사장으로 승진했어요.
A. He deserves it. 그는 그럴 자격이 있죠.

Q. We'd better review the letter thoroughly before we send it.
우리는 편지를 보내기 전에 철저히 검토하는 게 좋을 것 같아요.
A. I don't think there's enough time. 저는 충분한 시간이 있을 거라고 생각하지 않아요.

Words

have a sale 세일하다 | finalize [fáinəlàiz] 완성하다 | serve [səːrv] 제공하다 | refreshment [rifréʃmənt] 다과 | air conditioner 에어컨 | grocery store 식료품점 | gas station 주유소 | vice president 부사장 | review [rivjúː] 검토하다 | thoroughly [θə́ːrouli] 철저히; 완전히 | enough [ináf] 충분한

● 의견을 제시하는 답변

Q. The last lecture was very helpful. 마지막 강연은 정말 유익했어요.
A. The next one should be even better. 다음 강연은 더 좋을 겁니다.

Q. I think we should hire more employees to meet the deadline.
저는 마감일을 맞추려면 직원을 더 고용해야 한다고 생각해요.
A. Yes, 10 people will be enough. 예, 10명 정도면 충분하겠네요.

● 해결 방안을 제시하는 답변

Q. I can't press the button on my new digital camera. 새로 산 디지털 카메라의 버튼을 누를 수가 없어요.
A. Let me take a look. 어디 좀 봅시다.

Q. I'd like to see the list for the room charges. 객실료 리스트를 보고 싶습니다.
A. I'll make a copy for you. 제가 한 부 복사해 드릴게요.

● 제안 · 요청의 평서문

Q. Let's order new desks and chairs for the conference room. 회의실에 둘 새 책상과 의자를 주문합시다.
A. We can't afford it. 그럴 형편이 안 됩니다.

● 되묻는 형식의 답변

Q. Excuse me, I'm looking for a blouse in my size. 제 사이즈에 맞는 블라우스를 찾고 있습니다.
A. Do you have a special brand in mind? 마음에 드는 브랜드가 있나요?

Words

lecture [lékʧər] 강의, 강연 | deadline [dédlàin] 기한, 마감 시간 | room charge 방값, 숙박료 | conference room 회의실 |
afford [əfɔ́:rd] (〜을 할) 여유가 되다 | have A in mind A를 마음에 두다

빈칸 채우고 정답 맞추기

들려주는 문장을 잘 듣고 빈칸을 채운 후, 정답을 골라보세요.
음성은 각 나라 발음으로 2번 들려드립니다. 🎧 Part 2-6-3

1 I know a _____ to the museum.

   (A) Great. Do you want to _____ a way?

   (B) I _____ a haircut.

2 The _____ will be here any minute.

   (A) I _____ they were coming.

   (B) Make an _____.

3 I think I'm going to _____ this coat to the store.

   (A) _____ you like it?

   (B) You can't use a _____ card.

4 Don't forget to place an ad in the _____ newspaper.

   (A) I've _____ them.

   (B) At the news _____.

   (C) Don't worry, I _____.

5 I don't seem to be able to find my _____.

   (A) Have you _____ in the drawer?

   (B) We haven't _____ that before.

   (C) I _____ the size of the floor.

QUIZ 풀어보기 🎧 Part 2-6-4

1 The new shopping mall is on 5th Avenue.   (A) (B)

2 It looks like the receptionist is still busy.   (A) (B)

3 Mr. Brown'll come in late today.   (A) (B)

4 I think the construction workers left.   (A) (B)

5 Let's share a taxi to the airport.   (A) (B)

Part 1 | Part 2 | Part 3 | Part 4

부가 의문문

다음은 부가 의문문에 자주 나오는 어휘 표현입니다. 단어를 귀로 듣고 눈으로 읽으며 의미와 함께 외우고, 예문을 보면서 어떻게 사용되는지도 알아두세요.

 토익 빈출 단어　　　　　　　　　　　　　　　　　　　Part 2-6-5

①　market research 시장 조사

　Q. Judy hasn't finished the market research, has she?
　　주디는 시장조사를 끝마치지 않았죠, 그렇죠?

　A. No, she's still working on it.
　　예, 여전히 작업 중입니다.

②　reach an agreement 합의에 이르다

　Q. They've already reached an agreement, haven't they?
　　그들은 이미 합의에 도달했죠? 그렇죠?

　A. They're still negotiating.
　　아직도 협상중입니다.

③　profit [práfit] 이익, 수익

　Q. Our profits increased this month, didn't they? 이번 달 우리 수익이 증가했죠, 그렇죠?

　A. Yes, I believe so. 예, 그렇다고 생각해요.

④　bonus [bóunəs] 보너스, 상여금

　Q. The company will give us a bonus this year, right?
　　회사는 올해 우리에게 보너스를 지급할거죠, 그렇죠?

　A. Not that I know of. 제가 아는 한 그렇지 않아요.

⑤　work overtime 초과 근무하다

　Q. You worked overtime last week, didn't you? 당신은 지난주에 초과 근무를 했죠, 그렇죠?

　A. Every day, actually. 사실, 매일 했어요.

⑥　submit [səbmít] 제출하다(= turn in)

　Q. You turned in your expense report, didn't you? 당신은 비용 보고서를 제출했지요, 그렇죠?

　A. I submitted it this morning. 오늘 아침에 제출했어요.

토익 빈출 유형

부가 의문문은 평서문 뒤에 상대방의 동의를 구하거나 사실을 확인하기 위해 짧은 의문문이 붙은 형태입니다. Yes/No로 대답할 수 있지만 Yes/No 없이 바로 부연 설명으로 답변하는 형태를 주의해야 합니다. 뒤에 나오는 부가의문문은 없다고 생각하고 앞에 나오는 평서문을 듣고 푸는 것이 가장 효과적입니다.

● Be동사 · 조동사 부가 의문문

Q. The food is better than before, isn't it?
음식이 전보다 좋습니다. 그렇죠?

A. Yes, it's delicious.
예, 맛있네요.

Q. The meeting should be over by 5, shouldn't it?
회의가 5시까지는 끝나겠죠, 그렇죠?

A. No, I think it ends at 6.
아니요, 6시에 끝납니다.

● 일반 동사 부가 의문문

Q. You confirmed the hotel reservations, didn't you?
당신이 호텔 예약을 확인했죠, 그렇죠?

A. Yes, I just called them.
예, 제가 막 전화했어요.

Q. Olivia made an excellent presentation, didn't she?
올리비아는 뛰어난 발표를 했죠, 그렇죠?

A. Actually, it was long.
사실은 길었어요.

● Yes/No 생략 답변

Q. You work at this hotel, don't you?
당신은 이 호텔에 근무하죠, 그렇죠?

A. I'm in the Finance Department.
저는 경리부에서 일해요.

Q. You went to the seminar last week, didn't you?
당신은 지난주에 세미나에 갔었죠, 그렇죠?

A. I was on vacation.
저는 휴가 중이었습니다.

● 특수 형태의 부가 의문문

Q. You know how to get to city hall, right? 당신은 시청에 가는 방법을 알죠, 그렇죠?
A. No, I have to ask for directions. 아니요, 길을 물어봐야 합니다.

Q. We need to buy a new computer, don't you think?
우리는 새 컴퓨터를 사야합니다, 그렇게 생각하지 않나요?

A. Let me check.
확인해 볼게요.

Words

negotiate [nigóuʃièit] 협상하다 | confirm [kənfə́:rm] 확인하다 | presentation [prìːzentéiʃən] 발표; 프레젠테이션 | finance department 경리부 | on vacation 휴가 중 | direction [dirékʃən; dairékʃən] 길; 방향

1 The movie was very _____, wasn't it?

　(A) He moved in next _____.

　(B) I really _____ it.

2 Stacy's _____ this year, isn't she?

　(A) I was _____ from hard work.

　(B) No, she's planning to _____.

3 You _____ Dr. Kenneth, didn't you?

　(A) It's a _____ contract.

　(B) I _____ to his assistant.

4 You're going to attend the _____ show in Brazil, right?

　(A) No, I changed my _____.

　(B) It's not so _____.

　(C) How many booths were at the _____?

5 You don't mind if we _____ the picnic, do you?

　(A) Actually, that's _____ for me, too.

　(B) I haven't _____ yet.

　(C) He has already _____ it.

QUIZ 풀어보기　🎧 Part 2-6-8

1	This material is water-proof, isn't it?	(A)	(B)
2	You turned down the proposal, didn't you?	(A)	(B)
3	Our supervisor has an assistant now, hasn't he?	(A)	(B)
4	The clearance sale lasts until Friday, doesn't it?	(A)	(B)
5	It's supposed to be colder tomorrow, isn't it?	(A)	(B)

녹음된 내용을 듣고 질문에 알맞은 응답을 고르세요.

🎧 Part 2-6-9

1 Mark your answer. (A) (B) (C)

2 Mark your answer. (A) (B) (C)

3 Mark your answer. (A) (B) (C)

4 Mark your answer. (A) (B) (C)

5 Mark your answer. (A) (B) (C)

6 Mark your answer. (A) (B) (C)

7 Mark your answer. (A) (B) (C)

8 Mark your answer. (A) (B) (C)

9 Mark your answer. (A) (B) (C)

10 Mark your answer. (A) (B) (C)

11 Mark your answer. (A) (B) (C)

12 Mark your answer. (A) (B) (C)

Part 1
Part 2
Part 3
Part 4

1

질문에 언급된 단어와 유사한 발음의 단어가 오답으로 자주 출제되므로 아래의 빈출 유사발음 어휘를 기억해 둡시다.

road 도로, 길	much traffic on the **road** 도로 위의 많은 교통량
load 싣다	**load** the baggage into a plane 비행기에 짐을 싣다
pass 지나가다, 통과하다	wait for the train to **pass** 기차가 지나가기를 기다리다
path 작은 길, 통로	walk along the **path** 길을 따라 걷다
price 값, 가격	house **prices** in this area 이 지역의 집값
prize 상, 포상, 경품	award various **prizes** 다양한 상을 수여하다
file 파일, 서류철	create a new **file** 새 파일을 만들다
pile (쌓아올린) 더미	a **pile** of magazines 잡지 더미
write 쓰다	**write** a book 책을 쓰다
ride 타다	**ride** a bicycle 자전거를 타다
grass 잔디, 풀밭	a girl lying on the **grass** 잔디에 누워있는 소녀
glass 유리잔, 유리	drink a **glass** of milk 우유 한 잔을 마시다
close 닫다	**close** the car door 차 문을 닫다
clothes 옷, 의복	put on clean **clothes** 깨끗한 옷을 입다
letter 편지	send a **letter** to his parents 그의 부모님께 편지를 보내다
ladder 사다리	climb the **ladder** 사다리를 오르다
walk 걷다	**walk** to the park 공원까지 걷다
work 일하다	**work** part-time 시간제로 일하다
read 읽다	**read** the local paper 지역 신문을 읽다
lead 이끌다, 지휘하다	**lead** a discussion 토론을 이끌다
live 살다, 살아있다	**live** in the country 시골에 살다
leave 떠나다, 출발하다	**leave** for Tokyo 도쿄를 향해 떠나다
want 원하다, 바라다	**want** to see a movie 영화를 보고 싶어하다
won't ~하지 않을 것이다(will not 축약형)	I **won't** visit them. 난 그들을 방문하지 않을 것이다

2

accept 받아들이다, 수락하다	**accept** her offer 그녀의 제안을 받아들이다
except ~을 제외하고	invite everyone **except** him 그를 제외하고 모두 초대하다
dress 옷, 의복	casual **dress** 평상복
address 연설하다	**address** the audience 청중에게 연설하다
rain 비가 오다	It's **raining**. 비가 내리고 있다.
train 교육하다, 훈련하다	He's **training** new staff. 그는 신입사원을 교육하고 있다.
design 설계도, 디자인	the **design** for the new bridge 새 다리를 위한 설계도
resign 사직하다, 사임하다	**resign** next week 다음 주에 사직하다
contact 연락하다	**contact** the customer 고객에게 연락하다
contract 계약(서)	sign the important **contract** 중요한 계약서에 서명하다
plan 계획	a **plan** to finish the work 일을 마치려는 계획
plant 공장; 식물	visit the **plant** 공장을 방문하다
view 전망, 경치; 시각	enjoy the clear **view** 탁 트인 전망을 즐기다
review 검토하다	**review** the report 보고서를 검토하다
move 이사하다, 이동하다	**move** to a new office 새 사무실로 이사하다
remove 제거하다, 치우다	**remove** the old tiles 오래된 타일을 제거하다
important 중요한, 중대한	**important** documents 중요한 서류들
import 수입하다, 들여오다	fruits **imported** from Spain 스페인에서 수입된 과일들
store 가게, 상점	at the shoe **store** 신발 가게에서
storage 보관, 창고	the **storage** of the files 파일 보관
correct 정확한, 옳은	give the **correct** answer 정확한 답변을 주다
collect 수집하다, 모으다	**collect** stamps 우표를 수집하다
late 늦은, 지각한	He was **late** for school. 그는 학교에 늦었다.
rate 요금, 비율	overseas shipping **rates** 해외 배송 요금
lunch 점심 식사	have a light **lunch** 간단한 점심 식사를 하다
launch 출시하다, 시작하다	**launch** a new product 신제품을 출시하다

완전절친
TOEIC 스타트 LC

Part
3

짧은 대화

짧은 대화

Part 3는 남녀 간의 짧은 대화를 듣고 이에 해당되는 3문제를 푸는 형식입니다. 32번부터 70번까지 총 39문항, 13세트가 출제됩니다. 문제 유형은 주로 남자와 여자 2인이 등장하는 상황극인데, 신토익에서는 3인이 등장하는 상황극도 출제됩니다. 문제와 문제 사이에 주어지는 대략 8초 정도의 간격 안에 문제를 풀어야 합니다.

리스닝 TIP

대화 상황을 빠르고 정확하게 파악해야 합니다. 문제를 먼저 눈으로 빨리 읽고 어떤 내용이 나올지 예상해 봅니다. 문제가 나오면 귀로 대화를 들으면서 눈으로 문제를 풀도록 합니다. 정답의 실마리를 귀로 들은 후 눈으로 문제를 풀 때 적용하는 것이 중요합니다. 문제의 유형과 정답이 숨겨져 있는 방법이 정해져 있으므로 문제를 푸는 연습을 많이 하기 바랍니다.

Key Point One   문제와 보기를 듣기 전에 분석하자.

문제를 미리 읽고 분석하여 보기에 있는 내용만 선별적으로 들어야 합니다. 문제와 보기를 미리 읽어본다면 앞으로 나올 내용을 미리 예상할 수도 있어요.

Key Point Two   남/녀 성별에 주의해서 듣자.

[남-여]로 구성된 대화일 경우에는 문제에 힌트가 있으므로 미리 파악을 해야 합니다. 예를 들어 "What does the man say about~?" (남자는 ~에 대해 어떻게 이야기하는가?)이라고 하면, 이 문제의 정답은 남자의 말에 있을 확률이 80%이상 높습니다. 그렇지 않고 같은 성별의 화자 [남-남] 또는 [여-여]일 경우, 두 사람 목소리의 구분이 힘들 수 있기 때문에 집중력이 필요합니다. 같은 성별이 반드시 등장하는 3인 대화 [남2-여1] 혹은 [여2-남1]의 경우도 난이도가 더 어렵다고 보기는 힘들기 때문에 자신감 있게 들어주세요.

Key Point Three 반전을 나타내는 표현 뒤는 반드시 집중해서 듣자.

대화의 흐름이 바뀌는 반전 어휘 뒷부분에서 정답이 나올 확률이 높습니다. 다음과 같은 표현이 들리면 뒤에 이어지는 내용을 더욱 잘 들어주세요.

> but 하지만   however 그러나   actually 사실은   well 글쎄   I'm sorry(afraid) but 죄송합니다만~

Key Point Four Paraphrasing 표현을 암기하자.

대화에 나온 내용이 정답 보기에서는 거의 동의어나 유사어로 바뀌어 표현되므로, 반드시 빈출 동의어 표현을 미리 암기해 두세요.

> submit 제출하다 → turn in 제출하다   annual 연례의 → once a year 1년에 한번
> sold out 매진된 → out of stock 품절된   call 전화하다 → contact 연락하다

✳ 노려듣기(초첨청취) 훈련: 들으면서 동시에 정답을 선택하자.

대화가 끝나고 기억해서 푸는 문제가 아님을 명심하세요. 정답과 관련된 표현을 골라서 듣는 '노려듣기' 훈련을 해야 합니다. 질문을 기억하면서 대화를 듣는 동시에 답까지 표시할 수 있어야 합니다.

Example

1 When is the meeting supposed to be held?
회의는 언제 열리기로 되어 있는가?

(A) This Wednesday afternoon 이번 주 수요일 오후

(B) This Thursday morning 이번 주 목요일 아침

(C) Next Thursday 다음 주 목요일

(D) Next weekend 다음 주말

2 What does the man say about the job fair?
남자는 취업 박람회에 대해 뭐라고 말하는가?

(A) It can't be missed. 놓쳐서는 안 된다.

(B) It should be delayed. 연기되어야 한다.

(C) It is helpful. 도움이 된다.

(D) It needs an assistant. 조수를 필요로 한다.

Questions 1-2 refer to the following conversation.

[미국-영국]

M: Ann, I'm wondering if you could attend the job fair this Thursday morning. I need you to help us in the company's booth.

W: Thursday? You asked me to go to the sales meeting that morning. Did you forget?

M: Oh, yes. Thanks for reminding me. I'll check whether I can postpone the meeting until next week because this fair is important.

M: 앤, 저는 이번 목요일 오전에 당신이 취업 박람회에 참석 할 수 있는지 궁금하군요. 당신이 회사 부스에서 우리를 좀 도와줬으면 하는데요.

W: 목요일이요? 당신이 그날 오전에 영업회의에 가라고 요청했잖아요. 잊었나요?

M: 오, 잊었어요. 알려줘서 고마워요. 이 박람회가 중요하기 때문에 회의를 다음 주까지 연기할 수 있는지 확인할게요.

[해설] 1 세부사항 관련문제 – 회의 요일을 묻는 단답형 문제입니다. 남자가 목요일에 있을 취업박람회 참석 여부를 여자에게 물었고 여자가 목요일 아침에 영업회의가 있다고 했으므로 정답은 (B)입니다.

2 세부사항 관련문제 – 질문을 통해 남자의 말에 힌트가 있음을 알 수 있습니다. 남자는 마지막 말에서 박람회가 중요하다(this fair is important)고 강조하고 있기 때문에 정답은 (A)입니다. important(중요한)가 can't be missed(놓쳐서는 안 된다)로 패러프레이징 되었습니다.

Part 1 | Part 2 | Part 3 | Part 4

완전절친
TOEIC 스타트 LC

회사 상황 I

- 토익 빈출 단어
- 기초전략 1
- 기본 연습 문제
- 빈칸 채우고 정답 맞추기
- 예제, 실전문제 풀어보기

 토익 빈출 단어

다음은 Part 3 문제에 자주 나오는 단어와 예문으로, 주제에 따라 비슷한 단어와 예문끼리 분류해 놓았습니다. 비슷한 단어들을 외우다 보면 상황이 연상되고, Part 3 듣기가 더 쉬워집니다. 회사 상황에 관한 단어를 보면서 예문과 같이 열심히 외워두도록 합시다.

● **일상 업무**   Part 3-1-1

다음은 일상 업무에 관한 단어와 예문입니다. 비슷한 주제의 단어와 예문을 외우면서 일어날 수 있는 상황을 연상해 보고, 실전에서 Part 3 문제를 풀 때 적용해 보세요.

director [diréktər] 이사	She was promoted to director. 그녀는 이사로 승진했다.
document [dάkjumənt] 문서	What kind of document is required? 어떤 종류의 문서가 필요한가요?
draft [dræft] 초안	I need to edit the draft by Friday. 저는 금요일까지 초안을 편집해야 해요.
handout [hǽndaut] 유인물	You can distribute handouts to the students. 당신은 학생들에게 유인물을 나눠줄 수 있습니다.
material [mətíəriəl] 자료	A teacher is handing out class material. 교사가 수업자료를 나누어 주고 있다.
proposal [prəpóuzəl] 제안서	Did you go over my proposal? 제 제안서는 검토해 보셨나요?
report [ripɔ́ːrt] 보고서	When will you finish your report? 당신의 보고서를 언제 끝낼 거죠?
seminar [sémənɑ̀ːr] 세미나	What's the subject of this seminar? 이번 세미나의 주제가 뭡니까?
check [tʃek] 확인하다, 점검하다	Let me check my schedule. 제 스케줄을 확인해 보겠습니다.
discuss [diskʌ́s] 논의하다	Can we discuss a few things? 우리가 몇 가지 의논할 수 있을까요?
extend [iksténd] 연장하다 **deadline** [dedlain] 마감 기한	Can you extend the deadline for another week? 당신은 마감을 한 주 더 연장해 주실 수 있나요?
finish [fíniʃ] 끝내다	He will finish the report immediately. 그는 보고서를 즉시 끝낼 것입니다.
review [rivjúː] 검토하다	I'd like to review the sales figures. 저는 판매 실적을 검토하고 싶습니다.
sign up for ～에 등록하다	How do I sign up for it? 제가 어떻게 등록하죠?

● 회의 · 발표   🎧 Part 3-1-2

다음은 회의와 발표에 관한 단어와 예문입니다. 비슷한 주제의 단어와 예문을 외우면서 일어날 수 있는 상황을 연상해 보고, 실전에서 Part 3 문제를 풀 때 적용해 보세요.

agenda [ədʒéndə] 안건, 주제   What's on the agenda? 안건이 뭐예요?

copy [kɑ́pi]
사본   I will send you a copy of the report.
제가 당신에게 보고서 사본을 보내드릴게요.

participant [pɑːrtísəpənt]
참가자   What will all participants receive?
참가자 전원은 무엇을 받을 것인가요?

attend [əténd] 참석하다
workshop [wə́ːrkʃɑp] 워크숍   He was asked to attend the workshop.
그는 워크숍에 참석해 달라는 요청을 받았다.

hold [hould] 열리다, 개최되다
conference [kɑ́nfərəns] 회의   The man is holding a conference.
남자가 회의를 열고 있다.

postpone [poustpóun]
연기하다   The project has been postponed until Friday.
프로젝트가 금요일로 연기 되었어요.

come up with 생각해내다   He came up with a good idea! 그가 좋은 생각을 해냈어요!

register for
～에 등록하다   Didn't you register for that workshop?
당신은 그 워크숍에 등록하지 않았나요?

set up
설치하다, 준비하다   Technicians will set up new equipment.
기술자들이 새 기기를 설치할 것이다.

take notes 필기하다   Did you take notes in the class? 당신은 수업 시간에 필기했나요?

annual [ǽnjuəl]
연례의   Where will the annual meeting be held?
연례 회의가 어디서 열리나요?

quarterly [kwɔ́ːrtərli]
분기별의   How's the quarterly report coming along?
분기 보고서는 어떻게 되어 가고 있어요?

by [bai] ～까지   It should be fixed by tomorrow. 그것은 내일까지는 고쳐져야 합니다.

● 지원 · 채용 · 승진

다음은 지원과 채용, 승진에 관한 단어와 예문입니다. 비슷한 주제의 단어와 예문을 외우면서 일어날 수 있는 상황을 연상해 보고, 실전에서 Part 3 문제를 풀 때 적용해 보세요.

applicant [ǽplikənt]
지원자

What do you think of this applicant?
당신은 이 지원자 어떻게 생각해요?

career [kəríər] 경력, 직업

Are you satisfied with your career? 당신의 경력에 만족하십니까?

coworker [kóuwə̀:rkər] 동료

He is speaking to a coworker. 그는 동료에게 말하고 있어요.

degree [digríː] 학위

I have a degree in marketing. 저는 마케팅 분야의 학위가 있어요.

employee [implɔ́ii:]
직원, 고용인

The new employee will make a speech.
새로 온 직원이 연설할 거예요.

opening [óupəniŋ]
공석

The man will find out about job openings.
그 남자는 직장의 공석이 있나 알아볼 거예요.

résumé [rizúːm] 이력서

Is it OK if I e-mail my résumé? 제 이력서를 이메일로 보내도 괜찮을까요?

salary [sǽləri] 월급, 봉급

Are you getting your regular salary? 정기적으로 월급을 받고 있습니까?

supervisor [súːpərvàizər]
상사

Why don't you ask your supervisor?
당신의 상사에게 물어보는 게 어때요?

worker [wə́:rkər] 근로자

She is a very skilled worker. 그녀는 매우 숙련된 근로자예요.

**human resources
department** 인사부

She works in the human resources department.
그녀는 인사부에서 근무해요.

new staff
신입사원

The manager is training new staff.
매니저가 신입사원을 훈련시키고 있어요.

hire [haiər] 채용하다

She needs to hire extra help. 그녀는 추가로 도와줄 사람을 채용해야 해요.

retire [ritáiər]
퇴직하다

Why did you decide to retire this year?
당신은 왜 올해 퇴직하기로 결심하셨죠?

submit [səbmít] 제출하다

I'm planning to submit a report. 저는 보고서를 제출할 계획이에요.

● 일정 · 약속 　　　　　　　　　　　　　　　　　　　　　　　🎧 Part 3-1-4

다음은 일정과 약속에 관한 단어와 예문입니다. 비슷한 주제의 단어와 예문을 외우면서 일어날 수 있는 상황을 연상해 보고, 실전에서 Part 3 문제를 풀 때 적용해 보세요.

appointment [əpóintmənt] 예약, 약속	I'll arrange an appointment for you. 제가 당신 대신에 예약을 해드릴게요.
calendar [kǽləndər] 달력	Let me check my calendar. 제 달력을 확인해 보겠습니다.
receptionist [risépʃənist] 접수원	A hotel receptionist called me a taxi. 호텔 접수원이 저를 위해 택시를 불러줬어요.
reservation [rèzərvéiʃən] 예약	I want to confirm my reservation. 제 예약을 확인하고 싶은데요.
arrange [əréindʒ] (일정을) 잡다, 조정하다	Maybe we can arrange a time. 아마 우린 시간을 조정할 수 있을거예요.
cancel [kǽnsəl] 취소하다	A product order was canceled. 제품 주문이 취소되었습니다.
confirm [kənfə́:rm] 확인하다	I'd like to confirm my reservation for Thursday. 목요일 제 예약을 확인하고 싶어요.
organize [ɔ́:rgənàiz] 정리하다, 준비하다	Have you finished organizing the meeting room? 당신은 회의실 정리를 다 했나요?
reschedule [rì:skédʒu:l] (일정을) 재조정하다	Why did you reschedule the staff meeting? 당신은 왜 직원 회의를 재조정했나요?
go over 검토하다	We're supposed to go over the sales figures. 우리는 판매 수치를 검토하기로 되어 있어요.
make it (시간에) 맞추다	I don't think I can make it. 제가 일을 시간에 맞춰 해낼 거라 생각하지 않아요.
push back (회의 등의 시간 · 날짜를 뒤로) 미루다	My flight is pushed back a couple of hours. 제 비행이 몇 시간 미뤄졌어요.
ahead [əhéd] 앞서	He finished the work ahead of schedule. 그는 예정보다 앞서 일을 끝냈어요.
weekly [wí:kli] 매주의	What was the weekly meeting about? 주간 회의가 무엇에 관한 것이었나요?
due on ~가 마감인	The report is due on May 20. 보고서 마감일은 5월 20일입니다.

Paraphrasing 유형 알고 넘어가기

Paraphrasing이란 의미는 같지만 형태는 다르게, '다른 말로 바꾸어 표현하다'라는 뜻입니다. 대화에 나온 내용이 정답 보기에서는 거의 동의어나 유사어로 바꾸어 표현되므로, 반드시 빈출 동의어 표현을 미리 암기해 두세요.

● **Paraphrasing 유형1 : 단어 → 단어**
다음 기본 단어를 의미는 같지만 다른 형태의 단어로 바꾸어 표현할 수 있습니다.

단어 → 단어	문장
taxi → cab 택시	Do you want me to call a **taxi**(cab)? 당신은 제가 택시를 불러주기를 원하세요?
movie → film 영화	The **movie**(film) will start in half an hour. 영화는 30분 안에 시작해요.
buy → purchase 구매하다	I can't afford to **buy**(purchase) a house. 저는 집을 살 여유가 없어요.
fix → repair 고치다	Can you **fix**(repair) my car by Wednesday? 수요일까지 제 차를 고쳐줄 수 있나요?
delay → postpone 연기하다	The flight is **delayed**(postponed) due to bad weather. 그 비행은 날씨가 좋지 않아서 연착돼요.

대화에 나오는 단어가 문제의 선택지에서는 다른 단어로 바뀌어서(paraphrasing 되어서) 나오는 경우가 많습니다. 다음 문제를 풀어보면서 어떤 단어가 paraphrasing 되었는지 찾아보세요.

🎧 Part 3-1-5

1　Why is the woman there?

　(A) To take a train
　(B) To go for a walk
　(C) To make a new friend
　(D) To return some merchandise

여자가 그 장소에 있는 이유는 무엇인가?
(A) 기차를 타려고
(B) 산책을 하려고
(C) 새 친구를 사귀려고
(D) 상품을 반납하려고

[영국-미국]

W: Excuse me, do you know where the Customer Service Department is? I'd like to return some items.
M: Sorry I'm new here, too. We can find it together if you like.
W: It's very kind of you to say so.

W: 실례합니다. 고객 서비스 부서가 어디죠? 몇몇 물건들을 반납하고 싶은데요.
M: 죄송하지만 저도 여기 처음입니다. 괜찮으시다면 함께 찾아보죠.
W: 그렇게 말해주시니 참 친절하네요.

[해설] 정답은 (D), 대화에서 여자가 말한 items(물건, 상품)이 정답보기에서 merchandise(상품)로 paraphrasing 되었습니다.

Words

Customer Service 고객 서비스 | department [dipάːrtmənt] 부서

다음 기본 단어를 의미는 같지만 다른 형태의 구로 바꾸어 표현할 수 있습니다.

단어 → 구	문장
save → back up 저장하다	Where did you **save**(back up) the file? 당신은 그 파일을 어디다 저장했죠?
review → go over 검토하다	I'd like to **review**(go over) the sales figures. 판매 수치를 검토하고 싶습니다.
submit → turn in 제출하다	How should I **submit**(turn in) my report, by e-mail? 제 보고서를 어떻게 제출해야 하나요, 이메일로 할까요?
find → look up 찾다	**Find**(look up) their number in the telephone directory. 전화번호부에서 그들의 번호를 찾아보세요.
visit → drop by 들르다	Would it be possible to **visit**(drop by) our office here? 여기 저희 사무실 들르실 수 있으세요?
register → sign up 등록하다, 신청하다	Is it too late to **register**(sign up) for the class? 그 수업에 등록하려는데 너무 늦었나요?
distribute → hand out 나누어 주다	Do you want me to **distribute**(hand out) the brochures? 제가 브로슈어를 나누어 줄까요?

대화에 나오는 단어가 문제의 선택지에서는 구로 바뀌어서(paraphrasing 되어서) 나오는 경우가 많습니다. 다음 문제를 풀어보면서 어떤 단어가 paraphrasing 되었는지 찾아보세요.

🎧 Part 3-1-5

2 What does the man recommend that Carla do?

(A) Write a report
(B) Hold a meeting
(C) Take part in a contest
(D) Apply for a scholarship

남자는 칼라에게 무엇을 하라고 추천하는가?
(A) 보고서 쓰기
(B) 회의 열기
(C) 대회 참가하기
(D) 장학금 신청하기

[호주-미국]

M: Have you seen today's paper, Carla? There's an ad for a speech contest. W: I saw that. It's being held next Sunday, right? M: Yes, I definitely think you should enter it. This contest holds a scholarship for the winner.	M: 오늘 신문 봤어요, 칼라? 말하기 대회 광고가 났어요. W: 봤어요. 다음 주 일요일에 열리는 거 맞죠? M: 예, 저는 당신은 확실히 참가해야 한다고 생각해요. 이 대회에서는 우승자에게 장학금이 마련되어 있어요.

[해설] 정답은 (C). 대화에서 남자가 말한 enter(참가하다)가 보기에서 take part in(참가하다)으로 paraphrasing 되었습니다.

Words

speech contest 말하기 대회 | definitely [défənitli] 확실히

1 What is the woman preparing?

(A) The report   (B) The meeting

2 What are they talking about?

(A) A new employee   (B) A new plan

3 Why did the man call the woman?

(A) To design a website   (B) To apply for a position

4 Why will the woman go to Hong Kong?

(A) To travel   (B) To work

5 What does the man want to know?

(A) The location   (B) The number of attendees

6 Why is the woman concerned?

(A) She forgot to receive the proposal.   (B) She missed the deadline.

7 Why is the company looking for a new employee?

(A) An employee is retiring.   (B) They are opening another branch.

8 Why has the flight been delayed?

(A) Due to the bad weather   (B) Due to the heavy traffic

9 When does the woman suggest leaving?

(A) At 2:00   (B) At 2:30

10 Where is the conversation taking place?

(A) At the office   (B) At the furniture store

빈칸 채우고 정답 맞추기

들려주는 문장을 잘 듣고 빈칸을 채운 후, 정답을 골라보세요.
음성은 각 나라 발음으로 2번 들려드립니다.   🎧 Part 3-1-7

1   When will Annie give her presentation?

(A) On Thursday   (B) On Friday

> M: Annie, when are you coming back from your _____
>   to London?
> W: I'll be back here in LA by Thursday evening. I have to _____
>   _____ at the sales meeting on Friday morning.

2   What does the woman ask the man to do?

(A) Ship the products   (B) Organize the file boxes

> W: James, would you please _____
>   that arrived today?
> M: Sure. Do you want me to bring them to your office, or should I keep them
>   here _____?
> W: Bring them up to my office, please.

3   What is the problem?

(A) A device is not working.   (B) A part is missing.

> M: Nancy, have you _____ the new printer?
> W: I can't connect it to the computer because there was _____ in the box.
> M: Why don't you use the USB cable from the portable hard drive?

4   What does the woman request?

(A) Time off from work   (B) Payment for travel

> W: Mr. Miller, would it be OK _____ today?
> M: Actually, the president will be here all day today to _____
>   at the meeting. He would prefer to see everyone.
> W: Sure, I didn't know that today was the day he was visiting.

Part 3-1-8

1 Why was the man surprised?

(A) The sales staff were not in the office.

(B) A client didn't come to the conference.

(C) The meeting was canceled.

(D) He missed a train.

남자가 놀란 이유는 무엇인가?
(A) 영업부 직원이 사무실에 없었다.
(B) 고객이 회의에 오지 않았다.
(C) 회의가 취소되었다.
(D) 그가 기차를 놓쳤다.

2 Why did they leave early?

(A) To welcome a new employee

(B) To celebrate an anniversary

(C) To have a farewell party

(D) To attend the workshop

영업부 직원들은 왜 일찍 퇴근했는가?
(A) 새로 온 직원을 환영하려고
(B) 기념일을 축하하려고
(C) 송별회를 하려고
(D) 워크숍에 참석하려고

3 What does the woman say about the restaurant?

(A) It opened recently.

(B) It is nearby.

(C) It is expensive.

(D) It serves Indian food.

여자가 레스토랑에 관해 언급한 내용은 무엇인가?
(A) 최근에 오픈했다.
(B) 근처에 있다.
(C) 비싸다.
(D) 인도 음식을 판매한다.

Questions 1-3 refer to the following conversation.

[미국-미국]

M: There was no one in the sales department Friday afternoon. I went there at 4 and the department was empty.

W: Oh, we had left early to celebrate the new head of the department. Friday was his first day. We wanted to welcome him to the department.

M: That was a great idea. Where did you take him?

W: To the Indian restaurant on Elm street. They have excellent food and prices are reasonable.

M: 금요일 오후 영업부에 아무도 없더라고요. 4시에 갔었는데 부서가 비어있던데요.

W: 아, 신임 부장님을 축하하기 위해서 다들 일찍 퇴근했어요. 금요일이 그의 첫 부임 날이었거든요. 모든 직원들이 그를 환영해주고 싶어 했어요.

M: 좋은 생각이었네요. 어디로 갔었나요?

W: 엘름 가에 있는 인도 음식점이요. 거기 음식은 훌륭하고 가격도 적당해요.

[정답] (A), (A), (D)

[해설] 1 세부사항 관련 문제 – 남자가 놀란 이유를 묻는 질문이므로, 남자의 말에 힌트가 있습니다. 남자가 금요일 오후 4시에 영업 부서가 비어있었다(There was no one in the sales department Friday afternoon.)고 놀라움을 표시한 것으로 보아 정답은 (A)입니다.

2 세부사항 관련 문제 – 직원들이 일찍 퇴근한 이유를 물어보는 문제입니다. 여자의 첫 대사에서 신임 부장을 축하하는 행사가 있었다(we had left early to celebrate the new head of the department. Friday was his first day. We wanted to welcome him to the department.)고 언급하는 것으로 보아 정답은 (A)입니다.

3 세부사항 관련 문제 – 레스토랑에 대해 언급한 내용을 묻는 문제입니다. 언급한 내용을 묻는 문제는 사실 여부를 일일이 확인해야 하므로 시간을 요하는 문제에 속합니다. 따라서 관련된 부분을 순발력 있게 듣고 정답을 골라내야 합니다. 여자의 마지막 대사에서 환영 파티를 인도 음식점(Indian restaurant)에서 했다는 사실을 알 수 있으므로, 정답은 (D)입니다.

Words

sales department 영업부 | celebrate [séləbrèit] 축하하다 | reasonable [ríːzənəbl] (가격이) 적당한

녹음된 내용을 듣고 질문에 알맞은 응답을 고르세요.

Part 3-1-9

1 Who is Andrew Jones?

(A) A reporter
(B) A president
(C) An applicant
(D) A writer

2 Why is the woman surprised?

(A) A room was reserved.
(B) An office was closed.
(C) A meeting was delayed.
(D) A guest has already arrived.

3 What is the receptionist asked to do?

(A) Set up a meeting
(B) Find a meeting room
(C) Speak to a manager
(D) Call a company

4 What did the man have to do this week?

(A) Join a gym
(B) Attend a meeting
(C) Go on a business trip
(D) Work extra hours

5 Where will the man go this weekend?

(A) To a fitness center
(B) To a bicycle shop
(C) To a park
(D) To a theater

6 What does the woman suggest the man do?

(A) Go shopping
(B) Work from home
(C) See a concert
(D) Organize a picnic

7 Why is the woman concerned?

(A) She has to train some employees.
(B) The meeting was put off.
(C) There's not enough office room.
(D) There was an accident upstairs.

8 What does the man suggest?

(A) Relocate some employees
(B) Talk to a manager
(C) Change a menu
(D) Go to the accounting department

9 Who are Sara and Clark?

(A) Accounting staff
(B) New employees
(C) Sales people
(D) Designers

10 What are the speakers mainly discussing?

(A) A job opening
(B) A sales report
(C) A business trip
(D) An employee evaluation

新 11 Why does the man say, "there isn't a company policy about this"?

(A) To contact a manager
(B) To give a presentation
(C) To offer an explanation
(D) To change a policy

12 Why is the manager unavailable?

(A) He is interviewing new employees.
(B) He is meeting some clients.
(C) He is reviewing a document.
(D) He is announcing at a conference.

완전절친
TOEIC 스타트 LC

회사 상황 II

- 토익 빈출 단어
- 기초전략 2
- 기본 연습 문제
- 빈칸 채우고 정답 맞추기
- 예제, 실전문제 풀어보기

토익 빈출 단어

다음은 Part 3 문제에 자주 나오는 단어와 예문으로, 주제에 따라 비슷한 단어와 예문끼리 분류해 놓았습니다. 비슷한 단어들을 외우다 보면 상황이 연상되고, Part 3 듣기가 더 쉬워집니다. 회사 상황에 관한 단어를 보면서 예문과 같이 열심히 외워두도록 합시다.

● **홍보 · 마케팅**　　　　　　　　　　　　　　　　　　　　　🎧 Part 3-2-1

다음은 홍보와 마케팅에 관한 단어와 예문입니다. 비슷한 주제의 단어와 예문을 외우면서 일어날 수 있는 상황을 연상해 보고, 실전에서 Part 3 문제를 풀 때 적용해 보세요.

commercial [kəmə́ːrʃəl] 광고	We'll be back after a commercial break. 광고 후에 뵙겠습니다.
demand [dimǽnd] 수요	The supply cannot meet the demand. 공급이 수요를 따라가지 못해요.
merchandise [mə́ːrtʃəndàiz] 상품	All the merchandise is on sale. 모든 상품이 할인판매 중에 있습니다.
packaging [pǽkidʒiŋ] 포장	There's a problem with the packaging of the product. 제품의 포장에 문제가 있어요.
production [prədʌ́kʃən] 생산	Now production is going smoothly. 이제 생산은 원활히 진행 중입니다.
proposal [prəpóuzəl] 제안	Did our client accept our proposal? 고객이 우리의 제안을 받아들였나요?
research [risə́ːrtʃ] 조사	We are planning to conduct research. 우리는 조사를 진행할 예정입니다.
strategy [strǽtədʒi] 전략	We must develop a strategy. 우리는 전략을 수립해야 해요.
approve [əprúːv] 승인하다	I am happy to approve the plan. 그 계획을 승인하게 되어 기쁩니다.
improve [imprúːv] 개선하다	They can improve the economy by working. 그들은 일을 함으로써 경제를 개선할 수 있다.
invest [invést] 투자하다	I have no money to invest. 저는 투자할 돈이 없어요.
launch [lɔːntʃ] 출시하다	The launch date will be tomorrow. 출시 날짜는 내일입니다.
reduce [ridjúːs] 줄이다	Hours of operation were reduced. 영업시간이 줄어들었어요.
update [ʌ́pdeit] 갱신하다	Would you please update the schedule? 일정을 갱신해 주시겠습니까?
suggest [səgdʒést] 제안하다	I suggest you take another route. 저는 당신이 다른 길을 이용할 것을 제안합니다.

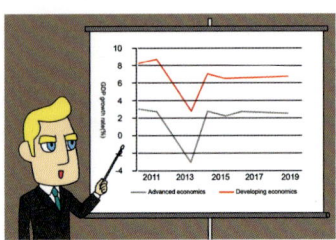

● 계약 · 거래

다음은 계약과 거래에 관한 단어와 예문입니다. 비슷한 주제의 단어와 예문을 외우면서 일어날 수 있는 상황을 연상해 보고, 실전에서 Part 3 문제를 풀 때 적용해 보세요.

budget [bʌ́dʒit] 예산	The price is a bit out of my budget. 그 금액이 제 예산액을 초과하네요.
client [kláiənt] 고객	She just got a call from a client. 그녀는 막 고객으로부터 전화를 받았어요.
contract [kántrækt] 계약서	A new contract was signed. 새로운 계약이 체결됐어요.
cost [kɔːst] 비용	How much does it cost to park here? 여기 주차비용이 얼마죠?
deal [diːl] 거래	I don't think it's a fair deal. 저는 그것이 공정한 거래라고 생각하지 않아요.
estimate [éstəmèit] 견적	I'm calling for a free estimate. 무료 견적 때문에 전화 드립니다.
invoice [ínvɔis] 송장	The invoice is in the filing cabinet. 송장은 파일 캐비닛 안에 있어요.
shipment [ʃípmənt] 선적	A shipment will be delayed. 배송이 지연될 거예요.
supplier [səpláiər] 공급업체	Our company uses several printing suppliers. 우리 회사는 여러 인쇄 공급업체를 이용합니다.
charge [tʃaːrdʒ] (요금을) 청구하다	It charges additional fees. 그것은 추가요금을 청구합니다.
expire [ikspáiər] (기한이) 만기가 되다	My visa will expire this month. 제 비자는 이번 달에 만료돼요.
offer [ɔ́ːfər] 제공하다, 제안하다	We offer a wide variety of delicious foods. 우리는 다양한 맛있는 음식을 제공합니다.
renew [rinjúː] 갱신하다	Can I renew the due date? 지불 기한을 갱신할 수 있을까요?
send [send] 보내다	I'll send you a copy of the report. 당신에게 보고서 사본을 보내줄게요.
valid [vǽlid] 유효한	Present a valid identification card. 유효한 신분증을 제시하세요.

● 사무기기 · 시설

다음은 사무기기와 시설에 관한 단어와 예문입니다. 비슷한 주제의 단어와 예문을 외우면서 일어날 수 있는 상황을 연상해 보고, 실전에서 Part 3 문제를 풀 때 적용해 보세요.

cabinet [kǽbənit] 캐비닛	Who's in charge of the cabinet? 캐비닛을 관리하는 사람이 누구죠?
copier [kápiər] 복사기	You can use the copier downstairs. 당신은 아래층의 복사기를 이용할 수 있습니다.
equipment [ikwípmənt] 장비, 기구	Some equipment should have been replaced. 몇 가지 장비가 교체되었어야 해요.
laptop [lǽptɑ:p] 노트북 컴퓨터	Why don't we purchase laptops for all the employees? 모든 직원들을 위해 노트북을 구매하는 것이 어떨까요?
maintenance [méintənəns] 유지, 보수	There will be maintenance work done on the bridge. 다리 위에 보수공사가 있을 예정입니다.
projector [prədʒéktər] 프로젝터	The projector is not working. 프로젝터가 작동하지 않아요.
technician [tekníʃən] 기술자	We have our own technicians. 우리는 자체 기술자가 있어요.
fax machine 팩스 기기	Why did you pull the fax machine's plug out? 당신은 왜 이 팩스 기기의 플러그를 뽑았나요?
office supplies 사무용품	We're short on many office supplies right now. 지금 많은 사무용품이 부족합니다.
install [instɔ́:l] 설치하다	Some Windows are being installed. 윈도우 프로그램들이 설치되고 있다.
replace [ripléis] 교체하다	When are they replacing the air-filter? 그들은 언제 공기 여과기를 교체하죠?
work [wə:rk] 작동하다	How does it work? 그것은 어떻게 작동하죠?
broken [bróukən] 고장난(= out of order)	Could you fix the broken computer? 고장 난 컴퓨터 좀 고쳐 주시겠어요?
damaged [dǽmidʒd] 손상된	My luggage was damaged in transit. 제 짐은 운송 중에 손상되었어요.

● **주문 · 배송**

다음은 주문과 배송에 관한 단어와 예문입니다. 비슷한 주제의 단어와 예문을 외우면서 일어날 수 있는 상황을 연상해 보고, 실전에서 Part 3 문제를 풀 때 적용해 보세요.

bill [bil] 청구서	Send me a revised bill. 제게 수정된 청구서를 보내주세요.
instruction [instrʌ́kʃən] 설명서	Everything was done according to instructions. 모든 일이 설명서에 따라 행해졌어요.
packaging [pǽkiʤiŋ] 포장	The packaging and delivering can be done in five days. 포장과 배송은 5일이면 됩니다.
rate [reit] 요금, 가격	At what time do the special rates apply? 특별 요금은 언제 적용됩니까?
shipping [ʃípiŋ] 배송	Who's in charge of shipping? 배송 담당자는 누구인가요?
order status 주문 상태	Please confirm my order status and inform me of the invoice number. 제 주문 상태를 확인하고 송장번호를 알려주세요.
deliver [dilívər] 배달하다	Can you deliver it to my home? 이것을 저희 집까지 배달해 줄 수 있나요?
describe [diskráib] 설명하다, 묘사하다	There is no other way to describe the situation. 그 상황을 설명할 방법이 달리 없습니다.
order [ɔ́:rdər] 주문하다	I'd like to order before I go. 가기 전에 주문을 했으면 합니다.
receive [risí:v] 받다	Delivery takes a month after we receive your order. 배송은 우리가 당신의 주문을 받은 후 한 달이 걸립니다.
send [send] 보내다	I'd like to send this parcel by special delivery. 이 소포를 속달로 보내고 싶은데요.
ship [ʃip] 수송[운송]하다	How soon can you ship the order? 주문품을 얼마나 빨리 운송할 수 있나요?
check on ～을 확인하다	I'd like to check on the call I placed before. 신청한 전화가 안 와서 확인하려고 전화 드렸습니다.
overseas [ouvərsí:z] 해외로	Every year, I spend over 6 months overseas. 매년, 저는 6개월 이상을 해외에서 지내요.
on time 제 시간에	The train arrived right on time. 기차는 정확히 제 시간에 도착했어요.

Part 3의 문제 3개 중에서 보통 가장 먼저 나오는 문제 유형입니다. 대화의 첫 문장을 듣고 가장 일반화된 표현을 고르면 됩니다. 문제에 purpose, topic, talking, discussing 등이 나오면 주제를 묻는 문제입니다.

● **주제·목적을 묻는 문제**

다음은 주제와 목적을 묻는 문제의 유형들입니다. 비슷한 질문들 여러 개를 같이 암기해 놓으면 쉽게 문제를 풀 수 있습니다.

> **What** is the conversation **about**? 대화는 무엇에 관한 것인가?
> **What** are the speakers **discussing**? 화자들은 무엇에 관해 논의하는가?
> **What** are the speakers **talking about**? 화자들은 무엇에 관해 이야기하는가?
> **What** is the main **topic** of the conversation? 대화의 주된 화제는 무엇인가?
> **What** is the **purpose** of the call? 전화를 건 목적은 무엇인가?

● **문제 해결 방법**

주제·목적을 묻는 문제의 단서는 대화 첫 부분에 나오므로 대화가 시작될 때 잘 들어야 합니다. 그러나 대화 첫 문장을 제대로 듣지 못했다면 중간 중간에 나오는 소재를 듣고 주제를 유추하도록 하세요.

🎧 Part 3-2-5

1　What are the speakers discussing?

(A) A vacation
(B) A pay raise
(C) Job hunting
(D) A presentation

화자들은 무엇에 대해 논의하는가?
(A) 휴가
(B) 월급 인상
(C) 구직
(D) 발표

[미국-영국]

M: How did the job interview go? Do you think you can get a job there? W: The interview went pretty well. They offered me a full time position, but the salary is a little lower than I expected. M: When do you have to start working if you take the job? W: In two weeks. I'll consider their suggestion for a day or two before making a decision.	M: 구직 면접은 어떻게 됐나요? 거기 취업 될 것 같나요? W: 면접은 좋았어요. 그들은 저에게 정규직을 제안했어요. 하지만 제가 생각한 것보다 월급이 적어요. M: 만약 거기서 일을 한다면 언제부터 시작하나요? W: 2주 후부터요. 결정을 내리기 전에 그들의 제안을 하루 이틀 더 고려해 봐야겠어요.

[해설] 주제·목적을 묻는 문제

대화의 주제 및 목적은 주로 대화의 첫 문장에서 찾아야 합니다. 이 대화에서 초반에 남자가 여자에게 구직 면접(job interview)에 대해서 묻고 있고, 이후에도 구직에 관련되는 내용이 이어지므로 정답은 (C)입니다.

Words

salary [sǽləri] 월급 | consider [kənsídər] 고려하다 | suggestion [səgdʒéstʃən] 제안

2 What are the speakers mainly discussing?

(A) Having lunch

(B) Returning a lost item

(C) Buying jewelry

(D) Visiting an office

화자들은 주로 무엇에 관해 논의하는가?
(A) 점심 먹기
(B) 분실물 되돌려 주기
(C) 보석 구입하기
(D) 사무실 방문하기

[호주↔미국]

M: Ms. Lopez. I'm calling from Larry's coffee shop. I just found a box here with your name on it. Is it yours? W: Oh yes. I thought I had left it at the jewelry shop when I went shopping during lunch. M: Well, it's here. Your office must be nearby then. Perhaps one of my waiters can run it over to you.	M: 로페즈 씨. 저는 래리의 커피숍에서 전화드려요. 저는 여기서 당신의 이름이 적힌 상자를 발견했어요. 혹시 당신 것인가요? W: 아 예. 저는 그것을 점심시간에 쇼핑하러 갔을 때 보석 가게에 두고 온 줄 알았어요. M: 어쨌든, 여기 있습니다. 당신 사무실이 이 근처겠지요. 아마 저희 직원 중 한 명이 전해드릴 수 있을 것 같습니다.

[해설] 주제 · 목적을 묻는 문제

대화의 주제 및 목적은 주로 화자의 첫 문장에서 찾아야 합니다. 대화에서 남자가 여자에게 잃어버린 상자가 본인 것인지 묻고, 이후에도 분실물에 관련되는 내용이 이어지므로 정답은 (B)입니다. 첫 문장을 놓쳤을 경우 I had left it(그것을 두고 오다) 혹은 One of my waiters can run it over to you.(저희 직원 중 한 명이 전해드릴 수 있을 것 같습니다.)라는 문장을 들으면 주제를 유추할 수 있습니다.

Words

jewelry [ʤúːəlri] 보석 | nearby [nìərbái] 근처의 | run over to ~에 잠시 들르다

● 눈으로 보고 푸는 문제

Hi, Betty. Aren't you excited about the department field trip this weekend?

1 What are the speakers discussing?

(A) A picnic   (B) A department store

Did you hear that the company's hiring more people for the personnel department?

2 What are the speakers discussing?

(A) Applying for a job   (B) Hiring new workers

Blake, have you received the note with the agenda for Thursday's meeting?

3 What are the speakers discussing?

(A) Meeting topics   (B) An upcoming plan

Hi, Rachel. Would it be possible to get a ride in to work with you this morning?

4 What are the speakers discussing?

(A) A way to get to work   (B) A new schedule

● 귀로 듣고 푸는 문제

5 Why is the man calling?

(A) To reserve a table   (B) To ask about a missing item

6 What are the speakers discussing?

(A) The details of a workshop   (B) The catering service

7 What are the speakers discussing?

(A) A coworker's new job   (B) A vacation plan

8 Why is the woman calling?

(A) To attend a concert   (B) To make a booking

1 What are the speakers discussing?

(A) Employee training   (B) Product development

> M: I just heard that we have to attend _____
>   this Friday.
> W: I don't think I can go. Our team's project is _____ next week, and I
>   was planning on doing that.

2 What does the woman want the man to do?

(A) Staff training   (B) Attendance at the interview

> W: Ryan, this is Kate from HR. I was wondering if you can help me _____
>   _____ this week.
> M: It depends on _____ it is. I've got several appointments
>   with clients.
> W: It's on Tuesday. It'll be in the morning.

3 Who are the workers waiting for?

(A) A repair person   (B) A client

> M: Is the fax machine still not working?
> W: I'm afraid not. The _____ said they
>   would send someone this afternoon.
> M: That's too late. I have to send an important _____ by 10.

4 What type of equipment is being discussed?

(A) A laptop   (B) A photocopier

> W: Luke, do you have a minute? I'm trying to use the copy machine, but it
>   _____.
> M: It's in the standby mode. You just have to push this button to _____
>   _____ again.
> W: Thanks a lot.

Part 3-2-8

1 Why is the woman calling?

(A) To check on an order

(B) To cancel a shipment

(C) To get a refund

(D) To ask about office hours

여자는 왜 전화하는가?

(A) 주문을 확인하려고

(B) 배송을 취소하려고

(C) 환불을 받으려고

(D) 영업시간을 물어보려고

2 What products are the speakers discussing?

(A) Furniture

(B) Office supplies

(C) Appliances

(D) Cosmetics

화자들은 어떤 제품에 대해 의논하는가?

(A) 가구

(B) 사무용품

(C) 가전제품

(D) 화장품

3 What does the man offer to do?

(A) Order the item

(B) Call another department

(C) Contact an applicant

(D) Confirm the price

남자는 무엇을 제안하는가?

(A) 물건을 주문하는 것

(B) 다른 부서에 전화하는 것

(C) 지원자에게 연락하는 것

(D) 가격을 확인하는 것

Questions 1-3 refer to the following conversation.

[미국-미국]

W: Hello, Gavin. This is Catherine from the Customer Service Department. I'm calling to confirm the status of the supplies I ordered.

M: Hi, Catherine. We already sent out the papers and the file folders you ordered yesterday.

W: Wonderful. Can I get them by tomorrow?

M: I think so, but I'll call the shipping department to make sure.

W: 안녕하세요, 개빈. 고객 서비스부서의 캐서린입니다. 제가 주문한 사무용품들의 상황을 확인하려 전화드립니다.

M: 안녕하세요, 캐서린. 우리는 어제 당신이 주문한 종이와 파일 폴더를 이미 배송했습니다.

W: 잘 됐군요. 제가 그것들을 내일까지 받아 볼 수 있을까요?

M: 그럴 것 같아요, 그래도 확실히 할 겸 배송부서에 전화해 볼게요.

[정답] (A), (B), (B)

[해설] 1 전화한 목적을 묻는 문제 – 전화한 목적을 묻는 문제는 I'm calling to/about~ 뒷부분에 정답이 있습니다. 여자가 주문한 사무용품의 상태를 확인하고 싶다(I'm calling to confirm the status of the supplies I ordered.)고 말하고 있으므로 정답은 (A)이며, 대화의 confirm(~을 확인하다)이 정답의 check on(~를 확인하다)으로 패러프레이징 되었습니다.

2 세부사항 관련 문제 – 화자들이 이야기하는 제품에 대한 문제입니다. 남자의 대사에서 종이와 파일 폴더를 배송했다(We already sent out the papers and the file folders)는 것으로 보아 정답은 (B) office supplies(사무용품)입니다.

3 제안사항을 묻는 문제 – 제안사항을 묻는 문제는 주로 대화의 후반부에 힌트가 있습니다. 남자의 제안사항을 물어보므로 남자의 마지막 말을 잘 들어야 합니다. 남자는 마지막 대사에서 배송부에 전화해 보겠다(I'll call the shipping department to make sure)고 하므로, 정답은 (B)입니다. 대화의 shipping department(배송부서)가 정답의 another department(다른 부서)로 패러프레이징 되었습니다.

Words

check on ~를 확인하다 | shipment [ʃípmənt] 배송 | office hours 영업시간

녹음된 내용을 듣고 질문에 알맞은 응답을 고르세요.   Part 3-2-9

1 What does the man need help with?

(A) A copier
(B) Internet connection
(C) A meeting
(D) A fax machine

2 When will the woman most likely return?

(A) At 1:00 P.M.
(B) At 1:30 P.M.
(C) At 2:00 P.M.
(D) At 2:30 P.M.

3 What will the woman probably do next?

(A) Postpone the meeting
(B) Read the manual
(C) Ask for help
(D) Contact another department

- -

4 What is the woman's problem?

(A) She was late for a meeting.
(B) She forgot her cell phone.
(C) Her name is missing from a list.
(D) She cannot stay in a hotel.

5 What does the man ask to see?

(A) A photo ID card
(B) A passport
(C) A registration confirmation
(D) A résumé

6 What is being offered to the woman?

(A) Free shipping
(B) A table and chairs
(C) A restaurant gift card
(D) A coupon for a hotel stay

7 What do the speakers like about the restaurant?

(A) The variety of menu items
(B) The price of food
(C) The location
(D) The good service

8 What are the speakers considering?

(A) Ordering a dessert
(B) Changing a meeting time
(C) Inviting a coworker
(D) Having a meeting catered

9 What does the man say he will do?

(A) Talk to a manager
(B) Make a reservation
(C) Call a restaurant
(D) Have a dinner party

- -

10 What problem are the speakers discussing?

(A) Some pictures are not clear.
(B) A camera is not working.
(C) The server is unavailable.
(D) Some data are incomplete.

新 **11** What does the man mean when he says, "I think Stacey is an expert in that field."?

(A) He is too busy to solve the problem.
(B) He wants Stacey to attend a meeting.
(C) He thinks Stacey made a mistake.
(D) He wants Stacey to answer a question.

12 What does the man say he finds?

(A) Photo specialists
(B) A meeting schedule
(C) A list of products
(D) The latest advertisement

Part 1
Part 2
Part 3
Part 4

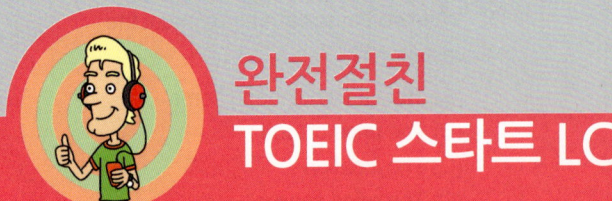

완전절친
TOEIC 스타트 LC

Part 3
Day 3

일상생활 I

- 토익 빈출 단어
- 기초전략 3
- 기본 연습 문제
- 빈칸 채우고 정답 맞추기
- 예제, 실전문제 풀어보기

토익 빈출 단어

다음은 Part 3 문제에 자주 나오는 단어와 예문으로, 주제에 따라 비슷한 단어와 예문끼리 분류해 놓았습니다. 비슷한 단어들을 외우다 보면 상황이 연상되고, Part 3 듣기가 더 쉬워집니다. 일상생활에 관한 단어를 보면서 예문과 같이 열심히 외워두도록 합시다.

● **제품 · 재고**　　　　　　　　　　　　　　　　　　　🎧 Part 3-3-1

다음은 제품과 재고에 관한 단어와 예문입니다. 비슷한 주제의 단어와 예문을 외우면서 일어날 수 있는 상황을 연상해 보고, 실전에서 Part 3 문제를 풀 때 적용해 보세요.

bargain [bɑ́ːrgən] 저렴한 물건	This sofa was a real bargain. 이 소파는 정말 저렴했어요.
branch [bræntʃ] 지사	Our branch office will be relocated. 우리 지사가 이전될 겁니다.
catalog [kǽtəlɔ̀ːg] 카탈로그	Where did you place the catalog? 카탈로그를 어디에 두셨나요?
goods [gudz] 상품	The goods are on display. 상품들이 진열되어 있어요.
inventory [ínvəntɔ̀ːri] 재고	He is taking inventory in a warehouse. 그는 창고에서 재고 조사를 하고 있어요.
sample [sǽmpl] 견본, 샘플	Please send me the free sample. 저에게 무료 견본을 보내 주십시오.
supplier [səpláiər] 공급업체	I'll get in touch with the supplier. 제가 공급업체에 연락해 볼게요.
warehouse [werhaus] 창고	Just leave it in the warehouse. 그것을 그냥 창고에 두세요.
release [rilíːs] 출시하다	New products will be released. 신제품이 출시될 거예요.
look for ~를 찾다	Isn't that the building we are looking for? 그 건물이 우리가 찾는 곳 아닌가요?
brand-new [brǽndnjúː] 신상품의	That's a brand-new suitcase. 그건 정말 신상 여행 가방이군요.
for sale 판매 중인	Are these clothes for sale? 이 옷들 판매 중인가요?
in stock 재고가 있는	I'll check if the item is in stock. 제품이 재고가 있는지 확인해 볼게요.
on display 진열된	I like the red muffler on display. 저는 진열되어 있는 빨간 머플러가 좋네요.
out of stock 품절인	That book is currently out of stock. 그 책은 현재 품절된 상태예요.

● 환불 · 교환 · 지불

다음은 환불과 교환, 지불에 관한 단어와 예문입니다. 비슷한 주제의 단어와 예문을 외우면서 일어날 수 있는 상황을 연상해 보고, 실전에서 Part 3 문제를 풀 때 적용해 보세요.

cashier [kæʃíər] 계산원	Please pay the <u>cashier</u> over there. 저쪽 계산원에게 계산하십시오.
clerk [klə:rk] 점원	Have you hired a <u>clerk</u> yet? 당신은 점원을 채용했나요?
receipt [risí:t] 영수증	I'm missing the <u>receipts</u> for your hotel. 호텔 영수증을 분실했습니다.
stockroom [stɑ:kru:m] 창고	What's the phone number for the <u>stockroom</u>? 창고 전화번호가 어떻게 되죠?
warranty [wɔ́:rənti] 보증서	The <u>warranty</u> had expired. 보증 기간이 만료되었어요.
exchange [ikstʃéindʒ] 교환하다	Would you like to <u>exchange</u> the camera for a new one? 카메라를 새 제품으로 교환해드릴까요?
guarantee [gærəntí:] 보증하다	The watch is still under <u>guarantee</u>. 이 시계는 아직 보증 기간이 끝나지 않았어요.
locate [lóukeit] (위치를) 찾다	I can't <u>locate</u> the empty space in the parking lot. 저는 주차장에서 빈 공간을 찾을 수 없어요.
pay [pei] 지불하다	A customer is <u>paying</u> for purchases. 손님이 물건 값을 지불하고 있어요.
repair [ripéər] 수리하다	The house's roof is being <u>repaired</u>. 그 집의 지붕이 수리되고 있어요.
return [ritə́:rn] 돌아오다, 돌려주다	I'd like to <u>return</u> this shirt and I want cash. 이 셔츠를 반납하고 현금을 돌려받고 싶어요.
defective [diféktiv] 결함이 있는	Which of the items were <u>defective</u>? 어떤 물건들에 결함이 있었나요?
durable [djúərəbl] 내구성 있는	This raincoat is made of a very <u>durable</u> material. 이 비옷은 매우 내구성 있는 재료로 만들어졌어요.
at the moment 현재	We're out of stock <u>at the moment</u>. 현재 품절되었습니다.
out of order 고장난	Is your phone <u>out of order</u> or something? 전화기가 고장이라도 났나요?

● 장소

다음은 장소에 관한 단어와 예문입니다. 비슷한 주제의 단어와 예문을 외우면서 일어날 수 있는 상황을 연상해 보고, 실전에서 Part 3 문제를 풀 때 적용해 보세요.

airport [έrpɔːrt] 공항	May I see your passport and your ticket? 여권과 항공권을 보여주시겠어요?
bank [bæŋk] 은행	I'd like to open a checking account at your bank. 당신의 은행에서 당좌계좌를 개설하고 싶습니다.
bookstore [búkstɔːr] 서점	Excuse me, I want to buy the new novel by Neil Adams. 실례합니다, 닐 아담스의 새 소설을 사고 싶은데요.
hotel [houtél] 호텔	We have ocean-view available, but it is more expensive. 해변이 보이는 방이 있지만, 그것은 더 비쌉니다.
library [láibrèri] 도서관	I'm here to return these books I checked out two weeks ago. 2주 전에 대출한 책 두 권을 반납하려고 왔습니다.
museum [mjuːzíːəm] 박물관	I'm really interested in your photo exhibition. 저는 당신의 사진 전시회에 정말 관심이 있어요.
office [ɔ́ːfis] 사무실	Why don't we have dinner together after work? 퇴근 후에 함께 저녁 먹는 건 어떨까요?
pharmacy [fάːrməsi] 약국	Could you have my prescription filled? 처방약을 조제해 주시겠어요?
plant [plænt] 공장	We had to repair one of our production lines. 우리는 생산라인 중 한 곳을 수리해야 했어요.
restaurant [réstərənt] 식당	Would you like to start off with something to drink? 마실 것을 먼저 가져다 드릴까요?
clothing store 옷 가게	Do you have a special brand in mind? 선호하는 브랜드가 있나요?
dry cleaner 세탁소	I just noticed this stain on my jacket. 방금 제 재킷에 얼룩이 묻어 있는 걸 발견했습니다.
post office 우체국	I'd like to mail this package to New York. 이 소포를 뉴욕으로 보내고 싶습니다.
real estate agency 부동산	We have several properties for rent at the moment. 현재 임대로 나온 부동산이 몇 개 있습니다.
travel agency 여행사	I want to book two airline tickets to Moscow for tomorrow. 내일 모스크바로 가는 항공권 2장을 예약하고 싶습니다.

● **직업**

Part 3-3-4

다음은 직업에 관한 단어와 예문입니다. 비슷한 주제의 단어와 예문을 외우면서 일어날 수 있는 상황을 연상해 보고, 실전에서 Part 3 문제를 풀 때 적용해 보세요.

accountant [əkáuntənt] 회계사	I'm trying to process your expense report. 저는 당신의 비용 보고서를 처리해 드리려 노력하고 있습니다.
doctor [dáktər] 의사	You'd better not smoke or drink coffee while taking medicine. 약을 복용하는 동안, 흡연하지 말고 커피도 마시지 않는 편이 좋아요.
musician [mju:zíʃən] 음악가	He is one of the members of the New York Jazz band. 그는 뉴욕 재즈 밴드의 멤버 중 한명이다.
operator [ápərèitər] 전화 교환원	I'll put you through to his secretary. 그의 비서에게 전화를 돌려드리겠습니다.
photographer [fətágrəfər] 사진작가	Thank you for all your comments on my pictures. 제 사진들에 대한 당신의 의견에 감사드립니다.
receptionist [risépʃənist] 접수원	Mr. Yamaguchi is here for his 10 o'clock meeting. 야마구치 씨가 10시 회의를 위해 여기 오셨습니다.
reporter [ripɔ́:rtər] 기자	How is the article about the fashion trend coming along? 패션 트렌드에 관한 기사는 잘 진행되고 있나요?
salesperson [séilzpə̀:rsn] 판매원	We don't give refunds on sale items. 저희는 세일 제품에 대해서는 환불을 해 드리지 않습니다.
server [sə́:rvər] (식당) 종업원	I'd like to tell you about this evening's specials. 오늘 저녁 특별 메뉴를 말씀드리겠습니다.
writer [ráitər] 작가	What made you write this book? 이 책을 쓰게 된 동기는 무엇입니까?
job applicant 구직자	She has lots of experience in the field of sales. 그녀는 영업 분야에 많은 경험을 가지고 있어요.
new employee 신입사원	Ryan Kim is going to start a full-time position with us. 라이언 킴이 우리와 같이 정규직으로 일하게 됩니다.
parking attendant 주차요원	What's the charge for parking here? 여긴 주차 요금이 얼마입니까?
real estate agent 부동산 중개인	This apartment has one bedroom and a great view. 이 아파트는 침실이 한 개 있고 전망이 멋집니다.
tour guide 여행 가이드	The next point on the tour is the beautiful waterfall. 다음 여행 장소는 아름다운 폭포입니다.

장소 · 직업을 묻는 문제

Part 3의 문제 3개 중에서 보통 가장 먼저 나오는 문제 유형입니다. 화자의 첫 대사나 두 번째 대사에 힌트가 있으며, 관련 명사를 잘 들으면 정답을 유추해 낼 수 있습니다. 따라서 장소 및 직업과 관련된 빈출 단어는 암기해 두는 게 좋습니다.

● **장소 · 직업을 묻는 문제**

① 대화 장소 물어보기

Where are the speakers? 화자는 어디에 있는가?

Where is this conversation taking place? 대화는 어디에서 일어나고 있는가?

② 근무지 물어보기

Where does the man work? 남자는 어디서 일하는가?

What type of company does the man work for? 남자는 어떤 종류의 회사에서 일하는가?

③ 직업 물어보기

What is the man's job? 남자의 직업은 무엇인가?

Who most likely is the woman? 여자는 누구일 것 같은가?

● **문제 해결 방법**

대화 장소/직업 문제는 대체로 대화문 속 장소나 직업관련 키워드를 들으면 쉽게 정답을 알 수 있으니, 관련 어휘를 미리 외워두세요. 예를 들어, "뉴욕으로 이 소포를 보내고 싶어요." 라고 했다면, 대화 장소는 '우체국'입니다.

🎧 Part 3-3-5

1 Where most likely does this conversation take place?

(A) At an airport
(B) At an office
(C) At a bus stop
(D) At a hotel

이 대화는 어디에서 이루어지는 것 같은가?
(A) 공항
(B) 사무실
(C) 버스 정류장
(D) 호텔

[미국-영국]

M: Excuse me, is this where I get the shuttle bus to the airport? W: Yes, this is the right place. The bus is supposed to be here at 8, but it's always late. M: Oh, no. I can't be late today. This is my first day of work at the airport hotel. W: Well, if you are worried about the time, you probably should take a taxi instead.	M: 실례합니다, 이곳이 공항으로 가는 셔틀버스를 타는 곳인가요? W: 예, 여기가 맞습니다. 버스는 8시에 도착하기로 되어있는데, 항상 늦어요. M: 아, 안돼. 저는 오늘 늦으면 안 돼요. 공항 호텔에서 일하는 첫 근무일이거든요. W: 음, 시간이 걱정된다면, 대신에 택시를 타는 게 좋을 것 같네요.

[해설] 대화가 이루어지는 장소를 묻는 문제

남자의 첫 번째 대사에서 이곳이 셔틀버스 타는 곳인지 묻는 것으로 보아 대화 장소는 버스 정류장(bus stop)임을 알 수 있습니다.

2 Who most likely is the woman?

(A) A player

(B) A sales representative

(C) A writer

(D) A designer

여자는 누구인 것 같은가?
(A) 운동선수
(B) 영업 사원
(C) 작가
(D) 디자이너

[미국-미국]

W: I heard that the new line of running shoes has just hit the store. We'll be able to start selling them to our clients.

M: That's great. I met with some clients earlier this week and they've already expressed interests in the new items.

W: You know, this will be the perfect time for us to try some of those techniques we learned at our last sales workshop.

W: 새로운 운동화 제품이 막 시장에 나왔다고 들었어요. 이제 우리는 그것들을 고객들에게 판매할 수 있어요.

M: 잘 됐네요. 제가 이번 주 초에 고객 몇 분을 만났는데 그들은 벌써 새 상품에 관심을 표현했어요.

W: 알다시피, 이번이 우리가 지난 판매 워크숍에서 배운 기법을 사용해볼 절호의 기회일 거예요.

[해설] 여자의 직업을 묻는 문제

여자의 첫 번째 대사에서 우리는 고객들에게 판매할 수 있다(We'll be able to start selling to our clients.)고 했으므로, 정답은 영업사원(sale representative)입니다.

Words

shuttle bus 셔틀버스 | be supposed to ~하기로 되어 있다 | new line 새 제품 | running shoes 운동화 | hit the store 출시하다, 판매하다 | express [iksprés] 표현하다 | sales workshop 판매 워크숍

1 Where is Ms. Nelson?

   (A) In a meeting   (B) At a restaurant

2 Where is the conversation probably taking place?

   (A) On a street   (B) In an office building

3 Where does the man probably work?

   (A) At a furniture store   (B) At a shipping company

4 Where are the speakers?

   (A) In an airport   (B) In a bus terminal

5 Where most likely are the speakers?

   (A) At a travel agency   (B) At an airport

6 Who most likely is the man talking to?

   (A) A hotel receptionist   (B) An airline employee

7 Who most likely are the speakers?

   (A) Reporters   (B) Architects

8 Who most likely is the man?

   (A) A computer technician   (B) A repairperson

9 Who is Kimberly Jones?

   (A) A sales representative   (B) Advertising staff

10 Who is Megan Turner?

   (A) An actress   (B) A reporter

TIP Who is the man probably talking to? 남자는 누구와 이야기 하고 있는가?

질문에 남자가 언급되었지만 반대로 여자의 직업을 묻는 질문입니다. 따라서 남자의 말에서 남자의 직업이 나오더라도 오답임을 명심하세요.

1 What is the woman's problem?

(A) She can't access her computer.   (B) She can't remember her password.

> W: I can't _____ to my computer. I tried several times, but it didn't work.
>   Do you know what the problem is?
> M: Oh, didn't you know that the company changed _____
>   _____? You need to see Ms. Perez to receive your new password.

2 What are the speakers talking about?

(A) A sporting event   (B) A dinner appointment

> M: Hey, Ella. How was the baseball game last night?
> W: I couldn't go. I had to work late last night on the _____.
>   But I've got tickets for tonight. Would you like to go?
> M: I'd love to go, but I have _____.

3 Why does the woman apologize?

(A) The price is higher than expected.   (B) An item is unavailable.

> M: Hello, I'm looking for *Gourmet Dinner* by Kelly Rodriguez, the recipe book
>   she just published this year. Do you have it _____?
> W: Sorry, we are sold out at the moment. I know our downtown branch has it
>   though. Do you want me to go ahead and _____?
> M: Yes, please.

4 Why are the speakers proud of their colleague?

(A) He was promoted to manager.

(B) He was successful in getting the contract.

> W: Did you hear the news that Mr. Evans just won the _____
>   with the Australian company?
> M: This is great news. He's been working really hard on that deal. I think he
>   _____ for that.
> W: I know. I'm so happy, too.

🎧 Part 3-3-8

1 Where are the speakers going?

(A) To a museum
(B) To the city hall
(C) To a train station
(D) To a shopping center

2 What will begin in 15 minutes?

(A) A talk
(B) A soccer match
(C) A performance
(D) A parade

3 Why does the woman suggest that they walk?

(A) Taxis are expensive.
(B) They both like to walk.
(C) A road is closed to traffic.
(D) They are near their destination.

화자들은 어디에 가고 있는가?
(A) 박물관에
(B) 시청에
(C) 기차역에
(D) 쇼핑센터에

15분 후에는 무엇이 시작할 것인가?
(A) 강연
(B) 축구 시합
(C) 공연
(D) 퍼레이드

여자는 그들이 왜 걸어야 한다고 제안하는가?
(A) 택시비가 비싸서
(B) 둘 다 걷는 것을 좋아해서
(C) 도로가 교통으로 막혀서
(D) 목적지가 근처에 있어서

Questions 1-3 refer to the following conversation.　　　　　　　　　**[호주-영국]**

M: Excuse me. Do you know where the city hall is? I've been trying to find it but the directions I was given at the tourist information center seem to be wrong.

W: Actually, I'm heading there myself. I work at the city hall's Health & Welfare Bureau. We can walk over together.

M: Will it be quicker to take a taxi or a bus? I'm going to a lecture that's supposed to start in 15 minutes and I don't want to be late for it.

W: Don't worry. The city hall is nearby. It will only take us 10 minutes to get there on foot.

M: 실례합니다. 혹시 시청이 어디 있는지 아세요? 계속 찾고 있는데 관광 안내소에서 준 위치가 잘못된 것 같아요.

W: 사실 저도 그쪽으로 가고 있습니다. 저는 시청의 보건복지국에서 일합니다. 함께 걸어가죠.

M: 택시나 버스를 타면 더 빠를까요? 15분 후에 시작하는 강의에 가려고 하는데 늦고 싶지 않아요.

W: 걱정 마세요. 시청은 근처입니다. 걸어서 10분 정도 걸립니다.

[정답] (B), (A), (D)

[해설] **1** 목적지를 묻는 문제 – 남자가 여자에게 시청으로 가는 길을 묻고(Do you know where the city hall is?) 있고 여자도 시청으로 가는 중이다(I'm heading there myself.)고 대답했으므로, 화자들이 가는 장소는 시청(city hall)이라고 할 수 있습니다.

　　2 세부사항 관련 문제 – 남자가 15분 후에 있을 강의에 간다(I'm going to a lecture that's supposed to start in 15 minutes)고 언급했으므로, 정답은 (A) 강연(a talk)이며, 지문의 lecture가 talk로 패러프레이징 되었습니다.

　　3 제안·요청관련 문제 – 여자는 시청이 근처에 있다(The city hall is nearby.)고 말하면서, 걸어가자고 제안하고 있습니다. 따라서 정답은 (D)입니다. 지문의 on foot(걸어서)이 3번 문제의 walk로 표현되었습니다.

Words

direction [dirékʃən] 위치, 방향 | tourist information 관광 안내소 | city hall 시청 | Health & Welfare Bureau 보건복지국 | bureau [bjúərou] 부서 | lecture [léktʃər] 강의 | on foot 걸어서 | destination [dèstənéiʃən] 목적지

녹음된 내용을 듣고 질문에 알맞은 응답을 고르세요.

Part 3-3-9

1 Where are the speakers?

(A) At a hotel
(B) At a restaurant
(C) In an office building
(D) In an airport

2 What does the woman suggest the man do?

(A) Visit a cafe
(B) Send an invitation
(C) Have food delivered
(D) Go to a market

3 What does the woman say she will get for the man?

(A) A menu
(B) A map
(C) A brochure
(D) A coupon

4 Where most likely does the woman work?

(A) At a department store
(B) At a moving company
(C) At a newspaper office
(D) At a bank

5 Why is the man calling?

(A) To stop a subscription
(B) To make a payment
(C) To ask about an order
(D) To report a problem

6 What does the woman request?

(A) An account number
(B) A telephone number
(C) A correct address
(D) A payment amount

7 What most likely is the man's job?

(A) Model
(B) Sales clerk
(C) Repairman
(D) Photographer

8 What is the woman's problem?

(A) She couldn't find the same model.
(B) She lost her receipt.
(C) Her cell phone was broken.
(D) She bought a defective product.

9 What will the man probably do?

(A) Bring an item
(B) Repair the camera
(C) Give a discount
(D) Get a refund

Receipt	
Jackets	$50
Knitwear	$40
Pants	$30
Skirts	$25

10 Where did the woman learn about a discount?

(A) On a website
(B) In a magazine
(C) On a leaflet
(D) From her colleague

新 **11** Look at the graphic. Which amount should be changed?

(A) $50
(B) $40
(C) $30
(D) $25

12 What does the man say he will do next?

(A) Launch a product
(B) Provide the receipt
(C) Call a supervisor
(D) Exchange an item

Part 1
Part 2
Part 3
Part 4

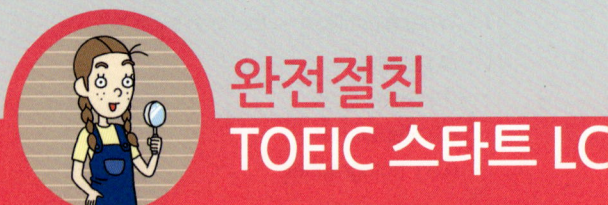

완전절친
TOEIC 스타트 LC

Part 3
Day 4

일상생활 II

- 토익 빈출 단어
- 기초전략 4
- 기본 연습 문제
- 빈칸 채우고 정답 맞추기
- 예제, 실전문제 풀어보기

Day 04 일상생활 Ⅱ

 토익 빈출 단어

다음은 Part 3 문제에 자주 나오는 단어와 예문으로, 주제에 따라 비슷한 단어와 예문끼리 분류해 놓았습니다. 비슷한 단어들을 외우다 보면 상황이 연상되고, Part 3 듣기가 더 쉬워집니다. 여행에 관한 단어를 보면서 예문과 같이 열심히 외워두도록 합시다.

● **여행** 🎧 Part 3-4-1

다음은 여행에 관한 단어와 예문입니다. 비슷한 주제의 단어와 예문을 외우면서 일어날 수 있는 상황을 연상해 보고, 실전에서 Part 3 문제를 풀 때 적용해 보세요.

accommodation
[əkɑ̀mədéiʃən] 숙박시설
He is searching online for accommodations.
그는 온라인으로 숙박시설을 찾고 있어요.

aircraft [ɛ́ərkræft]
항공기
The aircraft seats 200 passengers.
그 항공기는 200명의 승객을 태울 수 있어요.

arrival [əráivəl]
도착
All visitors must sign in on arrival.
모든 방문객은 도착 즉시 서명해야 합니다.

departure [dipɑ́ːrtʃər]
출발
Could you postpone your departure for 10 minutes?
출발을 10분간 미룰 수 있으신가요?

destination [dèstənéiʃən]
목적지
A short walk will get you to your destination.
조금만 걸으면 목적지가 나올 거예요.

flight [flait] 비행(기)
I'm leaving on the New York flight. 저는 뉴욕 행 비행기로 떠납니다.

itinerary [aitínərèri]
여행 일정표
I'll fax the itinerary confirmation number.
여행 일정표 확인번호를 팩스로 보낼게요.

sightseeing [sáitsìːiŋ]
관광
She went on a sightseeing trip to Paris.
그녀는 파리로 관광 여행을 갔어요.

trip [trip] 여행
How was your trip to Canada? 캐나다 여행은 어땠나요?

board [bɔːrd]
탑승하다
People are boarding through the gate.
사람들이 문을 통해 탑승하고 있습니다.

confirm [kənfə́ːrm] 확인하다
It hasn't been confirmed yet. 아직 확인되지 않았어요.

travel [trǽvəl] 여행하다
What are your dates of travel, sir? 여행 날짜가 언제인가요?

stay [stei] 묵다, 체류하다
He suggested a hotel to stay at. 그가 묵을만한 호텔을 추천해 줬어요.

complimentary
[kɑ̀mpləméntəri] 무료의
The airline is still providing complimentary soft drinks.
그 항공사는 여전히 무료 청량음료를 제공해요.

crowded [kráudid]
붐비는
This store is always crowded with customers.
어 가게는 항상 손님들로 붐벼요.

● **레스토랑**

🎧 Part 3-4-2

다음은 레스토랑에 관한 단어와 예문입니다. 비슷한 주제의 단어와 예문을 외우면서 일어날 수 있는 상황을 연상해 보고, 실전에서 Part 3 문제를 풀 때 적용해 보세요.

appetizer [ǽpitàizər] 전채 요리	I'd like to start with an <u>appetizer</u>. 우선 전채 요리부터 시작하고 싶어요.
caterer [kéitərər] 출장 뷔페	We called in <u>caterers</u> for the wedding reception. 결혼식 피로연에 출장 뷔페를 불렀어요.
chef [ʃef] 요리사	Tony is a professionally-trained <u>chef</u>. 토니는 전문 교육을 받은 요리사예요.
diner [dáinər] 손님, 식사하는 사람	There are few <u>diners</u> in the restaurant tonight. 오늘 저녁엔 식당에 손님이 별로 없네요.
flavor [fléivər] 맛, 풍미	This cheese has a soft, mild <u>flavor</u>. 이 치즈는 부드럽고 담백한 맛을 가지고 있어요.
ingredient [ingríːdiənt] 원료, 재료	Cacao is the main <u>ingredient</u> of chocolate. 카카오 열매는 초콜릿의 주 원료입니다.
meal [miːl] 식사	I hope you enjoyed your <u>meal</u>. 식사 맛있게 드셨기를 바랍니다.
menu [ménjuː] 메뉴 **dessert** [dizə́ːrt] 디저트	Would you like to see a <u>dessert</u> <u>menu</u>? 디저트 메뉴를 보시겠습니까?
party [pɑ́ːrti] 일행, 동행	There are only three in our <u>party</u>. 우리 일행은 세 명 뿐입니다.
seat [siːt] 자리, 좌석	She hurried back to her <u>seat</u>. 그녀는 서둘러 자리로 돌아왔어요.
main dish 주 요리	It should be served as a <u>main dish</u>. 그것을 주 요리로 내놓아야 해요.
serve [səːrv] (음식을) 제공하다	What time do you <u>serve</u> dinner? 저녁 식사는 언제 제공하나요?
set [set] (식탁을) 차리다	Will you help me <u>set</u> the table? 식탁을 차리는 것 좀 도와줄래요?
take an order 주문받다	A waiter is <u>taking an order</u>. 웨이터가 주문을 받고 있어요.

● 공항 · 교통

다음은 공항과 교통에 관한 단어와 예문입니다. 비슷한 주제의 단어와 예문을 외우면서 일어날 수 있는 상황을 연상해 보고, 실전에서 Part 3 문제를 풀 때 적용해 보세요.

baggage [bǽgidʒ] 수하물

Can I claim my baggage here? 여기가 수하물 찾는 곳입니까?

cabin [kǽbin]
(배 · 항공기의) 객실, 선실

My luggage is never more than cabin-sized.
제 수하물은 절대 기내용 사이즈를 넘지 않아요.

carousel [kærəsél]
컨베이어 벨트

Passengers are getting their luggage from the carousel.
승객들이 컨베이어 벨트에서 그들의 수하물을 찾고 있어요.

passport [pǽspɔːrt] 여권

Do you have the ticket and the passport? 표와 여권을 갖고 계시죠?

platform [plǽtfɔːrm]
승강장

Take the train from platform number two.
2번 승강장에서 전철을 타세요.

station [stéiʃən] 역

The building over there is the station. 저기 있는 저 건물이 역입니다.

stop [stap] 정류장

The bus stop is just over there. 버스 정류장은 저쪽에 있습니다.

boarding gate
탑승구

All passengers should proceed to the boarding gate.
모든 승객은 탑승구로 가세요.

boarding pass
탑승권

May I see your passport and boarding pass?
여권과 탑승권을 보여주시겠어요?

direct flight
직항편

We are interested in direct flights to Norway.
우리는 노르웨이 직항편에 관심이 있습니다.

local time
현지 시간

We reach Jakarta at 2 o'clock local time.
우리는 자카르타에 현지 시간으로 2시에 도착합니다.

round trip 왕복편

Is that one way or round trip, sir? 편도입니까 아니면 왕복입니까?

steering wheel
핸들

There's something wrong with the steering wheel.
핸들에 뭔가 문제가 있어요.

transfer [trænsfɔ́ːr] 갈아타다

Where do I need to transfer? 어디에서 갈아타야 합니까?

via [váiə]
~를 경유하여

The flight goes via Rio de Janeiro.
그 비행편은 리우데자네이루를 경유합니다.

● **구매 · 쇼핑** 🎧 Part 3-4-4

다음은 구매와 쇼핑에 관한 단어와 예문입니다. 비슷한 주제의 단어와 예문을 외우면서 일어날 수 있는 상황을 연상해 보고, 실전에서 Part 3 문제를 풀 때 적용해 보세요.

change [tʃeindʒ] 거스름돈	Here are your receipt and <u>change</u>. 여기 영수증과 거스름돈입니다.
customer [kʌ́stəmər] 고객	How about taking a <u>customer</u> survey? 고객 설문 조사를 해보는 것이 어떨까요?
price [prais] 가격	Can you bring the <u>price</u> down a bit? 가격 할인을 좀 해주실 수 있나요?
quality [kwɑ́ləti] 품질	We sell high <u>quality</u> handmade products. 우리는 고품질의 수공예품을 판매합니다.
souvenir [sùːvəníər] 기념품	Will I keep it as a <u>souvenir</u>? 제가 그것을 기념품으로 가져도 될까요?
charge [tʃɑːrdʒ] 요금	How much is the service <u>charge</u>? 서비스 요금은 얼마입니까?
compare [kəmpéər] 비교하다	He is <u>comparing</u> two prices of shoes. 그는 신발 두 켤레의 가격을 비교하고 있어요.
discount [dískaunt] 할인	Is there a <u>discount</u> with this coupon? 이 쿠폰을 이용하면 할인을 받을 수 있어요?
purchase [pə́ːrtʃəs] 구매	Keep your receipt as proof of <u>purchase</u>. 구매의 증거로 영수증을 보관하세요.
wrap [ræp] 포장하다	She stayed up all night <u>wrapping</u> gifts. 그녀는 밤을 새워 선물들을 포장했어요.
go shopping 쇼핑가다	I'm thinking about <u>going shopping</u> for groceries. 식료품을 사러 쇼핑갈까 생각하고 있어요.
place an order 주문하다	What product did you <u>place an order</u> on? 당신은 어떤 제품을 주문하셨나요?
expensive [ikspénsiv] 비싼	Live performances are <u>expensive</u> in many ways. 라이브 공연들은 여러모로 비싸요.
reasonable [ríːzənəbl] (가격이) 적당한	Your prices are very <u>reasonable</u>. 가격이 아주 저렴하네요.
retail [ríːteil] 소매의	What's the suggested <u>retail</u> price? 권장 소매가격이 얼마입니까?

세부사항 관련 문제

세부사항 관련 문제는 언급된 세부 정보를 묻는 문제입니다. 문제의 의문사에 맞는 정답을 찾아내는 유형으로, 질문을 미리 읽고 키워드를 기억해 두어야 합니다.

● 시간 · 날짜 · 숫자를 묻는 문제

① 시간/날짜 물어보기

   When will the speakers meet? 화자들은 언제 만날 것인가?

   What time will the man leave? 남자는 언제 떠날 것인가?

   When is the meeting supposed to end? 회의는 언제 끝나기로 되어있는가?

② 특정 숫자를 물어보기

   How long will the man need to wait? 남자는 얼마동안 기다려야 하는가?

   How many applicants will be interviewed? 얼마나 많은 지원자들이 인터뷰될 것인가?

● 문제 해결 방법

주로 대화의 후반부를 들으면 단서가 있고, 장소나 직업 관련 키워드를 파악하면 문제가 쉽게 풀립니다. 키워드는 주로 고유명사나 사물이름, 숫자나 특정 시점 등이라고 할 수 있습니다. 만약, "How long will the man stay in Seoul?"이라는 질문이 있다면 결정적인 단서는 고유명사인 'Seoul'이며, 남자가 머무를 기간은 'Seoul'이라는 구체적 장소 앞뒤에 언급될 것이라 추측할 수 있습니다.

> **TIP** 숫자가 언급되는 문제에도 패러프레이징(Paraphrasing)을 이용하여 출제가 됩니다.
>
> | | |
> |---|---|
> | 30 minutes = half an hour 30분 | 2 decades = twenty years 20년 |
> | weekly 매주의 = every week 매주 | every two weeks = every other week 2주마다 |
> | yearly = annual 연례의 | quarterly 4분의 1의 = every three months 3개월마다 |
> | a quarter 4분의 1 = 25% 25% | the day after tomorrow 모레 = in two days 이틀 후 |

● 이유 · 원인을 묻는 문제

① 이유 물어보기

   Why will John miss the class? 존은 왜 수업을 듣지 못 할 것인가?

   Why did the man choose the restaurant? 남자는 왜 그 식당을 선택했나?

   Why does the man ask the woman for help? 남자는 왜 여자에게 도움을 요청하는가?

② 원인 물어보기

   What caused the delay? 무엇이 지연을 야기했는가?

   Why is the conference postponed? 회의는 왜 연기되는가?

● 문제 해결 방법

① 주로 대화의 중반부를 들으면 단서가 있습니다.

② 남자, 여자 혹은 제3자 중 누구의 이유 및 원인인지 질문에서 미리 파악합니다.

③ 이유 및 원인을 정확하게 파악하려면 평소 많은 문제를 접해보며 배경지식을 기르는 게 좋습니다.

- **문제점 · 걱정거리를 묻는 문제**

① 문제점 물어보기

What problem is mentioned? 어떤 문제점이 언급되는가?

What is the problem with the car? 차에 어떤 문제가 있는가?

What problem did the man encounter at last year's event? 남자는 작년 행사에서 어떤 문제를 겪었는가?

② 걱정거리 물어보기

What is the woman **concerned about**? 여자는 무엇에 관해 걱정하는가?

What is the man having **trouble with**? 남자는 어떤 어려움을 겪고 있는가?

- **문제 해결 방법**

① 주로 대화의 초반부에 문제점이 암시되거나 중반에 언급되는 경우가 많습니다.

② 주요 빈출 문제점으로는 '기계 고장' '약속 불이행' '마감기한 지연' 등이 있습니다.

③ 부정어 not이 들어간 표현이 있는 문장에서 문제점에 대한 힌트가 있습니다.

The scanner is **not** available. 스캐너를 사용할 수 없다.

The meeting does**n't** start until Friday. 그 회의는 금요일까지는 시작하지 않는다.

There are **not** enough computers. 충분한 컴퓨터가 없다.

She can**not** find a post office. 그녀는 우체국을 찾을 수 없다.

> **TIP** 문제점 및 걱정거리를 묻는 질문은 역접 및 반전 표현이 들리는 곳 뒷부분을 집중해서 들어주세요.
> 역접을 나타내는 단어: but, however, actually, in fact, unfortunately 등

🎧 Part 3-4-5

1 What should the man do to use the website?

(A) Sign the contract
(B) Enter a password
(C) Call the service center
(D) Get a membership

남자가 웹사이트를 이용하려면 무엇을 해야 하는가?
(A) 계약서에 서명하기
(B) 비밀번호 입력하기
(C) 서비스 센터에 전화하기
(D) 회원 가입하기

[미국-영국]

M: Hello. I have an account with your bank, and I'd like to have a copy of my bank statement. Would it be possible to request a statement over the phone?

W: Unfortunately, you can't. You can only get it on the bank's website. To use the website, you will need to register as a member.

M: That won't be necessary. Can you please give me the website address?

M: 안녕하세요. 제가 여기 은행의 계좌가 있는데, 은행의 입출금 내역서가 필요합니다. 전화로 입출금 내역서를 요청하는 것이 가능한가요?

W: 안타깝게도, 안 됩니다. 은행의 웹사이트를 통해서만 가능합니다. 웹사이트를 이용하려면 회원으로 등록하셔야 합니다.

M: 괜찮습니다. 웹사이트 주소 좀 알려주실래요?

[해설] 세부사항을 묻는 문제

여자의 말에서 웹사이트를 이용하려면 회원으로 등록해야 한다고 했으므로(To use the website, you will need to register as a member.) 정답은 (D)입니다.

Words

account [əkáunt] 계좌 | statement [stéitmənt] 입출금 내역서 | unfortunately [ʌnfɔ́ːrtʃənətli] 안타깝게도, 불행하게도 | register [rédʒistər] 등록하다

1 When will the sales meeting be held?

(A) At noon   (B) At 2:00 P.M.

2 When will they probably have dinner?

(A) Tonight   (B) Tomorrow

3 How did the man learn about the job?

(A) From a website   (B) From a newspaper

4 When will the speakers most likely meet?

(A) At 6:00 P.M.   (B) At 6:30 P.M.

5 What is the man interested in purchasing?

(A) A coat   (B) A sweater

6 Why is the man disappointed?

(A) There are no seats left.   (B) The tickets are expensive.

7 What is the man concerned about?

(A) Meeting the deadline   (B) Posting an ad

8 Why does the man congratulate the woman?

(A) She has received a promotion.   (B) She has started her own business.

9 What does the man want to know about the event?

(A) Who will be invited   (B) Where it will be held

10 What information does the man request?

(A) The budget of an event   (B) The size of a group

1 Where is this conversation taking place?

(A) On a plane   (B) On a cruise

W: Good morning, sir. Would you like to have some breakfast now?
M: No thanks. Just some juice, please. _____ before the landing?
W: About two and a half hours. We should be _____ by 10:30.

2 What is the conversation mainly about?

(A) A factory   (B) Travel plans

M: Ms. Carter, I need to change my itinerary for my business trip to Istanbul. I was planning to _____ after my meeting, but the supervisor wants me to stay an extra day to visit the plant that has been _____.
W: Sure, that shouldn't be a problem. I'll change the flight and hotel reservations.

3 What does the woman want to do at the museum?

(A) Buy a guidebook   (B) Sign up for a class

W: Excuse me. I saw the flyer posted in the window of your museum _____. I wonder if I could register for the ancient history class on Monday evening.
M: Sorry, that class is already full. The classroom is not big enough to _____ all the people.

4 When will they probably see each other again?

(A) Thursday   (B) Friday

M: Are we going to have dinner together sometime this week?
W: Let me see. I'll be _____ Monday to Wednesday. But I'm free Thursday or Friday evening.
M: I can't _____ Friday. Thursday sounds good.

Part 3-4-8

1 What kind of business does the man work for?

(A) A real estate office
(B) A painting company
(C) A moving company
(D) A shopping mall

남자는 어떤 업체에서 일하는가?
(A) 부동산
(B) 페인트칠 회사
(C) 이사업체
(D) 쇼핑몰

2 What does the man offer to do?

(A) A cost estimate
(B) A free sample
(C) A brochure
(D) A special price

남자는 무엇을 해주겠다고 하는가?
(A) 견적서
(B) 무료 샘플
(C) 브로슈어
(D) 특별가

3 When does the man propose the meeting?

(A) This afternoon
(B) This evening
(C) Tomorrow morning
(D) Tomorrow afternoon

남자는 언제 만나기로 제안하는가?
(A) 오늘 오후
(B) 오늘 저녁
(C) 내일 아침
(D) 내일 오후

Questions 1-3 refer to the following conversation.　　　　　　[영국–미국]

W: Good morning. I'm calling because I'm decorating my office. I'd like the waiting area painted sometime this month. Are you available?
M: Yes, we can be of assistance. I'll need to examine the waiting area in person and give you an estimate.
W: That would be great. I'd really like this project started as soon as possible. When can you stop by?
M: I have some time tomorrow after lunch. Does that work for you?

W: 안녕하세요. 제 사무실을 꾸미려고 연락드렸습니다. 이번 달 내에 대기실을 페인트칠 하고 싶은데요, 가능한가요?
M: 예, 도와드릴 수 있습니다. 직접 대기실을 살펴보고 견적을 알려 드리죠.
W: 잘 됐네요. 이 프로젝트를 가능한 빨리 하고 싶은데요, 언제 들러 줄 수 있나요?
M: 내일 점심 이후에 시간이 괜찮습니다. 그 시간이 괜찮으신가요?

[정답] (B), (A), (D)

[해설] 1 일하는 장소를 묻는 문제 – 여자가 사무실을 꾸미고 싶다고 하면서, 대기실 페인트칠을 의뢰하고 있으니 남자가 일하는 회사는 페인트를 칠하는 회사라는 것을 알 수 있습니다. 정답은 (B)입니다.

2 세부사항 관련 문제 – 남자는 대기실을 직접 살펴본 다음 견적서를 주겠다(I'll need to examine the waiting area in person and give you an estimate.)고 했으므로 정답은 (A)입니다.

3 제안 · 요청관련 문제 – 남자는 내일 점심 이후가 괜찮다(I have sometime tomorrow after lunch.)고 했으므로 정답은 (D)입니다.

Words

decorate [dékərèit] 꾸미다, 장식하다 | available [əvéiləbl] 가능한; 이용할 수 있는 | of assistance 도움이 되는 | examine [igzǽmin] 살피다; 조사하다 | in person 직접 | as soon as possible 가능한 빨리 | real estate 부동산

녹음된 내용을 듣고 질문에 알맞은 응답을 고르세요. 🎧 Part 3-4-9

1 What are the speakers mainly discussing?

(A) Paying for an item
(B) Arranging a delivery
(C) Having furniture repaired
(D) Hiring a designer

2 What day will the man be available?

(A) Monday
(B) Tuesday
(C) Wednesday
(D) Thursday

3 According to the woman, what requires an extra fee?

(A) Express shipping
(B) Additional order
(C) Interior design
(D) Removal of an old table

-----

4 Where most likely are the speakers?

(A) In a store
(B) In a park
(C) At a fitness center
(D) At a hospital

5 Why did the man decide to start running?

(A) To enjoy outdoor activities
(B) To reduce stress
(C) To prepare for a race
(D) To follow his doctor's orders

6 What does the woman offer to get for the man?

(A) A pamphlet
(B) A guest pass
(C) A map
(D) A class schedule

7 What did the woman do last weekend?

(A) She had a meal with a coworker.
(B) She reserved a room.
(C) She traveled to Bangkok.
(D) She read an article about a restaurant.

8 What does the woman say about the restaurant?

(A) It's too far from her building.
(B) It's quite expensive.
(C) The place was crowded.
(D) It doesn't taste good.

9 What are they likely to do?

(A) Go to the park
(B) Go to the Grand Hotel
(C) Eat at a sandwich restaurant
(D) Have some food delivered

SUN SET HOTEL	
Floor 1	Lobby
Floor 2	Business Center
Floor 3	Meeting Rooms
Floor 4	Gym & Pool
Floor 5-10	Guest Rooms

10 What most likely is the woman's job?

(A) A technician
(B) A guest speaker
(C) A travel agent
(D) A receptionist

11 What does the man say he needs to do?

(A) Make some copies
(B) Go to a pool
(C) Change a schedule
(D) Hold a conference

新 **12** Look at the graphic. Which floor will the man go to next?

(A) Floor 1
(B) Floor 2
(C) Floor 3
(D) Floor 4

완전절친
TOEIC 스타트 LC

전화 메시지

- 토익 빈출 단어
- 기초전략 5
- 기본 연습 문제
- 빈칸 채우고 정답 맞추기
- 예제, 실전문제 풀어보기

Day 05 전화 메시지

 토익 빈출 단어

다음은 Part 3 문제에 자주 나오는 단어와 예문으로, 주제에 따라 비슷한 단어와 예문끼리 분류해 놓았습니다. 비슷한 단어들을 외우다 보면 상황이 연상되고, Part 3 듣기가 더 쉬워집니다. 전화 메시지에 관한 단어를 보면서 예문과 같이 열심히 외워두도록 합시다.

● **전화 상황**   🎧 Part 3-5-1

다음은 전화 상황에 관한 단어와 예문입니다. 비슷한 주제의 단어와 예문을 외우면서 일어날 수 있는 상황을 연상해 보고, 실전에서 Part 3 문제를 풀 때 적용해 보세요.

advertisement [ædvərtáizmənt] 광고	I'm calling about your <u>advertisement</u>. 당신의 광고를 보고 전화 드립니다.
inquiry [inkwáiəri] 문의	Thank you for helping us with our <u>inquiry</u>. 우리의 문의에 도움을 주셔서 감사합니다.
hot line 직통 전화	The <u>hot line</u> will be staffed by volunteers. 직통 전화는 자원봉사자들에 의해 운영될 것입니다.
toll-free number 수신자 부담 전화 번호	Just call our <u>toll-free number</u>. 저희의 수신자 부담 전화번호로 전화를 하시면 됩니다.
contact [kántækt] 연락하다	Let me know where to <u>contact</u> you. 연락처 좀 알려 주세요.
reach [riːtʃ] 연락이 닿다	How can I <u>reach</u> you? 어떻게 하면 당신과 연락이 닿나요?
transfer [trænsfə́ːr] (전화를) 돌려주다	Hold on while I <u>transfer</u> your call. 당신의 전화를 돌려드리는 동안 끊지 마세요.
call back 다시 전화하다 (= return a call)	Can you <u>call back</u> in about 10 minutes? 10분 후에 다시 전화해 주시겠습니까?
leave a message 메시지를 남기다	You can <u>leave a message</u> on our answering machine. 자동 응답기에 메시지를 남기셔도 됩니다.
speak to ~와 통화/이야기하다	May I please <u>speak</u> to the person in charge? 담당자와 통화할 수 있을까요?
stay on the line 끊지 않고 기다리다	<u>Stay on the line</u> and an operator will assist you. 전화를 끊지 않고 기다리시면 교환원이 도와 드립니다.
remind A of B A에게 B를 상기시키다	I'm calling to <u>remind you of</u> your doctor's appointment. 당신께 의사와의 약속을 상기시켜 드리려고 전화 드립니다.
take a message 메시지를 전해주다	Then, could you <u>take a message</u>, please? 그럼, 메시지 좀 전해 주시겠어요?
available [əvéiləbl] 시간이 있는	He's not <u>available</u> to come to join us. 그는 우리와 함께할 시간이 없습니다.

● 부동산 임대 Part 3-5-2

다음은 부동산 임대에 관한 단어와 예문입니다. 비슷한 주제의 단어와 예문을 외우면서 일어날 수 있는 상황을 연상해 보고, 실전에서 Part 3 문제를 풀 때 적용해 보세요.

deposit [dipázit] 보증금	Can I get the deposit back? 제가 보증금을 돌려받을 수 있습니까?
district [dístrikt] 지역	He stayed at a hotel in the financial district. 그는 금융 지역의 호텔에 머물렀어요.
landlord [lǽndlɔːrd] 집주인	The landlord has put the rent up again. 집주인이 집세를 다시 올렸어요.
location [loukéiʃən] 위치	We set up a tent in a good location. 우리는 좋은 위치에 텐트를 쳤어요.
property [prápərti] 부동산	She has property on Main Street. 그녀는 메인 가에 자기 부동산을 가지고 있어요.
realtor [ríːəltər] 부동산 중개인	How could you sell your house without a realtor? 부동산 중개인 없이 어떻게 집을 팔았나요?
rent [rent] 빌리다; 임대료	Do you rent storage space as well? 보관 공간도 빌려 주시나요?
residence [rézədəns] 거주지	Molly has her residence in San Antonio. 몰리는 샌 안토니오에 그녀의 거주지를 가지고 있어요.
tenant [ténənt] 세입자	This is Tom Smith, the tenant in apartment 24. 24호 아파트에 살고 있는 세입자 탐 스미스입니다.
real estate 부동산	I will invest all my money in real estates. 제 전 재산을 부동산에 투자할 겁니다.
include [inklúːd] 포함하다	Is this including the tax and service charge? 세금과 봉사료를 포함하고 있나요?
lease [liːs] 임대하다	I signed the lease for a year. 저는 일 년 동안 임대한다고 서명했어요.
move in 이사하다	When do you think we can move in? 우리가 언제 이사할 수 있다고 생각해요?
nearby [nìərbái] 근처의	I'll go get some at a nearby pharmacy. 가까운 약국에 가서 좀 사올게요.
conveniently [kənvíːnjəntli] 편리하게	Mike's office is conveniently located. 마이크의 사무실은 편리하게 위치해 있어요.

 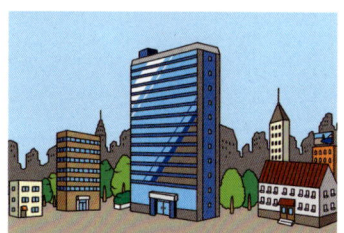

● 병원 진료

다음은 병원 진료에 관한 단어와 예문입니다. 비슷한 주제의 단어와 예문을 외우면서 일어날 수 있는 상황을 연상해 보고, 실전에서 Part 3 문제를 풀 때 적용해 보세요.

checkup 건강 검진	Schedule regular <u>checkups</u> with your doctor. 당신 의사와 정기 건강 검진 일정을 잡으세요.
dentist [déntist] 치과의사	How many teeth did the <u>dentist</u> take out? 치과 의사가 이를 몇 개 뽑았나요?
fever [fíːvər] 열	He is suffering from a low <u>fever</u>. 그는 미열로 고생하고 있어요.
flu [fluː] 독감	I had a bad cold and <u>flu</u>. 저는 감기 몸살에 걸렸어요.
headache [hedeɪk] 두통	I can't stand this <u>headache</u>. 두통을 참을 수가 없군요.
medicine [médəsin] 약	Do you have any <u>medicine</u> for a cold? 감기약 있나요?
pain [pein] 고통스럽게 하다	My tooth doesn't <u>pain</u> me now. 이제는 이가 저를 고통스럽게 하지 않아요.
patient [péiʃənt] 환자	Dr. Simpson is seeing a <u>patient</u> now. 심슨 박사는 지금 환자를 진찰하고 있어요.
pharmacy [fɑ́ːrməsi] 약국	Is there a <u>pharmacy</u> near here? 이 근처에 약국이 있나요?
pill [pil] 알약	Take three <u>pills</u> daily after meals. 매일 식후 세 알씩 복용하세요.
prescription [priskrípʃən] 처방, 처방전	That's a non-<u>prescription</u> medication. 그건 처방이 필요 없는 의약품입니다.
symptom [símptəm] 증상	He doesn't have a fever or other <u>symptoms</u>. 그는 열이나 다른 증상은 없어요.
toothache [túːθeik] 치통	When did your <u>toothache</u> start? 언제부터 치통이 시작됐죠?
examine [igzǽmin] 검사하다	The doctor <u>examined</u> his wounds. 의사가 그의 상처를 검사했어요.
ill [il] 아픈	She's <u>ill</u> in bed with a cold. 그녀는 감기로 아파서 누워있어요.

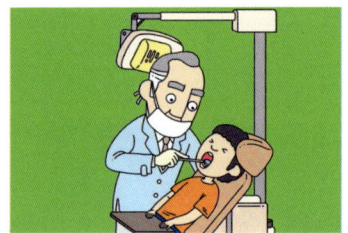

다음은 은행과 우체국에 관한 단어와 예문입니다. 비슷한 주제의 단어와 예문을 외우면서 일어날 수 있는 상황을 연상해 보고, 실전에서 Part 3 문제를 풀 때 적용해 보세요.

balance [bǽləns] 잔고
I still have a <u>balance</u> at my bank. 은행에 아직 잔고가 있어요.

check [tʃek] 수표
I'd like to cash this <u>check</u>. 이 수표를 현금으로 바꾸고 싶습니다.

identification [aidèntifəkéiʃən] 신분증
Please bring your photo <u>identification</u>.
사진이 부착된 신분증을 지참해 주세요.

interest [íntərəst] 이자
How much is the monthly <u>interest</u>? 한 달 이자는 얼마나 됩니까?

parcel [pάːrsəl] 소포
She sent the <u>parcel</u> by express mail.
그녀는 빠른우편으로 소포를 보냈어요.

rate [reit] 요금, 가격
Is there a special <u>rate</u> for mailing books?
책을 보내는데 특별요금이 있나요?

stamp [stæmp] 우표
You can buy the <u>stamps</u> at any post office.
당신은 어느 우체국에서든 그 우표를 살 수 있습니다.

bank account 은행 계좌
I need to close my <u>bank account</u> today.
오늘 제 은행 계좌를 해지하려 합니다.

deposit [dipázit] 예금하다
Did you <u>deposit</u> my check yesterday? 어제 제 수표를 예금했어요?

loan [loun] 대출
A <u>loan</u> application was rejected. 대출 신청이 거절되었습니다.

mail [meil] 우편으로 부치다
I've <u>mailed</u> you the financial report. 재무보고서를 우편으로 부쳤어요.

transfer [trænsfə́ːr] 송금하다
How soon would you like it to be <u>transferred</u>?
언제까지 송금해 드릴까요?

weigh [wei] 무게를 달다
That depends on how much it <u>weighs</u>. 무게에 따라 다릅니다.

withdraw [wiðdrɔ́ː] 인출하다
I'll <u>withdraw</u> some money from the bank.
은행에서 돈을 좀 인출해 올게요.

fragile [frǽdʒəl] 파손되기 쉬운
Glass is <u>fragile</u>, so you should be careful.
유리는 깨지기 쉬우니, 다룰 때 조심해야 해요.

미래의 계획/제안 · 요청사항을 묻는 문제

Part 3의 문제 3개 중에서 보통 가장 나중에 나오는 문제 유형입니다. 대화가 끝나고 이어질 행동과 미래의 할 일, 제안 · 요청사항을 묻습니다. 질문이 미래형(will, be going to, next)인 경우가 많고, 대화의 후반부에 답이 등장합니다.

● **미래의 계획을 묻는 문제**

① 미래의 일 물어보기

What will the woman do **next**? 여자는 다음에 무엇을 할 것인가?

What is the man **preparing to do**? 남자는 무엇을 준비하고 있는가?

What will the speakers do **this afternoon**? 화자들은 오늘 오후에 무엇을 할 것인가?

② 발생할 일 물어보기

What will take place **tomorrow**? 내일 무슨 일이 일어날 것인가?

What is scheduled to happen **next week**? 다음 주에 무슨 일이 예정되어 있는가?

What does the woman **expect to** happen? 여자는 무엇이 일어날 것이라고 예상하는가?

● **문제 해결 방법**

미래의 일을 묻는 문제는 키워드가 함께 등장해 구체적으로 물어봅니다. 시간의 부사구가 키워드로 나오는 경우, 그 키워드 앞뒤 문장을 잘 듣고 문제를 푸세요. 예를 들어, "What will happen next month?"라고 물으면 시간부사인 'next month'가 키워드이며, 이 키워드가 포함된 문장에 정답이 있습니다. 쉬운 정답은 "We're releasing a new product next month."(우리는 다음 달에 신제품을 출시합니다)처럼 출제되는 편입니다.

🎧 Part 3-5-5

1 What will the man probably do next?

(A) Attend an orientation

(B) Contact the applicant

(C) **Talk to a colleague**

(D) Register for an event

남자는 아마도 다음에 무엇을 할 것인가?

(A) 오리엔테이션에 참가하기

(B) 지원자에게 연락하기

(C) 동료에게 이야기하기

(D) 행사 신청하기

[미국—미국]

M: Are you busy, Sienna? I've been designing a new company logo and I was wondering if you could take a look at it. W: I'm so sorry Clark. I'm leaving for Argentina tomorrow morning, and I have some errands to run before the trip. M: Ah, I forgot you're going to the Argentina Computer Expo. It's not a problem at all. I'll ask Sam to look at it.	M: 바쁜가요, 시에나? 저는 새로운 회사 로고를 디자인 했는데 당신이 봐줄 수 있는지 궁금하네요. W: 미안해요, 클라크. 저는 내일 아침에 아르헨티나로 떠나는데, 그 전에 해야 할 심부름이 좀 있어요. M: 아, 당신이 아르헨티나 컴퓨터 박람회에 간다는 사실을 잊고 있었네요. 전혀 문제없습니다. 샘에게 봐 달라고 부탁할게요.

[해설] 미래에 할 일을 묻는 문제

남자는 여자에게 새로운 회사 로고를 검토해 달라고 부탁을 하고 있고, 여자는 출장 관련 일 때문에 안 된다고 합니다. 결국 남자는 여자가 아닌 샘에게 봐 달라고 부탁하겠다(I'll ask Sam to look at it.)고 말하는 것으로 보아, 샘은 회사 동료로 추측할 수 있고 정답은 (C)입니다.

● 제안·요청사항을 묻는 문제

① 제안·권유를 묻는 질문

What does the man/woman **propose**? 남자/여자는 무엇을 제안하는가?

What does the woman **offer to do**? 여자는 무엇을 해주겠다고 제안하는가?

What does the man **recommend the woman to do**? 남자는 여자에게 무엇을 하라고 권유하는가?

② 요청·요구사항을 묻는 질문

What does the man **ask** for? 남자는 무엇을 요청하는가?

What does the woman **request**? 여자는 무엇을 요청하는가?

What does the man **inquire about**? 남자는 무엇에 관해 묻는가?

● 문제 해결 방법

제안·요청 의문문에서는 문제를 미리 읽고 누가 누구에게 제안, 요청하는지를 파악하세요. 여자가 남자에게 요청하는지, 남자가 여자에게 요청하는지를 문제에서 잘 파악해야 실수를 줄일 수 있습니다.

🎧 Part 3-5-5

2   What does the man ask the woman to do?

   (A) Call back later

   (B) Pay in advance

   (C) Bring an insurance card

   (D) Fill out an application

남자는 여자에게 무엇을 하라고 요청하는가?

(A) 나중에 전화하라고

(B) 돈을 먼저 지불하라고

(C) 보험증을 가져오라고

(D) 신청서를 작성하라고

[호주—영국]

M: Hello, I'm calling from Dr. Miller's clinic. I just wanted to remind you that you have an appointment on Monday at 2 P.M..

W: Oh, I'm afraid something's come up and I have to leave for New York. Could we do it on Wednesday afternoon?

M: Let's see. Yes, we can see you on Wednesday at 3 o'clock and you'll need to bring your insurance card with you.

M: 안녕하세요. 밀러 병원에서 전화 드립니다. 월요일 오후 2시에 예약하신 걸 알려드리려고요.

W: 아, 죄송하지만 갑자기 일이 생겨 뉴욕에 가야합니다. 수요일 오후로 바꿔도 될까요?

M: 볼게요. 예, 수요일 오후 3시에 오시면 되고 오실 때 보험증 가지고 오세요.

[해설] 제안·요청관련 문제

남자가 여자에게 요청하는 부분을 물어보기 때문에, 남자의 말에 힌트가 있습니다. 남자는 수요일 예약시간에 올 때 보험증을 가지고 오라(you'll need to bring your insurance card with you)고 하고 있으므로 정답은 (C)입니다.

Words

company logo 회사 로고 | leave for ~로 떠나다 | errand [érənd] 심부름 | expo [ékspou] 국제박람회 | not ~ at all 전혀 ~이 아닌 | remind [rimáind] 상기시키다 | appointment [əpɔ́intmənt] 약속 | something's come up 갑자기 일이 생기다 | insurance card 보험증

1 Who is Jeremy Russel?

(A) A magazine reporter (B) A receptionist

2 Why is the man calling?

(A) To request a refund (B) To ask about a product

3 What problem does the woman mention?

(A) The seats are fully booked. (B) A ticket is missing.

4 What does the man want to do?

(A) Place an order (B) Exchange a purchase

5 What does the woman want to know about?

(A) Building a parking lot (B) Having a place to park

6 Why does the man call the woman?

(A) To ask for some advice (B) To schedule a meeting

7 Why is the woman calling?

(A) To change an appointment (B) To cancel a reservation

8 Why is the woman pleased?

(A) An office is conveniently located. (B) A job position is opening soon.

9 What does the man offer to do?

(A) Call his supervisor (B) Take a message

10 How can the man receive a discount?

(A) By paying in advance (B) By placing a large order

1　Why is the woman calling?

(A) To place an advertisement　　　　(B) To apply for a position

> W: Hello, I'm calling about the advertisement in the paper for a marketing position.
> M: Wonderful. Can you fax or e-mail me _____ by the end of this week?
> W: I will fax it to you right away.

2　What is the purpose of the telephone call?

(A) To cancel an order　　　　(B) To check on a delivery

> M: Hi, I'd like to check on a package that was supposed to be delivered today.
> W: OK. It should be _____ now. Maybe the delivery car is caught in traffic. Why don't you call our _____? The number is 555-0404.
> M: Thanks. I'll do that right away.

3　What is the purpose of the man's call?

(A) To cancel an appointment　　　　(B) To make a reservation

> W: Thank you for calling Moshi Moshi restaurant. How may I help you?
> M: Good morning. My name is Andy Brooks. I'm _____ for 10 people tomorrow night and I'd like to know if there is a free table at around 7:30.
> W: Let me see. I'm sorry but it doesn't look like we have anything open at that time _____.

4　What is the woman's call about?

(A) To make an appointment　　　　(B) To put her house up for sale

> W: Hello, I'd like to put my house on the market. May I speak to Mr. Griffin? He is the _____ I talked to when I bought the home last time.
> M: Unfortunately, Mr. Griffin doesn't work here anymore. He _____ to another branch last month.
> W: Oh, I didn't know that. In that case, could you give me the number for his new office?

Part 3-5-8

1 What is the woman calling about?

(A) A town fair
(B) A job position
(C) A delivery service
(D) A magazine subscription

여자는 무엇 때문에 전화하는가?
(A) 지역 축제
(B) 일자리
(C) 배송 서비스
(D) 잡지 구독

2 What does the man ask about?

(A) A free gift
(B) The event hall
(C) The interview date
(D) The price of a service

남자는 무엇에 대해 묻는가?
(A) 무료 사은품
(B) 행사장
(C) 면접 날짜
(D) 서비스 가격

3 What does the man say he will do next week?

(A) Go on a trip
(B) Finish the project
(C) Start a business
(D) Get an estimate

남자는 다음 주에 무엇을 할 거라고 말하는가?
(A) 여행 가기
(B) 프로젝트 끝내기
(C) 사업 시작하기
(D) 견적서 받기

Questions 1-3 refer to the following conversation.　　　　[영국-미국]

W: Hello, I'm calling from *Entertainment Weekly Magazine*. We are offering a month of a trial subscription for people in this town. Would you like to use this special offer by subscribing to the magazine today?

M: Hmm. It would be nice to have a magazine delivered each week. How much would it cost after the trial period?

W: After the trial, you'll be billed $28 a month and if you sign up today we can start your delivery as soon as tomorrow.

M: Well, I'd like to but not right now. I'm going on a vacation next week and I don't want to start receiving the magazine until I get back.

W: 안녕하세요. 저는 엔터테인먼트 주간 잡지에서 전화드립니다. 저희는 한 달 동안 이 동네 분들께 무료 잡지 구독 기회를 제공하려 합니다. 오늘 잡지 구독을 신청하고 이 특가 판매를 이용하실 의향이 있나요?

M: 음. 매주 잡지를 받아 본다는 것은 좋네요. 무료기간이 끝나면 얼마죠?

W: 무료기간 후에, 한 달에 28달러이고 오늘 신청하시면 당장 내일부로 배송이 시작됩니다.

M: 글쎄요. 그러고 싶지만 당장은 안 됩니다. 제가 다음 주에 휴가를 가는데 제가 돌아오기 전까지는 잡지 받아보는 것을 시작하고 싶지 않아요.

[정답] (D), (D), (A)

[해설] 1 전화한 목적을 묻는 문제 – 여자는 잡지사에서 전화를 한다고 밝히면서, 무료로 잡지를 구독할 수 있는 기회(We are offering a month of a trial subscription for people in this town.)에 대해서 언급하고 있습니다. 따라서 정답은 (D)입니다.

2 세부사항 관련 문제 – 남자는 무료구독 기간이 끝난 후에 가격을 묻고(How much would it cost after the trial period?)있으므로 남자가 물어보는 것은 (D) 서비스 가격입니다.

3 미래의 할 일을 묻는 문제 – 키워드는 다음 주(next week)입니다. 남자는 다음 주에 휴가를 간다(I'm going on a vacation next week)고 했으므로, 정답은 (A)이고 지문의 vacation이 trip으로 패러프레이징 되었습니다.

Words

trial [tráiəl] 시도; 실험 | subscription [səbskrípʃən] 구독 | special offer 특가 판매 | period [píːəriəd] 기간 | bill [bil] 계산서로 청구하다 | go on a vacation 휴가를 가다

녹음된 내용을 듣고 질문에 알맞은 응답을 고르세요.   🎧 Part 3-5-9

1   Why is the woman calling the man?

(A) To arrange an interview
(B) To request a résumé
(C) To offer him a job
(D) To place an order

2   What does the woman want the man to do?

(A) Join a picnic
(B) Complete some forms
(C) Give a presentation
(D) Make a speech

3   What is the man going to do tomorrow?

(A) Attend a meeting
(B) Submit a report
(C) Read a document
(D) Meet a coworker

----

4   Why is the man calling?

(A) To set up an interview
(B) To reserve a ticket
(C) To recruit staff for an event
(D) To change the schedule

5   What time would the woman prefer?

(A) Thursday morning
(B) Thursday afternoon
(C) Friday morning
(D) Friday afternoon

6   What will the man have to do?

(A) Try to find another volunteer
(B) Cancel a doctor's appointment
(C) Reschedule a meeting
(D) Post a job advertisement

7   What type of position has been advertised?

(A) Photographer
(B) Fashion model
(C) Graphic designer
(D) Sales staff

8   Where did the woman work most recently?

(A) In Paris
(B) In Tokyo
(C) In Madrid
(D) In London

9   What does the man ask the woman to do?

(A) Submit a portfolio
(B) Fill out an application
(C) Send a résumé
(D) Schedule an interview

----

10   Where does the man work?

(A) At an airport
(B) At a convention center
(C) At a museum
(D) At a shopping mall

11   Why is the man contacting the woman?

(A) A store has been closed.
(B) A briefcase was found.
(C) A shipment has arrived.
(D) A meeting has been delayed.

12   What does the man say he will do?

(A) Make a reservation
(B) Write the address
(C) Update the system
(D) Send an item

완전절친
TOEIC 스타트 LC

Part
4

짧은 지문

Part 4는 Part 3와는 다르게 대화가 아니라 한 사람이 일방적으로 내용을 읽어주는 유형입니다. 71번부터 100번까지 총 30문항, 10세트가 출제됩니다. 질문의 내용과 푸는 방식은 Part 3와 유사하기 때문에 이미 Part 3의 요령을 파악했다면 좀 더 수월합니다. 하지만 지문의 길이가 Part 3보다 훨씬 길다보니 청취시 집중력이 더 요구됩니다.

리스닝 TIP

Part 4는 귀로 지문을 듣고 눈으로 문제를 푸는 파트로 청취력과 독해력을 동시에 요구합니다. 청취의 양이 많을 뿐만 아니라, 한 명의 성우가 지문을 읽기 때문에 어느 부분에서 정답의 힌트가 나올지 예측하기 힘듭니다. 따라서 문제의 키워드를 미리 확인하고 지문을 들으면서, 관련된 부분을 골라내는 훈련을 해야 합니다. 주제별 문제 유형과 어휘를 익혀 미리 나올 지문의 내용을 추측하면서 풀도록 하세요.

Key Point One 3개의 문제를 미리 빠르게 분석하자.

방송을 청취하기 전에 미리 문제를 읽고 분석합니다. 각 의문사에 따라 어떤 정보를 묻는 것인지, 어떤 키워드를 들어야 할 것인지를 파악합니다.

1. **What** is the **purpose** of the talk?   purpose → 주제
2. **What concern** does the speaker express?   concern → 걱정거리
3. **Why** has the **project** been delayed?   why, project → 프로젝트와 관련된 이유

Key Point Two   지문 유형에 따른 답이 나오는 포인트를 알아두자.

유형별로 지문이 진행되는 구성을 미리 익혀두어야 합니다. 예를 들어, 안내방송이라면 특정 장소에 있는 사람에게 공지를 하기 때문에 장소와 해당 대상이 초반부에 언급이 됩니다. 이런 전개 방식을 미리 익혀두자는 것입니다. 지문을 듣기 전에 문제에서 'refer to the following _____'으로 지문유형이 어떤지 미리 힌트를 줍니다. 빈칸에는 지문 유형인 라디오 방송(Radio Broadcast), 일기예보(Weather report), 교통방송(Traffic report), 안내방송(Announcement), 공지(Notice), 관광(Tour), 광고(Advertisement), 연설(Speech), 강연(Talk), 소개(Introduction), 전화 메시지(Telephone message), 녹음 메시지(Recorded message), 뉴스(News), 주의사항(Instruction)이 들어갑니다.

Part 4 전개 방식	
첫 번째 문제	기본 정보를 묻는 문제로 지문 초반부에 언급되거나 전체내용을 통해 알 수 있습니다. 주제 및 목적, 화자 및 청자의 직업, 장소를 묻는 문제 패턴이 많습니다.
두 번째 문제	세부사항을 묻는 문제로 구체적인 정보를 물어봅니다. 미리 문제를 읽고 관련된 키워드를 찾아 '노려 듣기'를 해야 합니다.
세 번째 문제	미래에 일어날 일 및 제안·요청에 관한 문제입니다. 화자가 제안하는 내용이나 청중에게 요청되는 사항을 물어봅니다.

Key Point Three   정답을 체크할 때는 세부사항 관련 문제를 우선으로 하자.

지문을 들으면서 정답을 고를 때는 단기 기억력이 요구됩니다. 보기가 단답형으로 출제된 문제나 세부사항 관련 질문의 답을 일반적인 질문유형(주제, 장소, 화자 등)보다 먼저 체크하는 편이 좋습니다. 일반적인 질문 유형은 지문 전체를 통해 유추할 수 있고, 오래 기억할 수 있기에 세부사항 관련 문제를 우선순위에 두세요.

Part 4는 주어진 시간에 요점을 빠르게 파악하는 능력이 중요합니다. 독해 지문을 통하여 장문의 정보를 전달받을 수 있는 능력을 키워야 합니다. 다른 파트와는 달리 Part 4는 장문의 독해력이 필요합니다. 복습할 때는 Part 4 지문 스크립트를 꼼꼼하게 분석합니다. 나올 수 있는 상황과 내용이 제한적이어서 몇 가지 예문의 종류만 알면 정답을 맞추기 쉽습니다.

Example　🎧 Part 4

1 **What did Reiko receive?**
레이코는 무엇을 받았는가?

(A) A gift certificate 상품권
(B) Some flowers 꽃
(C) A thank-you card 감사 카드
(D) A birthday cake 생일 케이크

2 **What will happen Saturday evening?**
토요일 저녁에 무슨 일이 있을 것인가?

(A) A hotel will be renovated.
호텔이 수리될 것이다.

(B) A group will attend the banquet.
그룹이 연회에 참석할 것이다.

(C) A farewell party will be held.
송별회가 있을 것이다.

(D) A birthday celebration will take place.
생일 축하파티가 열릴 것이다.

Words

flower basket 꽃바구니 | by the way 그건 그렇고 | confirm [kənfə́:rm] 확인하다 | pick up ～가지고 가다/오다 | on one's way ～로 가는 도중에 | look forward to ~ing ～를 기대하다

Questions 1-2 refer to the following telephone message. [미국]

Hello Elliot, it's Reiko. Thank you for the flower basket you sent me. It's beautiful. By the way, my birthday party is Saturday evening at 6 at Venus hotel restaurant. I just called and confirmed the reservation. Ted will pick up my cake on his way there. Hope to see you Saturday evening at 6. I'm looking forward to meeting you.

안녕하세요, 엘리엇. 저는 레이코예요. 꽃 바구니 보내준 거 감사해요. 꽃이 아름답네요. 그건 그렇고, 제 생일 파티는 토요일 저녁 6시 비너스 호텔 레스토랑에서 할 거예요. 방금 전화해서 확인도 했어요. 테드가 오는 길에 생일 케이크를 가져 올 거예요. 그럼 토요일 저녁 6시에 보기를 바라요. 당신과 만나는 것을 기대하고 있어요.

[해설] **1** 세부사항 관련 문제 – 지문 초반부에 상대방이 보내준 꽃 바구니(flower basket)를 언급했으므로 정답은 (B)입니다.

2 앞으로 일어날 일을 묻는 문제 – 토요일 저녁(Saturday evening)이 키워드입니다. 토요일 저녁에 생일 파티를 연다(my birthday party is Saturday evening at 6 at Venus hotel restaurant)고 했으므로 정답은 (D)입니다. birthday party가 birthday celebration으로 패러프레이징 되었습니다.

완전절친
TOEIC 스타트 LC

방송/보도

- 토익 빈출 단어
- 기초전략 1
- 기본 연습 문제
- 빈칸 채우고 정답 맞추기
- 예제, 실전문제 풀어보기

 토익 빈출 단어

다음은 Part 4 문제에 자주 나오는 단어와 예문으로, 주제에 따라 비슷한 단어와 예문끼리 분류해 놓았습니다. 비슷한 단어들을 외우다 보면 상황이 연상되고, Part 4 듣기가 더 쉬워집니다. 방송과 보도에 관한 단어를 보면서 예문과 같이 열심히 외워두도록 합시다.

● **교통방송**　　　　　　　　　　　　　　　　　　　　🎧 Part 4-1-1

다음은 교통방송에 관한 단어와 예문입니다. 비슷한 주제의 단어와 예문을 외우면서 일어날 수 있는 상황을 연상해 보고, 실전에서 Part 4 문제를 풀 때 적용해 보세요.

commuter [kəmjúːtər] 통근자	Commuters are boarding the bus into the city. 통근자들이 시내로 가는 버스를 타고 있어요.
congestion [kəndʒéstʃən] 혼잡	I was late because of traffic congestion. 교통이 혼잡해서 지각했습니다.
delay [diléi] 지연, 정체	Shipping would be free because there was a delay. 배송이 지연되었으니 배송비를 무료로 해 드리겠습니다.
highway [háiwèi] 고속도로	There is a bridge above the highway. 고속도로 위로 다리 하나가 있습니다.
lane [lein] 차선	The train is moving into another lane. 기차가 다른 차선으로 움직이고 있습니다.
motorist [móutərist] 운전자	Motorists will receive information about traffic situations. 운전자들은 교통상황에 대한 정보를 받을 것입니다.
route [ruːt] 길, 노선	Drivers are advised to seek alternative routes. 운전자들은 다른 길을 찾도록 권고 받는다.
station [stéiʃən] 방송국	This radio station plays mainly classical music. 이 라디오 방송국은 클래식 음악을 주로 틀어 줍니다.
update [ʌpdeit] 최신정보	The next traffic update is due at 7:30 A.M. 다음 교통 정보는 오전 7시 30분입니다.
rush hour 혼잡 시간대	The traffic is really bad during rush hour. 출퇴근 혼잡 시간대 동안은 교통이 정말 혼잡합니다.
avoid [əvɔ́id] 피하다	I would suggest avoiding Madison Avenue and 25th street. 저는 매디슨 가와 25번 가를 피하라고 권장합니다.
detour [díːtuər] 우회하다	Let's detour around the downtown traffic. 교통이 혼잡한 시내를 돌아 우회합시다.
head [hed] ~로 향하다	The ship was headed for the harbor. 배는 항구를 향해서 가고 있었습니다.
travel [trǽvəl] 이동하다	Traveling by subway is fast and convenient. 지하철로 이동하는 것은 빠르고 편리합니다.
back up 정체시키다	If traffic is backed up, we'll be late. 교통이 정체되면, 우리는 늦을 거예요.

다음은 라디오방송에 관한 단어와 예문입니다. 비슷한 주제의 단어와 예문을 외우면서 일어날 수 있는 상황을 연상해 보고, 실전에서 Part 4 문제를 풀 때 적용해 보세요.

author [ɔ́:θər] 작가	The man was an author for several best-selling books. 그 남성은 여러 권의 베스트셀러를 쓴 작가였습니다.
award [əwɔ́:rd] 상	A speaker is being given an award. 연사가 상을 받고 있습니다.
comment [kɑ́ment] 의견	I totally agree with your comment. 저는 전적으로 당신의 의견에 동의합니다.
commercial [kəmə́:rʃəl] 광고(방송)	Do you want to hear a radio commercial? 라디오 광고를 듣고 싶은가요?
host [houst] 진행자	The show host introduced the actors. 쇼 진행자가 배우들을 소개했습니다.
luncheon [lʌ́ntʃən] 오찬	Recently a luncheon was held at Dragon hotel. 최근에 드래곤 호텔에서 오찬이 있었습니다.
professor [prəfésər] 교수	The professor will be back presently. 교수님은 곧 돌아올 것입니다.
show [ʃou] 프로그램	The talk show is two hours long. 그 토크 프로그램은 두 시간짜리입니다.
suggestion [səgdʒéstʃən] 제안	It seems like a reasonable suggestion. 합리적인 제안 같네요.
celebrate [séləbrèit] 축하하다	We are ready to celebrate New Year's Eve! 우리는 12월 31일을 축하할 준비가 되었어요!
introduce [ìntrədjú:s] 소개하다	Let me introduce our president, Mr. Collins. 저희 회사의 회장님이신 콜린스 씨를 소개합니다.
present [préznt] 소개하다	I'd like to present some information about our program. 저는 저희 프로그램에 관한 정보를 소개해 드리고자 합니다.
reduce [ridjú:s] 줄이다	We should reduce the production costs. 우리는 생산비를 줄여야 합니다.
latest [léitist] 최신의	Today, we'll be showing you one of our latest items. 오늘 저희는 저희의 최신 제품 중 하나를 보여 드리겠습니다.
smoothly [smú:ðli] 원활하게	The traffic is flowing smoothly right now. 현재 차량의 흐름은 원활합니다.

 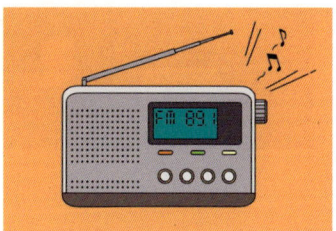

다음은 일기예보에 관한 단어와 예문입니다. 비슷한 주제의 단어와 예문을 외우면서 일어날 수 있는 상황을 연상해 보고, 실전에서 Part 4 문제를 풀 때 적용해 보세요.

chance [tʃæns] 가능성	The chance of rain for tonight is 50%. 오늘 밤 비 올 가능성은 50%입니다.
humidity [hju:mídəti] 습도	No one really likes humidity. 습기를 정말 좋아하는 사람은 없어요.
shower [ʃáuər] 소나기	We were caught in a shower. 우리는 소나기를 만났다.
temperature [témpərətʃər] 기온, 온도	Sunday's temperature will decrease by 15 degrees in the evening. 일요일 저녁에는 기온이 15도 까지 내려갈 것입니다.
weather report 일기예보	The weather report says it will snow. 일기예보에서 눈이 내릴 것이라고 합니다.
bad weather 악천후	The bad weather ruined our trip. 악천후가 우리 여행을 망쳐 놓았습니다.
drop [drɑp] (온도 등이) 떨어지다	All of a sudden, the temperature dropped sharply. 갑자기, 기온이 뚝 떨어졌습니다.
last [læst] 지속하다	The sale will last until Saturday. 세일은 토요일까지 지속합니다.
be expected to ~할 것으로 예상되다	When is the weather expected to change? 언제 날씨가 변할 것으로 예상되나요?
clear [kliər] 맑은, 갠	We've been fortunate to have clear skies for two weeks. 운 좋게도 2주 내내 맑은 하늘이었습니다.
foggy [fɔ́:gi] 안개 낀	It's foggy today. Be careful driving. 오늘 안개가 꼈어요. 운전 조심하세요.
stormy [stɔ́:rmi] 폭풍우의	It was a dark and stormy night. 어둡고 폭풍우치는 밤이었습니다.
sunny [sʌ́ni] 화창한	How long was the weather sunny? 날씨가 얼마동안 화창했나요?
windy [wíndi] 바람 부는	It's going to be rainy and windy tomorrow. 내일은 비가 오고 바람도 불 것입니다.
up to ~까지	The temperature went up to 35 degrees Celsius. 온도가 섭씨 35도까지 올라갔습니다.

다음은 지역 · 비즈니스 뉴스에 관한 단어와 예문입니다. 비슷한 주제의 단어와 예문을 외우면서 일어날 수 있는 상황을 연상해 보고, 실전에서 Part 4 문제를 풀 때 적용해 보세요.

approval [əprúːvəl]
승인

Does this suggestion meet with your approval?
이 제안은 당신 마음에 듭니까?

demand [dimǽnd] 수요

This product is in great demand. 이 제품은 수요가 대단히 많습니다.

expert [ékspəːrt] 전문가

She is an expert in her own field. 그녀는 그녀의 분야에서 전문가입니다.

official [əfíʃəl]
공무원

Salaries for city officials have been decreased.
시공무원의 월급이 줄었습니다.

local news
지역 소식

Local news is vital for a community.
지역 소식은 지역사회를 위해 필수적입니다.

increase [inkríːs]
인상, 증가

The price increase is expected to be 10 dollars.
가격 인상폭은 10달러가 될 것으로 예상됩니다.

announce [ənáuns] 발표하다

He is about to announce the winner. 그가 수상자를 발표하기 직전입니다.

anticipate [æntísəpèit]
예상하다

We anticipate that sales will rise next year.
내년에는 매출이 오를 것으로 예상합니다.

appoint [əpɔ́int] 임명하다

He was appointed by the president. 그는 회장님에 의해 임명되었습니다.

conduct [kándʌkt]
실시하다

This competition will be conducted as a tournament.
이번 대회는 토너먼트로 실시됩니다.

decrease [dikríːs]
감소하다

The population is projected to decrease.
인구가 감소할 것으로 예상됩니다.

develop [divéləp]
개발하다, 향상시키다

You can also develop your imagination.
여러분은 여러분의 상상력을 향상시킬 수도 있습니다.

negotiate [nigóuʃièit]
협상하다

Where did you learn to negotiate like that?
그렇게 협상하는 방법을 어디서 배웠나요?

open [óupən] 열려 있는

The ski resort is open at night. 스키장이 야간 개장을 하고 있습니다.

efficient [ifíʃənt]
효율적인

I was looking for the most efficient device.
더욱 효율적인 기기를 찾고 있었습니다.

Part 3에서 단어와 단어가 paraphrasing 되고, 단어가 구로 paraphrasing 되는 것을 보았습니다. Part 4에서는 구가 단어로, 구가 구로 paraphrasing 되는 예를 함께 알아봅시다.

● **Paraphrasing 유형3 : 구 → 단어**

다음 기본구를 의미는 같지만 다른 단어로 바꾸어 표현할 수 있습니다.

구 → 단어	문장
fill out → complete 작성 · 기입하다	You should **fill out**(complete) an application form. 당신은 지원서를 작성하셔야 합니다.
every day → daily 매일	Over 30 million people use the application **every day**(daily). 3천만 명이 넘는 사람들이 매일 어플리케이션을 사용합니다.
call off → cancel 취소하다	I couldn't take the class because it had been **called off**(canceled). 그 과목은 폐강되어 수강할 수 없었습니다.
grocery store → supermarket 식료품점	Look for the **grocery store**(supermarket) around the corner. 모퉁이에 있는 식료품점을 찾으세요.

지문에 나오는 구가 문제의 선택지에서는 다른 단어로 paraphrasing이 되어서 나오는 경우가 많습니다. 다음 문제를 풀어보면서 어떤 구가 paraphrasing 되었는지도 찾아보세요. 🎧 Part 4-1-5

1 How long was the weather sunny?

(A) For a day
(B) For a week
(C) For fourteen days
(D) For a month

얼마동안 날씨가 맑았는가?
(A) 하루
(B) 일주일
(C) 14일
(D) 한 달

[영국]

Good morning. I'm Amy Stone at BBS radio. We've had absolutely beautiful weather here in LA California. We've been fortunate to have warm temperatures and clear skies for two weeks. But on Monday, temperatures will start to drop and there is a thirty percent chance of snow.

안녕하세요, BBS 라디오의 에이미 스톤입니다. 이곳 캘리포니아 로스앤젤레스에는 환상적인 날씨가 계속되고 있습니다. 운 좋게도 2주 내내 따뜻한 기온과 맑은 하늘이었습니다. 하지만 월요일에는, 온도가 떨어지기 시작해 눈이 올 가능성이 30퍼센트입니다.

[해설] 세부사항 관련문제 – 문제에서 맑은(sunny) 날씨가 얼마나 지속되었는지 물어보기 때문에, 관련 있는 기간표현에 주목합니다. 지문에서 2주 내내 맑은 하늘이었다(We've been fortunate to have warm temperatures and clear skies for two weeks.)고 언급했고, clear skies가 질문의 sunny로 paraphrasing 되었습니다. 정답은 (C)입니다.

Words

absolutely [ǽbsəluːtli] 완전히, 전적으로 | be fortunate to 운이 좋게도 ~하다 | temperature [témpərətʃər] 기온, 온도 | drop [drap] 내려가다, 떨어지다 | chance [tʃæns] 가능성, 확률

● Paraphrasing 유형4 : 구 → 구

다음 기본구를 의미는 같지만 다른 구로 바꾸어 표현할 수 있습니다.

구 → 구	문장
enroll in → register for ~에 등록하다	If you **enroll in**(register for) this course, you can receive a certificate. 이 과정에 등록하시면 수료증을 받을 수 있습니다.
out of stock → sold out 품절된	The book you want is **out of stock**(sold out) at the moment. 당신이 원하는 책은 현재 품절입니다.
personnel department → human resources department 인사부	We have a vacancy in the **personnel department**(human resources department). 인사부에 공석이 하나 있습니다.
respond to → reply to 대답하다, 응답하다	That is why I don't **respond to**(reply to) your comments. 이것이 당신의 의견에 응답하지 않는 이유입니다.
free of charge → at no cost 무료로	Entrance is **free of charge**(at no cost) throughout this year. 입장은 올해 동안 계속 무료입니다.

지문에 나오는 구가 선택지에서는 다른 구로 paraphrasing 되어서 나오는 경우가 많습니다. 다음 문제를 풀어보면서 어떤 구가 paraphrasing 되었는지도 찾아보세요.　　🎧 Part 4-1-5

2 What needs to be repaired?

(A) A cooling system
(B) A fax machine
(C) A desk and chairs
(D) A copy machine

무엇이 수리되어야 하는가?
(A) 냉각 시스템
(B) 팩스기
(C) 책상과 의자들
(D) 복사기

[호주]

Hello, Ms. Garcia. This is Terry from the maintenance department. I received your e-mail about the air conditioner not functioning well in your office. Several other people on the 5th floor called me today with the same complaint. I think there's a problem with the on-off switch. I'm sorry about the inconvenience.

안녕하세요, 가르시아 씨. 저는 시설관리 부서의 테리라고 합니다. 사무실 에어컨이 잘 작동하지 않는다는 이메일을 받았습니다. 5층에 있는 다른 분들도 같은 불만을 제기하셨습니다. 제 생각에는 전원을 켜고 끄는 스위치에 문제가 있는 것 같습니다. 불편을 끼쳐드려 죄송합니다.

[해설] 세부사항을 묻는 문제 – 지문의 전반부에서 잘 작동하지 않는 에어컨에 대해서 이메일을 받았다(the air conditioner not functioning well in your office)고 하고 있으므로 (A)가 정답입니다. 지문에서는 에어컨인데 선택지에서 cooling system(냉각 시스템)으로 paraphrasing 되었습니다.

Words

maintenance [méintənəns] (시설 등의) 유지 · 보수 | not functioning well 작동이 잘 되지 않는 | several [sévərəl] 몇몇의 | inconvenience [ìnkənvíːnjəns] 불편

1 What did Kelly request?

(A) Transportation from work (B) Help with the report

2 What will listeners do when they arrive at Great Lake?

(A) Take photographs (B) Enjoy a meal

3 What is the announcement mainly about?

(A) A product release (B) A store opening

4 Why was Mr. Hunt unable to get the product he wanted?

(A) It was broken. (B) It was not available.

5 According to the speaker, what has changed?

(A) The departure gate (B) The departure time

6 Why is the public library closed?

(A) It's a holiday. (B) It's under construction.

7 What is being advertised?

(A) A music performance (B) A food festival

8 Who is the caller?

(A) A travel agent (B) A tour guide

9 What is the reason for the message?

(A) To answer an inquiry (B) To purchase a chair

10 What is the speech about?

(A) Parking rules (B) Work schedules

빈칸 채우고 정답 맞추기 들려주는 문장을 잘 듣고 빈칸을 채운 후, 정답을 골라보세요.
음성은 각 나라 발음으로 2번 들려드립니다. 🎧 Part 4-1-7

1 Who is Amy Cruz?

(A) An actress　　　　　　　　(B) A singer

> This is KFM radio. The song you just listened to was *Sleepless nights* by Amy Cruz. She is one of the most popular female R&B singers in America. And _____ titled *Don't cry* through several websites. If you want to know more about her, _____ at this time.

2 What kind of business does the report discuss?

(A) A radio station　　　　　　(B) A power company

> In local news, Stanley power company has asked all residents in this town to _____. Recent hot weather led to an increase in _____ because the customers kept the air conditioners on for a long time. Therefore, the company is asking residents to _____.

3 What is the city council trying to do?

(A) Increase tourism　　　　　(B) Redecorate a city hall

> Good morning. I'm Victoria Russo reporting for Manchester City News. This evening, _____ its annual meeting. On the agenda of the meeting is a discussion about _____ to Manchester City. Mayor Kyle Newman will be talking about how to develop our tourism industry.

4 Where can listeners expect delays?

(A) On the 220 Freeway　　　　(B) Near the airport

> Good morning. This is Tristan Young with your eight o'clock traffic report. Many roads are _____ for Thursday morning. Even the roads surrounding the airport and downtown are empty, but _____ _____ on the 220 Freeway. One lane of the road is closed for construction.

Part 4-1-8

1 What type of event is being announced?

  (A) A rock festival

  (B) A fundraiser

  (C) A building project

  (D) A music concert

어떤 종류의 행사가 발표되고 있는가?
(A) 락 페스티벌
(B) 기금 모금 행사
(C) 건설 계획
(D) 음악 콘서트

2 According to the city, what has changed?

  (A) The date

  (B) The ticket price

  (C) The location

  (D) The member

시에 따르면 무엇이 변경되었는가?
(A) 날짜
(B) 티켓 가격
(C) 장소
(D) 멤버

3 Why did Galaxy make a change?

  (A) Due to a traffic Jam

  (B) Due to the size of the place

  (C) Due to their safety

  (D) Due to weather conditions

갤럭시는 왜 변경을 하게 되었는가?
(A) 교통 정체 때문에
(B) 장소의 크기 때문에
(C) 그들의 안전 때문에
(D) 날씨 상황 때문에

Questions 1-3 refer to the following announcement.

[미국]

Up next, it's the local news report on 95.2 FM. Fans of rock bands will be happy to hear that the rock group Galaxy's coming here to Chester for their concert. However, the city announced that they've decided to change the location due to a possibility of rain this evening. It will be held in Wimbledon Concert Hall instead of Chester football stadium. So drivers are reminded that the streets around the stadium will be closed due to the crowds of people.

다음은 95.2 FM 지역 뉴스 보도입니다. 락 밴드 팬이라면 락 그룹 갤럭시가 그들의 콘서트 때문에 여기 체스터를 방문한다는 사실에 기뻐할 것입니다. 하지만, 시 당국은 그들이 오늘 저녁 비가 올 가능성 때문에 장소를 바꾸기로 했다고 발표했습니다. 콘서트는 체스터 축구 경기장이 아닌 윔블던 콘서트 홀에서 열릴 예정입니다. 그러니 운전자들은 경기장 주변 차도가 많은 관중들로 인해 폐쇄될 거라는 점을 잊지 마시기 바랍니다.

[정답] (D), (C), (D)

[해설] 1 주제 및 목적을 묻는 문제 – 지문에서 락 밴드가 콘서트를 열 것이라고 언급(the rock group Galaxy's coming here to Chester for their concert)했으므로 정답은 (D)입니다.

  2 세부사항 관련 문제 – 원래 축구 경기장에서 열릴 예정이었던 콘서트가 윔블던 콘서트홀로 변경되었다(It will be held in Wimbledon Concert Hall instead of Chester football stadium.)고 했기 때문에 정답은 (C)입니다.

  3 이유를 묻는 문제 – 락 그룹 갤럭시(Galaxy)가 저녁 콘서트에서 비올 가능성 때문에 장소를 변경했다(they've decided to change the location due to a possibility of rain this evening)고 설명하는 부분에서 정답을 유추할 수 있습니다. a possibility of rain이 weather conditions로 패러프레이징 되었습니다.

Words

local news 지역뉴스 | announce [ənáuns] 발표하다 | due to ~때문에 | possibility [pὰsəbíləti] 가능성 | be held 개최되다 | stadium [stéidiəm] 경기장 | remind [rimáind] 상기시키다 | crowd [kraud] 사람들, 군중 | crowds of people 수많은 사람들

녹음된 내용을 듣고 질문에 알맞은 응답을 고르세요.　🎧 Part 4-1-9

1 What does the company produce?

(A) Electronic goods
(B) Furniture
(C) Auto parts
(D) Sports items

2 What does the company plan to do in August?

(A) Perform a new IT project
(B) Create a new company logo
(C) Begin operations in a new factory
(D) Close down their plant

3 What does the mayor think will take place in Amsterdam?

(A) Traffic jams will happen often.
(B) More jobs will be created.
(C) The new items will be launched.
(D) A new subway line will be built.

- -

4 Who is Michael Bruno?

(A) A real-estate agent
(B) A cook
(C) A bookstore clerk
(D) A restaurant owner

5 What kind of menus can readers make using this book?

(A) Various salads
(B) Pizza and pasta
(C) Some dessert
(D) Fried foods

6 Where can this book be purchased?

(A) Online
(B) A restaurant
(C) A gift shop
(D) A bookstore

7 What is the broadcast about?

(A) A new book
(B) A concert tour
(C) A new performance
(D) An awards ceremony

8 What has Maria Diaz recently done?

(A) She won an award.
(B) She took the main role.
(C) She published her first book.
(D) She bought a ticket.

9 What will listeners hear next?

(A) A commercial
(B) Business news
(C) An interview
(D) The weather report

- -

Park Admission Fees		
Adults - Age 20 or older	Students - Age 14 -19	Children - Age 13 or younger
Individuals - $20 Groups - $10	Individuals - Free Groups - Free	Individuals - Free Groups - Free

10 What will happen in Snake Lake on Friday?

(A) A benefit concert
(B) A fundraiser
(C) Fireworks
(D) A competition

新 **11** Look at the graphic. How much is the entrance fee for high school students?

(A) 1 dollar
(B) 2 dollars
(C) 10 dollars
(D) No charge

12 What will be offered on Friday afternoon?

(A) Free city tour
(B) Free parking
(C) Free meal
(D) Free coupon

완전절친
TOEIC 스타트 LC

공지

- 토익 빈출 단어
- 기초전략 2
- 기본 연습 문제
- 빈칸 채우고 정답 맞추기
- 예제, 실전문제 풀어보기

 토익 빈출 단어

다음은 Part 4 문제에 자주 나오는 단어와 예문으로, 주제에 따라 비슷한 단어와 예문끼리 분류해 놓았습니다. 비슷한 단어들을 외우다 보면 상황이 연상되고, Part 4 듣기가 더 쉬워집니다. 공지에 관한 단어를 보면서 예문과 같이 열심히 외워두도록 합시다.

● **사내 공지**   🎧 Part 4-2-1

다음은 사내 공지에 관한 단어와 예문입니다. 비슷한 주제의 단어와 예문을 외우면서 일어날 수 있는 상황을 연상해 보고, 실전에서 Part 4 문제를 풀 때 적용해 보세요.

colleague [kάliːg] 동료	My colleague will be showing a video. 제 동료가 비디오를 보여드리겠습니다.
cooperation [kouὰpəréiʃən] 협력, 협조	I'm looking forward to our continuing cooperation. 우리의 지속적인 협력을 기대합니다.
policy [pάləsi] 정책	The policy was accepted by the government. 그 정책은 정부로부터 승인되었습니다.
security [sikjúərəti] 보안	What happened to the security system? 보안 장치에 무슨 일이 생긴 건가요?
shift [ʃift] 교대근무	Would you mind working the night shift? 야간조로 근무하는 것을 꺼려하나요?
supplier [səpláiər] 공급업체	The company is looking for a different supplier. 회사는 다른 공급업체를 찾고 있습니다.
attend [əténd] 참석하다	I think I'll have to attend the meeting now. 저는 지금 회의에 참석해야 할 것 같은데요.
expand [ikspǽnd] 확장하다	I'd like to expand our market overseas. 해외로 시장을 확장하고 싶어요.
explain [ikspléin] 설명하다	How do I explain what happened? 무슨 일이 생겼는지 어떻게 설명해야 할까요?
hold [hould] 개최하다	We are holding a leadership workshop this evening. 우리는 오늘 저녁 지도자 워크숍을 개최할 것입니다.
inform [infɔ́ːrm] 알리다	Please inform us of any changes of address. 주소가 조금이라도 변경될 경우에는 저희에게 알려 주십시오.
inspect [inspékt] 점검하다	This building has not been inspected. 이 건물은 점검되지 않았어요.
note [nout] 유념하다	Please note the change of venue for this event. 이번 행사의 장소 변경에 유념해 주십시오.
notify [nóutəfài] 통지하다	I've already notified all the staff. 저는 이미 모든 직원들에게 통지했습니다.
require [rikwáiər] 요청하다	Consumers require clear and specific information. 소비자들은 명확하고 구체적인 정보를 요청합니다.

● 교통 안내 공지　　　　　　　　　　　　🎧 Part 4-2-2

다음은 교통 안내 공지에 관한 단어와 예문입니다. 비슷한 주제의 단어와 예문을 외우면서 일어날 수 있는 상황을 연상해 보고, 실전에서 Part 4 문제를 풀 때 적용해 보세요.

airport [ɛ́ərpɔːrt]
공항
I'm going to rent a car here at the airport.
저는 이곳 공항에서 차를 빌릴거예요.

cabin [kǽbin] 기내, 선실
He entered the captain's cabin. 그는 기장실로 들어갔습니다.

captain [kǽptən]
기장
Ladies and gentlemen, this is your captain speaking.
신사 숙녀 여러분, 저는 여러분을 모시고 가는 기장입니다.

exit [égzit] 출구
Please use the exit on the other side. 다른 쪽 출구를 이용해 주십시오.

luggage [lʌ́giʤ] 수하물
Would you like a hand with the luggage? 수하물을 좀 들어 드릴까요?

passenger [pǽsənʤər]
승객
Passengers are getting out of the airplane.
승객들이 비행기에서 내리고 있습니다.

stopover [stɑːpóuvər]
단기 체류
Thai Airways offers a number of stopover deals.
타이 항공사는 많은 단기 체류 상품을 제공합니다.

flight attendant
승무원
Passenger safety is the main job of flight attendants.
승객 안전은 비행기 승무원들의 주요한 일입니다.

round trip 왕복 여행
It's a round trip ticket in economy class. 이코노미석 왕복 여행 표입니다.

seat belt 안전벨트
Could you please fasten your seat belt? 안전벨트를 매주시겠습니까?

board [bɔːrd]
탑승하다
Passengers are waiting to board the plane.
승객들은 비행기에 타려고 기다리고 있습니다.

land [lænd]
착륙하다
The plane should be landing right on schedule.
비행기는 예정대로 착륙할 것입니다.

switch [switʃ] 갈아타다
I have to switch flights in Singapore. 싱가포르에서 비행기를 갈아타야 해요.

take off
이륙하다
The airplane will take off in 10 minutes.
비행기는 10분 후에 이륙할 예정입니다.

via [váiə]
~을 경유하여
I'd like to fly to London, via Hong Kong.
홍콩을 경유하여 런던으로 가고 싶습니다.

● 공공장소 공지

다음은 공공장소 공지에 관한 단어와 예문입니다. 비슷한 주제의 단어와 예문을 외우면서 일어날 수 있는 상황을 연상해 보고, 실전에서 Part 4 문제를 풀 때 적용해 보세요.

announcement [ənáunsmənt] 발표, 안내방송	Did you hear the <u>announcement</u> just a minute ago? 방금 전에 한 안내방송 들었나요?
auditorium [ɔ̀ːditɔ́ːriəm] 강당	The staff meeting has been moved to the <u>auditorium</u>. 직원회의가 강당으로 장소가 바뀌었습니다.
exhibition [èksəbíʃən] 전시회	This special <u>exhibition</u> is held until the end of the year. 이 특별한 전시회는 연말까지 열립니다.
patron [péitrən] 고객, 후원자	They are regular <u>patrons</u> of this store. 그들은 이 가게의 단골손님이에요.
performance [pərfɔ́ːrməns] 공연	The <u>performance</u> finally started half an hour late. 그 공연은 마침내 30분 늦게 시작했습니다.
register [rédʒistər] 계산대	Excuse me, where's the cash <u>register</u>? 실례지만, 계산대가 어디 있어요?
shopper [ʃɑ́pər] 쇼핑객	<u>Shoppers</u> made a rush for the exits. 쇼핑객들이 출구 쪽으로 황급히 몰려들었습니다.
service desk 서비스 창구	I'll leave it at the customer <u>service desk</u>. 그것을 고객 서비스 창구에 놓아두겠습니다.
describe [diskráib] 묘사하다	Try to <u>describe</u> exactly what happened. 무슨 일이 있었는지 자세히 묘사해 보세요.
distribute [distríbjuːt] 나눠주다	The man <u>distributed</u> books to some people. 남자가 사람들에게 책을 나눠 줬어요.
permit [pərmít] 허가하다	Smoking is not <u>permitted</u> anywhere in the building. 흡연은 건물 내 어디에서도 허용되지 않습니다.
remind [rimáind] 상기시키다	What are listeners <u>reminded</u> to do? 청자들이 무엇을 하도록 상기되는가?
return [ritə́ːrn] 반납하다	A tool has been <u>returned</u> to a storage area. 도구가 보관 장소로 반납되었습니다.
welcome [wélkəm] 환영하다	We would <u>welcome</u> any advice or suggestions with open arms. 저희는 어떤 충고나 제안이든지 두 팔 벌려 환영합니다.
proceed to ~로 나아가다	Passengers should <u>proceed to</u> Gate14 at the scheduled boarding time. 승객들은 예정된 탑승시간에 14번 탑승구로 가셔야 합니다.

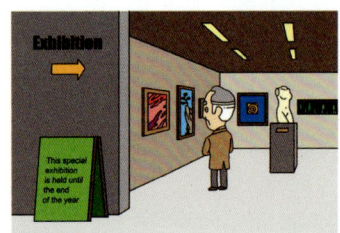 

다음은 관광·견학 공지에 관한 단어와 예문입니다. 비슷한 주제의 단어와 예문을 외우면서 일어날 수 있는 상황을 연상해 보고, 실전에서 Part 4 문제를 풀 때 적용해 보세요.

artwork [ɑ́ːrtwəːrk]
예술품

About 50 artists will show their artworks at the event.
약 50명의 예술가들이 그 행사에서 자신들의 작품을 선보일 예정입니다.

exhibit [igzíbit]
전시회

I'm the man responsible for this exhibit.
저는 이 전시회의 책임을 맡고 있는 사람입니다.

facility [fəsíləti] 시설

The parking facility is inconvenient there. 그곳은 주차 시설이 불편합니다.

itinerary [aitínərèri]
여행 일정표

Please check your itinerary before departure.
출발 전에 미리 여행 일정표를 확인하시기 바랍니다.

outing [áutiŋ] 야유회

It's a perfect day for an outing. 야유회 가기 딱 좋은 날씨네요.

plant [plænt]
공장

The plant was built for the production of cars.
그 공장은 자동차 생산을 위해 지어졌습니다.

site [sait]
장소, 현장

Can you give me some data on the construction site?
그 건설현장에 대한 자료를 저에게 주실 수 있나요?

souvenir [sùːvəníər]
기념품

The souvenir shop was crowded with tourists.
기념품 가게는 관광객들로 붐볐습니다.

admission fee 입장료

What is the admission fee to the museum? 박물관 입장료는 얼마죠?

gift shop
선물가게

There's a little gift shop around the corner.
저 모퉁이에 작은 선물가게가 있습니다.

tour guide
여행 가이드

The tour guide showed them to the bus.
여행 가이드가 버스로 그들을 안내했습니다.

prohibit [prouhíbit]
금지하다

Smoking is prohibited inside the building.
건물 내에서의 흡연은 금지되어 있습니다.

move on to
~로 이동하다

We just want to move on to the next show.
우리는 단지 다음 쇼를 보러 이동하고 싶어요.

impressive [imprésiv]
인상적인

What did you find the most impressive?
무엇이 가장 인상적이었나요?

on display
전시된

I'll send you the item that's on display.
전시하고 있는 물건을 보내드리겠습니다.

Part 4의 문제 3개 중에서 보통 가장 먼저 나오는 문제 유형입니다. Part 3와 같이 주로 지문의 초반부에 언급됩니다. 일반적인 목적이나 이유는 담화의 전반부에 답이 있지만, 구체적인 이유는 담화의 중반부 이후에 답이 있을 수 있습니다.

● **주제·목적을 묻는 문제**

다음은 주제와 목적을 묻는 문제들입니다. 비슷한 문제들 여러 개를 같이 암기해 놓으면 쉽게 문제를 풀 수 있습니다.

> **What** is the talk mainly **about**? 이 이야기는 주로 무엇에 관한 것인가?
> **What** are the speakers **discussing**? 화자들은 무엇을 논의하고 있는가?
> **What** is the **purpose** of this speech? 이 연설의 목적은 무엇인가?
> **What** is being **described**? 무엇이 설명되고 있는가?
> **What** is being **advertised**? 어떤 것이 광고되고 있는가?
> **What** is the **reason** for the announcement? 공지의 목적은 무엇인가?
> **Why** is the man/woman **calling**? 남자/여자는 왜 전화하는가?

● **문제 해결 방법**

지문의 첫 두 문장 내에서 80% 이상을 알 수 있고, 지문의 앞부분에서 언급된 단어나 내용이 패러프레이징되어 나올 수 있습니다. 주제 및 목적을 알 수 있는 빈출 표현을 미리 알아두세요. 다음은 담화 내용에 따른 주제·목적을 이야기하는 표현입니다.

방송	You're listening to ~. 여러분은 지금 ~를 듣고 있습니다. Coming up next ~. 다음에 이어지는 ~
공지/안내	May I have your attention? 집중해주시겠어요? I'd like to remind you ~. 여러분들에게 ~를 상기시켜 드립니다.
광고	Are you looking for ~? ~을 찾고 있나요? Do you have trouble ~? ~하는데 어려움이 있으신가요?
발표/연설	Let's get started with ~. ~하면서 시작합시다. As many of you already know ~. 많은 분들이 이미 아시다시피 ~
전화 메시지	I'm calling to[about, for, because] ~. ~ 때문에 전화 드립니다. This message is for ~. 이 메시지는 ~를 위한 것입니다.

● 주제 · 목적을 묻는 문제 예시

[문제]　What is the purpose of the message? 메시지의 목적은 무엇인가?

[대화]　Hello, this is Dr. William's office. I'm calling to remind you of your appointment scheduled for Monday.
안녕하세요. 윌리엄 박사님의 병원입니다. 월요일로 예정된 귀하의 예약을 알려드리기 위해 전화드립니다.

[정답]　To confirm an appointment 예약을 확인하기 위해

🎧 Part 4-2-5

1 What is the purpose of the announcement?

　(A) To launch a product
　(B) To announce a retirement
　(C) To discuss a new project
　(D) To congratulate an employee

이 공지의 목적은 무엇인가?
(A) 제품을 출시하기 위해
(B) 퇴직을 발표하기 위해
(C) 새 프로젝트를 논의하기 위해
(D) 직원을 축하해 주기 위해

[미국]

Now I have a good news to share with everyone. I'd like to take a minute to congratulate Craig Martinez. Since he joined our team eight years ago, he's been a dedicated analyst and I'm happy to announce that he's just been promoted to the position of senior analyst. I should also mention that Craig will be at our Denver branch next week to help organize a new project.	저는 지금 여러분 모두와 나누고 싶은 새로운 소식이 있습니다. 저는 잠시 시간을 내어 크레이그 마르티네즈 씨를 축하하고 싶습니다. 그는 8년 전에 우리 팀에 합류한 이후로 계속해서 헌신적인 분석가였고, 이제 그가 수석 분석가로 승진했다는 사실을 저는 기쁜 마음으로 발표합니다. 저는 또한 그가 새 프로젝트 준비를 돕기 위해 다음 주에 덴버 지점으로 가신다는 점도 말씀드립니다.

[해설] 주제 · 목적을 묻는 문제

주제 및 목적을 묻는 질문은 주로 첫 두 문장 이내에 답이 있습니다. 앞부분을 자주 놓치는 학생들은 앞부분을 집중해서 듣는 연습을 반복적으로 해야 합니다. 이 지문에서 화자는 잠시 마르티네즈 씨를 축하해주자(I'd like to take a minute to congratulate Craig Martinez)고 언급했고 따라서 정답은 (D)입니다.

Words

share [ʃɛər] 공유하다, 나누다 | congratulate [kəngrǽtʃulèit] 축하하다 | dedicated [dédikèitid] 헌신적인 | analyst [ǽnəlist] 분석가 | be promoted to ~로 승진하다 | senior [síːnjər] 수석의

● 눈으로 보고 푸는 문제

> Before we start the meeting, I'd like to introduce Ricky Olson, our new marketing director.

1 What is the purpose of the speech?

(A) To launch a product   (B) To introduce a new employee

> Hello, my name is Troy and welcome everyone. We're going to start today's tour in the assembly line area.

2 What is the talk about?

(A) Heavy machinery   (B) A tour of a factory

> Attention shoppers. Our grocery store will be closing in twenty minutes. We will reopen tomorrow at our regular time of 9 A.M.

3 What is the main purpose of the announcement?

(A) To announce the closing of a store   (B) To offer special discounts

> This message is for Jennifer Adams. My name is Carl Summers. I'm calling to remind you of our annual conference next week.

4 What is the purpose of the message?

(A) To discuss a plan   (B) To inform her of an upcoming meeting

● 귀로 듣고 푸는 문제

5 What is this announcement about?

(A) Preparing for an event   (B) Opening a new store

6 What is the purpose of the festival?

(A) To raise funds for the park   (B) To publicize foreign languages

7 What is the report mainly about?

(A) A weather update   (B) A traffic report

8 What is being discussed?

(A) Organizing a meeting   (B) Getting ready for renovations

1 What division does the speaker probably work in?

(A) Corporate security   (B) Human resources

> Welcome to your first day at Bell Architectural firm. My name is Shane Fox,
> _____ . As you've heard, we expect our
> employees to take security seriously here at Bell Architectural firm. Today, you'll
> be given a password that is _____ to
> our computer system.

2 According to the announcement, what caused the problem?

(A) A power failure   (B) A natural disaster

> Attention passengers. Unfortunately, we're experiencing some delays for trains
> on the blue line _____
> next to the Brisbane Station. Local technicians are working to repair the
> problem, but we don't know _____ for the power to
> come back on.

3 What is this announcement about?

(A) French food   (B) A new class

> The French Cultural Center is happy to announce that we have a new addition to
> our class schedule. Jean Petit who's a _____
> that's been here for over 5 years, will be teaching a beginner's French
> class every Wednesday. This fun, interesting class will be open to
> _____ .

4 Who will visit the plant?

(A) Safety inspectors   (B) Civil engineers

> Before we end this meeting, I'd like to remind everyone that the machinery
> _____ tomorrow. Safety inspectors are going to be
> checking to see that all the equipment is in _____ .
> Because of this, we will be closed between 6 A.M. and 11 A.M. tomorrow
> morning.

Part 1
Part 2
Part 3
Part 4

Part 4-2-8

1 Which day does the park close?

(A) Monday

(B) Friday

(C) Saturday

(D) Sunday

공원은 무슨 요일에 문을 닫는가?
(A) 월요일
(B) 금요일
(C) 토요일
(D) 일요일

2 How much is the admission for adults?

(A) $10

(B) $7

(C) $5

(D) free

성인 입장료는 얼마인가?
(A) 10달러
(B) 7달러
(C) 5달러
(D) 무료

3 What should visitors do if they want more information?

(A) Buy a guidebook

(B) Make a call

(C) Check a website

(D) Send an e-mail

방문객들이 더 많은 정보를 원하면 무엇을 해야 하는가?
(A) 가이드북 구입하기
(B) 전화하기
(C) 웹사이트 확인하기
(D) 이메일 보내기

Questions 1-3 refer to the following announcement.

[미국]

Welcome to our national park. We'd like to remind all visitors that the park is open from 9 A.M. to 8 P.M. Monday through Saturday and will be closed on Sunday. The park's admission fee is $10 for adults, $7 for teenagers and $5 for children under 10. Seniors can enter the park without a fee. Cash, checks and credit cards are acceptable forms of payment. For further information, call our hotline at 1-800-666-0037 or stop by our information booth next to the main entrance.

저희 국립 공원에 오신 여러분을 환영합니다. 이 공원은 월요일부터 토요일까지는 오전 9시부터 오후 8시까지 개장하며, 일요일은 문을 닫음을 모든 방문객들에게 알려 드립니다. 박물관의 입장료는 성인 10달러, 청소년은 7달러 그리고 10살 미만의 아동은 5달러입니다. 노인들은 무료 입장이 가능합니다. 현금, 수표, 신용카드로 지불하실 수 있습니다. 더 자세한 정보를 원하신다면, 저희 직통전화인 1-800-666-0037으로 전화하시든지 아니면 정문 옆 안내소에 들르시기 바랍니다.

[정답] (D), (A), (B)

[해설] 1 세부사항 관련 문제 – 지문에서 일요일에는 문을 닫는다(will be closed on Sunday)고 했으므로 정답은 (D) Sunday(일요일)입니다.

2 세부사항 관련 문제 – 지문에서 성인 입장료는 10달러다(The park's admission fee is $10 for adults)라고 했기 때문에 정답은 (A) 10달러입니다.

3 앞으로 할일을 묻는 문제 – 자세한 정보를 위해서는 직통전화로 전화하라(For further information, call our hotline at 1-800-666-0037)고 했으므로, 정답은 (B)입니다.

Words

national park 국립 공원 | remind [rimáind] 상기시키다, 알리다 | admission fee 입장료 | adult [ədʌ́lt] 성인 | teenager [tíːnèidʒər] 십대 | senior [síːnjər] 노인, 고령자 | acceptable [ækséptəbl] 받아들일 수 있는 | forms of payment 지불수단·형태 | hotline [hatlain] 직통전화 | stop by 들르다 | information booth 안내소 | main entrance 정문

녹음된 내용을 듣고 질문에 알맞은 응답을 고르세요.　　🎧 Part 4-2-9

1 Where is the announcement being made?

(A) At a hotel
(B) At an auditorium
(C) At an electronics shop
(D) At a bookstore

2 What is the announcement about?

(A) Planning a trip
(B) Sharing ideas
(C) Returning a lost item
(D) Updating computer programs

3 What kind of job does Mr. Goldberg have?

(A) A consultant
(B) A security manager
(C) A travel agent
(D) A store clerk

----

4 Where is this announcement most likely given?

(A) On a cruise
(B) On a plane
(C) On a train
(D) On a tour bus

5 What did the speaker specifically mention?

(A) A local time
(B) An emergency
(C) A popular beach
(D) A historical site

6 What does the speaker suggest the listeners do?

(A) Take pictures
(B) Get some sleep
(C) Turn off the phone
(D) Enjoy refreshments

Wayne Looney's Band
First concert of dreams tour
April, 10th Saturday, Liverpool

Sold Out
No Tickets Available At the door

7 Who is the speaker?

(A) A musician
(B) A fan
(C) A lead singer
(D) A box office worker

新 8 Look at the graphic. What made the speaker surprised?

(A) Sold out concert
(B) Sudden rain
(C) Presents from the fans
(D) A special event

9 How will proceeds from the concert be used?

(A) To support school programs
(B) To fix the concert hall
(C) To donate to the charity
(D) To buy musical instruments

----

10 What is the reason for the schedule change?

(A) Mechanical problems
(B) Bad weather conditions
(C) A sudden accident
(D) A power outage

11 What does the speaker ask the listeners to do?

(A) Book a hotel in Queenstown
(B) Get a refund
(C) Change a bus
(D) Wait for the next train

12 What will be offered for some passengers?

(A) A free ticket
(B) A guidebook
(C) A discount coupon
(D) A free beverage

완전절친
TOEIC 스타트 LC

Part 4
Day 3

광고

- 토익 빈출 단어
- 기초전략 3
- 기본 연습 문제
- 빈칸 채우고 정답 맞추기
- 예제, 실전문제 풀어보기

Day 03 광고

 토익 빈출 단어

다음은 Part 4 문제에 자주 나오는 단어와 예문으로, 주제에 따라 비슷한 단어와 예문끼리 분류해 놓았습니다. 비슷한 단어들을 외우다 보면 상황이 연상되고, Part 4 듣기가 더 쉬워집니다. 광고에 관한 단어를 보면서 예문과 같이 열심히 외워두도록 합시다.

● **광고**　　　　　　　　　　　　　　　　　　　　　　🎧 Part 4-3-1

다음은 광고에 관한 기본 단어와 예문입니다. 비슷한 주제의 단어와 예문을 외우면서 일어날 수 있는 상황을 연상해 보고, 실전에서 Part 4 문제를 풀 때 적용해 보세요.

단어	예문
environment [inváiərənmənt] 환경	This service will be a commitment to the environment. 이 서비스는 환경에 헌신이 될 것입니다.
meantime [mí:ntàim] 그 동안	In the meantime, come try our French food. 그 동안에 오셔서 저희 프랑스 음식을 맛보시기를 바랍니다.
pamphlet [pǽmflət] 소책자	The man is handing out pamphlets in the street. 남자가 거리에서 소책자를 나눠주고 있어요.
trouble [trʌbl] 곤란	Do you have trouble falling asleep? 잠드는데 어려움이 있나요?
accomodate [əkámədèit] 수용하다	We can accommodate many group sizes. 여러 규모의 단체를 수용 할 수 있습니다.
guarantee [gærəntí:] 보장하다	We guarantee that our location will sell all items at the lowest price. 우리는 모든 물건을 최저가에 팔 것을 보장합니다.
offer [ɔ́:fər] 제공하다	We're offering up to 50% off summer items. 우리는 여름상품에 50%까지의 할인을 제공합니다.
recommend [rèkəménd] 추천하다	What type of presents do you recommend? 어떤 종류의 선물을 추천하시나요?
repair [ripέər] 수리하다	We can't use the kitchen while the pipe is repaired. 파이프가 수리되는 동안 우리는 부엌을 이용할 수 없습니다.
request [rikwést] 요청하다	Give us a call and request a free brochure. 저희에게 전화해서 무료 팸플릿을 요청하세요.
be tired of 싫증나다	Are you tired of using old home appliances? 오래된 가전제품을 사용하는 것이 지겨우십니까?
be interested in ～에 관심이 있다	What is the woman interested in doing? 여자는 무엇을 하는 데 관심이 있나요?
limited [límitid] 한정된, 제한된	Free shipping is offered for a limited time. 무료 배송은 한정된 기간에만 제공됩니다.
on sale 할인 판매하는	Do you know when it will go on sale again? 언제 또 할인 판매를 하는지 아세요?

다음은 광고 혜택에 관한 단어와 예문입니다. 비슷한 주제의 단어와 예문을 외우면서 일어날 수 있는 상황을 연상해 보고, 실전에서 Part 4 문제를 풀 때 적용해 보세요.

purchase [pə́ːrtʃəs] 구입	Are you going to make a <u>purchase</u> today? 오늘 구매를 할 건가요?
retail [ríːteil] 소매	She has an independent <u>retail</u> store. 그녀는 독립적인 소매업을 합니다.
voucher [váutʃər] 상품권	Here is a room key and morning <u>voucher</u>. 여기 방 열쇠와 아침식사 상품권이 있습니다.
warranty [wɔ́ːrənti] 보증서	This computer is still under <u>warranty</u>. 이 컴퓨터는 아직 보증기간이 끝나지 않았습니다.
clearance sale 재고 처분 세일	The shop is having a <u>clearance sale</u>. 그 상점은 재고 처분 세일 중입니다.
free shipping 무료배송	<u>Free shipping</u> is included with all orders. 모든 주문이 무료로 배송됩니다.
regular price 정가	You can purchase this item at our <u>regular price</u>. 이 물건을 정가로 살 수 있습니다.
special discount 특별할인	I'll give you a <u>special discount</u> of 40%. 40% 특별할인을 해 드리겠습니다.
expire [ikspáiər] 만기가 되다	The sale price will <u>expire</u> on July 14th. 세일 가격은 7월 14일에 끝납니다.
search [səːrtʃ] 찾아보다	What are you <u>searching</u> for on the floor? 바닥에서 뭘 찾고 있나요?
affordable [əfɔ́ːrdəbl] (가격이) 적당한	It is difficult to find an <u>affordable</u> hotel. 가격이 적당한 호텔을 찾는 것은 어렵습니다.
extra [ékstrə] 추가의	Residents can use the gym at no <u>extra</u> cost. 주민들은 추가 사용료 없이 헬스클럽을 이용할 수 있습니다.
good [gud] 유효한	The offer is <u>good</u> for the next five days only! 이 할인은 오직 5일간만 유효합니다!
wholesale [houlseil] 도매의	He buys <u>wholesale</u> and sells at retail. 그는 도매로 가져와서 소매로 팝니다.
for free 무료로	All orders over $200 will be shipped <u>for free</u>. 200달러 이상의 주문은 무료로 배송됩니다.

● 광고 대상 Part 4-3-3

다음은 광고 대상에 관한 단어와 예문입니다. 비슷한 주제의 단어와 예문을 외우면서 일어날 수 있는 상황을 연상해 보고, 실전에서 Part 4 문제를 풀 때 적용해 보세요.

airline [ɛ́ərlàin]
항공사
Most airlines offer lower prices during the off season.
대부분의 항공사는 비수기에 저가 항공권을 제공합니다.

appliance [əpláiəns] 가전제품
I'll be in the Home Appliance department. 저는 가전매장에 있을게요.

beverage [bévəridʒ]
음료수
All customers will get a free beverage with a sandwich order.
모든 고객들은 샌드위치를 주문하면 무료 음료를 받게 됩니다.

bookstore [búkstɔ̀:r]
서점
I often buy some books at the bookstore.
저는 종종 그 서점에서 책을 삽니다.

catering [kéitəriŋ]
음식 공급
We're offering discounts off all catering orders.
모든 음식 공급 주문에 할인을 제공합니다.

cleaning [klí:niŋ]
청소
Cleaning your house often is also helpful.
여러분의 집을 자주 청소하는 것도 도움이 됩니다.

furniture [fɔ́:rnitʃər]
가구
Our furniture is made in our own factory.
우리 가구는 자체 공장에서 생산됩니다.

workshop [wə́:rkʃàp]
워크숍
The topic of today's workshop will be online marketing.
오늘 워크숍의 주제는 온라인 마케팅입니다.

athletic shoes
운동화
Choose appropriate athletic shoes for your sport.
당신의 운동에 적절한 운동화를 선택하시기 바랍니다.

department store
백화점
Have you been to the new department store yet?
새로 생긴 백화점에 가 봤어요?

flower shop
꽃가게
There is a flower shop around the corner.
모퉁이를 돌아가면 꽃가게가 있어요.

office supplies
사무용품
This store has all kinds of office supplies.
이 가게는 모든 종류의 사무용품을 구비하고 있습니다.

sporting goods
스포츠용품
Our company deals in sporting goods.
저희 회사는 스포츠 용품을 취급합니다.

travel agency
여행사
We're the world's largest online travel agency.
저희는 세계 최대의 온라인 여행사입니다.

rental [réntl]
임대의
Allow me to give you some rental information.
몇 가지 임대 정보를 말씀드리겠습니다.

● 서비스 · 업체 특징

다음은 서비스 · 업체 특징에 관한 단어와 예문입니다. 비슷한 주제의 단어와 예문을 외우면서 일어날 수 있는 상황을 연상해 보고, 실전에서 Part 4 문제를 풀 때 적용해 보세요.

feature [fíːtʃər]
특징
What is a feature mentioned in the article?
기사에서 언급된 특징은 무엇입니까?

flavor [fléivər]
맛
Which flavor do you prefer, vanilla or chocolate?
어떤 맛을 선호하나요, 바닐라 아니면 초콜릿?

function [fʌ́ŋkʃən] 기능
What is the function of this button? 이 버튼의 기능이 뭐죠?

surrounding [səráundiŋ]
주위 환경
I think it's because of the surrounding environment.
저는 그것이 주위 환경 때문이라고 생각합니다.

subscribe [səbskráib]
구독하다
I subscribe to a monthly auto magazine.
저는 월간 자동차 잡지를 구독합니다.

convenient [kənvíːnjənt]
편리한
It's convenient having a supermarket nearby.
근처에 슈퍼마켓이 하나 있으면 편리합니다.

detailed [ditéild]
상세한
A detailed news report will follow shortly.
곧 상세한 뉴스 보도가 있겠습니다.

durable [djúərəbl]
내구성 있는
I need a camera case that's durable and sturdy.
내구성 있고 단단한 카메라 케이스가 필요합니다.

efficient [ifíʃənt]
효율적인
The service at the hotel is speedy and efficient.
그 호텔의 서비스는 빠르고 효율적입니다.

leading [líːdiŋ]
선도하는, 일류의
We are one of the leading companies in Brazil.
우리는 브라질의 일류 기업들 중 하나입니다.

light-weight
가벼운
Our latest line of light-weight luggage will make travel easy.
우리 가벼운 여행가방의 최신 제품라인이 여행을 쉽게 해드릴 겁니다.

organic [ɔːrgǽnik]
유기농의
Most supermarkets sell a range of organic products.
대부분의 슈퍼마켓들이 다양한 유기농 제품들을 팝니다.

portable [pɔ́ːrtəbl]
휴대용의
We like them because they're portable.
우리는 그것들이 휴대용이기 때문에 좋아합니다.

reasonable [ríːzənəbl] 합리적인
The price is quite reasonable, too. 가격 또한 매우 합리적입니다.

immediately [imíːdiətli]
즉시
Immediately, the book received a lot of criticism.
그 책은 즉시 많은 비판을 받았습니다.

장소 · 직업을 묻는 문제는 지문의 시작 부분에서 바로 나오므로 앞부분을 잘 들어야 합니다. 첫 두 문장 내에 단서가 있으며, 단서가 되는 단어를 잘 듣고 정답을 유추해 낼 수 있습니다. 따라서 자주 출제되는 어휘를 주제별로 외워두면 문제풀이가 더 쉬워집니다.

● **장소 · 직업을 묻는 문제**

① 지문이 나오는 장소를 묻는 문제

Where is the announcement **taking place**? 이 안내 방송은 어디에서 나오는 것인가?

Where is this conversation **taking place**? 이 대화는 어디에서 일어나고 있는가?

Where are the speakers probably **talking**? 화자들은 어디에서 이야기하고 있는가?

② 현재 있는 장소 및 근무지를 묻는 문제

Where are the listeners? 청자들은 어디에 있는가?

Where does the speaker work? 화자가 근무하는 곳은 어디인가?

Where do the listeners most likely work? 청자들은 어디에서 일하는 것 같은가?

③ 화자의 신분 · 직업을 묻는 문제

Who most likely is the speaker? 화자는 누구일 것 같은가?

Who is addressing the audience? 누가 청중에게 말하고 있는가?

What field does the speaker work in? 화자는 어느 부서에서 일하는가?

④ 청자의 신분 · 직업을 묻는 문제

Who most likely are the listeners? 청자들은 누구일 것 같은가?

Who is the conference for? 회의는 누구를 대상으로 하는 것인가?

Who is the speaker addressing? 화자는 누구에게 이야기하고 있는가?

> **TIP**   **Who is the speaker addressing?** 화자는 누구에게 이야기하고 있는가?
>
> 질문에 화자(speaker)가 언급되었지만 반대로 청자(listener)의 직업을 묻는 질문입니다. address는 '~에게 말하다'는 뜻입니다. Part 4에서는 화자와 청자를 잘 구분해서 듣는 게 중요합니다.

● **문제 해결 방법**

① 화자 · 청자와 관련된 장소 및 지문이 들리는 장소는 키워드를 통해 알 수 있습니다.

장소	키워드
airport 공항	baggage claim, departure, gate, airline, boarding pass, connecting flight
plant 공장	shift, assembly line, production, packaging machine, manufacturing facility
museum 박물관	exhibit, exhibition, painting, artwork, artist, gift shop, curator, craft

② 직업이나 신분은 사람이름 바로 다음에 나옵니다.

Welcome to our park. My name is Natasha and I'll be your guide today.
저희 공원에 오신 여러분 환영합니다. 제 이름은 나타샤이고 오늘 여러분들의 가이드가 될 것입니다.

This message is for Justin Berg. This is George from Tech Electronics.
이 메시지는 저스틴 버그를 위한 것입니다. 저는 테크 전자의 조지라고 합니다.

Good morning Mr. Jones. This is Susan Minnelli from the accounting department.
안녕하세요, 존스 씨. 저는 회계부서의 수잔 미넬리입니다.

③ 장소나 직업 관련 표현이 청자(listeners)를 알려주기도 합니다.

④ 여러 명의 사람이름이 언급될 때는 화자, 청자, 제3자를 주의해서 들어야 합니다.

⑤ 대화 중에 제시되는 내용이 동의어 표현(Paraphrasing)으로 바뀌어 나오므로 유의하세요.

🎧 Part 4-3-5

1 Who is Hank Tompkins?

(A) A journalist
(B) A radio host
(C) A city official
(D) A financial advisor

Hank Tompkins는 누구인가?
(A) 기자
(B) 라디오 진행자
(C) 시 공무원
(D) 재정 고문

[영국]

Now, here is the KBC radio Money Show. Today's guest is a well known financial consultant, Hank Tompkins, author of *Money Talk*. He's ready to give you great advice on how to overcome the current economic situation. So stay tuned!

지금 여러분은 KBC라디오의 머니 쇼를 듣고 계십니다. 오늘의 게스트는 유명한 재정 상담가이자 *머니 토크*의 저자인 행크 톰킨스입니다. 그는 현재 경제 상황을 극복하는 방법에 대해 여러분들에게 좋은 충고를 해줄 준비가 되었습니다. 그러니 채널 고정하세요!

[해설] 직업을 묻는 문제

제3자의 직업을 묻는 질문은 사람 이름이 언급되는 부분을 잘 들어야 합니다. 지문에서 행크 톰킨스는 유명한 재정 상담가(financial consultant)라고 했으므로 정답은 (D) A financial advisor(재정 고문)입니다. consultant가 advisor로 패러프레이징 되었습니다.

Words

guest [gest] 손님 | well known 잘 알려진, 유명한 | consultant [kənsʌ́ltənt] 상담가, 자문 위원 | author [ɔ́ːθər] 작가 |
overcome [óuvərkʌ̀m] 극복하다 | current [kə́ːrənt] 현재의 | economic situation 경제 상황 | stay tune 채널을 고정하다

1 Where is the talk taking place?

(A) At a train station   (B) At an orientation

2 Where does this speech most likely take place?

(A) At a job interview   (B) At a presentation

3 Where is the class going to take place?

(A) At a stadium   (B) At a gym

4 Where does the speech take place?

(A) At a museum   (B) On a bus

5 Where is this talk taking place?

(A) At a food store   (B) At a restaurant

6 Who is Connie Gates?

(A) A writer   (B) A host

7 Who is the intended audience?

(A) Motorists   (B) Reporters

8 Who is Josh Schneider?

(A) A city official   (B) A designer

9 Who are the listeners?

(A) Volunteers   (B) Sales staff

10 Who is the message for?

(A) A bank teller   (B) A job applicant

1 What business is being advertised?

(A) Meeting place   (B) Stationery store

> Do you have an important business meeting soon? _____
> _____. Riverpark Square center is for you. We have 10 large
> rooms and 20 small rooms _____
> recent electronics. We provide beverages, pens and papers and even a copying
> service for free during business hours.

2 What is the result of upgrading the website?

(A) Online counseling   (B) The convenience of shopping

> Are you looking for the furniture for your _____ or
> your office? Larry's Furnishing has it all from tables and chairs to beds and office
> furniture. We've recently _____ so now
> you can place your order online and get free shipping on orders over $300.

3 What is the purpose of the store's sale?

(A) To promote a new item   (B) To decrease inventory

> Are you thinking about buying a laptop computer? Paul's Electronics
> has great news for you. In order to reduce our current inventory, we've
> _____ by 80%. Our prices are so low that we cannot even
> talk about them on the website or on the air. _____
> _____ to get the incredible deal.

4 What most likely is Jian Lin's occupation?

(A) A famous author   (B) A cooking teacher

> Do you always say you should learn how to cook but just don't have the time? If
> you've never been taught, _____
> _____! This summer, we will be offering a Chinese cooking class by
> award winning chef Jian Lin. For more details about registration, visit www.
> selfcooking.com or call 599-3535. Hurry up as _____
> _____.

Part 1

Part 2

Part 3

Part 4

Part 4-3-8

1 What is being advertised?

(A) A sporting event
(B) A restaurant opening
(C) A news program
(D) A school picnic

무엇이 광고되고 있는가?
(A) 스포츠 행사
(B) 레스토랑 개업
(C) 새로운 프로그램
(D) 학교 소풍

2 Who is Donald Holbert?

(A) An athlete
(B) A mayor
(C) A reporter
(D) A president

도널드 홀버트는 누구인가?
(A) 운동선수
(B) 시장
(C) 기자
(D) 사장

3 Why are participants encouraged to visit a website?

(A) To register early
(B) To select a medal
(C) To purchase a ticket
(D) To get further information

참가자들은 왜 웹사이트를 방문하라고 권장 받는가?
(A) 일찍 등록하라고
(B) 메달을 선택하라고
(C) 티켓을 구매하라고
(D) 더 많은 정보를 얻으라고

Questions 1-3 refer to the following radio advertisement.

[미국]

LA Times, the major newspaper company is pleased to announce that the 20th annual Miles For Lives marathon will take place on May 25th starting at 10 A.M. at Harrow university. This is a fun family friendly marathon and the 5-dollar entry fee goes to charity. Donald Holbert, the CEO of *LA Times* will be on hand to award prizes to the winners. Participants can register the day of the marathon, but if you sign up early at www.milesforlives.org, you'll receive a free subscription to *LA Times* for a month. What are you waiting for? The time is now.

주요 신문사인 *LA Times*는 5월 25일 오전 10시, 해로우 대학교에서 시작하는 20번째 연례 Miles For Lives 마라톤을 발표하게 되어 기쁩니다. 이 마라톤은 즐거운 가족 친목 행사로 5달러의 입장료는 자선단체에 기부됩니다. *LA Times*의 CEO인 도널드 홀버트는 우승자에게 상을 수여하기 위해 참가합니다. 참가자들은 마라톤 당일도 등록 가능하지만, www.milesforlives.org에서 일찍 등록하면 한 달 동안 *LA Times*를 무료 구독할 수 있습니다. 무엇을 망설이나요? 바로 지금입니다.

[정답] (A), (D), (A)

[해설] **1** 주제·목적을 묻는 문제 – 마라톤(marathon)행사를 광고하고 있기 때문에, 스포츠 행사(sports event)라고 할 수 있습니다.

2 제3자의 직업을 묻는 문제 – 지문 중반에 도널드 홀버트가 CEO라는 정보가 나옵니다. CEO를 president로 패러프레이징한 (D)가 정답입니다.

3 제안·요청사항을 묻는 문제 – 지문 마지막 부분에 웹사이트를 언급하는 부분에서 알 수 있습니다. 일찍 신청하면 무료 구독권을 준다(if you sign up early at www.milesforlives.org, you'll receive a free subscription to *LA Times*)는 부분에서 정답을 알 수 있습니다. 지문의 sign up이 정답의 register로 패러프레이징 되었습니다.

Words

major newspaper company 주요 신문사 | take place 일어나다. 발생하다 | entry fee 참가비 | charity [tʃǽrəti] 자선단체 | CEO(=Chief Executive Officer) 최고경영자 | be on hand 참가하다 | award [əwɔ́ːrd] 수여하다 | register [rédʒistər] 등록하다 | subscription [səbskrípʃən] 구독(권)

녹음된 내용을 듣고 질문에 알맞은 응답을 고르세요.

Part 4-3-9

1 What is being advertised?

(A) A snack
(B) A drink
(C) Diet food
(D) An ice cream

2 What can customers find in the company website?

(A) A list of stores
(B) A simple map
(C) Seasonal events
(D) Customer survey results

3 What will happen next month?

(A) A new slogan will be developed.
(B) The company will launch new items.
(C) A new branch will be opened.
(D) A free concert will be held.

---

4 What is the advertisement about?

(A) An amusement park
(B) A museum
(C) A park
(D) A spa

5 What is new this season?

(A) New parking system
(B) More activities available
(C) Extra business hours
(D) Special group promotion

新 6 Why does the speaker say "It doesn't matter how many days you stay in the park."?

(A) Parking fees are fixed per vehicle.
(B) A promotional event will be held.
(C) All visitors can get 50% discounts.
(D) The park will be closed before midnight.

7 What is this advertisement about?

(A) An air conditioner
(B) A homepage
(C) A beverage
(D) Recycling

8 What's the purpose of this campaign?

(A) To clean the streets
(B) To exchange great ideas
(C) To join a website
(D) To save energy

9 What will happen this Sunday afternoon?

(A) Someone will address the listeners.
(B) An internet service will be restored.
(C) People will gather at the square.
(D) A complimentary bag will be provided.

---

10 What is the restaurant celebrating?

(A) A new business opening
(B) Wine festival
(C) A national holiday
(D) Sales growth

11 What will be offered for the first week of business?

(A) An extra discount
(B) A coupon for cake
(C) Side dishes
(D) A frypan

12 When is the last day for this special event?

(A) This Friday
(B) This Saturday
(C) Next Friday
(D) Next Sunday

Part 1
Part 2
Part 3
Part 4

완전절친
TOEIC 스타트 LC

연설

- 토익 빈출 단어
- 기초전략 4
- 기본 연습 문제
- 빈칸 채우고 정답 맞추기
- 예제, 실전문제 풀어보기

 토익 빈출 단어

다음은 Part 4 문제에 자주 나오는 단어와 예문으로, 주제에 따라 비슷한 단어와 예문끼리 분류해 놓았습니다. 비슷한 단어들을 외우다 보면 상황이 연상되고, Part 4 듣기가 더 쉬워집니다. 연설에 관한 단어를 보면서 예문과 같이 열심히 외워두도록 합시다.

● **발표 · 회의** 🎧 Part 4-4-1

다음은 발표와 회의에 관한 단어와 예문입니다. 비슷한 주제의 단어와 예문을 외우면서 일어날 수 있는 상황을 연상해 보고, 실전에서 Part 4 문제를 풀 때 적용해 보세요.

agenda [ədʒéndə] 안건	The meeting's agenda is as follows. 오늘 회의의 안건은 다음과 같습니다.
board [bɔːrd] 이사회	The board of directors turned down the proposal. 이사회에서 그 제안을 부결시켰어요.
budget [bʌ́dʒit] 예산	I'm on a limited budget, you know. 아시다시피, 제 예산이 빠듯합니다.
goal [goul] 목표	I set my goal on owning one restaurant. 저는 레스토랑을 소유하는 것을 목표로 정했어요.
objective [əbdʒéktiv] 목표, 목적	Maybe he has a different objective. 아마도 그는 다른 목표를 가지고 있는 것 같습니다.
policy [pɑ́ləsi] 정책	The vice president announced a new policy. 부사장님은 새 정책을 발표했습니다.
profit [prɑ́fit] 이익	It is likely to show a very great profit. 그것은 상당한 이익이 남을 것 같아요.
project [prɑ́dʒekt] 프로젝트	It's time to wrap up the project. 이 프로젝트를 마무리 지을 때가 됐군요.
proposal [prəpóuzəl] 제안(서)	Therefore, I entirely support your proposal. 그러므로, 전 당신의 제안을 전적으로 지지합니다.
purpose [pə́ːrpəs] 목적	What is the purpose of this passage? 이 글의 목적은 무엇인가?
quarter [kwɔ́ːrtər] 분기	The sales projection for the next quarter was presented. 다음 분기 판매 추정치가 발표 되었습니다.
seminar [sémənɑ̀ːr] 세미나	I have to attend a seminar tomorrow morning. 내일 아침 세미나에 참가해야 합니다.
survey [sərvéi] 조사	His company did a similar survey last year. 그의 회사는 작년에 비슷한 조사를 했습니다.
training [tréiniŋ] 교육, 훈련	He received training as a pilot. 그는 비행사가 되는 훈련을 받았습니다.
regional [ríːdʒənl] 지역의	How often do your regional offices contact you? 지사에서는 얼마나 자주 연락이 옵니까?

다음은 연설과 강연에 관한 단어와 예문입니다. 비슷한 주제의 단어와 예문을 외우면서 일어날 수 있는 상황을 연상해 보고, 실전에서 Part 4 문제를 풀 때 적용해 보세요.

challenge [tʃǽlindʒ]
도전
He never stopped practicing for the challenge.
그는 도전을 위한 연습을 절대 멈추지 않았습니다.

consultant [kənsʌ́ltənt]
컨설턴트
She's working with us as a consultant.
그녀는 컨설턴트로서 우리와 함께 일하고 있습니다.

donation [dounéiʃən]
기부
I wanted to create a new donation culture.
저는 새로운 기부 문화를 만들고 싶었습니다.

reception [risépʃən] 환영회
How should I dress for the reception? 환영회에 무엇을 입어야하죠?

specialist [spéʃəlist]
전문가
I know that you are a specialist on the matter.
당신이 이 문제의 전문가라는 것을 알고 있습니다.

guest speaker
초청 연사
They invited guest speakers to hold a seminar.
그들은 초청 연사들을 초빙하여 세미나를 열었어요.

keynote speaker
기조 연설자
Ms. Han will be the keynote speaker at the seminar.
한 씨는 그 세미나의 기조 연설자예요.

host [houst] 개최하다
How many places will host the event? 행사는 몇 군데에서 개최하나요?

present [préznt]
발표하다
He presented the new research on that region.
그는 그 지역에 대한 새로운 연구를 발표했습니다.

supervise [súːpərvàiz]
감독하다
He supervises all aspects of the company.
그는 회사의 모든 면을 감독합니다.

talk about
이야기하다
She is talking about the meeting's agenda.
그녀는 오늘 회의의 의제에 대해 이야기하고 있습니다.

take part in
참석하다
All employees will take part in the reception.
전 직원이 환영회에 참석할 것입니다.

effective [iféktiv]
효과적인
That's an interesting and effective strategy.
그것은 흥미롭고 효과적인 전략입니다.

financial [finǽnʃəl]
재정적인
She advises businesses on financial matters.
그녀는 재정 문제가 있는 기업에 조언합니다.

● 인물 소개

다음은 인물 소개에 관한 단어와 예문입니다. 비슷한 주제의 단어와 예문을 외우면서 일어날 수 있는 상황을 연상해 보고, 실전에서 Part 4 문제를 풀 때 적용해 보세요.

branch [bræntʃ] 지사	Our branch office manager will handle it. 우리 지사장이 그 문제를 해결하실 겁니다.
dedication [dèdikéiʃən] 헌신	We should appreciate her great dedication. 우리는 그녀의 훌륭한 헌신에 감사해야 합니다.
head [hed] 책임자, 장(長)	She will be leaving her position as head of education center. 그녀는 곧 교육 센터장 직을 떠나게 될 것입니다.
sponsor [spánsər] 후원자	Will you sponsor me for a charity walk I'm doing? 제가 참가하는 자선 걷기 대회에서 제 후원자가 되어 주시겠어요?
gift certificate 상품권	We're giving him a 300 dollar gift certificate to Clara's Cafe. 우리는 그에게 클라라 카페에서 쓸 수 있는 300달러 상품권을 증정합니다.
manage [mǽnidʒ] 경영하다	She has managed our branch for the past 5 years. 그녀는 우리 지사를 지난 5년 동안 경영했습니다.
recognize [rékəgnàiz] 인정하다	He refused to recognize my signature. 그는 나의 서명을 인정하려고 하지 않았습니다.
average [ǽvəridʒ] 평균의	The average tourist is now younger than in the past. 지금 평균 관광객 나이가 예전보다 어립니다.
educational [èdʒukéiʃənl] 교육적인	We hope the event was both educational and enjoyable. 우리는 행사가 교육적이고 재미있었기를 바랍니다.
past [pæst] 지난	He has been abroad for the past few years. 그는 지난 몇 년 동안 해외에 있었어요.
qualified [kwáləfàid] 자격이 있는	He is well qualified as a teacher. 그는 교사로서 충분한 자격을 갖추고 있습니다.
recently [rí:sntli] 최근에	That has not just happened recently. 그건 최근에 발생한 일이 아닙니다.
slight [slait] 약간의	There's been a slight change to our schedule. 우리 계획에 약간의 변경사항이 있습니다.
talented [tǽləntid] 재능이 있는	People wanted to know who this talented artist was. 사람들은 이 재능있는 예술가가 누군였는지 알고 싶어 했습니다.

● 시상 · 은퇴식

다음은 시상과 은퇴식에 관한 단어와 예문입니다. 비슷한 주제의 단어와 예문을 외우면서 일어날 수 있는 상황을 연상해 보고, 실전에서 Part 4 문제를 풀 때 적용해 보세요.

applause [əplɔ́ːz]
박수
Let's give him a big round of applause.
그에게 뜨거운 박수를 보냅시다.

award [əwɔ́ːrd]
상
We'll present an award for the employee of the year.
올해의 사원 상을 시상할 것입니다.

career [kəríər]
경력, 직업
He started his career as a journalist.
그는 기자로서의 경력을 시작했습니다.

ceremony [sérəmòuni] 기념행사
A welcome ceremony would be better. 환영파티가 좋겠네요.

field [fiːld]
분야
She is well-known in the field of science.
그녀는 과학 분야에서 유명합니다.

position [pəzíʃən]
직책
I know the perfect person for the position.
저는 그 직책에 적임자를 알고 있습니다.

winner [wínər]
수상자
When is the winner going to be announced?
수상자는 언제 발표될 것인가요?

contribute [kəntríbjuːt]
기여하다
Hard work contributed to her success.
열심히 일한 것이 그녀의 성공에 기여했습니다.

lead [liːd]
이끌다
He'll be able to lead this company into the future.
그는 앞으로 이 회사를 잘 이끌어 갈 것입니다.

retire [ritáiər]
은퇴하다
Isn't the sales director retiring this August?
영업이사님께서 이번 8월에 은퇴하시지 않나요?

as [əz]
~로서
Mr. Clay has worked as director of our customer service department. 클레이 씨는 고객서비스 부서의 관리자로 근무해 왔습니다.

in honor of
~을 기념하여
Welcome to this special celebration in honor of Dr. Gary Cooper. 개리 쿠퍼 박사님을 기념하기 위한 이 특별행사로의 참석을 환영합니다.

outstanding [autstǽndiŋ]
뛰어난
We have a number of outstanding sales people.
우리는 여러 명의 뛰어난 영업사원이 있습니다.

well-known
유명한, 잘 알려진
I've worked for a well-known advertising firm.
저는 유명한 광고회사에서 일했습니다.

세부사항 관련 문제

세부사항 관련 문제는 키워드를 이용하여 구체적인 정보를 물어보는 유형입니다. 각 의문사에 어울리는 답변을 찾아야 하며, 단답형일 경우 한 번 놓치면 유추하기 어렵기 때문에 미리 예측을 하고 리스닝을 해야합니다.

● **시점 · 기간 · 방법을 묻는 문제**

> **When** will the museum close? 박물관은 언제 문을 닫는가?
> **What time** does the bank close today? 은행은 오늘 몇 시에 문을 닫는가?
> **How long** has the company been in business? 회사는 사업을 한지 얼마나 되었는가?
> **How** can listeners get more information? 청자들은 어떻게 더 많은 정보를 얻을 것인가?

● **이유 · 문제점을 묻는 문제**

> **What problem** is mentioned? 어떤 문제점이 언급되는가?
> **Why** should listeners call? 청자들은 왜 전화를 해야 하는가?
> **Why** is the change being made? 변경된 이유는 무엇인가?
> **What** caused the delay? 무엇이 지연을 초래했는가?

● **문제 해결 방법**

① 주로 지문의 중 · 후반부에 단서가 집중되어 있습니다.

② 화자 및 청자를 잘 구분해야 들어야 하기 때문에 사람 이름을 잘 기억하세요.

③ 단어만 바뀌는 패러프레이징이 아니라 문장 전체가 패러프레이징 됩니다.

④ 보기가 단답형인 경우를 먼저 풀고, 서술형 보기인 경우에는 끝까지 주의 깊게 듣습니다.

다음은 지문에서 정답의 단서가 될 수 있는 표현입니다.

유형	단서 표현	
이유 · 원인	because of(= due to) ~ 때문에 unfortunately 유감스럽게도	so that ~할 수 있도록 thank you for ~해주셔서 감사합니다
문제점	trouble(= difficulty) ~ing ~하는데 어려움을 겪다 I found that ~ ~라는 사실을 알게 되었습니다	

1 What is mentioned about the location of the restaurant?

(A) It has amazing views of the city.

(B) It is in the fashion district.

(C) It is near a parking garage.

(D) It is centrally located.

식당의 위치에 관해서 무엇이 언급되는가?
(A) 도시의 멋진 광경을 볼 수 있다.
(B) 패션가에 위치한다.
(C) 주차장 근처에 있다.
(D) 중심가에 위치한다.

[호주]

Come to Silver lining Cafe this weekend for a fantastic dining experience. Since we opened up about 20 years ago, we have become one of the main attractions here in Edinburgh. Join us this weekend for our 20th anniversary celebration featuring live musical performances by jazz bands. Right in the heart of downtown, we're easily accessible from all parts of the city, so come and enjoy a festive evening with your friends and family.

이번 주말에 황홀한 식사를 경험하고 싶다면 실버 라이닝 카페로 오세요. 우리는 20년 전에 오픈한 이후로, 여기 에든버러에서 주요 명소 중 하나가 되었습니다. 이번 주말 재즈 밴드가 축하해주는 라이브 음악 공연으로 20주년을 축하하고자 하니 참여하세요. 카페는 시내 중심가에 위치하여 도시 전역에 접근이 용이합니다. 오셔서 친구와 가족들과 함께 축제 분위기의 저녁을 즐겨보세요.

[해설] 세부사항 관련 문제

시내의 한 가운데에 위치하여(Right in the heart of downtown)라고 했으므로 정답은 (D)입니다. 지문의 in the heart of가 정답의 centrally로 패러프레이징 되었습니다.

Words

fantastic [fæntǽstik] 환상적인, 황홀한 | dining experience 식사 경험 | attraction [ətrǽkʃən] 관광명소 | anniversary celebration 기념일; 축하 | feature [fíːtʃər] 특징을 이루다 | in the heart of ~의 한 가운데에 | accessible [æksésəbl] 접근 가능한 | festive [féstiv] 축제의, 기념일의

1 Why is the speaker calling?

(A) To explain that he will be late (B) To change a meeting place

2 What does the restaurant specialize in?

(A) Steak (B) Seafood

3 What will be distributed to the visitors?

(A) Tour schedules (B) Headphones

4 How should people apply for the job?

(A) By visiting the front desk (B) By visiting a website

5 What does the speaker say he has to do on Tuesday?

(A) Go to a dentist (B) Meet with a client

6 What has the speaker e-mailed to Mr. Wise?

(A) A list of hotels (B) An itinerary

7 What is Carol Danes known for?

(A) Editing popular movies (B) Writing best-selling novels

8 What problem does the speaker report?

(A) A computer will not turn on. (B) A printer is not working properly.

9 What will Linda Roberts do?

(A) A live performance (B) A signing event

10 Who will be available in the reception area after the break?

(A) Local business employees (B) Professional trainers

1 Where does the talk most likely take place?

(A) At a museum   (B) At a factory

> Welcome to Sapporo Food Products, the creator of Japan's favorite instant
> noodles. In a few minutes, we will begin the tour. You will see all the steps
> to make _____ you know. There is only one rule.
> Please do not touch any of the factory equipment. If you want to have fun, you
> have to _____.

2 What is the purpose of the speech?

(A) To give an award   (B) To announce the budget

> I am happy to announce this year's Best Sales Person Award goes to Jerry
> Blonsky. Here at Modern Office Supply Inc, we have had _____
> _____ sales people. However, none of them has
> come close to reaching Mr. Blonsky's sales figures. Thanks to his hard work,
> _____ has increased our sales
> by more than 15 percent. So, let's all congratulate Jerry Blonsky.

3 Who is the intended audience?

(A) Technicians   (B) Sales people

> We're excited to _____ for you of
> our latest treadmill. We hope the demonstration will help you sell the treadmill in
> your store. We'll start by showing you the treadmill's _____
> _____ and you'll be asked to tell us what you think about
> them.

4 What problem is mentioned?

(A) The machine is broken.   (B) Some equipment is too slow.

> The first topic of discussion on our agenda is the _____
> we're going to be installing in the packaging department. As you already know
> we've had some difficulty _____
> because the equipment we have now is not fast enough to keep up with
> demand.

Part 4-4-8

1 What department does the speaker work in?

(A) Technology department
(B) Payroll department
(C) Sales department
(D) Marketing department

화자는 무슨 부서에서 일하는가?
(A) 기술부
(B) 경리부
(C) 영업부
(D) 마케팅부

2 What does the speaker say about the new software program?

(A) It is quite efficient.
(B) It was specifically designed.
(C) It is similar to the current one.
(D) It is already being used.

화자는 새로운 소프트웨어 프로그램에 대해 무엇이라 말하는가?
(A) 꽤 효율적이다.
(B) 특별히 디자인되었다.
(C) 현재의 것과 비슷하다.
(D) 이미 사용해 보았다.

3 Who should talk with the speaker after the session?

(A) Those who have an emergency
(B) Those who don't know the system
(C) Those who don't have their own computer
(D) Those who have not received a password

누가 교육 후에 화자에게 말해야 하는가?
(A) 긴급상황이 있는 사람
(B) 시스템을 잘 모르는 사람
(C) 자신의 컴퓨터가 없는 사람
(D) 비밀번호를 받지 못한 사람

Questions 1-3 refer to the following talk.

[미국]

Good morning. I'm Vivian Crawford from the Technical department. And I'm here today to introduce you to the company's new software program. The program's not much different from our current one. So you shouldn't have any problems learning to use it. You all should've received an e-mail with your temporary password. If you haven't, please see me at the end of the session.

안녕하세요. 저는 기술부의 비비안 크로포드입니다. 저는 오늘 여러분에게 회사의 새로운 소프트웨어 프로그램을 소개하려고 합니다. 프로그램은 현재의 것과 크게 다르지 않습니다. 그래서 사용법을 배우는데 별문제가 없을 것입니다. 여러분은 임시 비밀번호가 적힌 이메일을 받으셨을 텐데요. 만약 받지 못했다면 교육 후에 저를 만나기 바랍니다.

[정답] (A), (C), (D)

[해설] **1** 화자가 일하는 부서를 묻는 문제 – 기술부서(from the Technical department)에서 일한다고 했으므로 정답은 (A)입니다.

2 세부사항을 묻는 문제 – 프로그램은 현재의 것과 크게 다르지 않다(The program's not much different from our current one.)고 했으므로 정답은 (C)입니다. 지문의 not much different가 정답의 similar로 패러프레이징 되었습니다.

3 세부사항을 묻는 문제 – 임시 비밀번호를 받았을 것이다(You all should've received an e-mail with your temporary password.)고 하면서, 혹시 받지 못했다면 교육 끝나고 본인을 만나라(If you haven't, please see me at the end of the session.)고 했으므로 정답은 (D)입니다.

Words

technical department 기술부 | current [kə́:rənt] 현재의 | temporary password 임시 비밀번호 | session [séʃən] (특정 활동을 위한) 시간

녹음된 내용을 듣고 질문에 알맞은 응답을 고르세요.

Part 4-4-9

1 What is being introduced?

(A) A recipe
(B) A cooking class
(C) An internet service
(D) A kitchen tool

2 What extra information can be found on the schedule?

(A) Contact details
(B) The refund policy
(C) website address
(D) The cost of materials

3 What topic will the speaker cover next?

(A) Organic food
(B) Safety procedures
(C) Kitchen equipment
(D) Cooking techniques

4 What does the company plan to do?

(A) Donate money to charity
(B) Discount traffic charges
(C) Build a new swimming pool
(D) Create special parking spaces

5 Why is a change being made?

(A) To protect the environment
(B) To increase employee benefits
(C) To keep up with the demand
(D) To reduce the cost of production

6 Why should listeners contact Camilla Gibb?

(A) To ask about parking fees
(B) To take part in a program
(C) To schedule an appointment
(D) To submit the application

7 What is the purpose of the talk?

(A) To increase sales
(B) To discuss a policy
(C) To review a schedule
(D) To attend an orientation

8 Where does the man work?

(A) A software company
(B) A manufacturing plant
(C) An art gallery
(D) A security company

9 What will the president probably do?

(A) Speak during lunch
(B) Take a tour
(C) Discuss a budget
(D) Hand out brochures

10 Where is the talk taking place?

(A) At a seminar
(B) At a tourist center
(C) At a factory
(D) At an amusement park

11 What does the speaker say will happen on May 1st?

(A) A park will close.
(B) A festival will begin.
(C) The busy season will start.
(D) A coupon will expire.

12 What are listeners asked to do?

(A) Arrive early
(B) Change the date
(C) Put on a name tag
(D) Provide an e-mail address

완전절친
TOEIC 스타트 LC

Part 4
Day 5

전화 메시지

- 토익 빈출 단어
- 기초전략 5
- 기본 연습 문제
- 빈칸 채우고 정답 맞추기
- 예제, 실전문제 풀어보기

 토익 빈출 단어

다음은 Part 4 문제에 자주 나오는 단어와 예문으로, 주제에 따라 비슷한 단어와 예문끼리 분류해 놓았습니다. 비슷한 단어들을 외우다 보면 상황이 연상되고, Part 4 듣기가 더 쉬워집니다. 전화 메시지에 관한 단어를 보면서 예문과 같이 열심히 외워두도록 합시다.

● **전화 메시지**　🎧 Part 4-5-1

다음은 전화 메시지에 관한 기본 단어와 예문입니다. 비슷한 주제의 단어와 예문을 외우면서 일어날 수 있는 상황을 연상해 보고, 실전에서 Part 4 문제를 풀 때 적용해 보세요.

direction [dirékʃən] 방향	Do you know directions to city hall? 시청으로 가는 방향을 알고 있나요?
message [mésidʒ] 메시지	Good morning. This message is for Rebecca Green. 안녕하세요. 레베카 그린 씨에게 메시지 남깁니다.
receipt [risíːt] 영수증	I can mail you a copy of the receipt. 영수증 사본을 메일로 보내드릴 수 있습니다.
correct [kərékt] 정정하다	Please correct the charge on my account. 제 계좌의 청구액을 정정해 주세요.
reopen [riːóupən] 다시 문을 열다	You'll have to wait until we reopen next week. 다시 문을 여는 다음 주까지 기다리셔야 합니다.
call back 답신 전화하다	Please call me back so we can set it up. 시간을 잡을 수 있도록 전화 주시기 바랍니다.
plan to 계획하다	I'm planning to stop at the supermarket tomorrow. 내일 슈퍼마켓에 갈 계획입니다.
set up 정하다	We can talk about setting up an appointment. 우리는 약속을 정하는 것에 대해 얘기를 할 수 있습니다.
available [əvéiləbl] 시간이 있는	Let me know if you're available on Friday. 금요일에 시간이 있는지 알려주세요.
late [leit] 늦은	I'm calling to let you know that I'll be a little late. 약간 늦을 것 같아 전화 드립니다.
currently [kə́ːrəntli] 현재	I'm currently attending a medical conference. 저는 현재 의학 회의에 참가하고 있습니다.
suddenly [sʌ́dnli] 갑자기	My computer suddenly stopped working. 제 컴퓨터가 갑자기 작동을 멈췄습니다.
until [əntíl] ~까지	I will not return to my office until Saturday. 저는 토요일까지 사무실에 돌아오지 못할 겁니다.
be in charge of ~를 담당하다	I am in charge of holding an event at your hotel. 저는 당신의 호텔에서 행사 개최를 담당하고 있습니다.
on the way ~하는 도중에	The conference center is on the way to my company. 회의장은 우리 회사로 가는 도중에 있습니다.

다음은 업무 관련 메시지에 관한 기본 단어와 예문입니다. 비슷한 주제의 단어와 예문을 외우면서 일어날 수 있는 상황을 연상해 보고, 실전에서 Part 4 문제를 풀 때 적용해 보세요.

bill [bil] 청구서	He has questions about a bill that he has received. 그는 그가 받은 청구서에 대해 질문이 있습니다.
regulation [règjuléiʃən] 규정	Emergency parking regulations will be in effect. 비상 주차규정이 시행될 것입니다.
confirm [kənfə́ːrm] 확인하다	I'd like to confirm the delivery date. 배송 날짜를 확인하고자 합니다.
connect [kənékt] 연결하다	You will be connected to a customer service agent. 고객 서비스 상담원과 연결될 것입니다.
notify [nóutəfài] 통지하다	We ask you to notify us by Monday. 월요일까지 알려주시길 요청합니다.
relocate [riːlóukeit] 이전하다	We're closed as we relocate to our new offices. 새 사무실로 이전 중이라 문을 닫았습니다.
restore [ristɔ́ːr] 복구하다	We expect to restore services within an hour. 한 시간 이내에 서비스가 복구될 것으로 예상합니다.
run [rʌn] 가동되다	All systems will be running when you come in. 모든 시스템은 당신이 돌아올 때 정상 가동될 것입니다.
save [seiv] 절약하다	You can save at least 20% of your energy usage. 에너지 사용을 적어도 20%는 절약할 수 있습니다.
following [fɑ́louiŋ] 다음의	Please listen carefully to the following options. 다음의 옵션들을 주의 깊게 들어주시기 바랍니다.
personally [pə́ːrsənəli] 개인적으로	We're looking forward to speaking with you personally. 개인적으로 당신과 이야기하기를 고대합니다.
shortly [ʃɔ́ːrtli] 곧	Our customer service representatives will assist you shortly. 고객 서비스 직원이 곧 도와드릴 것입니다.
at no cost 무료로	We will deliver them to your office at no cost. 무료로 사무실에 그것들을 배달해 드립니다.
at this time 이때에, 현재	At this time, we're busy helping other customers. 현재, 다른 고객들과 상담 중이라 바쁩니다.

● **ARS 메시지**

다음은 ARS 메시지에 관한 기본 단어와 예문입니다. 비슷한 주제의 단어와 예문을 외우면서 일어날 수 있는 상황을 연상해 보고, 실전에서 Part 4 문제를 풀 때 적용해 보세요.

instruction [instrʌ́kʃən] 설명	For instructions in German, press 3 now. 독일어 안내는 3번을 누르십시오.
location [loukéiʃən] 장소	Please press 2 to find store locations near you. 근처 판매점을 찾아보려면 2번을 누르십시오.
recording [rikɔ́ːrdiŋ] 녹음	Leave a detailed message after this recording. 이 녹음 후에 자세한 메시지를 남겨주세요.
status [stéitəs] 상태, 상황	Press 1 to check the status of an order. 주문 상태를 확인하려면 1번을 누르십시오.
tone [toun] 신호음	Please leave a message after the tone. 신호음 후에 메시지를 남겨 주시기 바랍니다.
office hours 영업시간	Our office hours are Monday to Friday from 8 A.M. to 8 P.M. 우리 영업시간은 월요일부터 금요일까지 오전 8시부터 오후 8시까지입니다.
voice-mail 음성 사서함	She is checking our voice-mail system regularly. 그녀는 정기적으로 음성 메일 시스템을 확인하고 있습니다.
contact [kántækt] 연락하다	Please contact our customer service center. 저희 고객 서비스센터로 연락주십시오.
leave [liːv] 남기다	Be sure to leave your name and telephone number. 성함과 전화번호를 남겨주시기 바랍니다.
note [nout] 주목하다, 관심을 기울이다	Please note that our hours have recently changed. 저희 영업 시간이 최근 바꼈다는 점을 유의하십시오.
reply [riplái] 응답하다	We'll reply as soon as the office opens. 사무실 문을 열자마자 응답해 드리겠습니다.
transfer [trænsfə́ːr] 연결하다	Please stay on the line while your call is transferred. 연결되는 동안 끊지 말고 기다리세요.
update [ʌpdeit] 갱신하다	Our phone menu has recently been updated. 전화 메뉴가 최근에 갱신되었습니다.
brief [briːf] 짧은	If you leave a brief message, we will return your call. 짧은 메시지 남겨주시면 답신 전화 드리겠습니다.
usual [júːʒuəl] 평상시	Our office will be open later than usual at 11:00 A.M. 저희 사무실은 평소보다 늦은 오전 11시에 문을 열 것입니다.

● 기타 전화 상황

Part 4-5-4

다음은 기타 전화 상황에 관한 기본 단어와 예문입니다. 비슷한 주제의 단어와 예문을 외우면서 일어날 수 있는 상황을 연상해 보고, 실전에서 Part 4 문제를 풀 때 적용해 보세요.

contract [kántrækt] 계약(서)	We can discuss the details of our <u>contract</u>. 계약 세부사항을 논의 할 수 있습니다.
efficiency [ifíʃənsi] 효율성	It has made a huge difference in our <u>efficiency</u>. 그것은 저희 업무의 효율성에 큰 차이를 가져왔습니다.
inquiry [inkwáiəri] 문의	Thank you for your <u>inquiry</u> about our new products. 저희 신제품에 관하여 문의해 주셔서 고맙습니다.
process [práses] 과정	We will let you know about the next <u>process</u>. 다음 과정에 대해서 알려 드리겠습니다.
national holiday 국경일	Offices were closed because it was a <u>national holiday</u>. 국경일이라서 사무실들이 문을 닫았습니다.
arrive [əráiv] 도착하다	Please <u>arrive</u> half an hour before your scheduled time. 예약 시간 30분 전에 도착해 주세요.
replace [ripléis] 교체하다	I'm not sure whether we can just <u>replace</u> the sofa. 소파만 교체할 수 있는지 확실하지 않아요.
resolve [rizálv] 해결하다	I'd like to get this <u>resolved</u> as soon as possible. 이 문제를 되도록 빨리 해결해 주시기 바랍니다.
verify [vérəfài] 입증하다	I need to <u>verify</u> the cost of your plane ticket. 항공권 가격에 대해서 입증해야 합니다.
best [best] 최상의	Call me to find out the <u>best</u> time for a meeting. 회의에 가장 좋은 시간을 전화로 알려주세요.
excited [iksáitid] 신나는	I'm really <u>excited</u> about working with you. 당신과 일하게 되어 매우 신납니다.
further [fɔ́:rðər] 추가의	Please call us if you have any <u>further</u> requests. 더 궁금한 점 있다면 전화주세요.
regarding [rigá:rdiŋ] ~에 관해서	I'm calling from GM Mart <u>regarding</u> the order. GM 마트에서 주문 건에 대해서 전화드립니다.
be happy to 기꺼이 ~하는	If you want to fix it, we will <u>be happy to</u> do it for you. 수리를 원하시면, 기꺼이 해 드리겠습니다.
in regard to ~에 관해서	I'm calling <u>in regard to</u> the position you applied for. 당신이 지원한 자리 때문에 전화 드립니다.
at one's earliest convenience 가급적 빨리	Please give me a call <u>at your earliest convenience</u>. 가급적 빨리 연락 주시기 바랍니다.

대화 후반부에 나오는 문제

문제 3개 중에서 가장 나중에 나오는 문제 유형입니다. 담화가 끝나고 이어질 행동과 미래의 할 일, 제안·요청사항을 묻습니다. 질문이 미래형(will, be going to, next)인 경우가 많고, 대화의 후반부에 단서가 등장합니다.

● **미래의 할 일을 묻는 문제**

What will the listeners probably do **next**? 청자들은 다음에 무엇을 할 것 같은가?
What will happen **next week**? 다음 주에 무슨 일이 발생할 것인가?
What will take place **next month**? 다음 달에 무슨 일이 일어날 것인가?

● **제안·요청사항을 묻는 문제**

What does the speaker **request**? 화자는 무엇을 요청하는가?
What are speakers **asked to do**? 청자들은 무엇을 하도록 요청받는가?
What are the listeners **advised to do**? 청자들은 무엇을 권고받는가?

● **문제 해결 방법**

① 단서는 주로 지문의 후반부에 언급되므로, 후반부를 잘 들으세요.

② 앞으로 진행될 추론형 문제는 미래 시점과 관련된 표현이 키워드입니다.
　미래시점 키워드 – next, in August, this evening, will, be going to, let's 등

③ 제안, 요청, 권장사항을 묻는 질문은 누가 누구에게 하는지 주체를 잘 들어야 합니다.

④ 지문의 내용이 요약되어 동의어 표현(Paraphrasing)으로 나오므로 유의하세요.

다음은 지문에서 정답의 단서가 될 수 있는 표현입니다.

유형	단서 표현
요구 · 요청을 묻는 질문	Please make sure that ~ ~하도록 해주세요. We ask that you ~ 당신이 ~ 해주셨으면 합니다. You'll be requested to ~ 당신은 ~하도록 요청받을 것입니다.
권유 · 제안을 묻는 질문	I suggest that you ~ ~할 것을 제안합니다. I recommend that you ~ ~할 것을 추천합니다. I invite you all to ~ ~할 것을 권유합니다. I'd be happy to ~ 기꺼이 ~ 해드리겠습니다. Why don't you ~? ~하는 것은 어떨까요?
미래에 할 일을 묻는 질문	Following ~ , S + V ~ 다음 순서로 S + V Starting ~ , S + V ~부터 시작해서 S + V Please be aware ~ ~할 것이라는 점을 유의하시기 바랍니다.

🎧 Part 4-5-5

1 What does the speaker request the listeners do?

(A) Show their tickets

(B) Stay on the bus

(C) Cancel the tour

(D) Return on time

화자는 청자들에게 무엇을 하라고 요청하는가?

(A) 티켓을 보여주는 것

(B) 버스에 머무르는 것

(C) 관광을 취소하는 것

(D) 제시간에 돌아오는 것

[미국]

If all goes according to plan, we should be able to leave from here at 2 P.M. Until then, feel free to get off the bus to walk around or visit the coffee shop across the street. Just please make sure you are back by 2. We'd like to depart as soon as the problem is fixed.

만약 모두 계획대로 된다면, 우리는 여기에서 오후 2시에 출발할 수 있을 것입니다. 그때까지 자유롭게 버스에서 내려서 산책도 하고, 길 건너편에 커피숍에도 방문하세요. 하지만 반드시 2시까지 돌아와야 합니다. 우리는 문제점이 해결되자마자 바로 출발 할 것입니다.

[해설] 요청 · 제안을 묻는 문제

요청 및 제안을 묻는 질문은 마지막 부분에 힌트가 있습니다. 화자는 반드시 2시까지는 돌아오라(Just please make sure you are back by 2.)고 했으므로, 정답은 (D)입니다.

Words

according to ~에 따르면 | get off 내리다 | depart [dipɑ́:rt] 출발하다 | as soon as ~하자마자 | fix [fiks] 수리하다, 바로잡다

1   What will listeners probably do?

(A) Read a brochure   (B) Watch a video

2   What are visitors asked to do?

(A) Speak quietly   (B) Remain with the group

3   What will the speaker hand out?

(A) Financial reports   (B) Product samples

4   What should listeners do if they want to participate?

(A) Check their work   (B) Contact their manager

5   What does the speaker say the listener will enjoy?

(A) A theater   (B) A restaurant

6   What problem does the speaker mention?

(A) A deadline cannot be met.   (B) A part is not available.

7   What will the company provide at no cost?

(A) A full refund   (B) Express shipping

8   What are listeners advised to do?

(A) Take another route   (B) Use public transportation

9   What does the speaker encourage listeners to do?

(A) Call the station   (B) Send an e-mail

10 What does the speaker suggest?

(A) Using public transportation   (B) Allowing extra time

1 What change does the speaker make?

(A) Meal time

(B) The number of people

> Hello. This is Megan Holly. I have a _____
> for 5 people this Saturday and I'd like to change it to 7 people. We'd still like to
> eat at 8 P.M. _____ if you could call me back and confirm
> the new reservation as soon as possible. I can be reached at 535-0942. Thank
> you very much.

2 What is mentioned about the customer service agent?

(A) The customer service agent is not working now.

(B) The customer service agent is answering another call.

> Thank you for calling Investment Bank USC. The office is currently closed
> _____. The regular hours are
> from 9:00 A.M. to 4:30 P.M. Monday to Friday and we are closed for all national
> holidays. If you need to speak to one of _____
> _____, please call back during regular business hours.

3 According to the speaker, why is there a wait?

(A) Staff members are taking a break.

(B) There is a large number of calls.

> Thank you for calling Truenet Communications. Your call for assistance is very
> important to us. But due to _____,
> our service representatives are busy. Please hold on for our next available
> representative. If you are calling about an _____
> _____, we are aware of the problem and have technicians currently
> fixing it.

Part 4-5-8

1 What problem does the speaker mention?

　(A) A ticket is not valid.

　(B) A passport is damaged.

　(C) Some bags are missing.

　(D) A flight schedule has been changed.

화자는 무슨 문제를 언급하는가?
(A) 티켓이 유효하지 않다.
(B) 여권이 손상되었다.
(C) 가방이 분실되었다.
(D) 여행 스케줄이 변경되었다.

2 What does the speaker propose?

　(A) Departing earlier

　(B) Stopping by her office

　(C) Calling back later

　(D) Meeting her at the airport

화자는 무엇을 제안하는가?
(A) 더 일찍 출발하는 것
(B) 그녀의 사무실에 들르는 것
(C) 나중에 전화하는 것
(D) 그녀를 공항에서 만날 것

3 What does the speaker say she will do?

　(A) Waive a fee

　(B) Reserve a hotel

　(C) Arrange for a bus

　(D) Send a confirmation

화자는 무엇을 해 줄 것이라고 말하는가?
(A) 수수료 면제
(B) 호텔 예약
(C) 버스 마련
(D) 확인서 발송

Questions 1-3 refer to the following telephone message.　　　[영국]

Hello, Ms. Abdul. My name is Debbie and I'm calling from Pataya Airlines. I'm sorry to inform you that the flight schedule from Bangkok to New York has changed. And now you miss your connecting flight to Tokyo. There are other earlier flights available though. That will allow you to make your connection. I suggest you take one of the earlier flights so that you get into New York in time. And because of the inconvenience, I'll mention that you won't be charged for the usual flight change fee of about 120 dollars.

안녕하세요, 압둘 씨. 저는 파타야 항공사의 데비입니다. 방콕에서 뉴욕으로 가는 비행 스케줄이 변경되었다는 사실을 알려 드리게 되어 죄송합니다. 그래서 당신은 도쿄에서의 연결 항공편을 탈 수 없게 되었습니다. 하지만 다른 빠른 비행편이 있어 연계가 가능합니다. 저는 가장 빠른 항공편을 제안해 드리며, 아마도 뉴욕에 제시간에 도착하실 것입니다. 불편함에 사과드리며 비행편 변경에 대한 일반적인 수수료인 약 120달러는 지불하지 않으셔도 됩니다.

[정답] (D), (A), (A)

[해설] 1 문제점을 묻는 문제 – 화자는 방콕에서 뉴욕으로 가는 비행편 스케줄이 변경되었다(the flight schedule from Bangkok to New York has changed)고 하고 있으므로 정답은 (D)입니다.

2 요청 · 제안을 묻는 문제 – 질문의 propose(제안하다)가 지문에서는 suggest(제안하다)로 표현되었습니다. 화자는 더 빠른 비행 편을 탄다면 시간 안에 목적지에 도착할 수 있다(I suggest you take one of the earlier flights)고 하고 있으므로 정답은 (A)입니다.

3 앞으로 할 일을 묻는 문제 – 불편함에 대한 사과로, 평소 수수료를 지불하지 않아도 된다(you won't be charged for usual flight change fee about 120 dollars)는 부분에서 정답을 알 수 있으며, waive는 권리 따위를 '포기하다' 또는 '(세금이나 비용을) 면제하다'라는 뜻입니다.

Words

flight schedule 여행 스케줄 | connecting flight 연결 항공편 | inconvenience [ìnkənvíːnjəns] 불편함 | mention [ménʃən] 언급하다 | fee [fiː] 수수료

녹음된 내용을 듣고 질문에 알맞은 응답을 고르세요.

Part 4-5-9

1 What kind of business did the caller reach?

(A) A department store
(B) A moving company
(C) A doctor's office
(D) A travel agency

2 Why is the business closed?

(A) A nurse is sick.
(B) A holiday is being observed.
(C) Construction is being made.
(D) All employees are on vacation.

3 When will the business reopen?

(A) On Monday
(B) On Tuesday
(C) On Wednesday
(D) On Thursday

4 Who most likely is the speaker?

(A) A company president
(B) A hiring manager
(C) A radio reporter
(D) An advertising intern

5 Why is the speaker calling?

(A) To buy some supplies
(B) To report a billing problem
(C) To set up an interview
(D) To confirm a work schedule

6 Which day is the speaker available?

(A) Monday
(B) Tuesday
(C) Thursday
(D) Friday

7 What does the speaker apologize for?

(A) Making a big mistake
(B) Canceling an appointment
(C) Forgetting to send a document
(D) Providing an incorrect address

8 What needs to be completed soon?

(A) Correcting errors
(B) Making a budget
(C) Submitting a report
(D) Reviewing applications

9 What does the speaker suggest?

(A) Working at home
(B) Attending a training session
(C) Interviewing some applicants
(D) Meeting with a coworker

10 Where most likely does the speaker work?

(A) At a concert hall
(B) At a repair shop
(C) At a music store
(D) At a car dealership

11 What does Mr. Gorden want to do?

(A) Sell an item
(B) Attend a performance
(C) Sign up for a class
(D) Cancel a meeting

新 12 What does the speaker mean when she says, "Please call me back, so we can discuss this"?

(A) She wants to negotiate a price.
(B) She wants to talk to a different employee.
(C) She wants to explain a sales policy.
(D) She wants to provide contact details.

완전절친
TOEIC 스타트 LC

Actual Test

LISTENING TEST

In the listening test, you will be asked to demonstrate how well you understand spoken English. The entire listening test will last approximately 45 minutes. There are four parts, and directions are given for each part. You must mark your answers on the separate answer sheet. Do not write your answers in your test book.

Part 1

Directions: For each question in this part, you will hear four statements about a picture in your test book. When you hear the statements, you must select the one statement that best describes what you see in the picture. Then find the number of the question on your answer sheet and mark your answer. The statements will not be printed in your test book and will be spoken only one time.

Look at the example item below.

Example

Sample Answer

●

Now listen to the four statements.

(A) A photocopier is being used.
(B) A woman is stacking boxes on a desk.
(C) A piece of paper is jammed in the printer.
(D) An employee is moving a cabinet.

Statement (A), "A photocopier is being used." is the best description of the picture, so you should select answer (A) and mark it on your answer sheet.

Now part one will begin.

1

2

GO ON TO THE NEXT PAGE ➡

3

4

5

6

GO ON TO THE NEXT PAGE →

Part 2

Directions: You will hear a question or statement and three responses spoken in English. They will not be printed in your test book and will be spoken only one time. Select the best response to the question or statement and mark the letter (A), (B), or (C) on your answer sheet.

7   Mark your answer on your answer sheet.

8   Mark your answer on your answer sheet.

9   Mark your answer on your answer sheet.

10 Mark your answer on your answer sheet.

11 Mark your answer on your answer sheet.

12 Mark your answer on your answer sheet.

13 Mark your answer on your answer sheet.

14 Mark your answer on your answer sheet.

15 Mark your answer on your answer sheet.

16 Mark your answer on your answer sheet.

17 Mark your answer on your answer sheet.

18 Mark your answer on your answer sheet.

19 Mark your answer on your answer sheet.

20 Mark your answer on your answer sheet.

21 Mark your answer on your answer sheet.

22 Mark your answer on your answer sheet.

23 Mark your answer on your answer sheet.

24 Mark your answer on your answer sheet.

25 Mark your answer on your answer sheet.

26 Mark your answer on your answer sheet.

27 Mark your answer on your answer sheet.

28 Mark your answer on your answer sheet.

29 Mark your answer on your answer sheet.

30 Mark your answer on your answer sheet.

31 Mark your answer on your answer sheet.

Part 3

Directions: You will hear some conversations between two or more people. You will be asked to answer three questions about what the speakers say in each conversation. Select the best response to each question and mark the letter (A), (B), (C), or (D) on your answer sheet. The conversations will not be printed in your test book and will be spoken only one time.

32 Why did the woman call?

(A) To change an address

(B) To cancel an order

(C) To check on a delivery

(D) To request a refund

33 What information did the woman provide?

(A) A company name

(B) Her address

(C) The phone number

(D) An account number

34 What does the man say?

(A) The requested items are not in stock.

(B) He will have to speak with a supervisor.

(C) Bad weather is causing a delay.

(D) The order will arrive soon.

35 What is the man looking for?

(A) A street

(B) A park

(C) A river

(D) A train station

36 Why does the man need to hurry?

(A) He has an interview.

(B) He is late for the train.

(C) He's meeting someone.

(D) He has to see an apartment.

37 What does the woman suggest?

(A) Taking a taxi

(B) Taking a bus

(C) Taking a train

(D) Walking

GO ON TO THE NEXT PAGE

38 When do the speakers decide to depart?

(A) At 1 P.M.
(B) At 2 P.M.
(C) At 3 P.M.
(D) At 4 P.M.

39 Why do the speakers take the earlier bus?

(A) They don't want to be late.
(B) They have a meeting.
(C) They need to make some copies.
(D) They want some time to drink coffee.

40 What will the men probably do next?

(A) Get on a bus
(B) Have some coffee
(C) Make a reservation
(D) Call their manager

---

41 What are the speakers discussing?

(A) The man's free time plans
(B) An upcoming business conference
(C) The woman's favorite restaurant
(D) A recent museum opening

42 What does the man ask the woman to recommend?

(A) A sculpture exhibit
(B) A nearby hotel
(C) A menu choice
(D) A sightseeing attraction

43 According to the woman, who should the man speak to?

(A) The front desk staff
(B) The restaurant owner
(C) The conference organizer
(D) The business colleagues

44 Why is the woman concerned about the meeting?

(A) She will be there early.
(B) She is leaving for the day.
(C) She's meeting with friends.
(D) She may be absent.

45 When is the meeting scheduled to begin?

(A) At 2 P.M.
(B) At 3 P.M.
(C) At 4 P.M.
(D) At 5 P.M.

46 What will be discussed at the meeting?

(A) Computer software
(B) New client contract
(C) Conference schedule
(D) A weekend seminar

---

47 What was advertised on television?

(A) The store's hours
(B) A sale on shoes
(C) A job opening
(D) Discounts on women's accessories

48 What does the man offer to do?

(A) Call his manager
(B) Give the woman a receipt
(C) Put some merchandise aside
(D) Mail the woman her purchase

49 What will the woman probably do next?

(A) Shop for shoes
(B) Write her contact information
(C) Leave the store
(D) Read the newspaper

50 What are the speakers discussing?

(A) A price list
(B) A new employee
(C) A work schedule
(D) A coworker's new job

51 When is Mr. Brown leaving the company?

(A) This week
(B) Next week
(C) This month
(D) Next month

52 What do the speakers suggest about the New York company?

(A) It's in the center of the city.
(B) It has not opened yet.
(C) It's close to the company's headquarters.
(D) It has more than 50 employees.

---

53 What are the speakers discussing?

(A) This month's profits
(B) New products
(C) Schedules of the business trip
(D) A new ad campaign

54 What is the man concerned about?

(A) The location of a hotel
(B) The size of the ad campaign
(C) The targeting of consumers
(D) The design of a product

55 What does the man ask the woman to do?

(A) Hold a team meeting
(B) Buy a new computer
(C) Make a flight reservation
(D) Hire a sales assistant

56 What are the speakers mainly discussing?

(A) How to buy an item
(B) An advertising campaign
(C) Using a product
(D) Renting a house

57 What was the woman not able to do?

(A) Get the machine to start
(B) Find an on-off switch
(C) Read a product model number
(D) Turn off the light

58 What does the woman say she has already done?

(A) Asked for a refund
(B) Read the instructions
(C) Fixed the machine
(D) Called customer service

---

59 Who most likely is the man?

(A) A store manager
(B) An author
(C) A customer
(D) A motorcycle rider

60 What does the woman say about the magazine?

(A) It is on the shelf.
(B) It is currently on sale.
(C) It is out of stock.
(D) It comes highly recommended.

61 What will probably happen?

(A) The man will get a phone call.
(B) A magazine will be published.
(C) The woman will attend a conference.
(D) The store will count its inventory.

GO ON TO THE NEXT PAGE

```
┌─────────────────────────────────────┐
│          Discount voucher           │
│                                     │
│ Orange Soda·················$5 off   │
│ Lemonade  ·················$10 off   │
│ Melon Soda·················$15 off   │
│        Valid until March 10th        │
└─────────────────────────────────────┘
```

62 What problem does the man mention?

(A) He cannot find the drink.

(B) The event was cancelled.

(C) Melon soda contains caffeine.

(D) He was overcharged for an item.

63 What does the woman say recently happened?

(A) A job fair was held.

(B) The date has expired.

(C) The sale at the store started.

(D) The store is temporarily closed.

新 **64** Look at the graphic. Which discount will the man most likely get?

(A) $5

(B) $10

(C) $15

(D) $20

65 What is the conversation mainly about?

(A) A Trade Expo

(B) A special event

(C) Office equipment

(D) New devices

66 What does the man suggest doing?

(A) Calling the agent

(B) Going to a booth

(C) Making a brochure

(D) Giving a demonstration

67 What does Emma say she is concerned about?

(A) The due date

(B) Labor costs

(C) The venue

(D) The orientation

- -

68 What are the speakers discussing?

(A) Résumés

(B) A desk

(C) Job candidates

(D) A printer

新 **69** Why does the woman say, "I guess I should give her a call."?

(A) To fix the computer

(B) To review the résumés

(C) To check the schedule

(D) To e-mail a document

70 What will the woman do next?

(A) Attend a meeting

(B) Meet the client

(C) Review the résumés

(D) Have a lunch

Part 4

Directions: You will hear some talks given by a single speaker. You will be asked to answer three questions about what the speaker says in each talk. Select the best response to each question and mark the letter (A), (B), (C), or (D) on your answer sheet. The talks will not be printed in your test book and will be spoken only one time.

71 What is the main topic of the talk?

(A) A neighborhood museum
(B) A community project
(C) An office building
(D) An apartment complex

72 Who is the intended audience of the talk?

(A) Planning officials
(B) Architects
(C) Forest rangers
(D) Community members

73 Why does the speaker say "it is very important to have lots of trees surrounding us."?

(A) To promote the community park
(B) To produce eco-friendly products
(C) To encourage people to plant trees
(D) To invite people to a special event

74 Where does the talk take place?

(A) At a grocery store
(B) At a restaurant
(C) At an orchard
(D) At a factory

75 What is being demonstrated?

(A) How to add the ingredients
(B) How to wear the protective clothing
(C) How to display products
(D) How to pick fruit

76 What will the speaker talk about next?

(A) Cutting methods
(B) Wrapping products
(C) Adding flavors
(D) Repairing machinery

GO ON TO THE NEXT PAGE

77 Where most likely is the speaker?

(A) A marketing firm
(B) A hotel
(C) A convention center
(D) A private home

78 What is said about Queenshead Hotel?

(A) They are launching a new advertising campaign.
(B) They are hosting a special event.
(C) They are changing their working hours.
(D) They are receiving an award for excellent service.

79 What are the listeners asked to do next?

(A) Check their assignments
(B) Go to a dining room
(C) Serve lunch at a business office
(D) Enjoy an excellent meal

----

80 What does the report mainly concern?

(A) Latest songs
(B) A weather forecast
(C) A traffic update
(D) A project schedule

81 According to the speaker, what is causing the problem?

(A) A bus delay
(B) Road work
(C) A technical problem
(D) Rain storm

82 What will the listeners probably hear next?

(A) An interview
(B) A news update
(C) A commercial
(D) Some music

83 Which department does the caller work in?

(A) In events and planning
(B) In marketing
(C) In accounting
(D) In personnel

84 Why has the caller contacted Walter?

(A) To cancel a flight
(B) To confirm travel arrangements
(C) To request original documents
(D) To reschedule a meeting

85 How should Walter contact the caller?

(A) By calling her
(B) By sending her an e-mail
(C) By calling her assistant
(D) By visiting her office

----

86 Who is the speaker talking to?

(A) Airplane passengers
(B) Press agents
(C) Airline staff
(D) Technicians

87 What did customers complain about?

(A) Billing service
(B) Customer service
(C) Flight delays
(D) The repair schedule

88 According to the talk, what will happen next?

(A) Suggestions will be offered.
(B) The group will present projects.
(C) A budget update will be reviewed.
(D) Response cards will be filled out.

89 What position is being advertised?

(A) Sales people
(B) Receptionists
(C) Cooks
(D) Bar staff

90 What is required for job applicants?

(A) A college degree
(B) Work experience
(C) Language skills
(D) Good grades

91 What are prospective applicants asked to do?

(A) Submit a report
(B) Apply in person
(C) Call the manager
(D) Send an e-mail

TOUR SCHEDULE	
Walking tour	10:00A.M.
Lunch	12:00P.M.
Art museum	1:30P.M.
Souvenir shop	2:30P.M.

92 What does the speaker say about Mariam's cafe?

(A) It has recently closed.
(B) It serves Chinese food.
(C) It offers a 20% discount.
(D) It is the oldest restaurant in the city.

新 **93** Look at the graphic. What time is this talk most likely being given?

(A) At 10:00 A.M.
(B) At 12:30 P.M.
(C) At 1:30 P.M.
(D) At 2:30 P.M.

94 What does the speaker say he will pass out?

(A) Famous paintings
(B) Information booklets
(C) Some snacks
(D) Passports

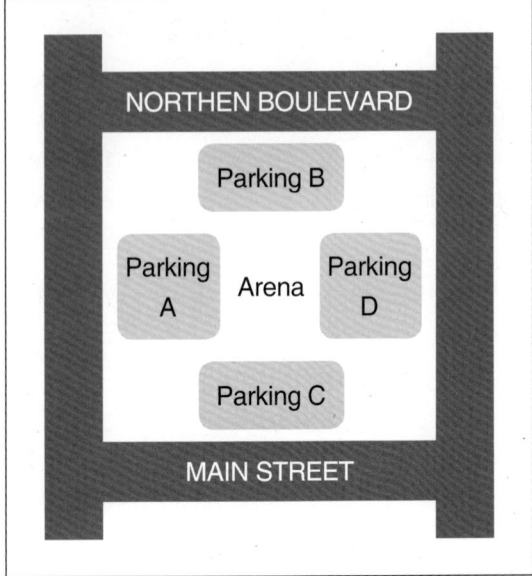

NORTHEN BOULEVARD

Parking B

Parking A

Arena

Parking D

Parking C

MAIN STREET

95 Why was the soccer game rescheduled?

(A) There was a traffic jam.

(B) The weather was bad.

(C) The arena was under construction.

(D) Some players were under stress.

96 According to the speaker, why might a listener watch a game on television?

(A) If a typhoon is expected.

(B) If tickets have been sold out.

(C) If the parking lot was full.

(D) If the broadcasting time decreased.

新 **97** Look at the graphic. Which parking area will be closed?

(A) Parking A

(B) Parking B

(C) Parking C

(D) Parking D

98 What is the main purpose of the talk?

(A) To go over an agenda

(B) To explain policies

(C) To show research

(D) To welcome conference participants

99 What field do the listeners work in?

(A) Technology

(B) Science

(C) Business

(D) Medicine

100 What will audience members probably do next?

(A) Meet each other

(B) Watch a video conference

(C) Eat dinner

(D) Attend a lecture

新 완전절친 TOEIC 스타트 LC

정답 및 해설

기본 연습 문제 p.043

1 One man is <u>adjusting</u> his glasses.
2 He is <u>leaning</u> against the wall.
3 A man is <u>bending</u> over his luggage.
4 People are <u>getting</u> into the vehicle.
5 Customers are <u>browsing</u> along the displays.
6 He is <u>buttoning</u> the front of his shirt.
7 The man is <u>carrying</u> a jacket over his shoulder.
8 People are <u>talking</u> in a group.

9 She is <u>clearing</u> the dishes from the table.
10 People are <u>hanging</u> signs on the walls.
11 The worker is <u>wearing</u> a safety helmet.
12 The men are <u>loading</u> crates onto the truck.
13 The woman is <u>looking</u> in the mirror.
14 Some bricks are <u>lying</u> on the ground.
15 They are <u>making</u> purchases in a shop.

빈칸 채우고 정답 맞추기 p.044

1. (A)	2. (A)	3. (D)	4. (C)	5. (C)	6. (D)

[미국-영국-호주]

1

(A) She's examining a product.
(B) She's <u>carrying</u> a box.
(C) She's <u>pushing</u> a cart.
(D) She's <u>reaching</u> for a vegetable.

(A) 그녀는 물건을 살펴보고 있다.
(B) 그녀는 박스 하나를 나르고 있다.
(C) 그녀는 카트를 밀고 있다.
(D) 그녀는 야채 쪽으로 손을 뻗고 있다.

어휘 examine [igzǽmin] 자세히 보다 | carry [kǽri] 나르다, 옮기다 | reach for ~쪽으로 (손·팔을) 뻗다 | vegetable [védʒətəbl] 야채

해설 (A) 여자가 어떤 물건을 자세히 보고 있기 때문에 정답입니다.
(B) 사진에 박스가 없기 때문에 오답입니다.
(C) 사진에 카트가 나와 있지만, 움직이지 않기 때문에 오답입니다.
(D) 사진에 야채가 나와 있지 않기 때문에 오답입니다.

[영국-호주-미국]

2 **(A) A man is carrying some buckets.**
(B) A man is <u>sweeping</u> a walkway.
(C) A man is <u>filling</u> a cabinet.
(D) A man is <u>crossing</u> a street.

(A) 남자가 양동이 몇 개를 나르고 있다.
(B) 남자가 보도를 쓸고 있다.
(C) 남자가 캐비닛을 채우고 있다.
(D) 남자가 길을 건너고 있다.

어휘 bucket [bʌ́kit] 양동이 | sweep [swiːp] (빗자루로) 쓸다, 청소하다 | walkway [wɔ́ːkwei] 보도 | fill [fil] 채우다 | cross [krɔːs] 건너다, 가로지르다

해설 (A) 남자가 양동이 2개를 나르고 있으므로 정답입니다.
(B) 남자가 빗질을 하고 있지 않기 때문에 오답입니다.
(C) 사진에 캐비닛이 나와 있지 않기 때문에 오답입니다.
(D) 남자가 걷고 있긴 하지만, 길을 건너고 있지 않으므로 오답입니다.

[호주-미국-영국]

3

(A) He's writing something down.
(B) He's arranging some items on the shelf.
(C) He's taking off his jacket.
(D) He's handling some packages.

(A) 그는 무언가를 적고 있다.
(B) 그는 물건 몇 개를 선반 위에 정리하고 있다.
(C) 그는 그의 재킷을 벗고 있다.
(D) 그는 상자 몇 개를 다루고 있다.

어휘 write down 적다, 필기하다 | arrange [əréindʒ] 정리하다, 배열하다 | shelf [ʃelf] 선반 | take off (옷 등을) 벗다 | handle [hǽndl] 다루다 | package [pǽkidʒ] 상자, 소포

해설 (A) 남자가 필기를 하고 있지 않으므로 오답입니다.
(B) 사진에 선반이 나와 있지 않으므로 오답입니다.
(C) 남자가 재킷을 입고 있지 않기 때문에 오답입니다.
(D) 남자가 상자를 다루고 있으므로 정답입니다.

[미국-호주-영국]

4

(A) He is building a shelf.
(B) He is stacking a box.
(C) He is pushing a cart.
(D) He is paying for an item.

(A) 그는 선반을 만들고 있다.
(B) 그는 상자를 쌓고 있다.
(C) 그는 카트를 밀고 있다.
(D) 그는 물건 값을 지불하고 있다.

어휘 build [bild] 만들다, 짓다 | stack [stæk] 쌓다

해설 (A) 남자가 선반을 만들고 있지 않으므로 오답입니다.
(B) 남자가 상자를 쌓고 있지 않으므로 오답입니다.
(C) 남자가 카트를 밀고 있기 때문에 정답입니다.
(D) 남자가 물건 값을 지불하는 모습이 없기 때문에 오답입니다.

[영국-미국-호주]

5

(A) He's reading a book.
(B) He's sharpening a pencil.
(C) He's wearing a watch.
(D) He's rolling up his sleeves.

(A) 그는 책을 읽고 있다.
(B) 그는 연필을 깎고 있다.
(C) 그는 시계를 차고 있다.
(D) 그는 소매를 걷고 있다.

어휘 sharpen [ʃάːrpən] 깎다, 갈다 | roll up (소매를) 걷어 올리다 | sleeve [sliːv] 소매

해설 (A) 사진에 책이 나와 있지 않으므로 오답입니다.
(B) 사진에 연필이 나와 있지 않으므로 오답입니다.
(C) 남자가 손목시계를 차고 있으므로 정답입니다.
(D) 남자가 소매를 걷고 있는 동작을 하지 않기 때문에 오답입니다.

[호주-영국-미국]

6

(A) A walkway is being swept.
(B) Some people are leaning against the statue.
(C) A man is directing traffic.
(D) A man is using a camera.

(A) 보도가 청소되고 있다.
(B) 몇몇 사람들이 동상에 기대어 있다.
(C) 남자가 교통정리를 하고 있다.
(D) 남자가 카메라를 사용하고 있다.

어휘 walkway [wɔːkwei] 보도 | sweep-swept-swept [swiːp] 쓸다, 청소하다 | lean against ~에 기대다 | statue [stǽtʃuː] 동상, 조각상 | direct traffic 교통정리하다

해설 (A) 사진에 보도가 나와 있지 않으므로 오답입니다.

(B) 사진에 동상이 나와 있지 않으므로 오답입니다.

(C) 남자가 교통정리를 하고 있지 않으므로 오답입니다.

(D) 남자는 카메라를 사용하고 있으므로 정답입니다.

기본 연습 문제
p.051

1 Some <u>artworks</u> are exhibited.

2 The containers are <u>filled</u> with water.

3 The bike is <u>loaded</u> with bags.

4 Most of the seats are <u>occupied</u>.

5 The chairs are <u>arranged</u> in a room.

6 The kitchen is <u>closed</u>.

7 The restaurant is <u>crowded</u>.

8 The lobby is <u>decorated</u> with potted plants.

9 Clothes are <u>displayed</u> for sale.

10 A truck is <u>parked</u> next to the water.

11 Some books are <u>piled</u> up on the table.

12 The house is <u>reflected</u> in the water.

13 Chairs are stacked next to a <u>column</u>.

14 Tables are <u>stocked</u> with items.

15 A boat is <u>tied</u> to the dock.

빈칸 채우고 정답 맞추기
p.052

1. (A)	2. (B)	3. (A)	4. (B)	5. (C)	6. (D)

[미국-영국-호주]

1

(A) People are seated on a bench.
(B) A woman is <u>feeding</u> a dog.
(C) <u>Passengers</u> are getting off a boat.
(D) A man is <u>holding</u> onto a railing.

(A) 사람들이 벤치에 앉아 있다.
(B) 여자가 개에게 먹이를 주고 있다.
(C) 승객들이 배에서 내리고 있다.
(D) 남자가 난간을 붙잡고 있다.

어휘 be seated 앉다 | feed [fiːd] 먹이를 주다 | passenger [pǽsəndʒər] 승객 | get off 내리다 | hold onto ~을 붙잡다

해설 (A) 사람들이 벤치에 앉아 있으므로 정답입니다.
(B) 여자가 개에게 먹이를 주고 있지 않으므로 오답입니다.
(C) 사진에 배가 보이지 않으므로 오답입니다.
(D) 사진에 여자만 있지 남자는 없으므로 오답입니다.

[영국-호주-미국]

2

(A) They are <u>under</u> a tent.
(B) They are eating at a table.
(C) They are crossing the <u>lawn</u>.
(D) They are seated <u>outdoors</u>.

(A) 그들은 텐트 아래에 있다.
(B) 그들은 테이블에서 식사를 하고 있다.
(C) 그들은 잔디밭을 건너고 있다.
(D) 그들은 야외에 앉아 있다.

어휘 lawn [lɔːn] 잔디밭 | outdoor [autdɔːr] 야외, 실외

해설 (A) 사진에 텐트가 없으므로 오답입니다.
(B) 사람들이 테이블에서 식사를 하고 있으므로 정답입니다.
(C) 사진에 잔디밭이 나와 있지 않으므로 오답입니다.
(D) 사람들이 실내에 앉아 있기 때문에 오답입니다.

[호주-미국-영국]

3

(A) The woman is writing on a note pad.
(B) The man is reaching for a glass.
(C) The man is leaving the restaurant.
(D) The woman is leaning against the window.

(A) 여자가 메모장에 적고 있다.
(B) 남자가 유리잔 쪽으로 손을 뻗고 있다.
(C) 남자가 레스토랑을 떠나고 있다.
(D) 여자가 창문에 기대어 있다.

어휘 note pad 메모장 | reach for ~쪽으로 (손·팔을) 뻗다 | leave [li:v] 떠나다, 출발하다 | lean against ~에 비스듬히 기대다

해설 (A) 여자가 주문을 받으며 메뉴를 메모장에 적고 있으므로 정답입니다.
(B) 남자는 메뉴를 보고 있고, 유리잔에 손을 뻗고 있지 않으므로 오답입니다.
(C) 남자는 자리에 앉아 메뉴를 보고 있으므로 오답입니다.
(D) 여자가 창문에 기대어 있지 않으므로 오답입니다.

[미국-호주-영국]

4

(A) The men are pushing a cart.
(B) The men are examining a tire.
(C) The men are riding a bicycle.
(D) The men are fixing a car together.

(A) 남자들이 카트를 밀고 있다.
(B) 남자들이 타이어를 살펴보고 있다.
(C) 남자들이 자전거를 타고 있다.
(D) 남자들이 함께 차를 고치고 있다.

어휘 examine [igzǽmin] 살펴보다, 자세히 보다

해설 (A) 사진에 카트가 나와 있지 않으므로 오답입니다.
(B) 남자들이 타이어를 살펴보고 있으므로 정답입니다.
(C) 사진에 자전거가 나와 있지 않으므로 오답입니다.
(D) 차를 고치고 있는 모습은 아니므로 오답입니다.

[영국-미국-호주]

5

(A) They are trying on shoes.
(B) They are walking in a park.
(C) They are reading together.
(D) They are standing near a bench.

(A) 그들은 신발을 신어보고 있다.
(B) 그들은 공원에서 걷고 있다.
(C) 그들은 함께 책을 읽고 있다.
(D) 그들은 벤치 근처에 서 있다.

어휘 try on (옷 따위를) 착용해 보다

해설 (A) 신발을 신어보고 있는 모습이 보이지 않으므로 오답입니다.
(B) 사람들이 걷지 않고, 앉아 있기 때문에 오답입니다.
(C) 사람들이 함께 책을 읽고 있기 때문에 정답입니다.
(D) 사람들이 벤치에 서있지 않고, 앉아 있기 때문에 오답입니다.

[호주-영국-미국]

6

(A) They are facing each other.
(B) They are jogging on a path.
(C) They are leaning against a fence.
(D) They are carrying briefcases.

(A) 그들은 서로 마주보고 있다.
(B) 그들은 길에서 조깅을 하고 있다.
(C) 그들은 울타리에 기대어 있다.
(D) 그들은 서류가방을 들고 있다.

어휘 face [feis] 마주보다, 향하다 | jog [dʒag] 조깅하다 | lean against ~에 비스듬히 기대다 | briefcase [bri:fkeis] 서류가방

해설 (A) 사람들이 나란히 걷고 있으므로 오답입니다.
(B) 사람들이 조깅하는 모습이 없기 때문에 오답입니다.
(C) 사진에 울타리가 나와 있지 않으므로 오답입니다.
(D) 사람들이 서류가방을 들고 있기 때문에 정답입니다.

1. (B)	2. (D)	3. (C)	4. (A)	5. (C)	6. (B)

[영국]

1

(A) Some people are riding bikes.
(B) **Some people are boarding a bus.**
(C) Some people are changing a tire.
(D) Some people are sitting in a waiting area.

(A) 몇몇 사람들이 자전거를 타고 있다.
(B) 몇몇 사람들이 버스에 타고 있다.
(C) 몇몇 사람들이 타이어를 교체하고 있다.
(D) 몇몇 사람들이 대기실에 앉아 있다.

어휘 board [bɔːrd] 타다, 승선하다 | waiting area 대기실

해설 (A) 사진에 자전거가 나와 있지 않으므로 오답입니다.
(B) 사람들이 버스에 타고 있기 때문에 정답입니다.
(C) 사람들이 타이어를 교체하는 모습이 없기 때문에 오답입니다.
(D) 사진에 대기실이 없기 때문에 오답입니다.

[호주]

2

(A) A woman is trying on a scarf.
(B) Artists are working in a studio.
(C) Some women are making jewelry in a factory.
(D) **A customer is examining some merchandise.**

(A) 여자가 스카프를 착용해 보고 있다.
(B) 예술가들이 스튜디오에서 일하고 있다.
(C) 여자들이 공장에서 보석류를 만들고 있다.
(D) 손님이 물건 몇 개를 살펴보고 있다.

어휘 try on (옷 등을) 착용해 보다 | artist [ɑ́ːrtist] 예술가 | jewelry [dʒúːəlri] 보석 | factory [fǽktəri] 공장 | merchandise [mə́ːrtʃəndàiz] 물건

해설 (A) 여자는 의류를 보고 있지, 스카프를 착용해 보고 있지 않기 때문에 오답입니다.
(B) 사진에 예술가들이 나와 있지 않으므로 오답입니다.
(C) 사진에 보석이 나와 있지 않고, 배경이 공장이 아니기 때문에 오답입니다.
(D) 손님이 옷을 살펴보고 있으므로 정답입니다. 옷이 물건(merchandise)으로 표현되었습니다.

[미국]

3

(A) He's adjusting a computer monitor.
(B) He's posting a note on a board.
(C) **He's using a pen to write on a document.**
(D) He's placing some folders in a filing cabinet.

(A) 그는 컴퓨터 모니터를 조정하고 있다.
(B) 그는 게시판에 공고를 게시하고 있다.
(C) 그는 서류에 쓰기 위해 펜을 사용하고 있다.
(D) 그는 서류 캐비닛에 폴더들을 두고 있다.

어휘 adjust [ədʒʌ́st] 조정하다, 조절하다 | post [poust] 게시하다, 붙이다 | board [bɔːrd] 게시판 | document [dɑ́kjumənt] 서류 | place [pleis] 놓다, 두다 | folder [fóuldər] 폴더

해설 (A) 남자가 모니터를 조정하고 있지 않으므로 오답입니다.
(B) 사진에 게시판이 나와 있지 않으므로 오답입니다.
(C) 남자가 펜을 사용해서 필기를 하고 있으므로 정답입니다.
(D) 사진에 캐비닛과 폴더가 없으므로 오답입니다.

[영국]

4

(A) **She's resting her hand on the desk.**
(B) She's removing a book from the shelf.
(C) She's hanging up a phone.
(D) She's filing some papers.

(A) 그녀는 한 손을 책상 위에 놓고 있다.
(B) 그녀는 선반에서 책을 치우고 있다.
(C) 그녀는 전화를 끊고 있다.
(D) 그녀는 종이를 철하고 있다.

어휘 rest [rest] 놓다, 얹다 | remove [rimúːv] 치우다 | hang up (전화를) 끊다 | file [fail] 철하다

해설 (A) 여자가 한 손을 책상 위에 놓고 있으므로 정답입니다.

　　(B) 사진에 선반과 책이 없으므로 오답입니다.

　　(C) 여자가 전화를 하는 중이기 때문에 오답입니다.

　　(D) 사진에 종이가 없고, 철하는 동작도 없으므로 오답입니다.

[미국]

5

(A) Some workers are polishing a corridor.
(B) Pieces of tile are being set into a floor.
(C) The people are concentrating on a project.
(D) One of the workers is reaching for a pile of papers.

(A) 몇몇 일꾼들이 복도를 닦고 있다.
(B) 타일이 바닥에 설치되고 있다.
(C) 사람들이 프로젝트에 집중하고 있다.
(D) 일꾼들 중 한 명이 종이더미 쪽으로 손을 뻗고 있다.

어휘 polish [pálɪʃ] 닦다 | corridor [kɔ́ːridər] 복도 | concentrate [kánsəntrèit] 집중하다 | reach for ~쪽으로 (손 · 팔을) 뻗다

해설 (A) 사진에 복도가 보이지 않으므로 오답입니다.

　　(B) 사진에 타일이 보이지 않으므로 오답입니다.

　　(C) 사람들이 어떤 작업을 하고 있으므로 정답입니다.

　　(D) 사진에 종이더미가 나와 있지 않으므로 오답입니다.

[영국]

6

(A) A man is ironing an apron.
(B) Water is flowing into a sink.
(C) A man is turning on a stove.
(D) Food has been left on the counter.

(A) 남자는 앞치마를 다림질하고 있다.
(B) 물이 싱크대 안으로 흐르고 있다.
(C) 남자가 가스레인지를 켜고 있다.
(D) 카운터에 음식이 남겨져 있다.

어휘 iron [áiərn] 다림질하다 | flow [flou] 흐르다

해설 (A) 남자가 다림질하는 모습이 아니므로 오답입니다.

　　(B) 물이 싱크대에서 흐르고 있으므로 정답입니다.

　　(C) 사진에 가스레인지가 보이지 않으므로 오답입니다.

　　(D) 사진에 음식이 보이지 않으므로 오답입니다.

1 Machines are making tracks on the ground.
Tracks are being made on the ground.

기계가 땅에 자국을 만들고 있다.
땅에 자국이 만들어지고 있다.

2 The woman is pouring liquid into a mug.
Liquid is being poured into a mug.

여자가 머그컵에 액체를 따르고 있다.
머그컵에 액체가 따라지고 있다.

3 The workers are using a power tool on a piece of wood.
A power tool is being used on a piece of wood.

일꾼들이 나무토막에 전동 공구를 사용하고 있다.
전동 공구가 나무토막에 사용되어지고 있다.

4 He's hammering a nail.
A nail is being hammered.

남자가 망치로 못을 박고 있다.
못이 망치질 되어지고 있다.

5 They're viewing some artwork in a gallery.
Some artwork are being viewed in a gallery.

그들은 미술관에서 작품을 감상하고 있다.
미술관에서 (누군가에 의해) 작품이 감상되어지고 있다.

1. (A)	2. (B)	3. (A)	4. (A)	5. (B)	6. (B)

[미국-영국-호주]

1

(A) Some tall buildings are located near the shoreline.
(B) Some sailboats are tied to a pier.
(C) The city skyline is reflected in the water.
(D) Some trucks are parked along the beach.

(A) 큰 빌딩들이 해안가에 위치해 있다.
(B) 돛단배들이 부두에 정박해 있다.
(C) 도시 스카이라인이 물에 비친다.
(D) 트럭들이 해변을 따라 주차되어 있다.

어휘 **be located** 위치하다 | **shoreline** [ʃɔ́ːrlàin] 해안가 | **sailboat** [séilbòut] 돛단배 | **skyline** [skáilàin] 스카이라인, 하늘과 맞닿은 윤곽선 | **reflect** [riflékt] 비치다 | **along** [əlɔ́ːŋ] ~를 따라

해설 (A) 큰 빌딩들이 해안가 근처에서 보이므로 정답입니다.
(B) 사진에 돛단배가 보이지 않으므로 오답입니다.
(C) 물에 비치는 형상이 보이지 않으므로 오답입니다.
(D) 사진에 트럭이 보이지 않으므로 오답입니다.

[영국·호주-미국]

2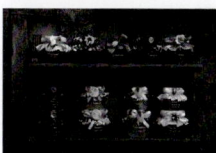

(A) All of the drawers are open.
(B) Some jars are arranged on shelves.
(C) Boxes are stacked in front of a cabinet.
(D) The door is close to a window.

(A) 모든 서랍이 열려 있다.
(B) 병들이 선반 위에 정리되어 있다.
(C) 상자들이 캐비닛 앞에 쌓여 있다.
(D) 문이 창문에 가깝다.

어휘 **drawer** [drɔːr] 서랍 | **arrange** [əréindʒ] 배열하다, 정리하다 | **stack** [stæk] 쌓다 | **close** [klouz] 가까운, 근처의

해설 (A) 사진에 서랍이 나와 있지 않으므로 오답입니다.
(B) 선반 위에 몇 개의 병들이 정리되어 있으므로 정답입니다.
(C) 사진에 캐비닛이 나와 있지 않으므로 오답입니다.
(D) 사진에 문과 창문이 보이지 않으므로 오답입니다.

3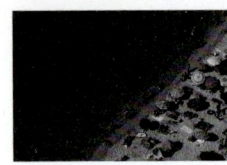

(A) Umbrellas have been set up on a beach.
(B) Some people are <u>entering</u> a hotel.
(C) A boat is being <u>pulled</u> onto the shore.
(D) People are <u>lining</u> up to buy snacks.

(A) 해변에 파라솔들이 세워져 있다.
(B) 몇몇 사람들이 호텔에 들어가고 있다.
(C) 배 한 척이 해안가로 끌어올려지고 있다.
(D) 사람들이 간식을 사기 위해 줄을 서있다.

어휘 umbrella [ʌmbrélə] 파라솔, 우산 | pull [pul] 끌다, 당기다 | line up 줄을 서다 | snack [snæk] 간식

해설 (A) 해변에 파라솔들이 펼쳐져 있으므로 정답입니다.
(B) 사진에 호텔이 보이지 않으므로 오답입니다.
(C) 사진에 배가 보이지 않으므로 오답입니다.
(D) 줄 서있는 사람이 보이지 않으므로 오답입니다.

4

(A) Some boxes are lined up on a conveyor belt.
(B) Some packages are being <u>lifted</u> onto a cart.
(C) A man is changing a light bulb <u>overhead</u>.
(D) A woman is taking a box down <u>from</u> a shelf.

(A) 상자 몇 개가 컨베이어 벨트 위에 일렬로 세워져 있다.
(B) 상자 몇 개가 카트쪽으로 들어올려지고 있다.
(C) 남자가 머리 위의 전구를 갈고 있다.
(D) 여자가 선반에서 박스를 치우고 있다.

어휘 conveyor belt 컨베이어 벨트 | package [pǽkidʒ] 상자, 소포 | light bulb 전구 | overhead [óuvərhed] 머리 위 | take down 치우다

해설 (A) 상자들이 컨베이어 벨트에 정렬되어 있으므로 정답입니다.
(B) 사진에 카트가 나와 있지 않으므로 오답입니다.
(C) 사진에 남자가 나와 있지 않으므로 오답입니다.
(D) 사진에 여자가 나와 있지 않으므로 오답입니다.

5

(A) Carpets are being <u>displayed</u>.
(B) A room is filled with furniture.
(C) Food has been placed on the <u>dining</u> table.
(D) Furniture has been <u>packed</u> in crates.

(A) 카펫들이 진열되어 있다.
(B) 방이 가구로 가득 차 있다.
(C) 식탁 위에 음식이 차려져 있다.
(D) 가구가 박스 안에 포장되어 있다.

어휘 display [displéi] 진열하다, 전시하다 | be filled with ~로 가득찬 | dining table 식탁 | crate [kreit] 상자

해설 (A) 진열된 카펫이 보이지 않으므로 오답입니다.
(B) 방 안에 가구가 가득 차 있는 모습으로 정답입니다.
(C) 식탁 위에 차려진 음식이 보이지 않으므로 오답입니다.
(D) 가구가 박스 안에 포장되어 있지 않으므로 오답입니다.

6

(A) A man is picking up a sign from the <u>pavement</u>.
(B) A pointed roof is visible in the distance.
(C) An outdoor market is <u>crowded</u> despite the rain.
(D) A pedestrian is <u>shaking</u> the rain off of his umbrella.

(A) 남자가 보도에서 간판을 들어 올리고 있다.
(B) 뾰족한 지붕이 멀리 보인다.
(C) 비가 오는데도 야외 시장이 붐빈다.
(D) 보행자가 그의 우산에서 빗물을 털고 있다.

어휘 pick up 들어 올리다 | pavement [péivmənt] 보도 | pointed roof 뾰족한 지붕 | visible [vízəbl] 눈에 보이는 | in the distance 저 멀리 | outdoor [áutdɔ:r] 야외의 | pedestrian [pədéstriən] 보행자 | shake off 털어내다

해설 (A) 사진에 사람이 없으므로 오답입니다.

(B) 멀리 뾰족한 지붕의 건물이 보이므로 정답입니다.

(C) 야외 시장이 보이지 않으므로 오답입니다.

(D) 보행자가 사진에 없으므로 오답입니다.

기본 연습 문제
p.069

1 A vehicle is being <u>towed</u>.

2 The kitchen <u>utensils</u> are being washed.

3 The windows are being <u>polished</u>.

4 Cars are being <u>driven</u> across a bridge.

5 A railing is being <u>installed</u> in a garden.

6 The trees are being planted along the <u>shore</u>.

7 The building is being <u>renovated</u>.

8 The bicycle is being <u>repaired</u>.

9 The door has been <u>left</u> wide open.

10 There is a <u>lamp</u> on each side of the bed.

11 A path leads to the <u>fountain</u>.

12 Some buildings <u>overlook</u> the train station.

13 Waves are <u>crashing</u> on the shore.

14 A group of boats is <u>floating</u> in the water.

15 The traffic is moving in a <u>single</u> direction.

빈칸 채우고 정답 맞추기
p.070

1. (B)	2. (A)	3. (C)	4. (C)	5. (B)	6. (C)

[미국-영국-호주]

1

(A) Some people are seated in a <u>lobby</u>.
(B) Some people are riding an <u>escalator</u>.
(C) Some people are standing on a <u>balcony</u>.
(D) Some people are walking down a <u>staircase</u>.

(A) 몇몇 사람들이 로비에 앉아 있다.
(B) 몇몇 사람들이 에스컬레이터에 타고 있다.
(C) 몇몇 사람들이 발코니 위에 서 있다.
(D) 몇몇 사람들이 계단을 내려가고 있다.

어휘 be seated 앉다 | staircase [stέərkèis] 계단

해설 (A) 로비에 앉아 있는 사람이 보이지 않으므로 오답입니다.
(B) 사람들이 에스컬레이터에 타고 있으므로 정답입니다.
(C) 사진에 발코니가 보이지 않으므로 오답입니다.
(D) 사진에 계단이 보이지 않으므로 오답입니다.

[영국-호주-미국]

2

(A) Some people are working in a <u>field</u>.
(B) Some people are walking <u>toward</u> a truck.
(C) Some people are picking <u>fruit</u> from trees.
(D) Some people are <u>building</u> a house.

(A) 몇몇 사람들이 들판에서 일하고 있다.
(B) 몇몇 사람들이 트럭을 향해 걷고 있다.
(C) 몇몇 사람들이 나무에서 과일을 따고 있다.
(D) 몇몇 사람들이 집을 짓고 있다.

어휘 field [fi:ld] 들판 | toward [tɔ:rd] ~를 향해 | pick [pik] 따다 | build [bild] 짓다, 건설하다

해설 (A) 사람들이 들판에서 일하고 있기 때문에 정답입니다.
(B) 사진에 트럭이 보이지 않으므로 오답입니다.
(C) 사진에 나무와 과일이 보이지 않으므로 오답입니다.
(D) 사진에 집이 보이지 않으므로 오답입니다.

3

(A) Chairs are being stacked in the corner.
(B) People are walking through the doorway.
(C) Some of the seats are empty.
(D) Artwork is being displayed outdoors.

(A) 의자들이 구석에 쌓이고 있다.
(B) 사람들이 출입구를 통해 걷고 있다.
(C) 몇몇 좌석들이 비어 있다.
(D) 미술품이 야외에 전시되고 있다.

어휘 stack [stæk] 쌓다 | through [θru:] ~를 통해 | doorway [dɔ́:rwèi] 출입구 | artwork [ɑːrtwəːrk] 미술품 | display [displéi] 전시하다

해설 (A) 의자를 구석에 쌓고 있는 동작이 보이지 않으므로 오답입니다.
(B) 사진에 출입구가 보이지 않으므로 오답입니다.
(C) 몇몇 비어있는 의자가 보이기 때문에 정답입니다.
(D) 사진은 실내이기 때문에 야외라고 볼 수 없으므로 오답입니다.

[미국-호주-영국]

4

(A) A ship is passing under a bridge.
(B) A stone wall is being repaired.
(C) A woman is sitting near a bridge.
(D) A woman is taking off her coat.

(A) 배가 다리 아래로 통과하고 있다.
(B) 돌담이 수리되고 있다.
(C) 여자가 다리 근처에 앉아 있다.
(D) 여자가 코트를 벗고 있다.

어휘 pass [pæs] 통과하다 | repair [ripéər] 수리하다 | bridge [bridʒ] 다리 | take off 벗다

해설 (A) 사진에 배가 보이지 않으므로 오답입니다.
(B) 사진에 돌담이 보이지 않으므로 오답입니다.
(C) 여자가 다리 근처에 앉아 있기 때문에 정답입니다.
(D) 여자가 코트를 벗고 있는 동작이 아니기 때문에 오답입니다.

[영국-미국-호주]

5

(A) Bicycles have been stored on a balcony.
(B) A rug is being cleaned near a window.
(C) Shoes have been lined up in a closet.
(D) Some plants are being hung from a ceiling.

(A) 자전거들이 발코니에 보관되어 있다.
(B) 창문 근처에서 양탄자가 청소되고 있다.
(C) 옷장 안에 신발이 늘어서 있다.
(D) 식물들이 천장에 걸리고 있다.

어휘 store [stɔːr] 보관하다 | rug [rʌg] 양탄자 | closet [klɑ́zit] 옷장 | ceiling [síːliŋ] 천장

해설 (A) 자전거가 사진에 없기 때문에 오답입니다.
(B) 남자가 양탄자를 청소기로 청소하고 있으므로 정답입니다.
(C) 사진에 신발이 보이지 않으므로 오답입니다.
(D) 식물을 천장에 매다는 동작이 아니기 때문에 오답입니다.

[호주-영국-미국]

6

(A) He is boarding up the windows of a house.
(B) One of the men is painting a balcony.
(C) Ladders are propped against the building.
(D) A bucket is being lowered from a window.

(A) 남자는 창문에 오르고 있다.
(B) 남자들 중 한명이 발코니를 칠하고 있다.
(C) 사다리들이 건물에 받쳐 놓여져 있다.
(D) 양동이가 창문에서 내려지고 있다.

어휘 board [bɔːrd] 오르다, 타다 | paint [peint] 칠하다 | ladder [lǽdər] 사다리 | prop against ~에 받쳐 놓다

해설 (A) 남자가 창문에 올라가는 모습이 아니기 때문에 오답입니다.
(B) 발코니를 페인트칠 하는 모습이 보이지 않기 때문에 오답입니다.
(C) 사다리 두 개가 건물에 비스듬히 받쳐 놓여져 있으므로 정답입니다.
(D) 사진에 바구니가 보이지 않으므로 오답입니다.

실전문제 p.072

| 1. (D) | 2. (B) | 3. (D) | 4. (D) | 5. (B) | 6. (D) |

[미국]

1

(A) The table has been set for a meal.
(B) All blinds are shut in a room.
(C) Some cups are being removed from the table.
(D) A light fixture is suspended above the table.

(A) 테이블 위에 식사가 차려져 있다.
(B) 방 안에 모든 블라인드가 닫혀 있다.
(C) 컵 몇 개가 테이블에서 치워지고 있다.
(D) 조명 기구가 테이블 위에 걸려 있다.

어휘 remove [rimúːv] 치우다, 제거하다 | light fixture 조명 기구 | suspend [səspénd] 걸다, 매달다

해설 (A) 테이블 위에 식사가 차려진 모습이 아니므로 오답입니다.
(B) 일부 블라인드가 열려 있기 때문에 오답입니다.
(C) 사진에 컵이 보이지 않기 때문에 오답입니다.
(D) 조명 기구가 천장에 걸려 있으므로 정답입니다.

[호주]

2

(A) The woman is putting her backpack on a cart.
(B) The people are shaking hands.
(C) The people are waving goodbye.
(D) A man is handing a woman her suitcase.

(A) 여자가 그녀의 배낭을 카트 위에 올려놓고 있다.
(B) 사람들이 악수를 하고 있다.
(C) 사람들이 손을 흔들며 인사를 하고 있다.
(D) 남자가 여자에게 그녀의 여행가방을 건네주고 있다.

어휘 backpack [bǽkpæ̀k] 배낭 | shake hands 악수하다 | suitcase [súːtkeis] 여행가방

해설 (A) 배낭이 사진에 보이지 않으므로 오답입니다.
(B) 사람들이 악수를 하고 있으므로 정답입니다.
(C) 손을 흔드는 사람들이 보이지 않으므로 오답입니다.
(D) 여행가방이 사진에 보이지 않으므로 오답입니다.

[미국]

3

(A) All of the chairs are unoccupied.
(B) The woman is pointing at a screen.
(C) The woman is standing near a door.
(D) The computers are arranged in a row.

(A) 모든 의자가 비어 있다.
(B) 여자가 스크린을 가리키고 있다.
(C) 여자가 문 근처에 서 있다.
(D) 컴퓨터들이 일렬로 배열되어 있다.

어휘 unoccupied [ʌnάkjupàid] 비어 있는 | point [pɔint] 가리키다 | arrange [əréindʒ] 배열하다, 정리하다 | in a row 일렬로

해설 (A) 모든 의자에 사람들이 앉아 있으므로 오답입니다.
(B) 스크린을 가리키는 사람이 없으므로 오답입니다.
(C) 사진에 문이 나와 있지 않으므로 오답입니다.
(D) 컴퓨터가 일렬로 배열되어 있으므로 정답입니다.

[호주]

4

(A) A vehicle is parked in a garage.
(B) Pedestrians are crossing the road.
(C) Workers are replacing some store signs.
(D) A walkway is being repaved.

(A) 차량 한 대가 차고에 주차되어 있다.
(B) 보행자들이 길을 건너고 있다.
(C) 일꾼들이 가게 간판을 교체하고 있다.
(D) 보도가 재포장되고 있다.

어휘 vehicle [víːikl] 차량, 탈 것 | pedestrian [pədéstriən] 보행자 | cross [krɔːs] 건너다 | repave [ripéiv] 재포장하다

해설 (A) 사진에 차고가 보이지 않으므로 오답입니다.
(B) 길을 건너고 있는 보행자들이 보이지 않으므로 오답입니다.
(C) 가게 간판을 교체하는 동작이 보이지 않으므로 오답입니다.
(D) 보도가 재포장되고 있으므로 정답입니다.

[미국]

5

(A) A fan is being hung on the ceiling.
(B) Some dishes have been set on a table.
(C) Some chairs are stacked in a corner.
(D) A man is cooking a meal on the stove.

(A) 환풍기가 천장에 걸리고 있다.
(B) 접시들이 테이블 위에 세팅되어 있다.
(C) 의자 몇 개가 구석에 쌓여 있다.
(D) 남자가 가스레인지에 식사를 요리하고 있다.

어휘 ceiling [síːliŋ] 천장 | dish [diʃ] 접시 | corner [kɔ́ːrnər] 구석 | meal [miːl] 식사 | stove [stouv] 가스레인지

해설 (A) 환풍기가 사진에 보이지 않으므로 오답입니다.
(B) 테이블 위에 접시들이 세팅되어 있으므로 정답입니다.
(C) 구석에 쌓여 있는 의자가 보이지 않으므로 오답입니다.
(D) 사진에 남자가 없으므로 오답입니다.

[미국]

6

(A) A desk has been cleared off.
(B) Some curtains are being opened.
(C) Some cushions are piled on a carpet.
(D) A table has been positioned in front of a sofa.

(A) 책상 하나가 치워져 있다.
(B) 커튼이 열리고 있다.
(C) 쿠션이 카펫 위에 쌓여 있다.
(D) 테이블이 소파 앞에 자리잡고 있다.

어휘 clear [kliər] 치우다 | pile [pail] 쌓다 | position [pəzíʃən] 자리를 잡다

해설 (A) 책상은 사진에 없으므로 오답입니다.
(B) 사진에 커튼은 보이지 않으므로 오답입니다.
(C) 사진에 쿠션이 보이지 않으므로 오답입니다.
(D) 테이블이 소파 앞에 있기 때문에 정답입니다.

● Who 의문문

빈칸 채우고 정답 맞추기 p.082

1. (A)	2. (A)	3. (A)	4. (B)	5. (B)

[미국–영국 / 호주–미국]

1 Who's the next presenter?
(A) The company vice president.
(B) No, I spoke yesterday.

누가 다음 발표자이죠?
(A) 회사 부회장님이요.
(B) 아니요, 저는 어제 말했어요.

어휘 presenter [prizéntər] 발표자

해설 다음 발표자가 누구인지 묻는 Who 의문문입니다.
(A) 다음 발표자를 제시한 정답입니다.
(B) 의문사 의문문에는 Yes/No 대답이 불가능합니다.

[호주–영국 / 미국–미국]

2 Who brought this cake?
(A) James might know.
(B) I'll bring them.

누가 이 케이크를 가져왔나요?
(A) 제임스가 아마도 알 겁니다.
(B) 제가 그것들을 가져올게요.

어휘 bring-brought-brought 가져오다, 데려오다

해설 누가 케이크를 가져왔는지 묻는 Who 의문문입니다.
(A) 구체적인 사람 이름을 언급해서 누가 케이크를 가져왔는지 알려주고 있는 정답입니다.
(B) 질문 brought의 원형인 bring이 답변에 나온 오답입니다.

[영국–미국 / 미국–호주]

3 Who does this jacket belong to?
(A) It looks like mine.
(B) The show wasn't long.

이 재킷은 누구 것이죠?
(A) 제 것처럼 보이네요.
(B) 그 쇼는 길지 않았어요.

어휘 belong to ~의 것이다, ~ 속하다 | look like ~처럼 보이다, ~인 것 같다

해설 재킷이 누구 것인지 묻는 Who 의문문입니다.
(A) 재킷이 누구 것인지 묻는 질문에 타당한 응답입니다.
(B) 질문의 belong과 대답의 long 발음이 유사한 오답입니다.

[호주–미국 / 영국–미국]

4 Who's supposed to go to the training?
(A) The next one is at 2.
(B) Anyone who's interested.
(C) I took the train.

누가 교육에 갈 예정이죠?
(A) 다음 교육은 두 시에 있어요.
(B) 관심이 있는 사람은 누구든지요.
(C) 저는 기차를 탔어요.

어휘 be supposed to ~하기로 되어있다 | training [tréinin] 교육, 훈련

해설 누가 교육에 갈 예정인지 묻는 Who 의문문입니다.
(A) 시간을 물어보는 When 의문문에 대한 답변으로 오답입니다.
(B) 누가 교육에 갈지 묻는 질문에 타당한 응답입니다.
(C) 질문의 training과 대답의 train 발음이 유사한 오답입니다.

5 Who <u>approved</u> the new floor plans?

(A) On the <u>second</u> floor.

(B) The building inspector.

(C) I'll water the <u>plants</u>.

누가 새 평면도를 승인했나요?
(A) 2층에서요.
(B) 건물 조사관이요.
(C) 저는 식물에 물을 줄게요.

어휘 approve [əprúːv] 승인하다, 허가하다 | floor plan (건물) 평면도 | building inspector 건물 조사관

해설 누가 새 평면도를 승인했는지 묻는 Who 의문문입니다.
(A) 질문과 답변에서 floor가 반복되는 오답입니다.
(B) Who 의문문에 누가 승인했는지 구체적으로 말한 정답입니다.
(C) 질문의 plans와 대답의 plants 발음이 유사한 오답입니다.

QUIZ 풀어보기   p.082

1. (B)	2. (A)	3. (B)	4. (A)	5. (A)

[호주-영국]

1 Who decorated the office?

(A) Try the second floor.

(B) The manager.

누가 사무실을 장식했죠?
(A) 2층으로 가 보세요.
(B) 부장님이요.

어휘 decorate [dékərèit] 장식하다 | try [trai] ~를 한번 해보다, 시도하다

해설 누가 사무실을 장식했는지 묻는 Who 의문문입니다.
(A) 문맥상 논리적으로 맞지 않는 오답입니다.
(B) 누가 사무실을 장식했는지 묻는 질문에 타당한 응답입니다.

[미국-영국]

2 Who's going to speak at the meeting?

(A) Ms. Lopez is.

(B) At the presentation.

회의에서 누가 발표할거죠?
(A) 로페즈 씨가요.
(B) 발표에서요.

어휘 presentation [prèzəntéiʃən] 발표, 제출

해설 회의에서 누가 발표할 건지 묻는 Who 의문문입니다.
(A) 누가 발표할 것인지 묻는 질문에 타당한 응답입니다.
(B) 질문의 발표하다(speak)와 연관성 있는 단어인 발표(presentation)를 이용한 연상단어 오답입니다.

[미국-미국]

3 Who's responsible for the budget?

(A) I have no money.

(B) The marketing director.

누가 예산을 책임지죠?
(A) 저는 돈이 없습니다.
(B) 마케팅 담당 이사가요.

어휘 be responsible for ~의 책임이 있다 | director [diréktər] 이사, 중역

해설 누가 예산을 책임지는지 묻는 Who 의문문입니다.
(A) 문맥상 논리적으로 맞지 않는 오답입니다.
(B) Who 의문문에 누가 책임지는지 구체적으로 말한 정답입니다.

[영국-미국]

4 Who's the woman next to the door?

(A) She's my supervisor.

(B) No, the door is closed.

문 옆의 여자는 누구죠?
(A) 그녀는 제 상사입니다.
(B) 아니요, 문은 닫혀있습니다.

어휘 supervisor [súːpərvàizər] 상사, 감독관

해설 문 옆의 여자가 누구인지 묻는 Who 의문문입니다.
　(A) 문 옆의 여자가 누구인지 묻는 질문에 타당한 응답입니다.
　(B) 의문사 의문문에는 Yes/No 대답이 불가능합니다.

[호주-미국]

5 Who is the manager's new secretary?
　(A) Let me check.
　(B) I know his assistant.

부장님의 새로운 비서는 누구죠?
(A) 제가 알아볼게요.
(B) 저는 그의 조수를 알고 있습니다.

어휘 secretary [sékrətèri] 비서 | check [tʃek] 확인하다, 점검하다 | assistant [əsístənt] 조수, 보조

해설 부장님의 새로운 비서가 누가인지 묻는 Who 의문문입니다.
　(A) 부장님의 새로운 비서가 누가인지 묻는 질문에 타당한 응답입니다.
　(B) 질문의 비서(secretary)와 연관성 있는 단어인 조수(assistant)를 이용한 연상단어 오답입니다.

● Where 의문문

빈칸 채우고 정답 맞추기　　　　　　　　　　　　　　　　　　p.085

1. (A)	2. (B)	3. (B)	4. (A)	5. (A)

[미국-영국 / 호주-미국]

1 Where is your passport?
　(A) It's in my pocket.
　(B) At a quarter past four.

당신의 여권은 어디에 있죠?
(A) 제 주머니에 있어요.
(B) 4시 15분에요.

어휘 passport [pǽspɔ:rt] 여권 | pocket [pάkit] 주머니 | quarter [kwɔ́:rtər] 분기, 1/4, 3개월 | past [pæst] 지난, 과거의

해설 여권이 어디 있는지 묻는 Where 의문문입니다.
　(A) 여권이 어디 있는지 묻는 질문에 타당한 응답입니다.
　(B) 질문의 passport와 대답의 past 발음이 유사한 오답입니다.

[호주-영국 / 미국-미국]

2 Where can I buy a new tire for my bicycle?
　(A) I'm feeling tired today.
　(B) There's a bike shop nearby.

제 자전거의 새 타이어는 어디에서 살 수 있죠?
(A) 저는 오늘 좀 피곤해요.
(B) 근처에 자전거 가게가 있어요.

어휘 tired [taiərd] 피곤한, 싫증난 | nearby [nìərbái] 근처의, 인근의

해설 새 타이어는 어디서 살 수 있는지 묻는 Where 의문문입니다.
　(A) 질문의 tire와 대답의 tired 발음이 유사한 오답입니다.
　(B) Where 의문문에 구체적 장소로 대답한 정답입니다.

[영국-미국 / 미국-호주]

3 Where can I hang my coat?
　(A) I already have some.
　(B) There's a space in the closet.

제 코트를 어디에 걸 수 있을까요?
(A) 저는 벌써 조금 먹었어요.
(B) 옷장 안에 공간이 있어요.

어휘 hang [hæŋ] 걸다, 매달다 | already [ɔ:lrédi] 벌써, 이미 | space [speis] 공간, 장소 | closet [klάzit] 옷장, 벽장

해설 어디에 코트를 걸어야 하는지 묻는 Where 의문문입니다.
　(A) 문맥상 논리적으로 맞지 않는 오답입니다.
　(B) 어디에 코트를 걸어야 하는지 묻는 질문에 타당한 응답입니다.

4 Where's the nearest restaurant?

   (A) I'll check the map.

   (B) All kinds of sandwiches.

   (C) I might take a break.

가장 가까운 식당은 어디죠?
(A) 제가 지도를 확인해 볼게요.
(B) 모든 종류의 샌드위치요.
(C) 저는 쉬어야 할 것 같아요.

어휘 nearest 가장 가까운(near-nearer-nearest) | kind [kaind] 종류; 친절한 | might [mait] ~할지도 모른다(조동사 may의 과거) | take a break 휴식을 취하다

해설 가장 가까운 식당이 어디인지 묻는 Where 의문문입니다.

   (A) 가장 가까운 식당이 어디인지 묻는 질문에 타당한 응답입니다.

   (B) 질문의 레스토랑(restaurant)과 연관성 있는 단어인 샌드위치(sandwiches)를 이용한 연상단어 오답입니다.

   (C) 문맥상 논리적으로 맞지 않는 오답입니다.

---

5 Where can I purchase the train ticket?

   (A) I usually use the website.

   (B) With a credit card.

   (C) Training program.

기차표는 어디에서 구입할 수 있죠?
(A) 저는 주로 웹사이트를 이용합니다.
(B) 신용카드로요.
(C) 교육 프로그램이요.

어휘 purchase [pə́:rtʃəs] 구입하다, 구매하다 | training [tréiniŋ] 교육, 훈련

해설 기차표는 어디에서 구입할 수 있는지 묻는 Where 의문문입니다.

   (A) Where 의문문에 구체적 방법으로 대답한 정답입니다.

   (B) 질문의 구매하다(purchase)와 연관성 있는 단어인 신용카드(credit card)를 이용한 연상단어 오답입니다.

   (C) 질문의 train과 대답의 training 발음이 유사한 오답입니다.

QUIZ 풀어보기　　　　　　　　　　　　　　　　　　　　　　　　　p.085

1. (A)	2. (B)	3. (B)	4. (A)	5. (A)

1 Where does Mr. Wilson work?

   (A) At the medical center.

   (B) I didn't know that.

윌슨 씨는 어디에서 일하죠?
(A) 의료센터에서요.
(B) 저는 몰랐어요.

어휘 medical center 의료센터, 병원

해설 윌슨 씨는 어디에서 일하는지 묻는 Where 의문문입니다.

   (A) Where 의문문에 구체적 장소로 대답한 정답입니다.

   (B) 문맥상 논리적으로 맞지 않는 오답입니다.

---

2 Where did Yumi go?

   (A) I can't go.

   (B) To the supply room.

유미는 어디로 갔죠?
(A) 나는 갈 수 없어요.
(B) 비품실이에요.

어휘 supply room 비품실

해설 유미는 어디로 갔는지 묻는 Where 의문문입니다.

   (A) 질문과 답변에서 go가 반복되는 오답입니다.

   (B) Where 의문문에 구체적 장소로 대답한 정답입니다.

3 Where can I find a library?

(A) The fee was $20.

(B) It's right across the street.

도서관은 어디서 찾을 수 있죠?
(A) 요금은 20달러였어요.
(B) 바로 길 건너편에 있습니다.

어휘 fee [fi:] 요금, 금액 | right [rait] (장소·시간 앞) 바로 | across [əkrɔ́ːs] 건너서, 맞은편에

해설 도서관이 어디 있는지 묻는 Where 의문문입니다.

(A) 문맥상 논리적으로 맞지 않는 오답입니다.

(B) Where 의문문에 구체적 장소로 대답한 정답입니다.

---

4 Where will the conference be next year?

(A) In Singapore.

(B) Next December.

내년에 회의는 어디서 열리죠?
(A) 싱가포르에서요.
(B) 내년 12월에요.

어휘 conference [kɑ́nfərəns] 회의

해설 내년에 회의는 어디에서 열리는지 묻는 Where 의문문입니다.

(A) Where 의문문에 구체적 장소로 대답한 정답입니다.

(B) 질문과 답변에서 next가 반복되는 오답입니다.

---

5 Where is the guest list?

(A) Karen probably knows.

(B) I don't think we can.

손님 명단은 어디에 있죠?
(A) 아마도 카렌이 알 겁니다.
(B) 우리가 할 수 있을 거라고 생각지 않아요.

어휘 guest list 손님 명단 | probably [prɑ́bəbli] 아마도

해설 손님 명단이 어디에 있는지 묻는 Where 의문문입니다.

(A) 손님 명단이 어디에 있는지 묻는 질문에 타당한 응답입니다.

(B) 문맥상 논리적으로 맞지 않는 오답입니다.

실전문제					p.087
1. (A)	2. (A)	3. (A)	4. (A)	5. (B)	6. (A)
7. (C)	8. (B)	9. (A)	10. (A)	11. (C)	12. (C)

1 Where is the man moving?

(A) To 4th avenue.

(B) Yes, he is.

(C) Next week.

그 남자는 어디로 이사를 가죠?
(A) 4번가로요.
(B) 예, 그는 그렇습니다.
(C) 다음 주에요.

어휘 avenue [ǽvənjùː] ~가(街), 큰길, 대로

해설 어디로 이사 가는지 묻는 Where 의문문입니다.

(A) 전치사 To를 이용해서 이사할 방향을 알려주는 정답입니다.

(B) 의문사 의문문에는 Yes/No 대답이 불가능합니다.

(C) 때나 시점을 물어보는 When 의문문에 대한 답변으로 오답입니다.

---

2 Who's going to review the document?

(A) I can do that.

(B) No, he's not going.

(C) It's a nice view.

누가 서류를 검토할 건가요?
(A) 제가 할 수 있어요.
(B) 아니요, 그는 가지 않습니다.
(C) 경치가 좋네요.

어휘 review [rivjúː] 검토하다, 확인하다 | document [dάkjumənt] 서류, 문서 | view [vjuː] 경치, 전망

해설 서류를 검토할 사람이 누군지를 묻는 Who 의문문입니다.

(A) 인칭대명사 I로 검토할 사람을 알려주는 정답입니다.

(B) 의문사 의문문에는 Yes/No 대답이 불가능합니다.

(C) 질문의 review(검토하다)와 대답의 view(경치) 발음이 유사한 오답입니다.

[미국-영국]

3 Where's she going?

(A) To the dentist's.

(B) At the office.

(C) Tomorrow evening.

그녀는 어디로 가죠?
(A) 치과에요.
(B) 사무실에서요.
(C) 내일 저녁이요.

어휘 dentist's (office) 치과 진료실

해설 그녀가 가는 방향이 어디인지 물어보는 Where 의문문입니다.

(A) 전치사 To를 이용해서 그녀가 갈 방향을 알려주는 정답입니다.

(B) 특정장소를 묻는 질문이 아니기 때문에 방향을 묻는 Where 의문문의 정답이 될 수가 없습니다.

(C) 때나 시점을 물어보는 When 의문문에 대한 답변으로 오답입니다.

[영국-호주]

4 Who's in charge of the annual meeting?

(A) Mr. Anderson from the Personnel Department.

(B) He charged the battery.

(C) The meeting will be at 7:00.

누가 연례 회의를 담당하죠?
(A) 인사부의 앤더슨 씨가요.
(B) 그는 배터리를 충전했어요.
(C) 회의는 7시에 있을 것입니다.

어휘 charge [tʃaːrdʒ] 담당하다, 충전하다 | annual [ǽnjuəl] 해마다, 매년의 | **Personnel Department** 인사부(= Human Resources Department)

해설 회의 담당자가 누구인지 묻는 Who 의문문입니다.

(A) 구체적인 사람이름을 언급해서 누가 연례 회의를 담당하는지 알려주고 있는 정답입니다.

(B) 같은 단어 charge가 각각 다른 뜻으로 사용된 오답입니다.

(C) 질문에 쓰인 meeting과 대답에 동일한 단어인 meeting이 사용된 오답입니다.

[미국-미국]

5 Who will be at the office tomorrow?

(A) From the office.

(B) Not me.

(C) In the morning.

누가 내일 사무실에 있나요?
(A) 사무실로부터요.
(B) 저는 아닙니다.
(C) 아침에요.

어휘 from [frəm] ~로부터

해설 사무실에 있는 사람이 누구인지 물어보는 Who의문문입니다.

(A) 장소를 물어보는 Where 의문문에 대한 답변으로 오답입니다.

(B) 사무실에 있는 사람이 Not me(저는 아닙니다)라고 대답했으므로 정답입니다.

(C) 때나 시점을 물어보는 When 의문문에 대한 답변으로 오답입니다.

6 Where is the office calendar?
(A) Ms. Jackson borrowed it.
(B) Sometime this month.
(C) He went downstairs.

사무실 달력은 어디에 있죠?
(A) 잭슨 씨가 빌려갔어요.
(B) 이번 달 언젠가요.
(C) 그가 아래층으로 내려갔어요.

어휘 calendar [kǽləndər] 달력 | borrow [bárou] 빌리다 | sometime [sʌ́mtàim] 언젠가, 조만간 | downstair [dáunstɛər] 아래층의

해설 달력이 어디 있는 지 물어보는 Where 의문문입니다.
(A) Ms. Jackson borrowed it.(잭슨 씨가 빌려갔어요.)이라고 우회적으로 표현한 정답입니다.
(B) 때나 시점을 물어보는 When 의문문에 대한 답변으로 오답입니다.
(C) 질문에서 언급되지 않은 3인칭 주어인 He로 대답했기 때문에 주어가 불일치하는 오답입니다.

---

7 Who went to the store with Natalie?
(A) In the storeroom.
(B) Maybe later.
(C) I think Ted did.

누가 나탈리와 함께 가게에 갔죠?
(A) 저장실에서요.
(B) 아마도 나중에요.
(C) 제 생각에는 테드가 그랬을 거예요.

어휘 storeroom [stɔ́ːrrùːm] 저장실 | later [léitər] 나중에, 후에

해설 동행한 사람이 누구인지 묻는 Who 의문문입니다.
(A) 장소를 물어보는 Where 의문문에 대한 답변으로 오답입니다.
(B) 때나 시점을 물어보는 When 의문문에 대한 답변으로 오답입니다.
(C) Who 의문문에 구체적 사람 이름인 Ted라고 답한 정답입니다.

---

8 Where is your new office building located?
(A) Until tomorrow.
(B) Next to the City Hall.
(C) I live on Maple Street.

당신의 새 사무실 건물은 어디에 위치하죠?
(A) 내일까지요.
(B) 시청 옆에요.
(C) 저는 메이플 가에 삽니다.

어휘 locate [lóukeit] 위치하다 | until [əntíl] ~할 때 까지 | City Hall 시청

해설 사무실의 위치를 물어보는 Where 의문문입니다.
(A) 때나 시점을 물어보는 When 의문문에 대한 답변으로 오답입니다.
(B) Where 의문문에 시청 옆이라고 구체적인 장소로 답했으므로 정답입니다.
(C) 질문에서 연상되는 위치인 Maple Street(메이플 가)가 들리는 오답입니다.

---

9 Who was appointed the factory manager?
(A) I have no idea.
(B) Last week.
(C) At the plant.

누가 공장장으로 임명되었나요?
(A) 몰라요.
(B) 지난주에요.
(C) 공장에서요.

어휘 appoint [əpɔ́int] 임명하다, 지명하다 | plant [plænt] 공장; 식물

해설 임명된 사람이 누구인지 물어보는 Who 의문문입니다.
(A) I have no idea.(모르겠어요.)라고 간접적으로 응답한 정답입니다.
(B) 때나 시점을 물어보는 When 의문문에 대한 답변으로 오답입니다.
(C) 장소를 물어보는 Where 의문문에 대한 답변으로 오답입니다.

10 Who can attend the seminar?

    (A) All company employees.

    (B) Next Friday.

    (C) In the meeting room.

누가 세미나에 참석할 수 있죠?
(A) 회사 모든 직원들이요.
(B) 다음 주 금요일이요.
(C) 회의실에서요.

어휘 attend [əténd] 참가하다 | seminar [sémənɑ̀ːr] 세미나

해설 세미나에 참석할 사람이 누구인지 물어보는 Who 의문문입니다.

    (A) Who 의문문이 물어보는 대상에 대해 All company employees.(모든 회사 직원.)라고 답한 정답입니다.

    (B) 때나 시점을 물어보는 When 의문문에 대한 답변으로 오답입니다.

    (C) 장소를 물어보는 Where 의문문에 대한 답변으로 오답입니다.

[호주-영국]

11 Where can I purchase Emily's birthday present?

    (A) About 15 dollars.

    (B) She missed the presentation.

    (C) Try the store across the street.

어디서 에밀리의 생일 선물을 구입할 수 있죠?
(A) 약 15달러예요.
(B) 그녀는 발표에 불참했어요.
(C) 길 건너편 가게에 한 번 가보세요.

어휘 purchase [pə́ːrtʃəs] 구입하다, 구매하다 | present [préznt] 선물 | miss [mis] 놓치다, 빼먹다

해설 선물을 구입할 장소를 물어보는 Where 의문문입니다.

    (A) 가격을 물어보는 What이나 How much 의문문에 대한 대답으로 어울리므로 오답입니다.

    (B) 질문에서 언급되지 않은 3인칭 주어인 She로 대답했기 때문에 주어가 불일치합니다. 질문의 present의 파생어인 presentation이 답변에 나왔기 때문에 오답입니다.

    (C) 생일 선물 구입 장소를 묻는 질문에 길 건너편 가게를 가보라고 구체적으로 대답하므로 정답입니다.

[미국-미국]

12 Where should I put these chairs?

    (A) At noon.

    (B) He is in the classroom.

    (C) You should ask the manager.

이 의자들을 어디에다 놓아야 되나요?
(A) 12시예요.
(B) 그는 교실에 있습니다.
(C) 부장님께 물어보세요.

어휘 put [put] 놓다, 두다 | noon [nuːn] 정오, 낮12시

해설 의자 놓을 위치를 물어보는 Where 의문문입니다.

    (A) 때나 시점을 물어보는 When 의문문에 대한 답변으로 오답입니다.

    (B) 질문에서 언급되지 않은 3인칭 주어인 He로 대답했기 때문에 주어가 불일치합니다. 뒤에 Where 의문문에 대한 장소를 나타내는 classroom이 언급된다고 해도 무작정 정답으로 고르면 안 됩니다.

    (C) You should ask the manager.(부장님께 물어보세요.)라고 우회적으로 응답하는 정답입니다. 장소 및 출처를 물어보는 Where 의문문의 정답으로 사람이나 단체가 올 수 있습니다.

● When 의문문

빈칸 채우고 정답 맞추기　　　　　　　　　　　　　　p.092

1. (A)	2. (A)	3. (B)	4. (C)	5. (A)

[미국-영국 / 호주-미국]

1　When is the concert?
　　(A) Next Tuesday.
　　(B) Three tickets.

어휘 next [nekst] 다음의 | Tuesday [tjúːzdei] 화요일

해설 콘서트가 언제인지 묻는 When 의문문입니다.
　　(A) When 의문문에 구체적 날짜를 말한 정답입니다.
　　(B) 질문의 콘서트(concert)와 연관성 있는 단어인 티켓(tickets)을 이용한 연상단어 오답입니다.

콘서트는 언제죠?
(A) 다음 주 화요일이요.
(B) 티켓 세 장이요.

[호주-영국 / 미국-미국]

2　When do you start your job?
　　(A) On May 17.
　　(B) Please restart your computer.

어휘 restart [riːstáːrt] 다시 시작하다, 다시 출발하다

해설 언제 일을 시작하는지 묻는 When 의문문입니다.
　　(A) When 의문문에 구체적 날짜를 말한 정답입니다.
　　(B) 질문의 start와 대답의 restart 발음이 유사한 오답입니다.

당신은 언제 일을 시작하죠?
(A) 5월 17일이에요.
(B) 당신의 컴퓨터를 다시 시작하세요.

[영국-미국 / 미국-호주]

3　When did your family move to Canada?
　　(A) Two sons.
　　(B) After I changed jobs.

어휘 move [muːv] 이사하다, 이동하다

해설 가족이 언제 캐나다로 이사 갔는지 묻는 When 의문문입니다.
　　(A) 문제의 가족(family)과 연관성 있는 단어인 아들(son)을 이용한 연상단어 오답입니다.
　　(B) 이사 간 시점을 제시하면서 When 의문문에 대해 대답하고 있습니다.

당신의 가족은 언제 캐나다로 이사 갔나요?
(A) 두 명의 아들이요.
(B) 제가 직업을 바꾼 후에요.

[호주-미국 / 영국-미국]

4　When are you going to London?
　　(A) Since last month.
　　(B) To see my husband.
　　(C) Not until next year.

어휘 since [sins] ~이후 | not until ~나 되어서야

해설 언제 런던으로 가는지 묻는 When 의문문입니다.
　　(A) 지난달이라는 시점으로 답변했지만 과거형이므로 오답입니다.
　　(B) 문맥상 논리적으로 맞지 않는 오답입니다.
　　(C) 언제 런던으로 가는지 묻는 질문에 타당한 응답입니다.

언제 런던으로 가요?
(A) 지난달부터요.
(B) 제 남편을 만나려고요.
(C) 내년이나 되어서요.

5 When will you finish the <u>remodeling</u> project?
   (A) <u>Sometime</u> this summer.
   (B) It's a <u>different</u> model.
   (C) Set up the <u>projector</u>.

당신은 언제 보수공사를 끝낼 건가요?
(A) 올해 여름쯤이요.
(B) 그것은 다른 모델입니다.
(C) 영사기를 설치하세요.

어휘 remodeling [rìːmάdəliŋ] 보수, 개조 │ model [mάdl] 모형 │ set up 설치하다

해설 언제 보수공사를 끝낼 건지 묻는 When 의문문입니다.
   (A) 언제 보수공사를 끝낼 건지 묻는 질문에 타당한 응답입니다.
   (B) 질문의 remodeling과 대답의 model 발음이 유사한 오답입니다.
   (C) 질문의 project와 대답의 projector 발음이 유사한 오답입니다.

QUIZ 풀어보기 | p.092

1. (A)	2. (B)	3. (B)	4. (A)	5. (A)

[호주-영국]

1 When does the train leave?
   (A) At nine o'clock.
   (B) She is coming, too.

기차는 언제 출발하죠?
(A) 9시에요.
(B) 그녀도 역시 옵니다.

어휘 leave [liːv] 출발하다, 떠나다

해설 기차는 언제 출발하는지 묻는 When 의문문입니다.
   (A) When 의문문에 구체적 시간으로 대답한 정답입니다.
   (B) 질문의 출발하다(leave)와 연관성 있는 단어인 오다(coming)를 이용한 연상단어 오답입니다.

[미국-영국]

2 When is she expected to call?
   (A) Yes, last night.
   (B) In the evening.

그녀가 언제 전화할 것으로 예상하세요?
(A) 예, 어젯밤에요.
(B) 저녁에요.

어휘 be expected to ~(할 것으로) 예상되다

해설 그녀가 언제 전화할 것으로 예상하는지 묻는 When 의문문입니다.
   (A) 어젯밤이라는 시점으로 답변했지만 과거형이므로 오답입니다.
   (B) 그녀가 언제 전화할 것으로 예상하는지 묻는 질문에 타당한 응답입니다.

[미국-미국]

3 When's your next trip to Beijing?
   (A) We'll meet at a station.
   (B) Later this month.

북경으로 가는 당신의 다음 여행은 언제죠?
(A) 우리는 역에서 만날 겁니다.
(B) 이번 달 말쯤에요.

어휘 trip [trip] (짧은) 여행, 관광 │ station [stéiʃən] 역, 정거장 │ later [léitər] 나중에, 후에

해설 북경으로 가는 다음 여행은 언제인지 묻는 When 의문문입니다.
   (A) 장소를 물어보는 Where 의문문에 대한 답변으로 오답입니다.
   (B) When 의문문에 구체적 시간으로 말한 정답입니다.

[영국-미국]

4 When's the meeting supposed to begin?
   (A) Let me check the schedule.
   (B) In the meeting room.

회의는 언제 시작하기로 되어 있죠?
(A) 제가 일정을 확인해 볼게요.
(B) 회의실에서요.

어휘 be supposed to ~하기로 되어있다

회의가 언제 시작하는지 묻는 When 의문문입니다.

(A) 회의가 언제 시작하는지 묻는 질문에 타당한 응답입니다.

(B) 장소를 물어보는 Where 의문문에 대한 답변으로 오답입니다.

[호주-미국]

5 When can we reschedule the interview?

(A) How's Thursday?

(B) It might be.

우리 면접 일정을 언제로 변경할 수 있을까요?
(A) 목요일은 어때요?
(B) 그럴지도 몰라요.

어휘 reschedule [rìːskédʒuːl] 재조정하다, 바꾸다 | might be ~할런지도 모른다

해설 언제로 면접 일정을 변경할지 묻는 When 의문문입니다.

(A) When 의문문에 구체적 시점을 제시하는 정답입니다.

(B) 질문과 상관없는 내용의 오답입니다.

● Why 의문문

빈칸 채우고 정답 맞추기 p.095

1. (A)	2. (A)	3. (B)	4. (B)	5. (B)

[미국-영국 / 호주-미국]

1 Why did Ms. Chu leave early?

(A) She had an appointment.

(B) Probably by five o'clock.

추 씨는 왜 그렇게 일찍 떠났죠?
(A) 그녀는 약속이 있었어요.
(B) 아마도 5시까지요.

어휘 early [ə́ːrli] 일찍 | appointment [əpɔ́intmənt] 약속, 예약 | probably [prɑ́bəbli] 아마도 | by [bai] ~까지

해설 추 씨가 왜 일찍 떠났는지 묻는 Why 의문문입니다.

(A) Why 의문문에 구체적 이유를 말한 정답입니다.

(B) 시간을 물어보는 When 의문문에 대한 답변으로 오답입니다.

[호주-영국 / 미국-미국]

2 Why is Nicole running so late?

(A) She missed the bus.

(B) At the gym.

니콜은 왜 늦죠?
(A) 그녀는 버스를 놓쳤어요.
(B) 체육관에서요.

어휘 run late 늦다 | miss [mis] 놓치다, 빼먹다 | gym [dʒim] 체육관

해설 니콜이 늦는 이유를 묻는 Why 의문문입니다.

(A) Why 의문문에 구체적 이유를 말한 정답입니다.

(B) 장소를 물어보는 Where 의문문에 대한 답변으로 오답입니다.

[영국-미국 / 미국-호주]

3 Why is it so warm in the library?

(A) Because it's too hot.

(B) The air conditioner's broken.

도서관 안이 왜 이리 따뜻하죠?
(A) 왜냐하면 덥기 때문에요.
(B) 에어컨이 고장 났어요.

어휘 warm [wɔːrm] 따뜻한 | hot [hat] 더운, 뜨거운 | broken [bróukən] 고장난, 깨진

해설 도서관 안이 왜 더운지 묻는 Why 의문문입니다.

(A) 질문의 따뜻한(warm)과 연관성 있는 단어인 더운(hot)을 이용한 연상단어 오답입니다.

(B) Why 의문문에 구체적 이유를 말한 정답입니다.

4 Why is there so much <u>traffic</u> this afternoon? 오늘 오후 교통량이 왜 이리 많죠?
(A) I <u>really</u> think so. (A) 저도 그렇게 생각해요.
(B) There's a festival in town. (B) 시내에서 축제가 있어요.
(C) Yes, it's <u>heavy</u>. (C) 예, 그건 무거워요.

어휘 traffic [trǽfik] 교통(량) | festival [féstəvəl] 축제 | heavy [hévi] 무거운; 심한

해설 교통량이 왜 많은지 묻는 Why 의문문입니다.
(A) 질문과 상관없는 내용의 오답입니다.
(B) Why 의문문에 구체적 이유를 말한 정답입니다.
(C) 문제의 교통량(traffic)과 연관성 있는 단어인 무거운(heavy)을 이용한 연상단어 오답입니다. heavy traffic (도로의) 혼잡

[미국–미국 / 영국–호주]

5 Why is the <u>filing</u> cabinet empty? 서류 캐비닛이 왜 비었나요?
(A) The new <u>client's</u> files. (A) 새로운 고객의 파일들이요.
(B) We're replacing it. (B) 우리는 그것을 교체하는 중입니다.
(C) In the second office on the <u>left</u>. (C) 왼쪽 두 번째 사무실이에요.

어휘 filing cabinet 서류 캐비닛 | client [kláiənt] 고객, 의뢰인 | replace [ripléis] 교체하다, 대신하다

해설 서류 캐비닛이 왜 비었는지 묻는 Why 의문문입니다.
(A) 질문의 filing과 대답의 files 발음이 유사한 오답입니다.
(B) 서류 캐비닛이 왜 비었는지 묻는 질문에 타당한 응답입니다.
(C) 문맥상 논리적으로 맞지 않는 오답입니다.

QUIZ 풀어보기 p.095

1. (B)	2. (B)	3. (A)	4. (B)	5. (A)

[호주–영국]

1 Why did she go to Atlanta? 그녀는 왜 애틀랜타로 갔죠?
(A) Next Wednesday. (A) 다음 주 수요일이에요.
(B) For an interview. (B) 면접을 보려고요.

어휘 Atlanta [ætlǽntə] 애틀랜타, 미국 조지아주 북부에 위치한 도시 | for [fər; fɔ́ːr] ~을 위해; ~ 때문에

해설 그녀가 애틀랜타로 간 이유를 묻는 Why 의문문입니다.
(A) 시점을 물어보는 When 의문문에 대한 답변으로 오답입니다.
(B) Why 의문문에 구체적 이유를 말한 정답입니다.

[미국–영국]

2 Why is the warehouse locked? 창고의 문이 왜 잠겼나요?
(A) We should lock it. (A) 우리가 그것을 잠가야 합니다.
(B) I have no idea. (B) 저도 몰라요.

어휘 warehouse [wɛ́ərhàus] 창고 | lock [lak] 잠그다; 자물쇠

해설 창고의 문이 잠긴 이유를 묻는 Why 의문문입니다.
(A) 질문과 답변에서 lock(locked)이 반복되는 오답입니다.
(B) Why 의문문에 모르겠다고 말한 정답입니다.

---

3 Why was your flight delayed?

    (A) Because of the weather.

    (B) 15 minutes ago.

당신의 비행은 왜 연기되었죠?
(A) 날씨 때문에요.
(B) 15분 전에요.

어휘 delay [diléi] 연기하다, 미루다 | ago [əgóu] ~ 이전에

해설 비행이 연기된 이유를 묻는 Why 의문문입니다.
    (A) Why 의문문에 구체적 이유를 말한 정답입니다.
    (B) 문맥상 논리적으로 맞지 않는 오답입니다.

[영국-미국]

4 Why was the store's opening changed?

    (A) It opens early.

    (B) The building wasn't ready.

가게 개업일이 왜 변경되었죠?
(A) 일찍 문을 엽니다.
(B) 그 건물은 아직 준비가 안 되었어요.

어휘 opening [óupəniŋ] 개장, 개업 | ready [rédi] 준비된

해설 가게 개업일이 왜 변경되었는지 묻는 Why 의문문입니다.
    (A) 질문의 opening과 대답의 opens 발음이 유사한 오답입니다.
    (B) Why 의문문에 구체적 이유를 말한 정답입니다.

[호주-미국]

5 Why were you late to the event?

    (A) I couldn't find a parking place.

    (B) Later today.

당신은 왜 그 행사에 늦었나요?
(A) 저는 주차할 곳을 찾지 못했어요.
(B) 오늘 늦게요.

어휘 late [leit] 늦은 | find [faind] 찾다, 발견하다 | parking place 주차 장소

해설 행사에 왜 늦었는지 묻는 Why 의문문입니다.
    (A) Why 의문문에 구체적 이유를 말한 정답입니다.
    (B) 질문의 late와 대답의 later 발음이 유사한 오답입니다.

실전문제

p.097

1. (B)	2. (A)	3. (B)	4. (B)	5. (C)	6. (B)
7. (B)	8. (A)	9. (A)	10. (A)	11. (B)	12. (A)

[영국-미국]

1 When are we going to the musical?

    (A) By subway.

    (B) Next Saturday.

    (C) I like music so much.

우리 언제 뮤지컬을 보러 가나요?
(A) 지하철로요.
(B) 다음 주 토요일에요.
(C) 저는 음악을 아주 좋아해요.

어휘 musical [mjú:zikəl] 뮤지컬 | by [bai] ~에 의해서 | subway [sʌ́bwèi] 지하철

해설 뮤지컬을 언제 보는지 묻는 When 의문문입니다.
    (A) 교통수단을 물어보는 How 의문문에 대한 답변으로 오답입니다.
    (B) 구체적인 시점으로 When 의문문에 대해 대답하고 있습니다.
    (C) 답변의 music은 질문에 나온 musical과 관련되어 있는 단어로 오답입니다.

2 Why is the plane delayed?
(A) The weather is bad.
(B) Near the airport.
(C) He deleted the file.

왜 비행기가 지연되죠?
(A) 날씨가 좋지 않아요.
(B) 공항 근처예요.
(C) 그가 그 파일을 지웠어요.

어휘 bad [bæd] 좋지 않은, 나쁜 | airport [ɛ́ərpɔːrt] 공항 | delete [dilíːt] 지우다, 삭제하다

해설 비행기가 지연된 이유를 묻는 Why 의문문입니다.
(A) Why 의문문에 날씨가 좋지 않다는 타당한 이유를 말하는 정답입니다.
(B) 장소를 물어보는 Where 의문문에 대한 답변으로 오답입니다.
(C) 질문의 delayed(연기된)와 답변의 deleted(지우다)가 발음이 유사한 오답입니다.

[미국-영국]

3 Why didn't Naomi enjoy the concert?
(A) I'll join you later.
(B) It was too long.
(C) Yes, I play the guitar.

나오미는 왜 콘서트를 즐기지 못했죠?
(A) 저는 나중에 합류할게요.
(B) 콘서트가 너무 길었어요.
(C) 예, 저는 기타를 연주합니다.

어휘 enjoy [indʒɔ́i] 즐기다 | long [lɔːŋ] 긴, 오랫동안 | play [plei] 연주하다

해설 콘서트를 즐기지 못한 이유를 물어보는 Why 의문문입니다.
(A) 질문의 enjoy(즐기다)와 답변의 join(합류하다)이 발음이 유사한 오답입니다.
(B) 콘서트를 즐기지 못한 이유에 타당한 응답입니다.
(C) 의문사 의문문에는 Yes/No 대답이 불가능합니다.

[영국-호주]

4 When will the accountant arrive?
(A) I opened an account.
(B) Between 8 and 10.
(C) In the main building.

그 회계사는 언제 도착하죠?
(A) 저는 계좌를 개설했어요.
(B) 8시에서 10시 사이예요.
(C) 본관에서요.

어휘 accountant [əkáuntənt] 회계사, 경리 | arrive [əráiv] 도착하다 | account [əkáunt] 계좌

해설 도착시간을 물어보는 When 의문문입니다.
(A) 질문의 accountant와 답변의 account가 유사한 오답입니다.
(B) 도착시간을 물어보는 질문에 8시와 10시 사이라고 구체적인 시점을 언급했으므로 정답입니다.
(C) 장소를 물어보는 Where 의문문에 대한 답변으로 오답입니다.

[미국-미국]

5 Why is the heater on in the office?
(A) He'll be ready at 2:30.
(B) Yes, all the employees.
(C) Sorry, I forgot to turn it off.

사무실 안에 히터가 왜 켜져 있죠?
(A) 그는 2시 반에 준비가 될 거예요.
(B) 예, 모든 직원들입니다.
(C) 죄송합니다. 히터 끄는 것을 깜빡했어요.

어휘 forgot [fərgát] 잊었다(forget의 과거) | turn off 끄다

해설 히터가 켜져 있는 이유를 묻는 Why 의문문입니다.
(A) 질문에서 언급되지 않은 3인칭 주어인 He로 대답했기 때문에 주어가 불일치하는 오답입니다.
(B) 의문사 의문문에는 Yes/No 대답이 불가능합니다.
(C) 히터가 켜져 있는 이유를 묻는 질문에 대한 타당한 응답입니다.

6 When did you learn about your vacation?
  (A) By train.
  (B) Just now.
  (C) At the resort.

당신의 휴가에 대해 언제 알게 되었나요?
(A) 기차로요.
(B) 방금요.
(C) 휴양지에서요.

어휘 vacation [veikéiʃən] 휴가, 방학 | by [bai] ~에 의해서 | just now 방금 | resort [rizɔ́:rt] 휴양지

해설 휴가를 알게 된 시점을 묻는 When 의문문입니다.
  (A) 교통수단을 물어보는 How 의문문에 대한 답변으로 오답입니다.
  (B) 휴가에 대해 알게 된 시점을 묻는 질문에 알맞은 정답입니다.
  (C) 장소를 물어보는 Where 의문문에 대한 답변으로 오답입니다.

[미국—미국]

7 When will the books be delivered?
  (A) In the library.
  (B) Within a week.
  (C) To the new address.

그 책들은 언제 배달될 거죠?
(A) 도서관에서요.
(B) 일주일 안으로요.
(C) 새 주소로요.

어휘 deliver [dilívər] 배달하다, 전하다 | within [wiðín] ~안에, ~이내에 | address [ədrés] 주소

해설 책이 배달될 시점을 물어보는 When 의문문입니다.
  (A) 장소를 물어보는 Where 의문문에 대한 답변으로 오답입니다.
  (B) When 의문문에서 구체적 시점을 말하는 정답입니다.
  (C) 방향을 물어보는 Where 의문문에 대한 답변으로 오답입니다.

[영국—미국]

8 Why are you using Julia's computer?
  (A) Mine has a virus.
  (B) You can download from our website.
  (C) OK. Thank you.

당신은 왜 줄리아의 컴퓨터를 사용하고 있죠?
(A) 제 건 바이러스가 있어서요.
(B) 당신은 우리 웹사이트에서 다운로드할 수 있어요.
(C) 좋아요. 감사합니다.

어휘 mine [main] 나의 것 | virus [váiərəs] 바이러스 | download [dáunlòud] 다운로드하다

해설 컴퓨터 사용 이유를 묻는 Why 의문문입니다.
  (A) 바이러스 때문에 줄리아의 컴퓨터를 사용한다고 타당한 이유를 말했으므로 정답입니다.
  (B) 질문의 computer와 연관성 있는 단어인 website를 이용한 오답입니다.
  (C) 제안문인 'Why don't you~?' 구문과 혼동을 주기 위한 오답입니다.

[호주—영국]

9 When did you join the Accounting Department?
  (A) About 3 years ago.
  (B) Yes, I enjoyed it.
  (C) From another branch.

당신은 언제 회계부서에 합류했나요?
(A) 약 3년 전에요.
(B) 예, 저는 그것을 즐겼습니다.
(C) 다른 지점으로 부터요.

어휘 Accounting Department 회계부, 경리부 | about [əbáut] 약, 대략 | branch [bræntʃ] 지점, 지사

해설 부서에 합류하게 된 시점을 묻는 When 의문문입니다.
  (A) 회계부서에 합류한 시점을 묻는 질문에 구체적인 시점이 나왔으므로 정답입니다.
  (B) 의문사 의문문에는 Yes/No 대답이 불가능합니다.
  (C) 출처를 물어보는 Where 의문문에 대한 답변으로 오답입니다.

---

10 Why did you call the receptionist?

    (A) To make an appointment.

    (B) She booked the suite room.

    (C) Did you call me?

당신은 왜 접수원에게 전화했죠?
(A) 예약하기 위해서요.
(B) 그녀는 스위트룸을 예약했어요.
(C) 나에게 전화했었나요?

어휘 receptionist [risépʃənist] 접수원 | appointment [əpɔ́intmənt] 예약, 약속 | book [buk] 예약하다 | suite room 스위트룸, 특실

해설 접수원에게 전화한 이유를 묻는 Why 의문문입니다.

    (A) 접수원에게 전화한 이유를 묻는 질문에 타당한 대답이므로 정답입니다.

    (B) 질문에서 언급되지 않은 3인칭 주어인 She로 대답했기 때문에 주어가 불일치하는 오답입니다.

    (C) 질문과 답변에서 call이 반복되는 오답입니다.

[호주-영국]

11 When are you going to lunch?

    (A) At the cafeteria.

    (B) After I finish this report.

    (C) For the product launch.

언제 점심 먹으러 갈 거죠?
(A) 구내식당에서요.
(B) 이 보고서를 끝내고 나서요.
(C) 제품 출시를 위해서요.

어휘 cafeteria [kæfətíəriə] 구내식당 | finish [fíniʃ] 끝나다, 마치다 | launch[lɔ:ntʃ] 출시하다

해설 점심 먹으러 가는 시간을 물어보는 When 의문문입니다.

    (A) 장소를 물어보는 Where 의문문에 대한 답변으로 오답입니다.

    (B) When 의문문에 구체적인 시점으로 답한 정답입니다.

    (C) 이유 및 원인을 물어보는 Why 의문문에 대한 답변으로 오답입니다.

[미국-미국]

12 Why did you postpone the training session?

    (A) No rooms were available.

    (B) The train arrives at noon.

    (C) On the bulletin board.

당신은 왜 교육 과정을 연기했죠?
(A) 이용 가능한 방이 없었어요.
(B) 기차는 정오에 도착합니다.
(C) 게시판 위에요.

어휘 postpone [poustpóun] 연기하다, 미루다 | training session 교육 과정 | available [əvéiləbl] 이용 가능한, 시간이 있는 | bulletin board 게시판

해설 교육 과정을 연기한 이유를 물어보는 Why 의문문입니다.

    (A) 교육 과정을 연기한 이유를 물어보는 질문에 대한 타당한 이유로 정답입니다.

    (B) 답변의 train은 질문의 training의 파생어로 된 오답입니다. 시점을 물어보는 When 의문문의 답변입니다.

    (C) Where 의문문에 대한 답변으로 오답입니다.

● What, Which 의문문

빈칸 채우고 정답 맞추기 p.103

| 1. (A) | 2. (B) | 3. (A) | 4. (A) | 5. (A) |

[미국-영국 / 호주-미국]

1 What was the discussion about?
(A) Employee benefits.
(B) We discussed the topic.

토론은 무엇에 관한 거였죠?
(A) 직원 복지요.
(B) 우리는 그 주제에 대해 토론했어요.

어휘 discussion [diskʌ́ʃən] 토론, 논의 | benefit [bénəfit] 이익, 혜택

해설 토론의 주제를 묻는 What 의문문입니다.
(A) 토론의 주제를 제시하면서 What 의문문에 대해 대답한 정답입니다.
(B) 답변의 discussed(discuss)는 질문 discussion의 파생어인 오답입니다. 질문의 토론(discussion)과 연관성 있는 단어인 주제(topic)를 이용한 연상단어 오답입니다.

[호주-영국 / 미국-미국]

2 What's the matter with this copy machine?
(A) We met her last week.
(B) It's broken.

이 복사기에 무슨 문제가 있는 거죠?
(A) 우리는 그녀를 지난주에 만났어요.
(B) 고장 났어요.

어휘 matter [mǽtər] 문제 | copy machine 복사기 | broken [bróukən] 고장난, 깨진

해설 복사기의 문제가 무엇인지 묻는 What 의문문입니다.
(A) 질문의 matter와 대답의 met 발음이 유사한 오답입니다.
(B) 복사기의 문제를 묻는 질문에 타당한 응답입니다.

[영국-미국 / 미국-호주]

3 What's the price for that red skirt?
(A) 25 dollars plus tax.
(B) A medium size.

저 빨간 치마의 가격은 얼마죠?
(A) 25달러에 세금 추가입니다.
(B) 중간 사이즈로요.

어휘 price [prais] 가격, 요금 | tax [tæks] 세금 | medium [mí:diəm] 중간의

해설 치마의 가격이 얼마인지를 묻는 What 의문문입니다.
(A) 치마의 가격이 얼마인지를 묻는 질문에 타당한 응답입니다.
(B) 문맥상 논리적으로 맞지 않는 오답입니다.

[호주-미국 / 영국-미국]

4 What should I do with these pamphlets?
(A) Put them in the drawer.
(B) It was our biggest event.
(C) Not very much.

이 팸플릿을 어떻게 해야 할까요?
(A) 서랍 안에 넣으세요.
(B) 그것은 저희의 가장 큰 행사였어요.
(C) 별로 그렇지 않아요.

어휘 pamphlet [pǽmflət] 팸플릿, 소책자 | drawer [drɔːr] 서랍 | biggest 가장 큰(big의 최상급)

해설 팸플릿으로 무엇을 해야 할지 묻는 What 의문문입니다.
(A) What 의문문에 구체적 행동으로 말한 정답입니다.
(B) 질문과 상관없는 내용의 오답입니다.
(C) 문맥상 논리적으로 맞지 않는 오답입니다.

---

5 Which office is the most <u>convenient</u> for our meeting?

   (A) The one on the <u>corner</u>.

   (B) He has gone <u>back</u> to the office.

   (C) I'm <u>pleased</u> to meet you.

회의를 위해 어느 사무실이 가장 편리할까요?
(A) 구석에 있는 사무실요.
(B) 그는 사무실로 돌아갔어요.
(C) 만나서 기뻐요.

어휘 convenient [kənvíːnjənt] 편리한 | corner [kɔ́ːrnər] 구석 | go back 돌아가다 | be pleased to ∼해서 기쁘다

해설 회의를 위해 어느 사무실이 가장 편리할지 묻는 Which 의문문입니다.

   (A) Which 의문문에 구체적인 사무실의 위치를 말한 정답입니다.

   (B) 질문과 답변에서 office가 반복되는 오답입니다.

   (C) 답변 meet은 질문 meeting의 파생어인 오답입니다.

QUIZ 풀어보기　　　　　　　　　　　　　　　　　　　　　　　　　p.103

1. (B)	2. (B)	3. (B)	4. (A)	5. (B)

[호주-영국]

1 What's the new assistant's name?

   (A) On Thursday morning.

   (B) It's David Lee.

새 조수 이름은 뭐죠?
(A) 목요일 아침이요.
(B) 데이빗 리입니다.

어휘 assistant [əsístənt] 조수, 보조

해설 새 조수의 이름이 무엇인지 묻는 What 의문문입니다.

   (A) 질문과 상관없는 내용의 오답입니다.

   (B) 새 조수의 이름이 무엇인지 묻는 질문에 타당한 응답입니다.

[미국-영국]

2 What do you need for your trip?

   (A) That's very kind of you.

   (B) Just a suitcase.

당신의 여행에 뭐가 필요하죠?
(A) 매우 친절하시네요.
(B) 여행가방 정도요.

어휘 need [niːd] 필요하다; 해야 한다 | suitcase [súːtkèis] 여행가방

해설 여행에 무엇이 필요한지 묻는 What 의문문입니다.

   (A) 문맥상 논리적으로 맞지 않는 오답입니다.

   (B) 여행의 준비물을 묻는 질문에 타당한 응답입니다.

[미국-미국]

3 Which applicant will you hire?

   (A) The salary is pretty good.

   (B) Probably Mr. Murphy.

어느 지원자를 고용할 건가요?
(A) 월급이 꽤 괜찮아요.
(B) 아마도 머피 씨요.

어휘 hire [haiər] 고용하다 | pretty [príti] 꽤 | probably [prɑ́bəbli] 아마도

해설 어느 지원자를 고용할 것인지 묻는 Which 의문문입니다.

   (A) 문맥상 논리적으로 맞지 않는 오답입니다.

   (B) Which 의문문에 구체적 대상으로 말한 정답입니다.

[영국-미국]

4 What should we bring to the reception?

   (A) Many business cards.

   (B) In the hotel.

우리는 환영회에 뭘 가져가야 하나요?
(A) 많은 명함요.
(B) 호텔에서요.

어휘 bring [briŋ] 가져다주다, 데려오다 | reception [risépʃən] 환영회, 리셉션 | business card 명함

해설 환영회에 가져갈 준비물이 무엇인지 묻는 What 의문문입니다.
  (A) 환영회의 준비물을 묻는 질문에 타당한 응답입니다.
  (B) 장소를 물어보는 Where 의문문에 대한 답변으로 오답입니다.

[호주-미국]

5 What did you think of the movie?
  (A) A comedy film.
  (B) It was good.

그 영화에 대해 어떻게 생각했어요?
(A) 코미디 영화에요.
(B) 좋았어요.

어휘 comedy [kάmədi] 코미디, 희극 | film [film] 영화, 촬영

해설 영화에 대한 의견을 묻는 What 의문문입니다.
  (A) 질문의 영화(movie)와 연관성 있는 단어인 영화(film)를 이용한 연상단어 오답입니다.
  (B) 영화에 대한 의견을 묻는 질문에 타당한 응답입니다.

● How 의문문

빈칸 채우고 정답 맞추기   p.107

1. (A)	2. (B)	3. (B)	4. (B)	5. (A)

[미국-영국 / 호주-미국]

1 How late is the museum open?
  (A) Until 7 P.M.
  (B) I can't sleep lately.

그 박물관은 얼마나 늦게까지 문을 여나요?
(A) 오후 7시까지예요.
(B) 저는 최근에 잠을 못잡니다.

어휘 museum [mju:zí:əm] 박물관, 기념관 | until [əntíl] ~할 때 까지 | lately [léitli] 최근에

해설 박물관이 얼마나 늦게까지 문을 여는지 묻는 How 의문문입니다.
  (A) How 의문문에 구체적 시간으로 말한 정답입니다.
  (B) 질문의 late와 대답의 lately 발음이 유사한 오답입니다.

[호주-영국 / 미국-미국]

2 How soon can you be here?
  (A) Yes, they came here.
  (B) I can be there in 10 minutes.

당신은 얼마나 빨리 여기에 올 수 있죠?
(A) 예, 그들은 여기에 왔습니다.
(B) 저는 10분 안에 거기에 갈 수 있습니다.

어휘 soon [su:n] 곧, 조만간

해설 당신이 얼마나 빨리 올 수 있는지 묻는 How 의문문입니다.
  (A) 의문사 의문문에는 Yes/No 대답이 불가능합니다.
  (B) How 의문문에 구체적 시점으로 말한 정답입니다.

[영국-미국 / 미국-호주]

3 How do I call the information desk?
  (A) It's open 24 hours.
  (B) Just dial 0.

제가 접수처에 어떻게 전화할 수 있죠?
(A) 24시간 동안 문을 엽니다.
(B) 그냥 0번을 누르세요.

어휘 information desk 안내데스크, 접수처 | dial [dáiəl] 전화를 걸다

해설 접수처에 어떻게 전화하는지 묻는 How 의문문입니다.
  (A) 문맥상 논리적으로 맞지 않는 오답입니다.
  (B) How 의문문에 구체적 방법으로 말한 정답입니다.

4 How long is the flight to Paris?

(A) A long time ago.

(B) About 11 hours.

(C) By plane, I think.

파리까지의 비행은 얼마나 걸리죠?

(A) 오래 전에요.

(B) 약 11시간이요.

(C) 제 생각엔 비행기로요.

어휘 flight [flait] 비행, 항공편

해설 파리까지의 비행이 얼마나 걸리는지 묻는 How 의문문입니다.

(A) 문맥상 논리적으로 맞지 않는 오답입니다.

(B) How 의문문에 구체적 비행시간으로 말한 정답입니다.

(C) 질문의 비행(flight)과 연관성 있는 단어인 비행기(plane)를 이용한 연상단어 오답입니다.

[미국-미국 / 영국-호주]

5 How often do you visit your family in LA?

(A) A couple of times a year.

(B) I have two sisters.

(C) No, It was a business trip.

당신은 LA에 있는 가족을 얼마나 자주 방문하죠?

(A) 일 년에 두 번 정도입니다.

(B) 저는 자매가 두 명입니다.

(C) 아니요, 그것은 출장이었습니다.

어휘 often [ɔ́ːfən] 자주, 종종 | couple [kʌ́pl] 두 어개의, 몇 개의 | business trip 출장

해설 LA에 있는 가족을 얼마나 자주 방문하는지 묻는 How 의문문입니다.

(A) 가족을 얼마나 자주 방문하는지 묻는 질문에 타당한 응답입니다.

(B) 질문의 가족(family)과 연관성 있는 단어인 자매(sisters)를 이용한 연상단어 오답입니다.

(C) 문맥상 논리적으로 맞지 않는 오답입니다.

QUIZ 풀어보기 p.107

1. (A)	2. (B)	3. (A)	4. (B)	5. (A)

[호주-영국]

1 How do I start the microwave oven?

(A) Press the red button.

(B) In the kitchen.

전자레인지 어떻게 시작하죠?

(A) 빨간 버튼을 누르세요.

(B) 부엌에서요.

어휘 microwave oven 전자레인지 | press [pres] 누르다

해설 전자레인지를 어떻게 시작하는지 묻는 How 의문문입니다.

(A) How 의문문에 구체적 방법으로 대답한 정답입니다.

(B) 질문의 전자레인지(microwave)와 연관성 있는 단어인 부엌(kitchen)을 이용한 연상단어 오답입니다.

[미국-미국]

2 How did your interview go?

(A) By date.

(B) I couldn't make it.

면접은 어떻게 되었나요?

(A) 날짜 별로요.

(B) 거기 가지 못했어요.

어휘 date [deit] (특정한) 날짜 | make it (모임 등에) 시간에 맞추다

해설 진행상황을 물어보는 How 의문문입니다.

(A) 대화상황과 맞지 않는 오답입니다.

(B) 진행상황을 물어보는 질문에 타당한 응답입니다.

3 How would you like your coffee?

    (A) Without sugar, please.

    (B) Yes, I would.

당신의 커피를 어떻게 해드릴까요?
(A) 설탕 없이요, 부탁드려요.
(B) 예, 저는 그렇게 할게요.

어휘 without [wiðáut] ~없이, ~하지 않고

해설 커피를 어떻게 타야하는지 묻는 How 의문문입니다.

    (A) 커피를 어떻게 타야하는지 묻는 질문에 타당한 응답입니다.

    (B) 의문사 의문문에는 Yes/No 대답이 불가능합니다.

[영국-미국]

4 How was the French class?

    (A) In the classroom.

    (B) Very interesting.

불어 수업은 어땠나요?
(A) 교실에서요.
(B) 매우 흥미로웠죠.

어휘 French [frentʃ] 프랑스어, 프랑스인 | interesting [íntərəstiŋ] 흥미로운, 재미있는

해설 불어 수업은 어땠는지 묻는 How 의문문입니다.

    (A) 질문의 수업(class)과 연관성 있는 단어인 교실(classroom)을 이용한 연상단어 오답입니다.

    (B) 불어 수업은 어땠는지 묻는 질문에 타당한 응답입니다.

[미국-미국]

5 How should we celebrate Gary's birthday?

    (A) Why don't we throw him a party?

    (B) We're open until 10.

Gary의 생일을 어떻게 축하해줘야 할까요?
(A) 파티를 열어주는 게 어때요?
(B) 우리는 10시까지 영업해요.

어휘 celebrate [séləbrèit] 축하하다, 기념하다 | throw a party 파티를 열다

해설 생일을 축하해주는 방법을 묻는 How 의문문입니다.

    (A) 생일을 축하해주는 방법을 묻는 질문에 타당한 응답입니다.

    (B) 영업종료시간을 물어보는 How late~? 의문문에 대한 답변으로 어울립니다.

실전문제   p.109

1. (B)	2. (C)	3. (B)	4. (A)	5. (A)	6. (B)
7. (A)	8. (C)	9. (B)	10. (C)	11. (A)	12. (B)

[영국-미국]

1 What's today's date?

    (A) Next week, I think.

    (B) It's the Seventeenth.

    (C) Yes, it is.

오늘 며칠이죠?
(A) 제 생각엔 다음 주요.
(B) 17일이에요.
(C) 예, 그렇습니다.

어휘 date [deit] 날짜, ~일 | Seventeenth 17일, 17번째의

해설 날짜를 물어보는 What 의문문입니다.

    (A) 때나 시점을 물어보는 When 의문문에 대한 답변으로 오답입니다.

    (B) 오늘 날짜를 물어보는 질문에 17일이라는 구체적 날짜로 답한 정답입니다.

    (C) 의문사 의문문에는 Yes/No 대답이 불가능합니다.

2 How much does the lunch cost?
(A) No thanks, I'm full.
(B) At a Japanese restaurant.
(C) 25 euros.

점심 가격은 얼마죠?
(A) 감사합니다만, 배불러요.
(B) 일본 음식점에서요.
(C) 25유로에요.

어휘 cost [kɔːst] (값·비용이) 들다 | full [full] 배부른 | Japanese [ʤæpəníːz] 일본의, 일본인 | euro [júərou] 유럽 연합(EU)의 공식 통화 (유로)

해설 점심 가격을 물어보는 How 의문문입니다.
(A) 점심식사와 관련 있는 응답으로 질문과 무관합니다.
(B) 장소를 물어보는 Where 의문문에 대한 답변으로 오답입니다.
(C) How 의문문에서 구체적인 가격으로 답한 정답입니다.

[미국-영국]

3 What did you learn in the lecture?
(A) She teaches English.
(B) How to use the software.
(C) A while ago.

당신은 그 강의에서 무엇을 배웠나요?
(A) 그녀는 영어를 가르칩니다.
(B) 소프트웨어 사용 방법이요.
(C) 조금 전에요.

어휘 learn [ləːrn] 배우다, 공부하다 | lecture [léktʃər] 강의, 강연 | a while 잠깐, 잠시

해설 강의에서 배운 것을 물어보는 What 의문문입니다.
(A) 질문에서 언급되지 않은 3인칭 주어인 She로 대답했기 때문에 주어가 불일치하는 오답입니다.
(B) 강의에서 배운 점을 물어보는 질문에 대한 타당한 응답입니다.
(C) 때나 시점을 물어보는 When 의문문에 대한 답변으로 오답입니다.

[영국-미국]

4 How many people will be attending the meeting?
(A) About one hundred.
(B) He is the guest speaker.
(C) It was boring.

얼마나 많은 사람이 회의에 참가할 예정인가요?
(A) 약 100명 정도요.
(B) 그는 초청 연사입니다.
(C) 지루했어요.

어휘 attend [əténd] 참가하다 | guest speaker 초청 연사 | boring [bɔ́ːriŋ] 지루한, 따분한

해설 회의에 참가한 사람 수를 물어보는 How 의문문입니다.
(A) 회의에 참가한 사람 수를 묻는 질문에 구체적 수량으로 답한 정답입니다.
(B) 질문에서 언급되지 않은 3인칭 주어인 He로 대답했기 때문에 주어가 불일치하는 오답입니다. 회의(meeting)와 관련 있는 단어인 초청 연사(guest speaker)를 언급한 오답입니다.
(C) 질문에 나온 회의(meeting)로 연상되는 단어인 지루한(boring)을 사용한 오답입니다.

[미국-미국]

5 What should I take to the interview?
(A) A copy of your résumé.
(B) In the main office.
(C) That would be nice.

면접에 뭘 가져가야 하죠?
(A) 이력서 사본 한 부요.
(B) 본사에서요.
(C) 좋네요.

어휘 take [teik] 가지고 가다, 데려가다 | résumé [rèzuméi] 이력서 | main office 본사

해설 면접에 무엇을 가져가야 하는지 물어보는 What 의문문입니다.
(A) What 의문문에 구체적으로 이력서 사본 한 부라고 답한 정답입니다.
(B) 장소를 물어보는 Where 의문문에 대한 답변으로 오답입니다.
(C) 질문과 상관없는 내용의 대답입니다. 질문의 should(~해야 한다)와 대답의 would(~할 것이다)의 발음이 유사한 오답입니다.

---

6 How do I open a new bank account?
   (A) I have 5 copies.
   (B) You can fill out a form.
   (C) He works in the Accounting Department.

새 은행 계좌를 어떻게 개설해야 하나요?
(A) 저는 다섯 부를 가지고 있어요.
(B) 양식을 작성하시면 됩니다.
(C) 그는 회계부에서 일해요.

어휘 bank account 은행 계좌 | fill out 작성하다 | form [fɔ:rm] 양식, 서식

해설 은행 계좌 개설 방법을 묻는 How 의문문입니다.
   (A) 질문의 내용과 상관없는 오답입니다. How many 의문문에 대한 응답으로 더 알맞습니다.
   (B) 은행 계좌 개설 방법을 묻는 질문에 타당한 응답입니다.
   (C) 답변의 Accounting은 질문 account의 파생어로 된 오답입니다. 또한 질문에서 언급되지 않은 3인칭 주어인 He로 대답했기 때문에 주어가 불일치하는 오답입니다.

[미국—미국]

7 What was the weather like on your vacation?
   (A) It was hot every day.
   (B) I don't know where my passport is.
   (C) I'd rather not.

휴가 동안 날씨는 어땠나요?
(A) 매일 더웠어요.
(B) 제 여권이 어디에 있는지 모르겠어요.
(C) 안되겠어요.

어휘 like [laik] ~같이, ~처럼 | passport [pǽspɔ:rt] 여권 | would rather not ~하지 않는(= 'd rather not)

해설 날씨를 물어보는 What의문문입니다.
   (A) 휴가 날씨를 물어보는 질문에 구체적 날씨 상태로 답한 정답입니다.
   (B) 질문에 나온 휴가(vacation)로 연상되는 단어인 여권(passport)을 사용한 오답입니다.
   (C) 질문과 상관없는 내용의 오답입니다. 질문의 weather(날씨)와 대답의 rather(매우) 발음이 유사한 오답입니다.

[영국—미국]

8 How long have you worked as a chef?
   (A) At a buffet restaurant.
   (B) A salad, please.
   (C) For five years.

주방장으로 얼마나 오랫동안 일하셨나요?
(A) 뷔페식당에서요.
(B) 샐러드 주세요.
(C) 5년 동안요.

어휘 as [əz, ǽz] ~로서, ~처럼 | chef [ʃef] 요리사, 주방장 | buffet [bəféi] 뷔페

해설 얼마나 오랫동안 일했는지를 물어보는 How 의문문입니다.
   (A) 장소를 물어보는 Where 의문문에 대한 답변으로 오답입니다.
   (B) 질문에 나온 주방장(chef)과 연상되는 단어인 샐러드(salad)를 사용한 오답입니다.
   (C) How 의문문에 구체적 기간으로 답한 정답입니다.

[호주—영국]

9 What did you think of the presentation?
   (A) It was a birthday present.
   (B) I learned a lot.
   (C) Of course not.

발표에 대해 어떻게 생각했나요?
(A) 그건 생일 선물이었어요.
(B) 많은 것을 배웠어요.
(C) 물론 그렇지 않아요.

어휘 present [préznt] 선물 | learn [lə:rn] 배우다, 공부하다

해설 발표에 대한 의견을 묻는 What 의문문입니다.
   (A) 답변의 present는 질문의 presentation의 파생어로 된 오답입니다.
   (B) 발표에 대한 의견을 물어보는 질문에 대한 타당한 응답입니다.
   (C) 질문과 상관없는 내용의 오답입니다.

[미국-영국]

10 How could I get another cabinet in my office?

    (A) I have other drawers, too.

    (B) Yes, we share an office.

    (C) You can ask Jill.

어떻게 하면 사무실에 캐비닛 하나를 더 얻을 수 있을까요?
(A) 저도 역시 다른 서랍을 갖고 있습니다.
(B) 예, 우리는 사무실 하나를 함께 씁니다.
(C) 질에게 물어보세요.

어휘 another [ən⋀ðər] 또 하나, 다른 | drawer [drɔ́:ər] 서랍 | share [ʃɛər] 공유하다, 나누다

해설 캐비닛 얻는 방법을 물어보는 How 의문문입니다.

    (A) 질문의 캐비닛(cabinet)과 연관성 있는 단어인 서랍(drawers)을 이용한 오답입니다.

    (B) 의문사 의문문에는 Yes/No 대답이 불가능합니다.

    (C) 다른 사람에게 물어보라고 간접적으로 대답하는 정답입니다.

[호주-영국]

11 What time does the gallery open on Sunday?

    (A) Actually, it's closed on Sundays.

    (B) There's one position open.

    (C) On 5th Avenue.

그 미술관은 일요일 몇 시에 문을 열죠?
(A) 사실, 일요일에는 문을 닫습니다.
(B) 한 자리가 공석입니다.
(C) 5번가에서요.

어휘 gallery [gǽləri] 미술관, 화랑 | position [pəzíʃən] 일자리 | open [óupən] (지위·자리 등이) 비어 있는, 공석의

해설 시간을 물어보는 What time 의문문입니다.

    (A) 간접적 이유를 제시하면서 What time 의문문에 대해 대답하고 있습니다.

    (B) 질문과 답변에서 open이 반복되는 오답입니다.

    (C) 장소를 물어보는 Where 의문문에 대한 답변으로 오답입니다.

[미국-미국]

12 How do you like the new computer?

    (A) Set up the software.

    (B) It's working well.

    (C) Yes, they did.

새 컴퓨터는 마음에 드나요?
(A) 소프트웨어를 설치하세요.
(B) 잘 작동됩니다.
(C) 예, 그들은 그랬어요.

어휘 set up 설치하다 | work [wə:rk] 작동하다

해설 의견을 물어보는 How 의문문입니다.

    (A) 질문의 컴퓨터(computer)와 연관성 있는 단어인 소프트웨어(software)를 이용한 오답입니다.

    (B) 새 컴퓨터에 대한 의견을 묻는 질문에 타당한 응답입니다.

    (C) 의문사 의문문에는 Yes/No 대답이 불가능합니다.

● 조동사 의문문

빈칸 채우고 정답 맞추기　　　　　　　　　　　　　　　　　　　p.114

1. (B)	2. (A)	3. (B)	4. (C)	5. (C)

[미국-영국 / 호주-미국]

1 May I borrow your umbrella?
(A) I'll lend you some money.
(B) Yes, of course.

제가 당신의 우산 좀 빌릴 수 있을까요?
(A) 제가 돈을 조금 빌려 드릴게요.
(B) 예, 물론이죠.

어휘 borrow [bárou] 빌리다 | umbrella [ʌmbrélə] 우산 | lend [lend] 빌려주다

해설 우산을 빌릴 수 있는지 묻는 조동사 의문문입니다.
(A) 질문의 빌리다(borrow)와 연관성 있는 단어인 빌려주다(lend)를 이용한 연상단어 오답입니다.
(B) 우산을 빌릴 수 있는지 묻는 질문에 타당한 응답입니다.

[호주-영국 / 미국-미국]

2 Did you go to the sales workshop?
(A) No, I missed it.
(B) At the shopping center.

당신은 판매 워크숍에 갔나요?
(A) 아니요, 저는 가지 못 했어요.
(B) 쇼핑센터에서요.

어휘 sales workshop 판매 워크숍 | miss [mis] 놓치다, 빼먹다

해설 판매 워크숍에 갔는지 묻는 조동사 의문문입니다.
(A) 안 갔다고 하면서 조동사 의문문에 대해 대답하고 있습니다.
(B) 질문의 판매(sales)와 연관성 있는 단어인 쇼핑센터(shopping center)를 이용한 연상단어 오답입니다.

[영국-미국 / 미국-호주]

3 Was that the last bus to 5th Avenue?
(A) Almost five kilometers.
(B) No, there's another one soon.

이 버스가 5번 가로 가는 마지막 버스였나요?
(A) 거의 5 킬로미터요.
(B) 아니요, 곧 다른 버스가 옵니다.

어휘 last [læst] 마지막의, 지난 | avenue [ǽvənjùː] ~가(街), 큰길, 대로 | almost [ɔ́ːlmoust] 거의, 대부분, 약

해설 이 버스가 5번 가로 가는 마지막 버스였는지 묻는 조동사 의문문입니다.
(A) 질문의 5번(fifth)과 연관성 있는 단어인 5(five)를 이용한 연상단어 오답입니다.
(B) 마지막 버스가 아닌 다른 버스가 있다고 말하면서 조동사 의문문에 대해 대답하고 있습니다.

[호주-미국 / 영국-미국]

4 Do you think the copy machine can be repaired?
(A) There's coffee in the staff room.
(B) Send me a copy of the report.
(C) Yes, a technician will fix it tomorrow.

당신은 복사기가 수리될 수 있다고 생각해요?
(A) 직원실에 커피가 있어요.
(B) 저에게 보고서 한부를 보내주세요.
(C) 예, 기술자가 내일 고칠 겁니다.

어휘 staff room 직원실 | send [send] 보내다, 전하다 | technician [tekníʃən] 기술자

해설 복사기가 수리될 수 있는지 묻는 조동사 의문문입니다.
(A) 질문의 copy와 대답의 coffee 발음이 유사한 오답입니다.
(B) 질문과 답변에서 copy가 반복되는 오답입니다.
(C) 내일 기술자가 와서 고칠 거라고 하면서 조동사 의문문에 대해 대답하고 있습니다.

5 Have you seen my green <u>folder</u>?

(A) No, I already <u>folded</u> them.

(B) I'll <u>choose</u> the red one.

(C) Check the top <u>drawer</u>.

당신은 제 녹색 폴더 보았나요?

(A) 아니요, 저는 그것들을 벌써 접었습니다.

(B) 저는 빨간 것으로 고를게요.

(C) 맨 위 서랍을 살펴보세요.

어휘 folder [fóuldər] 폴더 | fold [fould] 접다 | choose [ʧuːz] 선택하다 | drawer [drɔːr] 서랍

해설 녹색 폴더를 본 적이 있는지 묻는 조동사 의문문입니다.

(A) 질문의 folder와 대답의 folded 발음이 유사한 오답입니다.

(B) 질문의 녹색(green)과 연관성 있는 단어인 빨강(red)을 이용한 연상단어 오답입니다.

(C) 맨 위 서랍을 살펴보라고 하면서 조동사 의문문에 대해 대답하고 있습니다.

QUIZ 풀어보기 p.114

1. (A)	2. (B)	3. (A)	4. (A)	5. (B)

[호주-영국]

1 Are you going to the dance festival?

(A) I couldn't get tickets.

(B) The performance starts at 7.

당신은 댄스 축제에 갈 건가요?

(A) 저는 표를 구할 수가 없었어요.

(B) 공연은 7시에 시작합니다.

어휘 dance festival 댄스 축제 | performance [pərfɔ́ːrməns] 공연, 연기

해설 댄스 축제에 갈 건지 묻는 조동사 의문문입니다.

(A) 표를 구할 수가 없었다고 하면서 못 간다며 조동사 의문문에 대답하고 있습니다.

(B) 질문의 축제(festival)와 연관성 있는 단어인 공연(performance)을 이용한 연상단어 오답입니다.

[미국-영국]

2 Have you finished the marketing report?

(A) He reported to Mr. Anderson.

(B) It's almost done.

당신은 마케팅 보고서 작업을 끝냈나요?

(A) 그는 앤더슨 씨에게 보고했어요.

(B) 거의 마무리 됐습니다.

어휘 marketing report 마케팅 보고서 | almost [ɔ́ːlmoust] 거의, 대부분, 약

해설 마케팅 보고서 작업을 끝냈는지 묻는 조동사 의문문입니다.

(A) 답변의 reported는 질문의 report의 파생어로 된 오답입니다.

(B) 거의 다 됐다고 하면서 조동사 의문문에 대해 대답하고 있습니다.

[미국-미국]

3 Can you make a call to the taxi company?

(A) I'd be glad to.

(B) She called us back.

택시회사에 전화 좀 해 주시겠어요?

(A) 기꺼이 해 드리죠.

(B) 그녀가 다시 전화했어요.

어휘 make a call 전화 걸다; 방문하다 | call back 다시 전화를 하다

해설 택시회사에 전화를 해줄 수 있는지 묻는 조동사 의문문입니다.

(A) 기꺼이 해 주겠다고 하면서 조동사 의문문에 대답하고 있습니다.

(B) 답변의 called는 질문에 나온 call의 파생어로 된 오답입니다.

[영국-미국]

4 Is the new Italian restaurant expensive?

(A) Their prices are a little high.

(B) Yes, it's walking distance.

새로운 이탈리아 식당은 비싼가요?

(A) 가격이 조금 비쌉니다.

(B) 예, 걸어갈 수 있는 거리입니다.

Italian [itǽljən] 이탈리아의; 이탈리아인 | **expensive** [ikspénsiv] 비싼 | **price** [prais] 가격, 요금 | **high** [hai] 비싼; 높은 | **walking distance** 도보 거리

해설 새로운 이탈리아 식당이 비싼지 묻는 조동사 의문문입니다.

(A) 가격이 비싸다고 하면서 조동사 의문문에 대답하고 있습니다.

(B) 문맥상 논리적으로 맞지 않는 오답입니다.

[호주-미국]

5 Have you seen the manager lately?

(A) Yes, I can manage it.

(B) He was just here.

최근에 부장님을 보았나요?
(A) 예, 제가 해낼 수 있어요.
(B) 그는 방금까지 여기 있었어요.

어휘 **lately** [léitli] 최근에 | **manage** [mǽnidʒ] 잘 해내다, 다루다

해설 최근에 부장님을 본 적이 있는지 묻는 조동사 의문문입니다.

(A) 질문의 manager과 대답의 manage 발음이 유사한 오답입니다.

(B) 그는 방금 전까지 여기 있었다며 조동사 의문문에 대답하고 있습니다.

● 간접 의문문

빈칸 채우고 정답 맞추기				p.117
1. (A)	2. (A)	3. (A)	4. (B)	5. (A)

[미국-영국 / 호주-미국]

1 Do you know where the post office is?

(A) Yes, follow me.

(B) A meeting has been postponed.

당신은 우체국이 어디 있는지 알고 있나요?
(A) 예, 저를 따라오세요.
(B) 회의는 연기되었습니다.

어휘 **post office** 우체국 | **follow** [fɑ́lou] 따르다, 따라가다 | **postpone** [poustpóun] 연기하다, 미루다

해설 우체국이 어디 있는지 물어보는 간접 의문문입니다.

(A) 알고 있으니 따라오라면서 조동사 의문문에 대답하고 있습니다.

(B) 질문의 post office와 대답의 postponed 발음이 유사한 오답입니다.

[호주-영국 / 미국-미국]

2 Do you know when the report is due?

(A) Not until next week.

(B) I'm not a reporter.

당신은 보고서 마감이 언제인지 아시나요?
(A) 다음 주나 되어야 해요.
(B) 저는 기자가 아닙니다.

어휘 **due** [dju:] ~하기로 되어있는, 만기가 된 | **not until** ~나 되어서야 | **reporter** [ripɔ́:rtər] 기자, 리포터

해설 보고서 마감이 언제인지를 묻는 간접 의문문입니다.

(A) 다음 주나 되어야 한다며 조동사 의문문에 대답하고 있습니다.

(B) 답변의 reporter는 질문에 나온 report의 파생어로 된 오답입니다.

[영국-미국 / 미국-호주]

3 Do you know who Jenny is meeting with?

(A) A new client.

(B) The conference room.

당신은 제니가 누구를 만나는지 아시나요?
(A) 새로운 고객이요.
(B) 회의실이요.

어휘 **client** [klɑ́iənt] 고객, 의뢰인 | **conference** [kɑ́nfərəns] 회의

해설 제니가 누구를 만나는지 묻는 간접 의문문입니다.

(A) 새로운 고객을 만나고 있다며 간접 의문문에 대답하고 있습니다.

(B) 질문의 만나다(meeting)와 연관성 있는 단어인 회의실(conference room)을 이용한 연상단어 오답입니다.

4 Do you know why the <u>library</u> is closed?
(A) I can <u>return</u> the book.
(B) They've changed their hours.
(C) Close to the bus <u>stop</u>.

당신은 도서관이 왜 문을 닫았는지 아나요?
(A) 제가 책을 반납할 수 있어요.
(B) 그들은 개관 시간을 바꾸었어요.
(C) 버스 정류장 근처예요.

어휘 return [ritə́:rn] 반납하다, 돌려주다 | hour [auər] (근무 · 영업) 시간; 1시간

해설 도서관이 왜 문을 닫았는지 묻는 간접 의문문입니다.
(A) 질문의 도서관(library)과 연관있는 오답입니다.
(B) 그들이 개관 시간을 바꾸었다며 간접 의문문에 대답하고 있습니다.
(C) 질문과 답변에서 closed, close가 반복되는 오답입니다. 질문의 closed는 '(문을) 닫다', 답변의 close는 '근처의'라는 뜻으로 쓰였습니다.

---

5 Do you think we should get a new <u>projector</u> for the next presentation?
(A) The manager is considering it.
(B) He wasn't <u>present</u> at the meeting.
(C) The president <u>approved</u> the new project.

당신은 다음 발표를 위해 우리가 새 영사기를
구입해야 한다고 생각하나요?
(A) 부장님이 고려중입니다.
(B) 그는 회의에 참석하지 않았어요.
(C) 회장님이 새로운 프로젝트를 승인했어요.

어휘 projector [prədʒéktər] 영사기, 프로젝터 | consider [kənsídər] 고려하다. 여기다 | present [préznt] 참석한, 출석한 | approve [əprú:v]
승인하다, 허가하다

해설 다음 발표를 위해 새 영사기를 구입해야 하는지 묻는 간접 의문문입니다.
(A) 부장님이 아직 고려하고 있다며 간접 의문문에 대답하고 있습니다.
(B) 답변의 present는 질문 presentation의 파생어로 된 오답입니다.
(C) 질문의 projector와 대답의 project 발음이 유사한 오답입니다.

QUIZ 풀어보기				p.117
1. (B)	2. (B)	3. (A)	4. (A)	5. (A)

1 Can you tell me where Terry is working?
(A) No, it isn't working.
(B) In our Tokyo branch.

당신은 테리가 어디에서 일하는지 저에게 말해
줄 수 있나요?
(A) 아니요, 그것은 작동하지 않아요.
(B) 우리의 도쿄 지사에서요.

어휘 work [wə:rk] 일하다; 작동하다 | branch [bræntʃ] 지사, 지점

해설 테리가 어디서 일하는지 묻는 조동사 의문문입니다.
(A) 질문과 답변에서 working이 반복되는 오답입니다.
(B) 도쿄 지사라며 조동사 의문문에 대답하고 있습니다.

---

2 Do you know how often the train comes?
(A) It's already closed.
(B) About half an hour.

당신은 얼마나 자주 기차가 오는지 알고 있나
요?
(A) 벌써 문을 닫았어요.
(B) 약 30분 마다요.

어휘 already [ɔ:lrédi] 이미, 벌써 | half [hæf] 절반, 1/2

해설 얼마나 자주 기차가 오는지 묻는 간접 의문문입니다.
(A) 질문과 상관없는 내용의 오답입니다.
(B) 30분 마다 기차가 온다며 간접 의문문에 대답하고 있습니다.

3 Do you know why Mr. Miller is moving?

(A) He accepted a job offer.

(B) By train.

당신은 밀러 씨가 왜 이사 가는지 아시나요?
(A) 그는 일자리 제의를 수락했어요.
(B) 기차로요.

어휘 move [mu:v] 이사하다, 이동하다 | accept [æksépt] 받아들이다, 수용하다

해설 밀러 씨가 이사 가는 이유를 묻는 간접 의문문입니다.

(A) 밀러 씨가 일자리 제의를 수락했다며 간접 의문문에 대답하고 있습니다.

(B) 문제의 이사하다, 움직이다(move)와 연관성 있는 단어인 기차(train)를 이용한 연상단어 오답입니다.

---

4 Do you know how many people are coming?

(A) Let me ask the secretary.

(B) Twice a day.

당신은 몇 명이 오는지 알고 있나요?
(A) 제가 비서에게 물어볼게요.
(B) 하루에 두 번이요.

어휘 secretary [sékrətèri] 비서 | twice [twais] 두 번

해설 몇 명이 오는지 묻는 간접 의문문입니다.

(A) 비서에게 물어보겠다며 간접 의문문에 대답하고 있습니다.

(B) 질문과 상관없는 내용의 오답입니다.

---

5 Do you know why the fax machine isn't working?

(A) Is it plugged in?

(B) I can send it by fax.

왜 팩스기가 작동하지 않는지 아나요?
(A) 전원이 연결되어 있나요?
(B) 저는 그것을 팩스로 보낼 수 있어요.

어휘 plug [plʌg] 전원을 연결하다, 플러그를 꽂다 | send [send] 보내다, 전하다

해설 팩스기가 작동하지 않는 이유를 묻는 간접 의문문입니다.

(A) 전원이 연결되어 있는지 확인해보라며 간접 의문문에 대답하고 있습니다.

(B) 질문과 답변에서 fax가 반복되는 오답입니다.

부정어가 들어있는 의문문 Yes/No 응답하기   p.118

① Yes	② No	③ Yes	④ No	⑤ No	⑥ Yes	⑦ Yes	⑧ Yes	⑨ No	⑩ No

① 오늘 진료예약이 있지 않나요?   예, 가봐야 해요.

② 우리와 같이 저녁식사 하지 않을래요?   아니요, 안 돼요.

③ 휴식시간을 가져야 하지 않을까요?   예, 그거 좋네요.

④ 전에 우리 공장에 온 적 있지 않나요?   아니요, 이번이 처음입니다.

⑤ 어제 교육 받지 않았나요?   아니요, 저는 거기 없었어요.

⑥ 소포가 오늘 오지 않나요?   예, 오후에요.

⑦ 내일 회의에 오지 않나요?   예, 가능하면요.

⑧ 저것은 오늘 신문이 아니죠, 그렇지 않나요?   예, 어제 샀어요.

⑨ 이것은 당신 자신의 계획이 아니죠, 그렇죠?   아니요, 사라의 계획입니다.

⑩ 탐은 보고서를 끝내지 못했어요, 그렇죠?   아니요, 여전히 작성 중에 있습니다.

실전문제   p.119

1. (B)	2. (B)	3. (A)	4. (A)	5. (A)	6. (B)
7. (B)	8. (B)	9. (A)	10. (A)	11. (A)	12. (C)

1 Do you want to join us for coffee after work?
   (A) Without sugar, please.
   (B) Thanks but I'm busy then.
   (C) No, I didn't make them.

퇴근 후에 함께 커피 한 잔 할래요?
(A) 설탕 없이 부탁해요.
(B) 고맙지만 그때 바쁩니다.
(C) 아니요, 저는 그것들을 만들지 않았어요.

어휘 join [ʤɔin] 참여하다, 합류하다 | after work 퇴근 후에 | without [wiðáut, wiθáut] ~없이, ~하지 않고 | then [ðen] 그 때, 그 이후에

해설 커피 한 잔 할 것인지 물어보면서 일반동사 Do로 시작하는 조동사 의문문입니다.
   (A) 질문의 커피(coffee)와 연관성 있는 단어인 설탕(sugar)을 이용한 오답입니다.
   (B) 일단 고맙다(Thanks)라고 말한 뒤, 바쁘다(busy)고 대답하고 있으므로 정답입니다.
   (C) 질문과 상관없는 내용의 오답입니다.

[미국-호주]

2 Do you have any rooms available?
   (A) It starts soon.
   (B) Yes, there are a few left.
   (C) I'm free tonight.

빈 방 있나요?
(A) 그것은 곧 시작합니다.
(B) 예, 몇 개가 남아있습니다.
(C) 저는 오늘 저녁에 한가합니다.

어휘 available [əvéiləbl] 이용할 수 있는, 시간이 있는 | left [left] 남았다, 떠났다(leave의 과거, 과거분사)

해설 빈 방 여부를 물어보면서 일반동사 Do로 시작하는 조동사 의문문입니다.
   (A) 질문과 상관없는 내용의 오답입니다.
   (B) Yes라며 긍정적으로 응답하고, 몇 개가 남아있다(there are a few left)고 부연 설명을 한 정답입니다.
   (C) 질문의 available(시간이 있는)과 의미상 유사 단어인 free(한가한)를 이용한 오답입니다.

[미국-영국]

3 Has Mr. Lee already gone to the airport?
   (A) Yes, he's just left.
   (B) He's from Madrid.
   (C) I finished the report.

이 씨는 이미 공항에 갔죠?
(A) 예, 그는 방금 떠났습니다.
(B) 그는 마드리드에서 왔습니다.
(C) 저는 보고서를 마무리 했습니다.

어휘 already [ɔːlrédi] 이미, 벌써 | Madrid [mǽdrid, mədríd] 마드리드(스페인의 수도)

해설 이 씨가 공항으로 이미 떠났는지 물어보면서 Have(Has)로 시작하는 현재완료 의문문입니다.
   (A) Yes라며 긍정적으로 응답하고, 방금 떠났다(he's just left)고 부연 설명을 한 정답입니다.
   (B) 출신을 물어보는 Where 의문에 대한 답변으로 오답입니다.
   (C) 질문의 airport(공항)와 대답의 report(보고서) 발음이 유사한 오답입니다.

[영국-미국]

4 Did you get the desk you ordered?
   (A) Yes, it's in my office.
   (B) In the pamphlet.
   (C) Not that expensive.

당신은 주문한 책상 받았나요?
(A) 예, 그것은 사무실 안에 있습니다.
(B) 그 팸플릿 안에요.
(C) 그렇게 비싸지 않아요.

어휘 order [ɔ́ːrdər] 주문하다 | pamphlet [pǽmflət] 팸플릿, 소책자 | expensive [ikspénsiv] 비싼

해설 주문한 책상의 배송여부를 확인하면서 일반동사 Do(Did)로 시작하는 조동사 의문문입니다.
   (A) Yes라며 긍정적으로 응답하고, 사무실 안에 있다(it's in my office)고 부연 설명을 한 정답입니다.
   (B) 질문과 상관없는 내용의 오답입니다.
   (C) 주문한 책상의 가격을 묻는 질문에 대한 답변으로 오답입니다.

5 Can you show me how to use this fax machine?
(A) I can do it after lunch.
(B) The show begins at 7 P.M.
(C) The printer stopped working.

이 팩스기 사용법을 보여 줄 수 있나요?
(A) 점심식사 후에 제가 보여줄게요.
(B) 쇼는 7시에 시작합니다.
(C) 프린터가 작동을 멈췄어요.

어휘 show [ʃou] 보여주다 | begin [bigín] 시작하다, 출발하다 | stop [stap] 멈추다, 중단하다

해설 팩스기 사용법을 물어보면서 조동사 Can으로 시작하는 의문문입니다.
(A) 팩스기 사용법을 보여 달라는 질문에 타당한 응답입니다.
(B) 질문과 답변에서 show가 반복되는 오답입니다.
(C) 문제의 팩스기(fax machine)와 연관성 있는 단어인 프린터(printer)를 이용한 연상단어 오답입니다.

[호주-미국]

6 Has the repairperson fixed the copy machine?
(A) Six copies, please.
(B) He's just finished.
(C) I think that's fair.

수리공이 복사기를 고쳤나요?
(A) 6부 부탁합니다.
(B) 그는 막 고쳤어요.
(C) 저는 그게 공정하다고 생각해요.

어휘 repairperson [ripέərpə̀:rsn] 수리공 | fair [fɛər] 공정한, 타당한

해설 복사기를 다 고쳤는지를 물어보면서 Have(Has)로 시작하는 현재완료 의문문입니다.
(A) 질문과 답변에서 copy, copies가 반복되는 오답입니다.
(B) 복사기를 고쳤냐는 질문에 타당한 응답입니다.
(C) 질문에서 언급되지 않은 1인칭 주어인 I로 대답했기 때문에 주어가 불일치하는 오답입니다.

[미국-미국]

7 Do you know why Mr. Anderson isn't in his office?
(A) I'll be back in a minute.
(B) He's at a seminar.
(C) No, I don't need his assistance.

당신은 앤더슨 씨가 왜 사무실에 없는지 아시나요?
(A) 금방 돌아오겠습니다.
(B) 그는 세미나에 있어요.
(C) 아니요, 저는 그의 도움은 필요치 않아요.

어휘 in a minute 즉각, 당장 | assistance [əsístəns] 도움, 지원

해설 앤더슨 씨가 사무실에 없는 이유를 물어보면서 의문사 Why로 시작하는 간접 의문문입니다.
(A) 주로 시간과 때를 물어보는 When 의문문에 어울리는 답변으로 오답입니다.
(B) 앤더슨 씨가 사무실에 없는 이유에 타당한 응답입니다.
(C) 질문과 상관없는 내용의 오답입니다.

[영국-미국]

8 Don't you have a doctor's appointment today?
(A) Jason went to the hospital yesterday.
(B) Yes, I'd better go.
(C) Thanks for the offer.

오늘 진료 예약이 있지 않나요?
(A) 제이슨은 어제 병원에 갔습니다.
(B) 예, 가 봐야겠네요.
(C) 제안해주셔서 감사합니다.

어휘 appointment [əpɔ́intmənt] 예약, 약속 | had better(='d better) ~하는 것이 좋다 | offer [ɔ́:fər] 제안, 제공

해설 진찰 예약 여부를 물어보면서 Don't로 시작하는 부정 의문문입니다.
(A) 문제의 의사(doctor)와 연관성 있는 단어인 병원(hospital)을 이용한 오답입니다.
(B) Yes라며 긍정적으로 응답하고, 가 봐야겠다(I'd better go)고 부연 설명을 한 정답입니다.
(C) 질문과 상관없는 내용의 오답입니다.

[호주-영국]

9 Isn't Mr. Lewis supposed to attend the seminar today?

(A) **Yes, he is on his way.**

(B) Every half hour.

(C) It was held at a convention center.

루이스 씨가 오늘 세미나에 참석하기로 하지 않았나요?
(A) 예, 그는 오고 있어요.
(B) 매 30분마다요.
(C) 그것은 컨벤션 센터에서 열렸습니다.

어휘 be supposed to ~하기로 되어 있다, ~할 예정이다 | on one's way ~하는 도중에 | held [held] 열었다, 개최했다 (hold의 과거·과거분사) | convention center 컨벤션 센터(회의·전시 장소나 숙박 시설이 집중된 지역 또는 종합 빌딩)

해설 세미나 참가 여부를 물어보면서 Isn't로 시작하는 부정 의문문입니다.

(A) Yes라며 긍정적으로 응답하고, 그가 오고 있다(he is on his way)고 부연 설명을 한 정답입니다.

(B) 빈도를 물어보는 How often 의문문에 대한 답변으로 오답입니다.

(C) 장소를 물어보는 Where 의문문에 대한 답변으로 오답입니다.

[미국-영국]

10 Are you bringing a colleague to the reception?

(A) **I'm thinking about it.**

(B) How long does it take?

(C) Help yourself.

환영회에 동료를 데려올 건가요?
(A) 생각 중입니다.
(B) 얼마나 걸리죠?
(C) 마음껏 드세요.

어휘 bring [briŋ] 데려오다 | colleague [kάliːg] 동료 | reception [risépʃən] 환영회, 리셉션

해설 환영회에 동료를 데려올지 여부를 물어보면서 Be동사로 시작하는 의문문입니다.

(A) 긍정도 부정도 아닌 생각 중(thinking about)이라는 애매모호한 표현으로 Be동사로 시작하는 의문문에 대해 대답하고 있습니다.

(B) 질문과 상관없는 내용의 오답입니다.

(C) reception(환영회)에 차려놓은 음식을 연상해서 답할 수 있는 표현으로 오답입니다.

[호주-영국]

11 Didn't you send an invitation to Ms. Belle?

(A) **I sent it yesterday.**

(B) The grand opening.

(C) About 100 people.

벨 씨에게 초대장을 보내지 않았나요?
(A) 제가 어제 보냈어요.
(B) 개업식이에요.
(C) 약 100명입니다.

어휘 invitation [ìnvitéiʃən] 초대(장) | grand opening 개업식, 개점, 개장

해설 초대장을 보냈는지 여부를 물어보면서 Didn't로 시작하는 부정 의문문입니다.

(A) 내가 어제 보냈다(I sent it yesterday.)라고 Didn't로 시작하는 부정 의문문에 대해 대답하고 있습니다.

(B) 문제의 invitation(초대장)과 연관성 있는 단어인 개업식(grand opening)을 이용한 오답입니다.

(C) 몇 명인지를 물어보는 How many 의문문에 대한 답변으로 오답입니다.

[미국-미국]

12 Have you signed the contract?

(A) Contact me when you arrive.

(B) The sign says 'No Smoking'.

(C) **I haven't had a chance yet.**

계약서에 서명했나요?
(A) 도착하면 저에게 연락주세요.
(B) 표지판에 '금연'이라고 적혀 있어요.
(C) 아직 그럴 기회가 없었습니다.

어휘 contract [kάntrækt; kɔ́n-] 계약(서) | sign [sain] 서명하다: 표지, 간판 | yet [jet] 아직

해설 계약서에 서명했는지 물어보면서 Have로 시작하는 현재완료 의문문입니다.

(A) 질문의 contract(계약(서))와 대답의 Contact(연락하다) 발음이 유사한 오답입니다.

(B) 질문에서는 signed(서명하다), 답변에서 sign(표지판)을 사용하는 오답입니다.

(C) 현재완료 의문문에 아직 그럴 기회가 없었다며 부정적으로 답한 정답입니다.

● 선택 의문문

빈칸 채우고 정답 맞추기				p.126
1. (B)	2. (A)	3. (A)	4. (C)	5. (A)

[미국–영국 / 호주–미국]

1 Would you rather walk or take a bus?
(A) I like that one.
(B) Which would you prefer?

당신은 걸어가고 싶나요, 아니면 버스타고 싶나요?
(A) 저는 그게 좋아요.
(B) 당신은 어떤 것을 선호하는데요?

어휘 rather [rǽðər] 오히려, 차라리 | prefer [prifə́:r] 선호하다, 좋아하다

해설 걸어가고 싶은지, 버스를 타고 싶은지 물어보는 선택 의문문입니다.
(A) 문맥상 논리적으로 맞지 않는 오답입니다.
(B) 상대방은 어떤 것이 좋은지 물어보면서 선택 의문문에 대답하고 있습니다.

[호주–영국 / 미국–미국]

2 Would you like some sugar or cream with your coffee?
(A) Neither, thanks.
(B) At the outdoor cafe.

당신의 커피에 설탕을 넣을 건가요, 아니면 크림을 넣을 건가요?
(A) 둘 다 됐어요, 감사합니다.
(B) 야외 카페에서요.

어휘 neither [ní:ðər, nái-] (둘 중)어느 것도 아니다 | outdoor [áutdɔ̀:r] 야외의, 집밖의

해설 커피에 무엇을 넣을 것인지 물어보는 선택 의문문입니다.
(A) 둘 다 아니라며 선택 의문문에 대답하고 있습니다.
(B) 질문의 커피(coffee)와 연관성 있는 단어인 카페(cafe)를 이용한 연상단어 오답입니다.

[영국–미국 / 미국–호주]

3 Do you want the information sent to you by e-mail or by fax?
(A) Either will be fine.
(B) It hasn't arrived.

그 정보를 이메일로 보낼까요, 아니면 팩스로 보낼까요?
(A) 어느 쪽도 괜찮아요.
(B) 아직 도착하지 않았어요.

어휘 information [ìnfərméiʃən] 정보 | either [í:ðər] 양쪽의, 어느 쪽 | fine [fain] 좋은, 훌륭한

해설 정보를 이메일로 보낼지, 팩스로 보낼지 물어보는 선택 의문문입니다.
(A) 어느 쪽도 괜찮다며 선택 의문문에 대답하고 있습니다.
(B) 질문의 보내지다(sent)와 연관성 있는 단어인 도착했다(arrived)를 이용한 연상단어 오답입니다.

[호주–미국 / 영국–미국]

4 Should I send the document now or after the speech?
(A) Both of the pages.
(B) I believe there is.
(C) Wait until after.

제가 서류를 지금 보내야 하나요, 아니면 연설 이후에 보내야 하나요?
(A) 양 쪽 페이지 모두요.
(B) 저는 있다고 생각합니다.
(C) 연설 이후까지 기다려주세요.

어휘 document [dɑ́kjumənt, dɔ́k-] 서류, 문서 | speech [spi:tʃ] 연설, 말 | both [bouθ] 둘 다(의) | until [əntíl, ʌn-] ~할 때까지

해설 서류를 언제 보내야 할지 물어보는 선택 의문문입니다.
(A) 문맥상 논리적으로 맞지 않는 오답입니다.
(B) 질문과 상관없는 내용의 오답입니다.
(C) 연설 이후까지 기다리라며 선택 의문문에 대답하고 있습니다.

---

5 Would you like to sit in the cafeteria or on the <u>patio</u>?

    (A) Let's stay indoors.

    (B) A <u>salad</u>, please.

    (C) No, <u>turn</u> left.

식당 안에 앉을래요, 아니면 테라스에 앉을래요?
(A) 실내에 머무릅시다.
(B) 샐러드 주세요.
(C) 아니요, 좌회전 하세요.

어휘 patio [pǽtiòu] 테라스, 안뜰 | indoor [índɔ̀ːr] 실내의 | turn [təːrn] 돌다, 돌리다

해설 식당과 테라스 중 어디에 앉을지 물어보는 선택 의문문입니다.

    (A) 실내에 앉자며 선택 의문문에 대답하고 있습니다.

    (B) 질문의 식당(cafeteria)과 연관성 있는 단어인 샐러드(salad)를 이용한 연상단어 오답입니다.

    (C) 질문과 상관없는 내용의 오답입니다.

QUIZ 풀어보기　　　　　　　　　　　　　　　　　　　　　p.126

1. (A)	2. (B)	3. (B)	4. (A)	5. (B)

[호주-영국]

1 Do you prefer steak or spaghetti for dinner?

    (A) Whichever you want.

    (B) You're welcome.

당신은 저녁식사로 스테이크와 스파게티 중 어떤 것을 선호하시나요?
(A) 당신이 원하는 어떤 것이라도요.
(B) 천만에요.

어휘 whichever [hwìtʃévər] 어떤 것이라도, 어느 쪽이든

해설 저녁식사로 무엇이 좋을지 물어보는 선택 의문문입니다.

    (A) 아무 것이나 좋다고 하며 선택 의문문에 대답하고 있습니다.

    (B) 질문과 상관없는 내용의 오답입니다.

[미국-영국]

2 Would you like to see a movie or a play?

    (A) He directed the film.

    (B) How about going to a musical?

당신은 영화가 보고 싶나요, 아니면 연극이 보고 싶나요?
(A) 그가 그 영화를 감독했어요.
(B) 뮤지컬 보러가는 건 어때요?

어휘 play [plei] 연극, 경기 | direct [dirékt, dai-] 감독하다, 연출하다 | film [film] 영화

해설 영화나 연극 중 무엇을 볼 것인지 물어보는 선택 의문문입니다.

    (A) 질문의 영화(movie)와 연관성 있는 단어인 감독했다(directed)를 이용한 연상단어 오답입니다.

    (B) 뮤지컬을 보러가자고 하면서 선택 의문문에 대답하고 있습니다.

[미국-미국]

3 Should we buy some new chairs or keep the old ones?

    (A) In the catalog.

    (B) That depends on the price.

우리가 새 의자를 구입해야 할까요, 아니면 오래된 의자를 그냥 둬야 할까요?
(A) 카탈로그에요.
(B) 가격에 따라 다르죠.

어휘 keep [kiːp] 유지하다, 보관하다 | catalog [kǽtəlɔ̀ːg] 카탈로그 | depend on ~에 달려있다

해설 새 의자를 구입할지, 오래된 의자를 그대로 둘지 물어보는 선택 의문문입니다.

    (A) 질문과 상관없는 내용의 오답입니다.

    (B) 가격에 따라 다르다며 선택 의문문에 대답하고 있습니다.

[영국-미국]

4 Are you ready to leave now or do you want to stay a while?

    (A) I'd like to go.

    (B) I don't know why.

지금 떠나고 싶나요, 아니면 잠깐 머무르고 싶나요?
(A) 저는 가고 싶습니다.
(B) 저는 이유를 모르겠어요.

해설 지금 떠나고 싶은지, 잠깐 있고 싶은지 물어보는 선택 의문문입니다.

(A) 지금 가고 싶다며 선택 의문문에 대답하고 있습니다.

(B) 질문과 상관없는 내용의 오답입니다.

[호주—미국]

5 Are you going to the theater tonight or do you have other plans?

(A) That's what I heard.

(B) Actually, I'm going to the gym.

당신은 오늘 밤 극장에 가나요, 아니면 다른 계획이 있나요?

(A) 저도 그렇게 들었어요.

(B) 사실, 체육관에 갑니다.

어휘 tonight [tənáit] 오늘 밤, 오늘 저녁 | gym [ʤim] 체육관

해설 오늘 밤 극장에 가는지, 다른 계획이 있는지 물어보는 선택 의문문입니다.

(A) 질문과 상관없는 내용의 오답입니다.

(B) 체육관에 간다며 선택 의문문에 대답하고 있습니다.

● 제안 · 요청 의문문

빈칸 채우고 정답 맞추기   p.129

1. (B)	2. (B)	3. (B)	4. (B)	5. (C)

[미국—영국 / 호주—미국]

1 Could you pass me the user's manual?

(A) I passed him this morning.

(B) Sure, where is it?

사용자 설명서 좀 건네줄래요?

(A) 저는 오늘 아침에 그를 지나쳤어요.

(B) 물론이죠, 어디에 있나요?

어휘 manual [mǽnjuəl] 설명서, 안내책자 | pass [pæs] 지나가다; 건네주다

해설 사용자 설명서를 건네 달라는 요청 의문문입니다.

(A) 답변의 passed는 질문에 나온 pass의 파생어로 된 오답입니다.

(B) 건네주겠다며 어디에 있는지 물어보면서 요청 의문문에 대답하고 있습니다.

[호주—영국 / 미국—미국]

2 Would you like to join our Tennis Club?

(A) Usually at lunch time.

(B) I'd be delighted to.

우리 테니스 모임에 참가할래요?

(A) 보통 점심때요.

(B) 기꺼이 좋습니다.

어휘 usually [júːʒuəli, -ʒwəli] 보통, 대개 | delighted [diláitid] 기쁜, 즐거워하는

해설 테니스 모임에 참가하라는 제안 의문문입니다.

(A) 질문과 상관없는 내용의 오답입니다.

(B) 참가하고 싶다며 제안 의문문에 대답하고 있습니다.

[영국—미국 / 미국—호주]

3 Can anyone take these samples to the lab?

(A) It's a simple question.

(B) I can do it in a minute.

누가 이 견본들을 실험실로 가져갈 수 있나요?

(A) 그것은 간단한 문제입니다.

(B) 제가 당장 할 수 있습니다.

어휘 anyone [éniwʌn, -wən] (주로 부정문·의문문에서) 누군가, 아무도 | take A to B A를 B로 가져가다, 데려가다 | sample [sǽmpl] 견본, 샘플 | simple [símpl] 간단한, 단순한 | in a minute 즉각, 당장

해설 누가 견본들을 실험실로 가져갈 수 있는지 물어보는 요청 의문문입니다.

(A) 질문의 samples와 대답의 simple 발음이 유사한 오답입니다.

(B) 지금 당장 할 수 있다며 요청 의문문에 대답하고 있습니다.

4 Would you <u>mind</u> opening the door?

(A) On the 4th <u>floor</u>.

(B) No, <u>not</u> at all.

(C) It's only <u>open</u> in the evening.

문 좀 열어도 될까요?
(A) 4층에서요.
(B) 그럼요, 괜찮습니다.
(C) 저녁에만 문을 엽니다.

어휘 mind [maind] (주로 조건 · 의문문에서) 신경 쓰다, 싫어하다 | not at all (무엇에 정중히 동의할 때) 네, 괜찮아요

해설 문을 열어도 되는지 물어보는 제안 의문문입니다.

(A) 문맥상 논리적으로 맞지 않는 오답입니다.

(B) 문을 열어도 된다고 하면서 제안 의문문에 대답하고 있습니다.

(C) 답변에 나온 open의 파생어인 opening이 질문에 나온 오답입니다.

[미국-미국 / 영국-호주]

5 Why don't we ask the manager for his <u>opinion</u>?

(A) It's in <u>use</u>.

(B) A lot of good <u>ideas</u>.

(C) Is he <u>available</u> today?

부장님 의견을 물어보는 게 어때요?
(A) 그것은 사용 중입니다.
(B) 많은 좋은 아이디어들입니다.
(C) 그는 오늘 시간 되나요?

어휘 opinion [əpínjən] 의견, 견해 | be in use 사용되고 있다 | available [əvéiləbl] 시간이 있는

해설 부장님 의견을 물어보는 게 어떨지 물어보는 제안 의문문입니다.

(A) 질문과 상관없는 내용의 오답입니다.

(B) 질문의 의견(opinion)과 연관성 있는 단어인 아이디어(ideas)를 이용한 연상단어 오답입니다.

(C) 부장님 시간이 되는지 물어보면서 제안 의문문에 대답하고 있습니다.

QUIZ 풀어보기				p.129
1. (A)	2. (B)	3. (A)	4. (A)	5. (B)

[호주-영국]

1 Could you introduce us?

(A) Sure, I'd be glad to.

(B) Yes, they did.

당신이 우리를 소개해 주시겠습니까?
(A) 물론이죠, 제가 기꺼이 하겠습니다.
(B) 예, 그들은 했습니다.

어휘 introduce [ìntrədjúːs] 소개하다 | glad [glæd] 기쁜, 좋은

해설 우리를 소개해 줄 수 있는지 물어보는 요청 의문문입니다.

(A) 그렇게 하겠다며 요청 의문문에 대답하고 있습니다.

(B) 질문과 상관없는 내용의 오답입니다.

[미국-영국]

2 Why don't you stop by before noon?

(A) Everything will be fine.

(B) I will probably be there around 11.

당신이 정오 전에 들르는 게 어때요?
(A) 모든 것이 잘 될 겁니다.
(B) 제가 아마도 11시경에 갈 것 같아요.

어휘 stop by 들르다(= drop by) | around [əráund] 약, 대략

해설 정오 전에 들르는 게 어떨지 물어보는 제안 의문문입니다.

(A) 질문과 상관없는 내용의 오답입니다.

(B) 11시 경에 들를 것 같다며 제안 의문문에 대답하고 있습니다.

---

3 Could you help me find a shirt in my size?
   (A) I'll be right with you.
   (B) It suits you well.

당신은 제 사이즈의 셔츠를 찾는 것을 도와줄
수 있나요?
(A) 제가 바로 도와드릴게요.
(B) 그것이 당신에게 잘 어울리네요.

어휘 find [faind] 찾다, 발견하다 | suit [su:t] 어울리다; 정장

해설 사이즈에 맞는 셔츠를 찾아줄 수 있는지 물어보는 요청 의문문입니다.
(A) 바로 도와주겠다며 요청 의문문에 대답하고 있습니다.
(B) 질문의 셔츠(shirt)와 관련 있는 오답입니다.

---

4 Why don't we meet at the cafe after work?
   (A) That sounds like a great idea.
   (B) I met him at the coffee shop.

우리가 퇴근 후에 카페에서 만나는 건 어떨까
요?
(A) 좋은 생각입니다.
(B) 저는 그를 커피숍에서 만났어요.

어휘 after work 퇴근 후에

해설 퇴근 후에 카페에서 만나는 것은 어떨지 물어보는 제안 의문문입니다.
(A) 좋은 생각이라며 제안 의문문에 대답하고 있습니다.
(B) 질문의 카페(cafe)와 연관성 있는 단어인 커피숍(coffee shop)을 이용한 연상단어 오답입니다.

---

5 Would you like to see our latest catalog?
   (A) Here you are.
   (B) Do you have a copy?

우리의 최신 카탈로그 볼래요?
(A) 여기 이거 받으세요.
(B) 사본 있나요?

어휘 latest [léitist] 최신의, 최근의 | catalog [kǽtəlɔ̀:g] 카탈로그, 목록 | Here you are. (상대방에게 무엇을 주면서 하는 말) 자, 여기 있습니다.

해설 우리의 최신 카탈로그를 볼 것인지 묻는 제안 의문문입니다.
(A) 질문과 상관없는 내용의 오답입니다.
(B) 사본이 있는지 물어보면서 제안 의문문에 대답하고 있습니다.

실전문제   p.131

1. (C)	2. (B)	3. (C)	4. (B)	5. (A)	6. (C)
7. (C)	8. (B)	9. (C)	10. (B)	11. (A)	12. (B)

1 Do you have another blueprint or is this the only copy?
   (A) Only two times.
   (B) The printer is out of paper.
   (C) I have another.

당신은 또 다른 청사진을 갖고 있나요, 아니면
이것이 유일한 사본인가요?
(A) 단지 두 번만이요.
(B) 프린터 용지가 다 떨어졌어요.
(C) 제가 또 하나를 갖고 있어요.

어휘 another [ənʌ́ðər] 또 하나(의) | blueprint [blú:print] 청사진 | times [taimz] ~번; ~배 | out of paper 종이가 다 떨어진

해설 A or B 의문문에서 A와 B 중 하나를 고르는 의문문입니다.
(A) 질문과 답변에서 only가 반복되는 오답입니다.
(B) 질문의 blueprint(청사진)와 대답의 printer(프린터) 발음이 유사한 오답입니다.
(C) 다른 청사진을 가지고 있다며 답한 정답입니다.

---

2 Could I pick up a car at about 6:30?

(A) She'll travel by train.

(B) Sorry, we close at 6 o'clock.

(C) I'll pick you up at 7 o'clock.

6시 30분쯤에 차를 가지러 가도 될까요?

(A) 그녀는 기차로 여행을 할 겁니다.

(B) 죄송하지만, 저희는 6시에 문을 닫습니다.

(C) 제가 7시에 당신을 데리러 갈게요.

어휘 pick up (차를) 가져가다, ~를 (차에) 태우러 가다 | about [əbáut] 약, 대략

해설 부탁과 요청을 하는 의문문입니다.

(A) 질문의 차(car)와 연관성 있는 단어인 기차(train)를 이용한 오답입니다.

(B) 6시에 문을 닫기 때문에 안 된다고 표현하는 정답입니다.

(C) 질문과 답변에서 pick up이 반복되는 오답입니다.

[미국-영국]

3 Would you prefer to meet at the office or in the main lobby?

(A) We have no rooms.

(B) They come here often.

(C) I'll see you in the lobby.

당신은 사무실에서 만나는 것을 선호하나요, 아니면 중앙 로비에서 만나는 것을 선호하나요?

(A) 우리는 객실이 없습니다.

(B) 그들은 여기 자주 옵니다.

(C) 로비에서 만납시다.

어휘 prefer [prifə́:r] 선호하다, 좋아하다 | main lobby 중앙 로비 | often [ɔ́:fən] 자주, 종종

해설 A or B 의문문에서 A와 B 중 하나를 고르는 의문문입니다.

(A) 질문의 로비(lobby)와 연관성 있는 단어인 객실(rooms)을 이용한 오답입니다.

(B) 질문과 상관없는 내용의 오답입니다.

(C) 선택 의문문에서 로비를 선택한 정답입니다.

[영국-미국]

4 Why don't we discuss the proposal next Wednesday?

(A) Okay, we'll try not to.

(B) We should probably talk about them sooner.

(C) Yes, I'm next in line.

다음 주 수요일에 그 제안을 논의하는 게 어떨까요?

(A) 좋아요, 그렇게 하지 않도록 노력하죠.

(B) 우리는 아마 그것에 대해 좀 더 빨리 논의해야 할 겁니다.

(C) 예, 제가 다음 차례입니다.

어휘 discuss [diskʌ́s] 논의하다, 토론하다 | proposal [prəpóuzəl] 제안, 계획 | sooner [súːnər] soon(곧, 조만간의) 비교급 | in line 한 줄로 선

해설 제안과 권유를 하는 의문문입니다.

(A) 좋다(Okay)고 답하고 나서 그렇게 하지 말자(try not to)고 했으므로 반대되는 내용이 나오는 오답입니다.

(B) 수요일보다 좀 더 빨리 논의하자고 답하는 정답입니다.

(C) 질문과 답변에서 next가 반복되는 오답입니다.

[미국-미국]

5 Could you help me with the project?

(A) I have to finish my report first.

(B) He's helping a client.

(C) Did you look on the shelves?

당신이 이 프로젝트를 좀 도와 줄 수 있나요?

(A) 저는 제 보고서를 먼저 끝내야 합니다.

(B) 그는 고객을 도와주고 있어요.

(C) 당신은 선반 위를 보셨나요?

어휘 client [kláiənt] 고객, 의뢰인 | shelves [ʃelvz] shelf(선반)의 복수형

해설 부탁과 요청을 하는 의문문입니다.

(A) 보고서를 먼저 끝내야 한다며 프로젝트 도움을 거절하는 정답입니다.

(B) 질문과 답변에서 help, helping이 반복되는 오답입니다.

(C) 질문과 상관없는 내용의 오답입니다.

6 Would you like a map of the plant?
(A) At the facility.
(B) I did already.
(C) No thanks, I have one.

당신은 그 공장의 지도 필요하신가요?
(A) 그 시설에서요.
(B) 저는 벌써 했어요.
(C) 고맙지만, 저는 하나 가지고 있어요.

어휘 map [mæp] 지도 | facility [fəsíləti] 시설

해설 제안과 권유를 하는 의문문입니다.
(A) 질문의 공장(plant)과 연관성 있는 단어인 시설(facility)을 이용한 오답입니다.
(B) 질문과 상관없는 내용의 오답입니다.
(C) 벌써 지도를 하나 가지고 있어서 필요가 없다는 정답입니다.

---

7 Is the desk being delivered or do we have to pick it up?
(A) He'll pick me up tomorrow.
(B) I don't like that chair.
(C) It's supposed to arrive at noon.

책상은 배달되나요, 아니면 우리가 직접 가지러 가야 하나요?
(A) 그는 내일 저를 데리러 올 겁니다.
(B) 저는 저 의자를 좋아하지 않아요.
(C) 그것은 정오에 도착할 예정입니다.

어휘 deliver [dilívər] 배달하다, 전하다 | pick up ~를 (차에) 태우러 가다

해설 문장(절)을 고르는 선택 의문문입니다.
(A) 질문과 답변에서 pick up이 반복되고, 질문에서 언급되지 않은 3인칭 주어인 He로 대답했기 때문에 주어가 불일치하는 오답입니다.
(B) 질문의 책상(desk)과 연관성 있는 단어인 의자(chair)를 이용한 오답입니다.
(C) 선택 의문문에서 being delivered를 선택하고, 정오에 도착할 것이라고 대답한 정답입니다.

---

8 Would you like to call the director or should I?
(A) Mr. Taylor is our client.
(B) Why don't I take care of it?
(C) I shouldn't have done that.

당신이 이사님에게 전화할건가요 아니면 제가 해야 하나요?
(A) 테일러 씨는 우리의 고객입니다.
(B) 제가 처리하는 건 어떨까요?
(C) 그렇게 하지 말았어야 했는데.

어휘 director [diréktər, dai-] (회사의) 이사, 중역 | take care of (일·책임 등을) 처리하다 | should have p.p. ~했어야 했는데(안 해서 안타깝다)

해설 문장(절)을 고르는 선택 의문문입니다.
(A) 질문과 상관없는 내용의 오답입니다.
(B) 선택 의문문에서 응답자가 Would you like to call the director를 선택하고, 제가 처리하겠다고 대답했으므로 정답입니다.
(C) 문맥상 논리적으로 맞지 않는 오답입니다.

---

9 Why don't you ask for directions at the reception desk?
(A) In the front row.
(B) The shipping service.
(C) No one's there right now.

접수처에 길을 물어보는 게 어때요?
(A) 앞줄에요.
(B) 배송 서비스요.
(C) 거기에는 지금 아무도 없습니다.

어휘 direction [dirékʃən, dai-] 길, 방향 | reception desk 접수처

해설 제안과 권유를 하는 의문문입니다.
(A) 질문의 reception desk(접수처)와 같은 의미의 단어인 front desk를 연상하게 하는 오답입니다.
(B) 질문과 상관없는 내용의 오답입니다.
(C) 접수처에 길을 물어보자는 질문에 거기에는 아무도 없다고 대답한 정답입니다.

---

10 Would you like to go see the musical tonight?

(A) Can you turn the light on?

(B) When does it start?

(C) I wasn't there.

| 오늘밤 뮤지컬 보러 갈래요?
| (A) 불 좀 켜 주실래요?
| (B) 언제 시작하죠?
| (C) 저는 거기에 없었어요.

어휘 turn on (불, 전원 등을) 켜다

해설 제안과 권유를 하는 의문문입니다.

(A) 질문과 상관없는 내용의 오답입니다.

(B) 뮤지컬을 보러 가자는 질문에 구체적인 시간을 물어보는 정답입니다.

(C) 질문과 답변의 시제도 맞지 않고 문맥상 논리적으로 맞지 않는 오답입니다.

[호주-영국]

11 Would you like to stop at the cafe or the bakery?

(A) Both actually.

(B) Yes, they were.

(C) At the bus stop.

| 카페에 들를 건가요, 아니면 빵집에 들를 건가요?
| (A) 사실 두 곳 모두요.
| (B) 예, 그들은 그랬었죠.
| (C) 버스 정류장에서요.

어휘 bakery [béikəri] 빵집, 제과점 | both [bouθ] 둘 다, 양쪽의 | bus stop 버스 정류장

해설 단어를 고르는 선택 의문문입니다.

(A) 선택 의문문에 두 곳 다 들르겠다며 양쪽 모두를 선택한 정답입니다.

(B) 선택 의문문에서는 Yes/No 대답이 불가능합니다.

(C) 질문에서 언급되지 않은 제3의 장소로 대답했기 때문에 오답입니다.

[미국-미국]

12 Should we get the printer repaired or buy a new one?

(A) The printer is out of order.

(B) Maybe it's time for a new one.

(C) Yes, it's very convenient.

| 우리가 프린터를 고쳐야 할까요, 아니면 새것을 구입해야 할까요?
| (A) 프린터가 고장났어요.
| (B) 아마도 새것을 사야할 때인 것 같네요.
| (C) 예, 그것은 매우 편리합니다.

어휘 out of order 고장 난 | convenient [kənví:njənt] 편리한, 간편한

해설 문장(절)을 고르는 선택 의문문입니다.

(A) 질문과 답변에서 printer가 반복되는 오답입니다.

(B) 선택 의문문에 고치는 것보다 새것을 구입하자고 답한 정답입니다.

(C) 질문과 상관없는 내용의 오답입니다.

● 평서문

1. (A)	2. (A)	3. (A)	4. (C)	5. (A)

[미국-영국 / 호주-미국]

1 I know a <u>shortcut</u> to the museum.
(A) Great. Do you want to lead a way?
(B) I <u>got</u> a haircut.

저는 박물관으로 가는 지름길을 알고 있어요.
(A) 좋네요. 길을 인도해 줄래요?
(B) 저는 머리를 잘랐어요.

어휘 shortcut [ʃɔ́ːrtkʌ̀t] 지름길 | lead [liːd] 이끌다

해설 사실/정보를 전달하는 평서문입니다.
(A) 지름길로 가겠다며 길을 인도해 달라고 대답한 정답입니다.
(B) 질문의 shortcut과 대답의 haircut 발음이 유사한 오답입니다.

[호주-영국 / 미국-미국]

2 The <u>electricians</u> will be here any minute.
(A) I forgot they were coming.
(B) Make an <u>appointment</u>.

전기 기술자들이 곧 여기 올 겁니다.
(A) 그들이 온다는 사실을 깜빡했네요.
(B) 약속을 잡으세요.

어휘 electrician [ilektríʃən] 전기 기술자 | any minute 곧, 금방 | appointment [əpɔ́intmənt] 약속, 예약

해설 사실/정보를 전달하는 평서문입니다.
(A) 전기 기술자들이 여기 온다는 사실을 깜빡했다고 대답한 정답입니다.
(B) 질문과 상관없는 내용의 오답입니다.

[영국-미국 / 미국-호주]

3 I think I'm going to <u>return</u> this coat to the store.
(A) Don't you like it?
(B) You can't use a <u>credit card</u>.

저는 이 코트를 반품하려고 생각해요.
(A) 당신은 그것을 좋아하지 않아요?
(B) 당신은 신용카드를 사용할 수 없어요.

어휘 return [ritə́ːrn] 돌려주다, 반납하다 | credit card 신용카드

해설 의견을 제시하는 평서문입니다.
(A) 코트를 반품하겠다는 말에 그것을 좋아하지 않는지 되물어보는 정답입니다.
(B) 질문의 가게(store)와 연관성 있는 단어인 신용카드(credit card)를 이용한 연상단어 오답입니다.

[호주-미국 / 영국-미국]

4 Don't forget to place an ad in the <u>local</u> newspaper.
(A) I've <u>misplaced</u> them.
(B) At the <u>news station</u>.
(C) Don't worry, I <u>won't</u>.

지역신문에 광고 내는 거 잊지 마세요.
(A) 제가 그것들을 잘못 두었어요.
(B) 뉴스 보도국에서요.
(C) 걱정 마세요, 잊지 않을게요.

어휘 place an ad(= advertisement) 광고를 내다 | local [lóukəl] 지역의, 현지의 | misplace [mispléis] 잘못 두다, 잘못 놓다 | news station 뉴스 보도국 | worry [wə́ːri] 걱정하다 | won't [wount] ~하지 않겠다(will not의 단축형)

해설 사실/정보를 전달하는 평서문입니다.
(A) 질문의 place와 대답의 misplaced 발음이 유사한 오답입니다.
(B) 질문의 지역신문(local newspaper)과 연관성 있는 단어인 뉴스 보도국(news station)을 이용한 연상단어 오답입니다.
(C) 지역신문에 광고 내는 것을 잊지 않겠다고 대답한 정답입니다.

[미국-미국 / 영국-호주]

5 I don't seem to be able to find my <u>ruler</u>.

   (A) Have you <u>looked</u> in the drawer?

   (B) We haven't <u>seen</u> that before.

   (C) I <u>measured</u> the size of the floor.

저는 자를 찾을 수가 없네요.
(A) 당신은 서랍 안을 봤나요?
(B) 우리는 전에 그것을 본 적이 없어요.
(C) 저는 바닥의 치수를 측정했어요.

어휘 ruler [rúːlər] 자 | drawer [drɔːr] 서랍 | measure [méʒər] 측정하다

해설 요청의 평서문입니다.
(A) 자가 어디 있는지 모르겠다는 말에 서랍 안을 봤는지 물어보는 정답입니다.
(B) 질문의 seem과 대답의 seen 발음이 유사한 오답입니다.
(C) 질문의 자(ruler)와 연관성 있는 단어인 측정하다(measure)를 이용한 연상단어 오답입니다.

QUIZ 풀어보기　　　　　　　　　　　　　　　　　　　　　　p.137

| 1. (B) | 2. (B) | 3. (A) | 4. (B) | 5. (A) |

[호주-영국]

1 The new shopping mall is on 5th Avenue.

   (A) In front of the jewelry shop.

   (B) Is that within walking distance?

새 쇼핑몰은 5번 가에 있습니다.
(A) 보석가게 앞에요.
(B) 걸어서 갈 수 있는 거리인가요?

어휘 jewelry [ʤúːəlri] 보석, 귀금속 | within [wiðín] ~안에, ~이내에 | walking distance 도보 거리, 걸어서 갈 수 있는 거리

해설 사실/정보를 전달하는 평서문입니다.
(A) 질문의 쇼핑몰(shopping mall)과 연관성 있는 단어인 보석가게(jewelry shop)를 이용한 연상단어 오답입니다.
(B) 새 쇼핑몰이 5번가에 있다는 정보에 걸어서 갈 수 있는 거리인지 물어보는 정답입니다.

[미국-영국]

2 It looks like the receptionist is still busy.

   (A) At the front desk.

   (B) Let's come back later.

접수 담당자가 여전히 바빠 보이네요.
(A) 프론트 데스크에서요.
(B) 나중에 다시 옵시다.

어휘 still [stil] 여전히, 아직도 | come back 돌아오다(가다)

해설 의견을 제시하는 평서문입니다.
(A) 질문의 접수 담당자(receptionist)와 연관성 있는 단어인 프론트 데스크(front desk)를 이용한 연상단어 오답입니다.
(B) 접수 담당자가 여전히 바빠 보이니 나중에 다시 오자고 대답한 정답입니다.

[미국-미국]

3 Mr. Brown'll come in late today.

   (A) Let's wait till later.

   (B) He has a lot of work.

브라운 씨가 오늘 늦을 겁니다.
(A) 나중까지 기다립시다.
(B) 그는 일이 많아요.

어휘 later [léitər] 나중에, 후에

해설 사실/정보를 전달하는 평서문입니다.
(A) 브라운 씨가 늦는다는 말에 나중까지 기다리자고 대답한 정답입니다.
(B) 질문과 상관없는 내용의 오답입니다.

[영국-미국]

4 I think the construction workers left.

   (A) It's on the second floor.

   (B) Yes, an hour ago.

건설 인부들이 떠난 것 같네요.
(A) 그것은 2층에 있습니다.
(B) 예, 한 시간 전에요.

어휘 construction [kənstrʌ́kʃən] 건설, 공사 | left [left] 떠났다; 남았다(leave의 과거, 과거분사)

해설 의견을 제시하는 평서문입니다.

    (A) 문맥상 논리적으로 맞지 않는 오답입니다.

    (B) 건설 인부들이 떠났다는 말에 한 시간 전에 갔다고 말한 정답입니다.

[호주-미국]

5 Let's share a taxi to the airport.

    (A) Oh, that's a good idea.

    (B) No, I didn't ask him.

공항까지 함께 택시 탑시다.
(A) 오, 좋은 생각이네요.
(B) 아니요, 그에게 물어보지 않았어요.

어휘 share [ʃɛər] 공유하다, 나누다

해설 제안의 평서문입니다.

    (A) 공항까지 함께 택시 타자는 제안에 좋은 생각이라고 답한 정답입니다.

    (B) 문맥상 논리적으로 맞지 않는 오답입니다.

● 부가 의문문

빈칸 채우고 정답 맞추기 p.140

| 1. (B) | 2. (B) | 3. (B) | 4. (A) | 5. (A) |

[미국-영국 / 호주-미국]

1 The movie was very <u>exciting</u>, wasn't it?

    (A) He moved in next <u>door</u>.

    (B) I really <u>enjoyed</u> it.

그 영화는 정말 흥미진진했어요, 그렇죠?
(A) 그는 옆 집으로 이사 왔어요.
(B) 저는 그 영화를 정말 즐겼어요.

어휘 exciting [iksáitin] 흥미진진한, 신나는 | move [mu:v] 이사하다, 이동하다 | next door 옆 집에 | enjoy [indʒɔ́i] 즐기다

해설 Be동사 부가 의문문입니다.

    (A) 질문의 movie와 대답의 moved 발음이 유사한 오답입니다.

    (B) 영화가 흥미진진하지 않았냐고 물어보는 질문에 정말 즐거웠다고 답한 정답입니다.

[호주-영국 / 미국-미국]

2 Stacy's <u>retiring</u> this year, isn't she?

    (A) I was <u>tired</u> from hard work.

    (B) No, she's planning to <u>stay</u>.

스테이시는 올해 퇴직하죠, 그렇죠?
(A) 저는 과로로 피곤했어요.
(B) 아니요, 그녀는 남기로 했습니다.

어휘 retire [ritáiər] 퇴직하다, 은퇴하다 | tired [taiərd] 피곤한, 싫증난 | be planning to ～할 계획이다 | stay [stei] 머무르다, 지내다

해설 Be동사 부가 의문문입니다.

    (A) 질문의 retiring과 대답의 tired 발음이 유사한 오답입니다.

    (B) 스테이시가 올해 은퇴하지 않냐고 물어보는 질문에 남기로 했다고 답한 정답입니다.

[영국-미국 / 미국-호주]

3 You <u>contacted</u> Dr. Kenneth, didn't you?

    (A) It's a revised contract.

    (B) I spoke to his assistant.

당신은 케네스 박사님께 연락했죠, 그렇죠?
(A) 그것은 수정된 계약서입니다.
(B) 저는 그의 조수에게 말했어요.

어휘 contact [kántækt] 연락하다 | revised [riváizd] 수정된 | contract [kántrækt] 계약(서) | assistant [əsístənt] 조수

해설 일반 동사 부가 의문문입니다.

    (A) 질문의 contacted와 대답의 contract 발음이 유사한 오답입니다.

    (B) 케네스 박사님께 연락했냐고 물어보는 질문에 그의 조수에게 연락했다고 답한 정답입니다.

4 You're going to attend the trade show in Brazil, right?
  (A) No, I changed my schedule.
  (B) It's not so far.
  (C) How many booths were at the fair?

당신은 브라질에서 열리는 무역 박람회에 참가하죠, 그렇죠?
(A) 아니요, 저는 제 일정을 바꾸었습니다.
(B) 그리 멀지 않아요.
(C) 박람회에는 몇 개의 부스가 있었죠?

어휘 trade show 무역 박람회 | far [faːr] 먼 | booth [buːθ] 부스 | fair [fɛər] 박람회, 전시회

해설 특수 형태의 부가 의문문입니다.
(A) 브라질에서 열리는 무역 박람회에 참가하는지 물어보는 질문에 일정을 바꾸었다고 답한 정답입니다.
(B) 질문과 상관없는 내용의 오답입니다.
(C) 질문의 무역 박람회(trade show)와 연관성 있는 단어인 박람회(fair)를 이용한 연상단어 오답입니다.

[미국-미국 / 영국-호주]

5 You don't mind if we postpone the picnic, do you?
  (A) Actually, that's better for me, too.
  (B) I haven't packed yet.
  (C) He has already posted it.

소풍을 연기해도 괜찮으시죠, 그렇죠?
(A) 사실, 저에게도 그게 나을 것 같아요.
(B) 아직 짐을 싸지 못했어요.
(C) 그는 이미 그것을 게시했어요.

어휘 postpone [poustpóun] 연기하다, 미루다 | picnic [píknik] 소풍, 피크닉 | better [bétər] 더 나은, 더 좋은 | pack [pæk] (짐을) 싸다 | post [poust] 게시[공고]하다

해설 일반 동사 부가 의문문입니다.
(A) 소풍을 연기해도 괜찮냐는 물음에 그게 나을 것 같다고 말한 정답입니다.
(B) 질문의 소풍(picnic)과 연관성 있는 단어인 짐을 쌌다(packed)를 이용한 연상단어 오답입니다.
(C) 질문의 postpone과 대답의 posted 발음이 유사한 오답입니다.

QUIZ 풀어보기 p.140

1. (A)	2. (A)	3. (A)	4. (A)	5. (B)

[호주-영국]

1 This material is water-proof, isn't it?
  (A) That's what I heard.
  (B) It is made of wood.

이 재료는 방수가 되죠, 그렇죠?
(A) 저는 그렇게 들었어요.
(B) 그것은 나무로 만들어졌어요.

어휘 material [mətíəriəl] 재료; 자료 | water-proof 방수의, 방수가 되는 | wood [wud] 나무, 목재

해설 Be동사 부가 의문문입니다.
(A) 이 재료는 방수가 되냐는 물음에 그렇게 들었다고 말한 정답입니다.
(B) 문제의 재료(material)와 연관성 있는 단어인 나무(wood)를 이용한 연상단어 오답입니다.

[미국-영국]

2 You turned down the proposal, didn't you?
  (A) Yes, I did it yesterday.
  (B) I'm writing a memo.

당신은 그 제안을 거절했죠, 그렇죠?
(A) 예, 제가 어제 거절했어요.
(B) 나는 메모를 쓰고 있어요.

어휘 turn down 거절하다 | proposal [prəpóuzəl] 제안 | memo [mémou] 메모

해설 일반 동사 부가 의문문입니다.
(A) 당신이 그 제안을 거절했냐는 물음에 어제 거절했다고 말한 정답입니다.
(B) 질문과 상관없는 내용의 오답입니다.

[미국-미국]

3 Our supervisor has an assistant now, hasn't he?

(A) Not that I know of.

(B) I don't need any help right now.

우리 상사는 현재 조수가 있죠, 그렇죠?
(A) 제가 알기로는 아니에요.
(B) 저는 지금 당장은 도움이 필요 없어요.

어휘 supervisor [súːpərvàizər] 상사, 관리자, 감독 | right now 지금 당장

해설 일반 동사 부가 의문문입니다.

(A) 상사에게 현재 조수가 있냐는 물음에 조수가 없다고 말한 정답입니다.

(B) 질문의 조수(assistant)와 연관성 있는 단어인 도움(help)을 이용한 연상단어 오답입니다.

[영국-미국]

4 The clearance sale lasts until Friday, doesn't it?

(A) No, it ends on Thursday.

(B) Do you have a receipt?

재고 정리 세일은 금요일까지죠, 그렇죠?
(A) 아니요, 목요일에 끝납니다.
(B) 영수증 갖고 있나요?

어휘 clearance sale 재고 정리 세일 | last [læst, lɑːst] 계속하다, 지속하다 | end [end] 끝나다, 끝내다 | receipt [risíːt] 영수증

해설 일반 동사 부가 의문문입니다.

(A) 재고 정리 세일은 금요일까지냐는 물음에 목요일에 끝난다고 대답한 정답입니다.

(B) 질문의 재고 정리 세일(clearance sale)과 연관성 있는 단어인 영수증(receipt)을 이용한 연상단어 오답입니다.

[호주-미국]

5 It's supposed to be colder tomorrow, isn't it?

(A) I don't think they are.

(B) That's the forecast I've heard.

내일은 좀 더 추워질 예정이죠, 그렇죠?
(A) 전 그들이 그렇다고 생각하지 않아요.
(B) 제가 들은 일기예보는 그렇습니다.

어휘 forecast [fɔ́ːrkæ̀st] 일기예보, 예상, 예보

해설 일반 동사 부가 의문문입니다.

(A) 문맥상 논리적으로 맞지 않는 오답입니다.

(B) 내일은 좀 더 추워질 예정이냐는 물음에 들은 일기예보로는 그렇다고 대답한 정답입니다.

실전문제 p.141

| 1. (C) | 2. (A) | 3. (B) | 4. (A) | 5. (B) | 6. (C) |
| 7. (A) | 8. (B) | 9. (A) | 10. (B) | 11. (C) | 12. (A) |

[영국-미국]

1 I saw that movie a few weeks ago.

(A) Yes, we are.

(B) She will be here soon.

(C) How was it?

저는 몇 주 전에 그 영화를 봤어요.
(A) 예, 우리는 그래요.
(B) 그녀는 곧 여기 올 겁니다.
(C) 그것은 어땠나요?

어휘 ago [əgóu] ~ 이전에 | soon [suːn] 곧, 조만간

해설 사실/정보를 전달하는 평서문입니다.

(A) 질문과 상관없는 내용의 오답입니다.

(B) 질문에서 언급되지 않은 3인칭 주어인 She로 대답했기 때문에 주어가 불일치하는 오답입니다.

(C) 영화를 봤다는 사실 언급에 대해 영화가 어땠는지 되물어보는 정답입니다.

---

2 This guide book belongs to you, doesn't it?

(A) Yes, would you like to use it?

(B) No, not too long.

(C) It offers a guided tour.

이 안내 책자는 당신 것이죠, 그렇죠?
(A) 예, 사용하고 싶나요?
(B) 아니요, 그렇게 길지 않아요.
(C) 그것은 가이드 투어를 제공합니다.

어휘 guide book 안내 책자 | belong to ∼의 것이다, ∼에 속하다 | offer [ɔ́ːfər] 제공하다, 제안하다 | guided tour 가이드 투어

해설 소유 여부를 묻는 부가 의문문입니다.

(A) Yes라며 긍정적으로 응답하고, 사용하고 싶은지(would you like to use it?) 물어보는 정답입니다.

(B) 질문의 belongs(속하다)와 대답의 long(긴) 발음이 유사한 오답입니다.

(C) 질문의 guide의 파생어인 guided가 답변에 나왔기 때문에 오답입니다.

[미국-영국]

3 This is a busy week for my advertising team.

(A) In about 7 hours.

(B) Let me know if they need any help.

(C) Tickets for Saturday's game.

이번 주가 우리 광고 팀에게 가장 바쁜 주네요.
(A) 약 7시간 후에요.
(B) 그들이 도움이 필요하면 얘기해 주세요.
(C) 토요일 경기의 티켓들이요.

어휘 advertising [ǽdvərtàiziŋ] 광고; 광고 사업

해설 사실/정보를 전달하는 평서문입니다.

(A) 시간을 물어보는 When 의문문에 대한 답변으로 오답입니다.

(B) 이번 주가 가장 바쁘다는 사실 언급에 대해 도움이 필요하면 얘기해 달라고 해결책을 제시한 정답입니다.

(C) 질문의 week(주)과 연관성 있는 단어인 Saturday(토요일)를 이용한 오답입니다.

[영국-미국]

4 I need to go over the report before 5.

(A) I'll get it to you right away.

(B) No, he's a writer.

(C) At the classroom.

저는 5시 전에 보고서를 검토해야 합니다.
(A) 제가 지금 바로 가져다 드릴게요.
(B) 아니요, 그는 작가입니다.
(C) 교실에서요.

어휘 go over 검토하다 | right away 즉시, 즉각

해설 제안/요청의 평서문입니다.

(A) 보고서를 검토해야 한다는 요청에 보고서를 가져다주겠다고 대답한 정답입니다.

(B) 질문에서 언급되지 않은 3인칭 주어인 he로 대답했기 때문에 주어가 불일치하는 오답입니다.

(C) 장소를 물어보는 Where 의문문에 대한 답변으로 오답입니다.

[미국-미국]

5 Eugene takes the subway to work every morning, doesn't he?

(A) Near the train station.

(B) Except for Mondays.

(C) No, I'm off work today.

유진은 매일 아침 직장에 지하철타고 가죠, 그렇죠?
(A) 기차역 근처에요.
(B) 월요일을 제외하고는 그렇습니다.
(C) 아니요, 저는 오늘 일이 끝났어요.

어휘 take [teik] (교통수단·도로 등을) 타다[이용하다] | except [iksépt] ∼을 제외하고는, 이외에는 | be off 근무가 끝나다, 떠나다

해설 사실 여부를 묻는 부가 의문문입니다.

(A) 질문의 지하철(subway)과 관련 있는 단어인 기차(train)를 이용한 오답입니다.

(B) 매일 아침 지하철로 출근하는지 묻는 질문에 월요일을 제외하고는 그렇다고 대답한 정답입니다.

(C) 질문과 답변에서 work가 반복되는 오답입니다.

6 We finally advertised the new marketing position.
   (A) She has a degree in business.
   (B) I was promoted to manager.
   (C) I think a few people have already applied.

결국 우리는 새 마케팅 자리를 광고했어요.
(A) 그녀는 경영학 학위가 있어요.
(B) 저는 부장으로 승진했어요.
(C) 제 생각에는 벌써 몇 사람이 지원했어요.

어휘 advertise [ædvərtàiz] 광고하다, 홍보하다 | degree [digríː] 학위; 등급 | be promoted to ~로 승진하다 | apply [əplái] 지원하다, 신청하다

해설 사실/정보를 전달하는 평서문입니다.
   (A) 질문의 마케팅 자리(marketing position)와 연관성 있는 단어인 경영(business)을 이용한 오답입니다.
   (B) 질문의 마케팅 자리(marketing position)와 연관성 있는 단어인 부장(manager)을 이용한 오답입니다.
   (C) 마케팅 자리를 광고했다는 사실 언급에 벌써 지원한 사람이 있다고 대답한 정답입니다.

[미국-미국]

7 The dry cleaner's closes at 9 o'clock, doesn't it?
   (A) It's open till 10 on weekdays.
   (B) I'd better do the laundry.
   (C) What clothes are you bringing?

세탁소는 9시에 문을 닫죠, 그렇죠?
(A) 주중에는 10시까지 엽니다.
(B) 빨래를 해야겠어요.
(C) 당신은 어떤 옷을 가져오는 거죠?

어휘 dry cleaner 세탁소 | weekday [wíːkdèi] 주중, 평일 | laundry [lɔ́ːndri] 세탁물, 세탁, 세탁소 | bring [briŋ] 가져오다, 데려오다

해설 사실 여부를 묻는 부가 의문문입니다.
   (A) 세탁소 문을 닫는 시간을 물어보는 질문에 구체적인 시간으로 대답한 정답입니다.
   (B) 질문의 dry cleaner(세탁소)와 관련 있는 단어인 laundry(세탁)를 이용한 오답입니다.
   (C) 질문의 dry cleaner(세탁소)와 관련 있는 단어인 clothes(옷)를 이용한 오답입니다.

[영국-미국]

8 The awards ceremony will be hosted next week.
   (A) Yes, I will.
   (B) Where will it be?
   (C) I was present at the opening ceremony.

시상식은 다음 주에 열립니다.
(A) 예, 그렇게 할게요.
(B) 어디서 열리죠?
(C) 저는 개회식에 참석했어요.

어휘 awards ceremony 시상식 | host [houst] 개최하다 | present [préznt] 참석[출석]한 | opening ceremony 개회식

해설 사실/정보를 전달하는 평서문입니다.
   (A) 질문과 답변에서 will이 반복되는 오답입니다.
   (B) 시상식이 다음 주에 열릴 것이라는 사실 언급에 대해 장소를 물어보는 대답으로 정답입니다.
   (C) 질문과 답변에서 ceremony(의식)가 반복되는 오답입니다.

[호주-영국]

9 There were many people at the career fair this year, weren't there?
   (A) Yes, it was a big success.
   (B) No, I couldn't do that.
   (C) I'll apply for the position.

올해 취업 박람회에는 많은 사람들이 왔죠, 그렇죠?
(A) 예, 큰 성공이었어요.
(B) 아니요, 저는 그렇게 할 수 없었어요.
(C) 저는 그 자리에 지원할 겁니다.

어휘 career fair 취업 박람회 | success [səksés] 성공 | apply for ~에 지원하다 | position [pəzíʃən] 자리, 위치

해설 사실 여부를 묻는 부가 의문문입니다.
   (A) 사실 여부를 묻는 부가 의문문에 부연 설명(it was a big success)을 한 정답입니다.
   (B) 질문과 상관없는 내용의 오답입니다.
   (C) 질문의 취업 박람회(career fair)와 연관성 있는 단어인 일자리(position)를 이용한 오답입니다.

---

10 Mr. Cowell is in Dubai on business, isn't he?

(A) I have a special vacation plan.

(B) Yes, but you can contact him by phone.

(C) Six different cities.

코웰 씨는 두바이에 출장 중이죠, 그렇죠?
(A) 저는 특별한 휴가 계획이 있어요.
(B) 예, 하지만 당신은 그에게 전화로 연락할 수 있어요.
(C) 도시 여섯 군데요.

어휘 on business 출장, 업무차 | special [spéʃəl] 특별한 | different [dífərənt] 다른, 여러 가지의

해설 사실 여부를 묻는 부가 의문문입니다.
(A) 질문의 출장(on business)과 연관성 있는 단어인 휴가(vacation)를 이용한 오답입니다.
(B) Yes라며 긍정적으로 응답하고, 전화로 연락할 수 있다(you can contact him by phone)고 부연 설명을 한 정답입니다.
(C) 질문의 두바이(Dubai)와 연관성 있는 단어인 도시들(cities)을 이용한 오답입니다.

[호주-영국]

11 You're leaving for Chicago in the morning, right?

(A) I prefer train, too.

(B) Did you have a nice trip?

(C) My flight was canceled.

당신은 아침에 시카고로 떠나죠, 그렇죠?
(A) 저도 역시 기차를 선호합니다.
(B) 즐거운 여행 되셨나요?
(C) 비행이 취소되었어요.

어휘 leave for ~을 향하여 떠나다 | prefer [prifə́ːr] 선호하다, 좋아하다 | cancel [kǽnsəl] 취소하다

해설 사실 여부를 묻는 부가 의문문입니다.
(A) 질문의 떠나다(leaving)와 관련 있는 단어인 기차(train)를 이용한 오답입니다.
(B) 질문의 시카고(Chicago)와 관련 있는 단어인 여행(trip)을 이용한 오답입니다.
(C) 평서문 뒤의 부가 의문문에 비행이 취소되었다고 대답하는 정답입니다.

[미국-미국]

12 I can help you with the software if you'd like.

(A) Thanks, but I can manage it myself.

(B) I thought it was very helpful.

(C) Enter your password.

원하시면 그 소프트웨어 사용하는 것을 도와드릴 수 있어요.
(A) 고맙지만, 제가 스스로 처리할 수 있어요.
(B) 매우 도움이 되었다고 생각해요.
(C) 암호를 입력하세요.

어휘 manage [mǽnidʒ] 처리하다 | myself [maisélf] 나 스스로, 나 자신 | helpful [hélpfəl] 도움이 되는, 유용한 | enter [éntər] 입력하다 | password [pǽswəːrd] 암호

해설 제안/요청의 평서문입니다.
(A) 도와주겠다는 요청에 고맙다고 말하며 스스로 처리할 수 있다고 말하는 정답입니다.
(B) 질문의 help(도와주다)와 대답의 helpful(유용한) 발음이 유사한 오답입니다.
(C) 질문의 소프트웨어(software)에서 연상될 수 있는 표현으로 오답입니다.

기본 연습 문제 p.158

1. (A)	2. (A)	3. (B)	4. (B)	5. (B)
6. (B)	7. (A)	8. (A)	9. (A)	10. (A)

[미국-미국]

1 M: Hi, Brenda. Are you almost done with the marketing report for the presentation?

W: I'm working on that report now and it should be finished by noon.

M: 안녕, 브렌다. 발표를 위해 준비하고 있는 마케팅 보고서는 거의 끝났나요?

W: 지금 그 보고서를 작업 중에 있는데 12시까지는 끝낼 수 있을 거예요.

What is the woman preparing?

(A) The report

(B) The meeting

여자는 무엇을 준비하는 중인가?

(A) 보고서

(B) 회의

어휘 almost [ɔ́ːlmoust] 거의, 대부분, 약 | work on ~에 관한 작업을 하다

해설 세부사항 관련문제

여자가 준비하는 것을 물어보는 질문이며, 여자의 말에 힌트가 있습니다. 여자의 말에서 들리는 report(보고서)가 정답입니다.

[미국-미국]

2 W: I finally hired someone new to take the assistant position. His name is Liam and he's going to start two weeks from now.

M: Great! We really need someone qualified for that job.

W: 드디어 조수를 할 새 사람을 구했어요. 그의 이름은 리암이고 2주 후에 시작할거예요.

M: 잘됐네요! 우리는 정말 그 자리에 자격이 있는 사람이 필요해요.

What are they talking about?

(A) A new employee

(B) A new plan

그들은 무엇에 관해 이야기하는가?

(A) 새 직원

(B) 새 계획

어휘 finally [fáinəli] 드디어, 결국, 마침내 | hire [haiər] 고용하다 | qualified [kwάləfàid] 자격이 있는, 적임의

해설 대화의 주제를 묻는 문제

여자의 대사에서 새로 조수를 할 사람을 구했다(hired someone new to take the assistant position)는 표현을 통해 정답을 알 수 있습니다. assistant(조수)를 employee(직원)로 패러프레이징함에 유의합니다.

[미국-미국]

3 M: Hello. I'm calling about the secretary position that was posted on your website. Is it still available?

W: Yes, we have a vacancy in the personnel department.

M: 안녕하세요, 저는 당신의 웹사이트에 게시된 비서직에 관해 알아보려 전화합니다. 여전히 가능한가요?

W: 예, 인사부에 공석이 하나 있습니다.

Why did the man call the woman?

(A) To design a website

(B) To apply for a position

왜 남자는 여자에게 전화했는가?

(A) 웹사이트를 디자인하려고

(B) 일자리에 지원하려고

어휘 secretary [sékrətèri] 비서 | post [poust] 게시하다, 올리다 | vacancy [véikənsi] 공석 | personnel department 인사부

해설 전화 건 이유를 묻는 문제

전화 건 이유를 묻는 문제는 I'm calling about~ 뒷부분을 잘 들으면 힌트가 있습니다. 남자가 여자에게 비서직이 지원 가능한지 묻고 있으므로, (B)가 정답입니다.

[미국-미국]

4 W: I just found out that I've been transferred to the Hong Kong branch.

M: Oh, you'll like it. Hong Kong is an exciting city.

W: 제가 홍콩 지사로 전근가게 되었다는 걸 방금 알았어요.

M: 오, 당신은 아주 좋아할 거예요. 홍콩은 흥미로운 도시거든요.

Why will the woman go to Hong Kong?

(A) To travel

(B) To work

여자는 왜 홍콩에 갈 것인가?

(A) 여행하러

(B) 일하러

어휘 find out 알게 되다 | transfer [trænsfə́:r] 전근하다 | branch [bræntʃ] 지점 | exciting [iksáitiŋ] 흥미로운, 신나는

해설 세부사항 관련문제

여자가 홍콩으로 가는 이유를 물어봅니다. 전근을 간다는 것은 여행이 아니라 다른 곳으로 일을 하러 가는 것이므로 정답은 (B)입니다.

[미국-미국]

5 M: Julie, do you know how many people we can invite for a banquet?

W: I'm still waiting to get a confirmation from the manager.

M: 줄리, 우리가 연회에 몇 명을 초대할 수 있는지 혹시 아세요?

W: 저도 매니저로부터 확답을 기다리고 있어요.

What does the man want to know?

(A) The location

(B) The number of attendees

남자가 알고 싶은 것은 무엇인가?

(A) 장소

(B) 참가자 수

어휘 banquet [bǽŋkwit] 연회 | confirmation [kὰnfərméiʃən] 확인, 확답 | attendee [ətèndí:] 참가자

해설 세부사항 관련문제

남자가 알고 싶어 하는 것을 묻고 있고, 남자의 말에 힌트가 있습니다. 남자가 연회 때 몇 명을 초대할 수 있는지 묻고 있기 때문에, 알고 싶은 것은 참가자 수라고 할 수 있습니다. 대화의 how many people이 The number of attendees로 패러프레이징 되었습니다.

[미국-미국]

6 W: Oh no. I forgot to submit the proposals to the marketing department. They were due yesterday.

M: Why don't you ask for an extension?

W: 오 이런. 마케팅부에 제안서 제출하는 것을 잊었네요. 어제가 마감이었는데요.

M: 연장을 요청해 보지 그래요?

Why is the woman concerned?

(A) She forgot to receive the proposal.

(B) She missed the deadline.

여자는 왜 걱정하는가?

(A) 제안서 받는 것을 잊어버렸다.

(B) 마감을 놓쳤다.

어휘 forget to ~할 것을 잊어버리다 | submit [səbmít] 제출하다 | proposal [prəpóuzəl] 제안(서) | due [dju:] ~할 예정인, 만기가 된 | extension [iksténʃən] 연장 | concern [kənsə́:rn] 걱정하다, 우려하다 | miss the deadline 마감일을 놓치다

해설 세부사항 관련문제

여자의 걱정거리를 묻는 문제입니다. 여자는 첫 대사에서 어제가 마감인 제안서 제출을 깜빡했다(I forgot to submit the proposals to the marketing department. They were due yesterday.)고 말합니다. 마감을 놓쳤으므로 정답은 (B)입니다. due(~할 예정인)라는 단어가 키워드이고, 이 단어가 deadline(마감일)으로 패러프레이징 되었습니다.

[미국-미국]

7 M: Did you hear that Susan Cox is retiring next month? We're hiring a new accountant quickly.

W: In fact, I've already received a lot of résumés.

M: 수잔 콕스가 다음 달에 은퇴한다는 소식 들었나요? 우리는 빨리 새 회계사를 고용해야 해요.

W: 사실, 벌써 이력서가 많이 들어왔어요.

Why is the company looking for a new employee?

(A) An employee is retiring.

(B) They are opening another branch.

회사는 왜 새 직원을 찾고 있는가?

(A) 직원이 퇴직하기 때문에.

(B) 새 지점을 열거라서.

어휘 retire [ritáiər] 은퇴하다, 퇴직하다 | accountant [əkáuntənt] 회계사 | résumé [rizú:m] 이력서 | look for ~를 찾다

해설 세부사항 관련문제

회사가 새 직원을 찾는 이유를 물어보는 문제입니다. 이유를 물어보는 문제는 초중반부에 힌트가 있습니다. 남자는 첫 대사에서 은퇴하는 직원을 언급하며 빨리 새 회계사를 고용해야 한다(We're hiring a new accountant quickly.)고 하므로 정답은 (A)입니다. 특정 인물인 Susan Cox(수잔 콕스)가 employee(직원)로 패러프레이징 되었습니다.

[미국─미국]

8 W: Do you think Justin can make it to the seminar this morning?

M: No, I don't think so. He called me last night to say his flight was delayed due to a snowstorm.

W: 저스틴이 오늘 아침 세미나에 참석할 수 있다고 생각하나요?

M: 아니요, 그렇게 생각하지 않아요. 그가 어젯밤 그의 항공편이 폭설로 지연되었다고 저에게 전화했어요.

Why has the flight been delayed?

(A) Due to the bad weather

(B) Due to the heavy traffic

항공편은 왜 지연되었나요?

(A) 악천후 때문에

(B) 교통체증 때문에

어휘 flight [flait] 비행, 항공편 | due to ~ 때문에 | snowstorm [snóustɔ̀:rm] 폭설, 눈보라

해설 세부사항 관련문제

이유를 묻는 단답형 문제로 항공편이 지연된 이유를 묻고 있습니다. 저스틴은 지난 밤에 폭설로 인해 비행이 지연되었다고 남자에게 전화 했습니다. 남자의 말에서 언급된 snowstorm(폭설)이 정답에서 bad weather(악천후)로 패러프레이징 되었고, 정답은 (A)입니다.

[미국─미국]

9 M: Helen, the meeting's supposed to start at 3 o'clock, but we should probably get there early to set up the presentation.

W: Why don't we leave at 2 o'clock? If there's traffic, it might take 30 minutes to get there.

M: 헬렌, 회의가 3시에 시작할 예정이지만, 우리는 발표 준비를 위해 일찍 도착해야 할 겁니다.

W: 2시에 떠나는 건 어떨까요? 차가 막히면, 30분 정도 걸릴 수 있으니까요.

When does the woman suggest leaving?

(A) At 2:00

(B) At 2:30

여자는 언제 떠날 것을 제안하는가?

(A) 2시

(B) 2시 30분

어휘 be supposed to ~하기로 되어 있다 | probably [prɑ́bəbli] 아마도 | set up 준비하다 | traffic [trǽfik] 교통(량)

해설 세부사항 관련문제

숫자와 관련된 문제는 여러 개의 숫자가 제시되면서 혼동을 주기 때문에 주의해서 들어야 합니다. 일단 문제에서 여자의 제안 시간을 물어보기 때문에 여자의 말에 힌트가 있습니다. 여자는 차가 막힐 것을 고려해 2시에 출발하자(Why don't we leave at 2 o'clock?)고 제안하므로 정답은 (A)입니다.

[미국─미국]

10 W: Mr. Adams, the delivery has arrived. The chairs, desks, and file cabinets are all there, but someone needs to sign for them.

M: The manager is not in today. So I can sign the form for you.

W: 아담스 씨, 배송품이 도착했습니다. 의자와 책상 그리고 파일 보관함이 모두 거기에 있는데, 누군가 서명을 해주셔야 합니다.

M: 매니저가 오늘 출근하지 않았습니다. 제가 대신 양식에 서명해드리겠습니다.

Where is the conversation taking place?

(A) At the office

(B) At the furniture store

대화가 일어나고 있는 곳은?

(A) 사무실에서

(B) 가구점에서

어휘 delivery [dilívəri] 배달, 배송 | sign [sain] 서명하다 | form [fɔ:rm] 양식, 형식 | take place 일어나다; 개최되다

해설 대화의 장소를 묻는 문제

장소를 묻는 문제는 지문의 전체내용을 통해 유추하거나, 초반부를 잘 들으면 힌트가 있습니다. 여자가 배송품에 대해 서명을 부탁하고, 남자가 매니저 대신 서명을 하겠다고 대답하고 있으므로 정황상 (A) 사무실에서(At the office) 일어나는 대화입니다.

빈칸 채우고 정답 맞추기

p.159

1. (B)	2. (B)	3. (B)	4. (A)

Question 1 refers to the following conversation.

[미국-영국 / 호주-미국]

M: Annie, when are you coming back from your business trip to London?

W: I'll be back here in LA by Thursday evening. I have to give a presentation at the sales meeting on Friday morning.

M: 애니, 런던으로 가는 출장에서 언제 돌아오나요?

W: 목요일 저녁까지는 여기 LA에 돌아올 겁니다. 금요일 아침 영업회의에서 발표를 해야 하거든요.

---

1 When will Annie give her presentation?
(A) On Thursday
(B) On Friday

애니는 언제 발표를 할 것인가?
(A) 목요일
(B) 금요일

어휘 come back 돌아오다 | business trip 출장

해설 세부사항 관련문제

대화 중 들리는 다른 요일과 혼동하지 않도록 주의해야 합니다. 여자가 금요일 아침에 발표를 해야 한다고 했으므로, 정답은 (B)입니다.

Question 2 refers to the following conversation.

[영국-미국 / 미국-호주]

W: James, would you please organize these file boxes that arrived today?

M: Sure. Do you want me to bring them to your office, or should I keep them here in the warehouse?

W: Bring them up to my office, please.

W: 제임스, 오늘 도착한 파일 상자들을 정리 좀 해줄래요?

M: 물론이죠. 그것들을 당신의 사무실로 가져다 드릴까요, 아니면 여기 창고에 보관할까요?

W: 그것들을 제 사무실로 가져다 주세요.

---

2 What does the woman ask the man to do?
(A) Ship the products.
(B) Organize the file boxes.

여자는 남자에게 무엇을 하라고 요청하는가?
(A) 제품 선적
(B) 파일 상자 정리

어휘 organize [ɔ́:rgənàiz] 정리하다, 준비하다 | bring [briŋ] 가져오다, 데려오다 | warehouse [warehouse] 창고

해설 요청사항을 묻는 문제

여자의 요청사항에 대한 질문이므로, 여자의 말에 힌트가 있습니다. 여자는 첫 대사에서 남자에게 파일 정리를 해달라(would you please organize these file boxes~?)고 부탁하고 있습니다. 따라서 정답은 (B)입니다.

Question 3 refers to the following conversation.

[호주-미국 / 미국-영국]

M: Nancy, have you set up the new printer?

W: I can't connect it to the computer because there was no cable in the box.

M: Why don't you use the USB cable from the portable hard drive?

M: 낸시, 새 프린터를 설치했나요?

W: 상자 안에 케이블이 들어있지 않아 그것을 컴퓨터에 연결할 수가 없어요.

M: 외장하드 USB 케이블을 사용해보지 그래요?

---

3 What is the problem?
(A) A device is not working.
(B) A part is missing.

무엇이 문제인가?
(A) 기기가 작동하지 않는다.
(B) 부품 하나가 없다.

어휘 set up 설치하다, 준비하다 | connect A to B A를 B에 연결하다 | portable [pɔ́ːrtəbl] 휴대용의 | device [diváis] 기기, 장치 | missing [mísiŋ] 없어진; 놓친

해설 문제점을 묻는 문제

문제점을 묻는 문제는 일반적으로 대화의 초중반부에 나옵니다. 여자가 상자 안에 케이블이 들어있지 않다(no cable in the box)고 했으므로, 정답은 부품이 없다고 한 (B)입니다. cable(케이블)이 정답의 part(부품)로 패러프레이징 되었습니다.

Question 4 refers to the following conversation.

[미국-호주 / 영국-미국]

W: Mr. Miller, would it be OK if I left early today?

M: Actually, the president will be here all day today to make a speech at the meeting. He would prefer to see everyone.

W: Sure, I didn't know that today was the day he was visiting.

W: 밀러 씨, 오늘 일찍 퇴근을 해도 될까요?

M: 실은, 오늘 사장님께서 회의에서 연설을 하기 위해 하루 종일 계실 겁니다. 전 직원을 만나고 싶은 신가 봐요.

W: 알겠습니다. 오늘이 사장님이 방문하는 날인 줄 몰랐네요.

---

4 What does the woman request?

(A) Time off from work

(B) Payment for travel

여자는 무엇을 요청하는가?

(A) 일찍 퇴근하는 것

(B) 여행 비용 지불

어휘 actually [ǽktʃuəli] 사실은, 실제로 | make a speech 연설하다 | prefer [prifə́ːr] 선호하다 | payment [péimənt] 지불, 돈

해설 요청사항을 묻는 문제

여자의 요청사항에 대한 질문이므로 여자의 말에 초점을 맞춰 청취해야 합니다. 여자가 첫 대사에서 오늘 일찍 퇴근해도 되냐(would it be ok if I left early today?)고 요청하므로 정답은 (A)입니다. Time off from work는 직장에서 퇴근해서 휴식을 갖는다는 의미이므로 결국 퇴근한다는 뜻으로 볼 수 있습니다.

실전문제					p.161
1. (A)	2. (D)	3. (B)	4. (D)	5. (C)	6. (C)
7. (C)	8. (A)	9. (A)	10. (D)	11. (C)	12. (B)

Questions 1-3 refer to the following conversation.

[미국-미국]

M: Hello, Ms. Cooper. This is Tim from the information desk. [1] Andrew Jones is here. He is your 2 o'clock appointment.

W: Oh, he's the reporter from *Auto Times* magazine. He's here to interview me for an article he is writing. [2] I didn't expect him to arrive early.

M: Would you like to have him wait or can you see him now?

W: [3] Could you check an available meeting room and ask Mr. Jones to wait for me there?

M: 안녕하세요, 쿠퍼 씨. 저는 안내데스크의 팀입니다. 앤드류 존스 씨가 와 계십니다. 그는 2시에 당신과 약속이 되어있어요.

W: 오, 그는 오토 *타임즈* 잡지의 기자예요. 그는 그가 쓰고 있는 기사 때문에 저와 인터뷰하려고 여기 왔어요. 그가 일찍 올 줄 몰랐네요.

M: 기다리라고 할까요, 아니면 지금 그를 만나실래요?

W: 이용 가능한 회의실을 알아봐 주고 존스 씨에게 거기서 저를 기다려 달라고 부탁해주시겠어요?

---

1 Who is Andrew Jones?

(A) A reporter

(B) A president

(C) An applicant

(D) A writer

앤드류 존스는 누구인가?

(A) 기자

(B) 사장

(C) 지원자

(D) 작가

2 Why is the woman surprised?

(A) A room was reserved.

(B) An office was closed.

(C) A meeting was delayed.

(D) A guest has already arrived.

3 What is the receptionist asked to do?

(A) Set up a meeting

(B) Find a meeting room

(C) Speak to a manager

(D) Call a company

여자는 왜 놀라는가?

(A) 방이 예약되어 있었기 때문에.

(B) 사무실이 문을 닫았기 때문에.

(C) 회의가 지연되었기 때문에.

(D) 손님이 벌써 도착했기 때문에.

접수 담당자는 무엇을 하도록 요청받는가?

(A) 회의 일정잡기

(B) 회의실 찾기

(C) 부장에게 말하기

(D) 회사에 전화하기

어휘 information desk 안내데스크 | appointment [əpɔ́intmənt] 약속, 예약 | reporter [ripɔ́:rtər] 기자 | magazine [mæɡəzíːn] 잡지 | article [ɑ́ːrtikl] (신문·잡지의) 글, 기사 | expect [ikspékt] 예상하다, 기대하다

해설 **1** 제3자의 직업을 묻는 문제

제3자의 직업을 묻는 문제는 제3자의 이름이 나온 다음 부분에 힌트가 있습니다. 남자가 앤드류 존스(Andrew Jones)라는 이름을 언급한 다음 나온 여자의 말에서, 그는 기자라(he's the reporter)는 사실을 알 수 있습니다. 따라서 정답은 (A)입니다.

2 세부사항 관련문제

여자가 놀라는 이유를 묻는 문제로 여자의 말에 힌트가 있습니다. 여자가 기자의 도착 소식을 전해 듣고, 이렇게 일찍 올 줄 몰랐다(I didn't expect him to arrive early.)고 언급하는 부분에서 정답을 찾을 수 있습니다. reporter(기자)가 guest(손님)로 패러프레이징 되었습니다.

3 요청사항을 묻는 문제

요청사항을 묻는 문제는 주로 대화의 후반부에 정답이 있습니다. 누가 누구에게 요청을 하는지를 먼저 파악하는 것이 중요합니다. 질문의 동사 ask가 수동태이므로 문제는 '접수 담당자가 요청받는 사항'을 물어본다는 점을 주의해주세요. 마지막 대사에서 여자가 접수원에게 사용가능한 회의실을 찾아서 기자에게 기다리라고 말해달라고 요청하고 있으므로 정답은 (B)입니다.

Questions 4-6 refer to the following conversation.   [호주-미국]

M: ⁴I had to work late every day this week to meet the deadline on the marketing project. I'm really looking forward to relaxing over the weekend.

W: That must be hard for you. So do you have any specific plans this weekend?

M: ⁵Well, I'm meeting up with some friends tomorrow for a bike ride at Central Park. I've got to get out every weekend as the weather is nice.

W: ⁶Oh, did you know there will be a concert at Central Park in the evening? You should drop by and check it out after your bike ride.

M: 저는 마케팅 프로젝트에 관한 마감일을 맞추기 위해 이번 주 매일 늦게까지 일해야 했어요. 주말 동안에는 정말 편히 쉬고 싶어요.

W: 힘들었겠군요. 그러면 주말에 어떤 특별한 계획이 있나요?

M: 음, 센트럴 파크에서 친구 몇 명과 함께 자전거를 타려고 해요. 날씨가 좋아서 매주 나가려고요.

W: 아, 그날 저녁에 센트럴 파크에 콘서트가 있다는 거 알고 있나요? 자전거를 타고난 후에 잠깐 들러서 확인해 보세요.

4 What did the man have to do this week?

(A) Join a gym

(B) Attend a meeting

(C) Go on a business trip

(D) Work extra hours

5 Where will the man go this weekend?

(A) To a fitness center

(B) To a bicycle shop

(C) To a park

(D) To a theater

남자는 이번 주에 무엇을 해야 했는가?

(A) 체육관에 가입하는 것

(B) 회의에 참석하는 것

(C) 출장 가는 것

(D) 초과 근무하는 것

남자는 이번 주말에 어디를 갈 것인가?

(A) 헬스 클럽에

(B) 자전거 가게에

(C) 공원에

(D) 극장에

6 What does the woman suggest the man do?
(A) Go shopping
(B) Work from home
(C) **See a concert**
(D) Organize a picnic

여자는 남자에게 무엇을 하라고 제안하는가?
(A) 쇼핑 하기
(B) 재택근무 하기
(C) 콘서트 보기
(D) 야유회 계획하기

어휘 meet the deadline 마감일을 맞추다 | look forward to ~ing ~를 고대하다 | relax [riláeks] 쉬다, 휴식하다 | specific [spisífik] 특별한, 특정한 | drop by ~에 들르다 | business trip 출장 | fitness center 헬스 클럽

해설 **4** 세부사항 관련문제
특정 시점을 물어보는 문제입니다. 문제에서 특정 시점인 this week(이번 주)이 키워드이며, 이 단어가 포함된 문장에 힌트가 있습니다. 남자는 첫 대사에서 이번 주 매일 늦게까지 일해야 했다(I had to work late every day this week)고 말하며, 대화의 work late(늦게까지 일하다)가 정답의 work extra hours(초과 근무하다)로 패러프레이징 되어 정답은 (D)입니다.

5 특정 장소를 묻는 문제
남자가 이번 주말에 가는 장소를 물어보는 문제입니다. 남자의 말에 힌트가 있고 키워드는 this weekend(이번 주말)입니다. 주말에 특별한 계획이 있는지 물어보는 질문에 남자는 자전거 타러 센트럴 파크에(for a bike ride at Central Park)간다고 답했으므로 정답은 (C)입니다.

6 제안사항을 묻는 문제
문제는 여자의 제안사항을 물어보므로, 여자의 말에 정답이 있습니다. 제안을 묻는 문제는 주로 대화의 후반부에 정답이 있습니다. 여자의 마지막 대사에 콘서트가 있으니 들러서 확인해보라는 말이 있습니다. 결국 콘서트에 가보라는 제안으로 볼 수 있기 때문에 정답은 (C)입니다.

Questions 7-9 refer to the following conversation.

[영국↔미국]

W: Austin, I'm really concerned. We have five new interns starting next week. **7 But I don't think there's enough space for all of them.**

M: In fact, we have empty offices upstairs. **8 Why don't we ask Sara and Clark to move to those offices and make some space for the new interns?**

W: But **9 Sara and Clark** work with us. They do almost all of the accounting work.

M: That's right. They also take care of the accounting work upstairs.

W: 오스틴, 저는 정말 걱정되네요. 다음 주부터 새 인턴 5명이 일을 시작해요. 그러나 그들을 위한 공간이 충분치 않은 것 같아요.

M: 사실, 위 층에 빈 사무실이 좀 있어요. 새라와 클라크가 그쪽으로 옮겨서 새 인턴을 위한 자리를 만들어 달라고 요청하는 건 어때요?

W: 하지만 새라와 클라크는 우리와 함께 일하잖아요. 그들은 거의 모든 회계업무를 다 하고 있어요.

M: 맞아요. 그들은 위층의 회계업무까지도 처리하고 있죠.

7 Why is the woman concerned?
(A) She has to train some employees.
(B) The meeting was put off.
(C) **There's not enough office room.**
(D) There was an accident upstairs.

여자는 왜 걱정하는가?
(A) 그녀는 직원들을 교육해야 한다.
(B) 회의가 미뤄졌다.
(C) 충분한 사무실 공간이 없다.
(D) 위층에 사고가 있었다.

8 What does the man suggest?
(A) **Relocate some employees**
(B) Talk to a manager
(C) Change a menu
(D) Go to the accounting department

남자는 무엇을 제안하는가?
(A) 일부 직원을 재배치하라고
(B) 매니저에게 이야기하라고
(C) 메뉴를 변경하라고
(D) 회계부서에 가보라고

9 Who are Sara and Clark?
(A) **Accounting staff**
(B) New employees
(C) Sales people
(D) Designers

새라와 클라크는 누구인가?
(A) 회계 직원
(B) 신입사원
(C) 영업 사원
(D) 디자이너

어휘 concerned [kənsə́:rnd] 걱정되는, 우려하는 | space [speis] 공간 | upstairs [ʌpstɛ́ərz] 위층 | put off 미루다

해설 **7** 세부사항 관련문제

여자가 걱정하는 이유를 묻는 문제로 여자의 말에 힌트가 있습니다. 여자는 첫 대사에서 새 인턴들이 일할 공간이 충분치 않다(I don't think there's enough space for all of them.)고 걱정을 표현했고, 이 부분을 바꿔서 표현한 (C)가 정답입니다. 대화의 space(공간)가 정답의 room(공간)으로 패러프레이징 되었습니다.

8 제안사항을 묻는 문제

문제는 남자의 제안사항을 물어보므로, 남자의 말에 정답이 있습니다. 특히 당사자가 직접 묻는 Why don't you~?(~하는게 어때 요?)는 대표적인 제안, 권유 표현입니다. 여자가 새 인턴들이 일할 공간이 부족하다고 하자 남자는 위층에 일할 공간을 만들어주자 (Why don't we ask Sara and Clark to move to those offices and make some space~)고 제안을 합니다. 대화의 move(옮기다)가 relocate(재배치하다)로 패러프레이징되어 정답은 (A)입니다.

9 제3자의 직업을 묻는 문제

제3자의 직업을 묻는 문제는 제3자의 이름이 나온 다음 부분에 힌트가 있습니다. 대화의 마지막 부분에서 남자와 여자가 모두 회계 업무(accounting work)라는 단어를 반복하는 것으로 보아, 새라와 클라크는 회계업무를 담당하는 회계 직원(accounting staff)이라고 추측할 수 있습니다.

新 **Questions 10-12 refer to the following conversation with three speakers.**

[미국—미국—영국]

W1: Hi, Albert and Mandy. You know ¹⁰employee performance evaluation was conducted several months ago, right?

M: I guess so.

W2: Actually, it was two months ago I had my first evaluation.

W1: I don't know why nobody said anything to me about a performance review yet.

M: Well, ¹¹there isn't a company policy about this.

W2: That's right. I'm sure your manager just forgot it. He's been away on business for a month. ¹²He's meeting with some new clients in Amsterdam.

W1: When he returns, I can ask him about it.

W1: 안녕하세요, 앨버트와 맨디. 몇 달 전에 직무 능력 평가가 이루어진 거 알고 있죠, 그렇죠?

M: 그런 거 같아요.

W2: 저도 평가를 받은 지 두 달이 되었어요.

W1: 왜 아무도 저에게 직무 능력 평가에 대해 언급하지 않았는지 궁금하군요.

M: 글쎄요, 이런 일에 대한 회사 정책이 있는 것은 아닐 텐데요.

W2: 맞아요. 아마 부장님께서 깜빡하신 것 같아요. 부장님께서는 한 달 동안 업무차 자리를 비우신 중이에요. 암스테르담에서 새 고객들을 만나고 계세요.

W1: 그럼 그가 돌아오면, 물어보면 되겠군요.

---

10 What are the speakers mainly discussing?
(A) A job opening
(B) A sales report
(C) A business trip
(D) An employee evaluation

화자들은 주로 무엇에 관해 이야기하고 있는가?
(A) 공석
(B) 판매 보고서
(C) 출장
(D) 직원 평가

新 **11** Why does the man say, "there isn't a company policy about this"?
(A) To contact a manager
(B) To give a presentation
(C) To offer an explanation
(D) To change a policy

남자가 "이런 일에 대한 회사 정책이 있는 것은 아닐 텐데요."라고 말한 이유는?
(A) 부장님에게 연락하기 위해
(B) 발표를 하기 위해
(C) 이유를 말하기 위해
(D) 정책을 변경하기 위해

12 Why is the manager unavailable?
(A) He is interviewing new employees.
(B) He is meeting some clients.
(C) He is reviewing a document.
(D) He is announcing at a conference.

부장은 왜 부재중인가?
(A) 새 직원들을 인터뷰하고 있다.
(B) 새 고객들을 만나고 있다.
(C) 서류를 검토하고 있다.
(D) 회의에서 발표하고 있다.

어휘 performance evaluation(= performance review) 업무 평가, 수행 평가 | conduct [kándʌkt] 실시하다, 시행하다; 행동하다 | company policy 회사 정책 | explanation[èksplənéiʃən] 설명; 해명

해설 **10** 주제 · 목적을 묻는 문제

화자들은 employee performance evaluation(직원 수행평가)에 대해 이야기하고 있으므로 정답은 (D)입니다.

11 화자의 의도를 묻는 문제

여자들이 궁금해 하는 부분에 대해, 남자가 이유를 알고 싶어 했으므로 정답은 (C)입니다.

12 이유 · 원인을 묻는 문제

부장은 암스테르담에서 새 고객을 만나고 있다고 했으므로 정답은 (B)입니다.

기본 연습 문제   p.170

1. (A)	2. (B)	3. (A)	4. (A)
5. (B)	6. (A)	7. (A)	8. (B)

● 눈으로 보고 푸는 문제

1   Hi, Betty. Aren't you excited about the department field trip this weekend?

안녕, 베티. 이번 주말 우리 부서 야외 여행이 기대되지 않나요?

What are the speakers discussing?
(A) A picnic
(B) A department store

화자들은 무엇에 관해 이야기하는가?
(A) 야유회
(B) 백화점

어휘 department [dipáːrtmənt] 부서 | field trip 야외 여행, 견학

해설 대화 주제를 묻는 문제
대화의 field trip(야외 여행)이 정답의 picnic(야유회)으로 패러프레이징 되었습니다.

2   Did you hear that the company's hiring more people for the personnel department?

회사가 인사부에 더 많은 사람을 채용중이라는 것을 들었나요?

What are the speakers discussing?
(A) Applying for a job
(B) Hiring new workers

화자들은 무엇에 관해 이야기하는가?
(A) 입사 지원하기
(B) 신규직원 채용

어휘 hire [haiər] 채용하다, 고용하다 | personnel department 인사부

해설 대화 주제를 묻는 문제
대화의 people(사람들)이 정답의 workers(직원들)로 패러프레이징 되었습니다.

3   Blake, have you received the note with the agenda for Thursday's meeting?

블레이크, 목요일 회의 안건이 적힌 메모를 받았나요?

What are the speakers discussing?
(A) Meeting topics
(B) An upcoming plan

화자들은 무엇에 관해 이야기하는가?
(A) 회의 주제
(B) 다가오는 계획

어휘 agenda [ədʒéndə] 안건, 의제

해설 대화 주제를 묻는 문제
대화의 agenda(안건)가 정답의 topics(주제)로 패러프레이징 되었습니다.

4   Hi, Rachel. Would it be possible to get a ride in to work with you this morning?

안녕, 레이첼. 오늘 아침 출근하는데 당신 차를 타고 가는 것이 가능할까요?

What are the speakers discussing?
(A) A way to get to work
(B) A new schedule

화자들은 무엇에 관해 이야기하는가?
(A) 출근하는 방법
(B) 새로운 스케줄

어휘 possible [pάsəbl] 가능한 | ride in ~을 타다

해설 대화 주제를 묻는 문제

대화의 get a ride in to work(일하러 갈 때 차를 타는 것)라는 표현이 정답의 A way to get to work(출근하는 방법)로 패러프레이징되었습니다.

● 귀로 듣고 푸는 문제

[미국-미국]

5 M: Hi, This is Robert Turner calling. I met a client earlier today. <mark>I think I left my briefcase at your restaurant.</mark> Did you find it by any chance?

   W: Oh, I just found a briefcase a few minutes ago when I was cleaning up the private room. It's black.

M: 안녕하세요, 로버트 터너입니다. 제가 오늘 일찍 고객을 만났습니다. 제 생각에 제가 서류가방을 당신의 식당에 두고 온 것 같아요. 혹시 발견하셨나요?	
W: 아, 몇 분전에 특실을 청소하던 중에 서류가방을 찾았습니다. 검은색입니다.	

Why is the man calling?
(A) To reserve a table
(B) To ask about a missing item

남자는 왜 전화하는가?
(A) 자리를 예약하려고
(B) 잃어버린 물건에 대해 문의하려고

어휘 client [kláiənt] 고객, 의뢰인 | leave-left-left [li:v] ~을 두고 오다(가다) | briefcase [bri:f keis] 서류가방 | by any chance 혹시, 어쩌다가 | private room 특실, 전용실

해설 전화한 목적을 묻는 문제

남자가 전화하는 목적을 물어보기 때문에 남자의 말에 힌트가 있습니다. 남자는 서류가방을 식당에 두고 온 것 같다고 말하고 있으므로, 잃어버린 물건에 대한 문의라고 할 수 있습니다.

[미국-미국]

6 W: <mark>Have you checked how many employees are signed up for the workshop on Monday?</mark>

   M: About 45 so far. I think we have a lot more participants than last year. We'll have to order more refreshments.

W: 월요일 워크숍에 얼마나 많은 직원들이 신청했는지 확인했나요?	
M: 지금까지 약 45명입니다. 작년보다 많은 사람이 신청했어요. 우리는 간식을 좀 더 주문해야 해요.	

What are the speakers discussing?
(A) The details of a workshop
(B) The catering service

화자들은 무엇에 관해 이야기하는가?
(A) 워크숍 세부사항
(B) 출장 연회 서비스

어휘 sign up for ~에 신청하다 | so far 이제까지 | participant [pa:rtísəpənt] 참가자 | refreshment [rifréʃmənt] 다과

해설 대화 주제를 묻는 문제

주제를 묻는 문제는 첫 대사를 특히 잘 들어야 합니다. 여자가 월요일 워크숍을 신청한 인원에 대해서 묻고 있으므로, 정답은 워크숍 세부사항이라 할 수 있습니다.

[미국-미국]

7 M: Did you hear the news? <mark>Mr. Bell is leaving. He got a position as a vice president for a new branch in Vancouver.</mark>

   W: Oh, I didn't know that. When is he leaving?

M: 소식 들었나요? 벨 씨가 회사를 떠납니다. 그는 밴쿠버에 있는 새 지점에서 부사장직을 맡았습니다.	
W: 아, 저는 몰랐네요. 그는 언제 떠나나요?	

What are the speakers discussing?
(A) A coworker's new job
(B) A vacation plan

화자들은 무엇에 관해 이야기하는가?
(A) 동료의 새 직장
(B) 휴가 계획

어휘 vice president 부사장 | coworker(= colleague) [kóuwə̀:rkər] 동료

해설 대화 주제를 묻는 문제

밴쿠버 지점에서 부사장직을 맡은 동료를 언급하고 있으므로, 정답은 동료의 새 일자리입니다.

[미국-미국]

8 W: Hi, I'd like to know if you have any available seats for the 8 P.M. musical *Cats* tomorrow night.

M: How many seats would you like to reserve?

W: 안녕하세요, 내일 저녁 8시에 뮤지컬 캣츠 이용 가능한 좌석이 있는지 알고 싶어서요.
M: 몇 개의 좌석을 예약하실 건가요?

Why is the woman calling?
(A) To attend a concert
(B) To make a booking

여자는 왜 전화하는가?
(A) 콘서트에 참가하려고
(B) 예약을 하려고

어휘 available [əvéiləbl] 이용 가능한 | seat [si:t] 좌석 | booking(= reservation) [búkiŋ] 예약

해설 전화한 목적을 묻는 문제
여자가 전화하고 있기 때문에 여자의 말에 힌트가 있습니다. 여자는 뮤지컬에 이용 가능한 좌석이 있는지 물어보고 있고, 따라서 예약을 하기 위해서라고 언급한 (B)가 정답입니다.

빈칸 채우고 정답 맞추기

p.171

1. (A)	2. (B)	3. (A)	4. (B)

Question 1 refers to the following conversation.

[호주-영국 / 미국-미국]

M: I just heard that we have to attend an employee training course this Friday.

W: I don't think I can go. Our team's project is due next week, and I was planning on doing that.

M: 우리가 이번 금요일에 직원 연수 과정에 참가해야한다고 들었어요.
W: 전 못 갈 것 같아요. 팀 프로젝트 마감일이 다음 주라, 그것을 하려고 계획 중이었거든요.

---

1 What are the speakers discussing?
(A) Employee training
(B) Product development

화자들은 무엇을 논의하는가?
(A) 직원 연수
(B) 제품 개발

어휘 due [dju:] ~할 예정인, 만기가 된

해설 대화 주제를 묻는 문제
첫 대사에서 employee training(직원 연수)에 대해 얘기하므로 정답은 (A)입니다.

Question 2 refers to the following conversation.

[영국-미국 / 미국-호주]

W: Ryan, this is Kate from HR. I was wondering if you can help me conduct some interviews this week.

M: It depends on what day it is. I've got several appointments with clients.

W: It's on Tuesday. It'll be in the morning.

W: 라이언, 인사부의 케이트입니다. 이번 주에 인터뷰 실시하는 것을 도와주실 수 있나 궁금해서요.
M: 무슨 요일인지에 달려있죠. 고객들과 약속 몇 건이 있거든요.
W: 화요일이에요. 오전이 될 겁니다.

---

2 What does the woman want the man to do?
(A) Staff training
(B) Attendance at the interview

여자는 남자가 무엇을 해주길 바라는가?
(A) 사원 교육
(B) 인터뷰 참석

어휘 HR(= Human Resources) 인사부 | conduct [kándʌkt] 실시하다 | depend on ~에 달려있다

해설 세부사항 관련 문제
여자가 원하는 것을 묻고 있으므로, 여자의 말에 힌트가 있습니다. 여자는 이번 주에 인터뷰를 실시한다(conduct some interviews)고 했고, 남자에게 도움을 요청하므로 정답은 (B)입니다.

Question 3 refers to the following conversation.

M: Is the fax machine still not working?

W: I'm afraid not. The maintenance company said they would send someone this afternoon.

M: That's too late. I have to send an important fax to a client by 10.

M: 팩스 기계가 아직도 고장인가요?

W: 관리업체에서 오늘 오후에 사람을 보내준다고 했어요.

M: 너무 늦어요. 저는 10시까지 고객에게 중요한 팩스를 보내야 해요.

3 Who are the workers waiting for?

(A) A repair person

(B) A client

직원들은 누구를 기다리는가?

(A) 수리공

(B) 고객

어휘 not working 고장인, 작동하지 않는 | maintenance [méintənəns] 관리, 유지, 보수

해설 특정 인물을 묻는 문제

팩스 기계가 고장이어서 사람을 기다리고 있으므로, 수리공(repair person)이라고 추측할 수 있습니다.

Question 4 refers to the following conversation.

W: Luke, do you have a minute? I'm trying to use the copy machine, but it seems to be broken.

M: It's in the standby mode. You just have to push this button to turn it on again.

W: Thanks a lot.

W: 루크, 잠깐 시간 있나요? 제가 복사기를 사용하려 하는데, 고장이 난 것 같아요.

M: 대기모드 상태네요. 다시 켜려면 이 버튼을 눌러야 해요.

W: 정말 고마워요.

4 What type of equipment is being discussed?

(A) A laptop

(B) A photocopier

어떤 종류의 장비가 논의되고 있는가?

(A) 노트북 컴퓨터

(B) 복사기

어휘 broken [bróukən] 고장 난 | standby mode 대기모드 | turn on (전기 · 가스 · 수도 등을) 켜다

해설 대화 주제를 묻는 문제

여자의 첫 대사에서 복사기가 고장 난 것 같다고 했고, copy machine(복사기)이 photocopier(복사기)로 패러프레이징 되어 정답입니다.

실전문제					p.173
1. (A)	2. (C)	3. (D)	4. (C)	5. (C)	6. (C)
7. (A)	8. (D)	9. (A)	10. (A)	11. (D)	12. (C)

Questions 1-3 refer to the following conversation.

M: Kate, [1] we've been having some problems using the copy machine. It keeps getting jammed, but I don't know why. Can you help me with that?

W: That's too bad. Unfortunately, [2] I'm on my way to a meeting right now. I'll be back by 2. I can help you then.

M: Thanks but that will be a little late. I need these copies for a meeting by 1:30.

W: In that case, [3] I'll call the maintenance department and send an engineer up immediately.

M: 케이트, 이 복사기 사용에 문제가 있어요. 계속 종이가 걸리고 있는데, 이유를 모르겠어요. 도와주실 수 있나요?

W: 정말 안됐네요. 아쉽게도, 제가 지금 회의에 가는 중이에요. 2시에 돌아옵니다. 제가 그때 도와드릴게요.

M: 고맙지만 그땐 조금 늦을 것 같아요. 1시 30분에 있을 회의 때 문서의 복사본이 필요하거든요.

W: 그런 경우라면, 제가 시설 관리부에 전화해서 즉시 기술자를 보낼게요.

1 What does the man need help with?

   (A) A copier

   (B) Internet connection

   (C) A meeting

   (D) A fax machine

2 When will the woman most likely return?

   (A) At 1:00 P.M.

   (B) At 1:30 P.M.

   (C) At 2:00 P.M.

   (D) At 2:30 P.M.

3 What will the woman probably do next?

   (A) Postpone the meeting

   (B) Read the manual

   (C) Ask for help

   (D) Contact another department

남자는 무슨 일에 도움이 필요한가?
(A) 복사기
(B) 인터넷 접속
(C) 회의
(D) 팩스 기계

여자는 언제 돌아올 것 같은가?
(A) 오후 1시
(B) 오후 1시 30분
(C) 오후 2시
(D) 오후 2시 30분

여자는 다음에 무슨 일을 할 것 같은가?
(A) 회의를 연기하는 것
(B) 설명서를 읽는 것
(C) 도움을 요청하는 것
(D) 다른 부서에 연락하는 것

어휘 jammed [dʒæmd] (막히거나 걸려서)움직일 수 없는 | unfortunately [ʌnfɔ́ːrtʃənətli] 안타깝게도, 유감스럽게도 | on one's way ~로 가는 도중에 | right now 지금 당장 | maintenance department 시설 관리부 | immediately [imíːdiətli] 즉시, 당장

해설 1 세부사항 관련문제

남자의 말에 힌트가 있습니다. 남자의 첫 대사에서 복사기에 문제가 있다(we've been having some problems using the copy machine.)고 말하고 있고, copy machine(복사기)이 copier(복사기)로 패러프레이징 되었습니다.

2 특정시점을 묻는 문제

여자의 말에 힌트가 있습니다. 여러 숫자가 나온다고 해서 혼동하지 않도록 해야합니다. 여자는 회의에 갔다가 2시에 돌아온다(I'll be back by 2.)고 하고 있으므로 정답은 (C)입니다.

3 미래의 할 일을 묻는 문제

여자의 마지막 말에서 시설 관리부에 전화를 하겠다(I'll call the maintenance department)고 하고 있으므로 정답은 (D)입니다.

Questions 4-6 refer to the following conversation.

[미국—미국]

W: Excuse me, I signed up for the conference here but ⁴ **I don't see my name on the list of participants.**

M: Oh, there was an error in the online registration system and some names didn't show up on the list. ⁵ **Can I see the printout of your confirmation e-mail?**

W: Ah, I think I left it on the table in my hotel room. Can I go and get it?

M: That would be great. And when you bring it back, ⁶ **I'll give you a gift card to local restaurants** as an apology for the inconvenience.

W: 실례합니다. 제가 여기 회의에 등록을 했는데 제 이름이 참가자 명단에서 보이지 않는군요.

M: 아, 온라인 등록 시스템에 오류가 있어서 몇몇 이름이 리스트에 나타나지 않았네요. 확인 이메일의 출력본을 볼 수 있을까요?

W: 아, 제 생각에 출력본은 제 호텔방의 테이블 위에 두고 온 것 같군요. 가서 가져와도 될까요?

M: 좋습니다. 그리고 가져오시면, 제가 불편에 대한 사과로 지역 식당의 상품권을 드리겠습니다.

---

4 What is the woman's problem?

   (A) She was late for a meeting.

   (B) She forgot her cell phone.

   (C) Her name is missing from a list.

   (D) She cannot stay in a hotel.

여자의 문제는 무엇인가?
(A) 그녀는 회의에 늦었다.
(B) 그녀는 휴대폰을 잊어버렸다.
(C) 그녀의 이름이 리스트에 없다.
(D) 그녀는 호텔에 머무를 수 없다.

5 What does the man ask to see?
(A) A photo ID card
(B) A passport
(C) **A registration confirmation**
(D) A résumé

남자는 무엇을 보기를 요청하는가?
(A) 사진이 붙어 있는 신분증
(B) 여권
(C) 등록 확인서
(D) 이력서

6 What is being offered to the woman?
(A) Free shipping
(B) A table and chairs
(C) **A restaurant gift card**
(D) A coupon for a hotel stay

여자에게 무엇이 제공될 것인가?
(A) 무료 배송
(B) 탁자와 의자들
(C) 식당 상품권
(D) 호텔에 머무를 수 있는 쿠폰

어휘 sign up for 등록하다, 신청하다 | online registration 온라인 등록 | printout [príntàut] 인쇄(물) | confirmation e-mail 확인 메일 | gift card 상품권 | apology [əpάlədʒi] 사과 | inconvenience [ìnkənvíːnjəns] 불편함

해설 **4** 문제점을 묻는 문제
여자의 문제점을 물어보기 때문에 여자의 말에 힌트가 있습니다. 여자는 첫 대사에서 자신의 이름이 참가자 명단에서 보이지 않는다 (I don't see my name on the list of participants.)고 언급하고 있습니다. 정답은 (C)입니다.

5 요청사항을 묻는 문제
남자의 요청사항을 물어보기 때문에 남자의 말에 힌트가 있습니다. 남자는 여자가 회의에 등록되었는지 확인하기 위해 확인메일 출력본을 보여달라(Can I see the printout of your confirmation e-mail?)고 요청합니다. 정답은 (C)입니다.

6 세부사항 관련 문제
남자는 불편함에 대한 사과로 여자에게 상품권을 제공하겠다(I'll give you a gift card to local restaurants)고 말합니다. 정답은 (C)입니다.

Questions 7-9 refer to the following conversation. [미국-영국]

M: This restaurant is fantastic. [7] I'm impressed with all the different kinds of food they serve. I think it's important to offer a wide variety of dishes.

W: That's true. There are a lot of dishes to choose from. By the way, [8] I wonder if they cater. They might be a good choice to provide the food for the next meeting with our Chinese clients. What do you think?

M: I think that's a great idea. [9] I'll ask the manager if we can do that.

M: 이 레스토랑 최고네요. 다양한 종류의 음식을 제공하는 점이 인상적이네요. 저는 다양한 종류의 음식을 제공하는 것이 중요하다고 생각해요.

W: 사실이에요. 선택할 수 있는 다양한 음식이 있죠. 그런데 이 식당에서는 출장 요리를 하는지 궁금하네요. 다음 회의 때 중국 고객들에게 이곳의 음식을 접대하면 좋을 것 같은데요. 어떻게 생각해요?

M: 좋은 생각이네요. 부장님께 가능한지에 대해 물어볼게요.

7 What do the speakers like about the restaurant?
(A) **The variety of menu items**
(B) The price of food
(C) The location
(D) The good service

화자들은 레스토랑의 무엇이 마음에 드는가?
(A) 다양한 메뉴
(B) 음식 가격
(C) 위치
(D) 좋은 서비스

8 What are the speakers considering?
(A) Ordering a dessert
(B) Changing a meeting time
(C) Inviting a coworker
(D) **Having a meeting catered**

화자들은 무엇을 고려하는가?
(A) 디저트 주문하기
(B) 회의 시간 변경하기
(C) 동료 초대하기
(D) 회의에 음식 조달하기

9 What does the man say he will do?
   (A) Talk to a manager
   (B) Make a reservation
   (C) Call a restaurant
   (D) Have a dinner party

남자는 무엇을 할 거라고 말하는가?
(A) 부장에게 말하는 것
(B) 예약하는 것
(C) 식당에 전화하는 것
(D) 디너파티를 여는 것

어휘 fantastic [fæntǽstik] 최고의, 환상적인 | impressed [imprést] 인상적인 | a wide variety of 다양한 종류의 | by the way 그런데, 그건 그렇고 | cater [kéitər] 음식을 조달하다 | provide B for A(= provide A with B) A에 B를 제공하다

해설 7 세부사항 관련문제
레스토랑의 장점으로 남자와 여자 모두가 공통적으로 언급하는 부분이 정답입니다. 남자가 여러 종류의 음식을 제공하는 부분이 인상 깊다(I'm impressed with all the different kinds of food they serve.)고 말하고 있고, 여자 또한 다양한 음식을 선택할 수 있다(There are a lot of dishes choose from.)고 답하고 있습니다. 따라서 정답은 (A)입니다.

8 세부사항 관련문제
레스토랑의 다양한 메뉴가 마음에 든 여자가, 레스토랑의 출장 요리여부(I wonder if they cater.)를 알고 싶어합니다. 정답은 (D)입니다.

9 미래의 할 일을 묻는 문제
남자가 앞으로 할 일을 물어보기 때문에 힌트는 남자의 말에 있습니다. 남자는 마지막 말에서 부장님께 출장 요리가 가능한지 여부를 물어본다(I'll ask the manager if we can do that.)고 했으므로 정답은 (A)입니다.

新 Questions 10-12 refer to the following conversation with three speakers.

[미국-영국-호주]

W1: Hi, Stacey and Dwayne. There's something I'd like to ask you about a problem with the pictures displayed on our website.
W2: Sure. Is there a problem?
W1: Well, ¹⁰the products uploaded last week are still shown with low resolution photos. I don't know what to do about it.
M: ¹¹I think Stacey is an expert in that field.
W2: Hmm, there's really no way to improve the original images. We should just take new pictures.
M: OK, ¹²I'll find a list of the products that need new pictures.

W1: 안녕하세요, 스테이시와 드웨인. 우리 웹사이트에 게시된 사진들의 문제에 관해 물어볼 게 있어요.
W2: 물론이죠. 무슨 문제가 있나요?
W1: 그게, 지난주에 업로드한 사진이 여전히 해상도가 낮아요. 어떻게 해야 할지 모르겠네요.
M: 제 생각에 스테이시가 그 분야 전문가인 것 같아요.
W2: 흠, 원본 이미지를 개선할 방법은 없네요. 새 사진을 찍어야겠어요.
M: 알겠어요, 새 사진이 필요한 물건의 목록들을 찾아볼게요.

---

10 What problem are the speakers discussing?
   (A) Some pictures are not clear.
   (B) A camera is not working.
   (C) The server is unavailable.
   (D) Some data are incomplete.

화자들은 어떤 문제에 관해 논의하고 있는가?
(A) 일부 사진이 선명하지 않다.
(B) 카메라가 작동하지 않는다.
(C) 서버를 이용할 수 없다.
(D) 일부 자료가 불완전하다.

新 11 What does the man mean when he says, "I think Stacey is an expert in that field."?
   (A) He is too busy to solve the problem.
   (B) He wants Stacey to attend a meeting.
   (C) He thinks Stacey made a mistake.
   (D) He wants Stacey to answer a question.

남자가 말한 "제 생각에 스테이시가 그 분야에 전문가인 것 같아요."는 어떤 의미인가?
(A) 그는 그 문제를 해결하기에 너무 바쁘다.
(B) 그는 스테이시가 회의에 참여하기를 원한다.
(C) 그는 스테이시가 실수했다고 생각한다.
(D) 그는 스테이시가 문제에 대해 답을 하기를 원한다.

12 What does the man say he finds?
(A) Photo specialists
(B) A meeting schedule
(C) A list of products
(D) The latest advertisement

남자는 무엇을 찾을 거라고 하는가?
(A) 사진 전문가들
(B) 회의 스케줄
(C) 상품 목록
(D) 최신 광고

어휘 resolution [rèzəlúːʃən] 해상도 | expert [ékspəːrt] 전문가 | incomplete[ìnkəmplíːt] 불완전한 | specialist [spéʃəlist] 전문가

해설 **10** 세부사항 관련 문제
웹사이트에 게시된 사진의 해상도가 낮다고 했으므로, 정답은 (A)입니다.

11 화자의 의도를 묻는 문제
사진의 해상도가 낮은 부분이 문제가 되고 있는데, 스테이시가 이 분야의 전문가라고 했으므로 문제에 대한 답을 원한다는 (D)가 정답입니다.

12 세부사항 관련 문제
남자가 물건의 목록(a list of products)을 원한다고 했으므로, 정답은 (C)입니다.

기본 연습 문제 p.182

1. (A)	2. (B)	3. (A)	4. (B)	5. (B)
6. (A)	7. (B)	8. (A)	9. (B)	10. (A)

[미국-미국]

1 M: Hello, I need to talk to Ms. Nelson please. This is Dylan Gray. I'm one of her clients.

W: I'm sorry, Mr. Gray. Ms. Nelson is in a meeting with our executives right now. May I ask what you are calling about?

M: 안녕하세요. 넬슨 씨와 통화해야 하는데요. 저는 딜런 그레이입니다. 저는 그녀의 고객 중 한 명입니다.

W: 죄송합니다, 그레이 씨. 넬슨 씨는 지금 저희 회사 임원들과 회의 중입니다. 무슨 용건인지 여쭤봐도 될까요?

Where is Ms. Nelson?

(A) In a meeting

(B) At a restaurant

넬슨 씨는 어디에 있는가?
(A) 회의 중
(B) 레스토랑에

어휘 executive [igzékjutiv] 임원, 중역 | right now 지금 당장

해설 제3자가 있는 장소를 묻는 문제
여자의 말에서 넬슨 씨는 회의 중이라는(Ms. Nelson is in a meeting with our executives right now.) 것을 알 수 있습니다.

[미국-미국]

2 W: Excuse me. Can you tell me where the human resources office is? I'm a new recruit here at City bank.

M: It is on the third floor. You must be here for the new employee orientation, right? I'll show you where it is. I'm on the way there.

W: 실례합니다. 인사부 사무실이 어디인지 좀 알려주실 수 있나요? 저는 여기 시티 은행의 신입사원입니다.

M: 3층에 있어요. 당신은 신입사원 오리엔테이션 때문에 온 것이 틀림없는 것 같은데요, 맞죠? 제가 어딘지 보여드리죠. 거기 가는 길이거든요.

Where is the conversation probably taking place?

(A) On a street

(B) In an office building

대화는 어디에서 일어나는 것 같은가?
(A) 거리에서
(B) 사무실 건물 안에서

어휘 human resources(=HR) 인사부 | new recruit 신입사원 | new employee orientation 신입사원 오리엔테이션 | on the way ~하는 중에

해설 대화가 일어나는 장소를 묻는 문제
여자는 신입사원이고 인사부 사무실을 찾고 있으므로, 정황상 사무실 건물 안이라고 추측할 수 있습니다.

[미국-미국]

3 M: Madison Home-Deco, this is Jonathan speaking. How may I help you?

W: Yes. I bought a leather sofa and armchairs from your online store last week, but I still haven't received my order. I wanted to check if you sent it out already.

M: 매디슨 홈 데코의 조나단입니다. 무엇을 도와드릴까요?

W: 예. 저는 지난주에 당신의 온라인 가게에서 가죽소파와 팔걸이의자를 주문했는데, 아직 주문품을 받지 못했습니다. 벌써 배송이 시작 되었는지 확인해 보려고요.

Where does the man probably work?

(A) At a furniture store

(B) At a shipping company

남자는 어디에서 일하는가?
(A) 가구점
(B) 배송업체

어휘 leather [léðər] 가죽; 가죽 제품의 | armchair [áːrmtʃɛər] 팔걸이의자

해설 남자가 일하는 장소를 묻는 문제

키워드인 sofa(소파)와 armchair(팔걸이의자)를 통해 남자는 가구점(furniture store)에서 일함을 알 수 있습니다.

[미국─미국]

4 W: Hi, I need to get to Dallas by 10 o'clock for a job interview. Do you have any buses that arrive there by then?

M: Sorry but we don't. Our buses make stops at other bus terminals, so they take a little longer.

W: 안녕하세요. 제가 면접이 있어서 10시까지 댈러스에 도착해야 해요. 그 시간까지 도착하는 버스가 있나요?

M: 죄송하지만 없습니다. 저희 버스들은 다른 버스 터미널에서도 정차하기 때문에, 시간이 조금 더 걸립니다.

Where are the speakers?
(A) In an airport
(B) In a bus terminal

화자들은 어디에 있는가?
(A) 공항에
(B) 버스 터미널에

어휘 make a stop 정차하다, 멈추다

해설 화자들이 있는 장소를 묻는 문제

여자와 남자는 버스가 도착하는 시간에 관해 대화하고 있으므로 정답은 버스 터미널(bus terminal)입니다.

[미국─미국]

5 M: Hello, ma'am. May I see your passport and your ticket to check in?

W: Here you are. I'm a little concerned about my connection. I'm transferring to another airline in Hong Kong, but I have only half an hour between flights.

M: 안녕하세요, 부인. 탑승 수속을 하기 위해 여권과 항공권을 보여주시겠어요?

W: 여기 있습니다. 저는 연결 항공편에 대해 좀 걱정이 됩니다. 제가 홍콩에서 다른 항공편으로 갈아타는데, 그 사이에 30분 밖에 시간이 없거든요.

Where most likely are the speakers?
(A) At a travel agency
(B) At an airport

화자들은 어디에 있을 것 같은가?
(A) 여행사
(B) 공항

어휘 passport [pǽspɔːrt] 여권 | be concerned about ~대해 걱정되다 | connection [kənékʃən] 연결 항공편 | airline [ɛ́ərlain] 항공(편)

해설 화자들이 있는 장소를 묻는 문제

결정적인 힌트는 check in(탑승 수속하다)이며, 여권과 항공권을 직접 보여달라고 하는 장소는 공항(airport)입니다.

[미국─미국]

6 M: Hi, This is Chase Bell. I'm taking part in the electronics convention at your hotel next week. I'd like to check my reservation for Friday and Saturday nights.

W: Just a moment, Mr. Bell. Let me check. Yes, you're booked for a deluxe room from Friday to Saturday.

M: 안녕하세요, 저는 체이스 벨입니다. 저는 다음 주에 당신 호텔에서 전자 회의가 있어 참석할 건데요. 금요일과 토요일 밤 제 예약을 확인하고 싶습니다.

W: 잠시만요, 벨 씨. 확인해 보겠습니다. 예, 금요일부터 토요일까지 디럭스룸으로 예약되어 있네요.

Who most likely is the man talking to?
(A) A hotel receptionist
(B) An airline employee

남자는 누구에게 말하고 있는가?
(A) 호텔 접수원
(B) 항공사 직원

어휘 take part in ~에 참가하다 | electronics convention 전자 회의

해설 여자의 직업을 묻는 문제

남자와 이야기하고 있는 상대방의 직업을 물어봅니다. 남자는 숙박 예약을 확인하려고, 여자는 그 사실을 확인시켜 주고 있으므로 정답은 (A)입니다.

---

7 W: When our company designed this concert hall, I never thought it would become such a popular place.

M: That's right. I read an article about the concert hall and it said it is considered to be the most creative building in the city.

W: 우리 회사가 이 콘서트 홀을 설계했을 때, 이렇게 인기가 많은 곳이 될 거라고 생각 못 했어요.

M: 맞아요. 콘서트 홀에 관한 기사를 읽었는데 이곳이 이 도시에서 가장 창조적인 건물이라고 여겨진다고 하더라고요.

Who most likely are the speakers?
(A) Reporters
(B) Architects

화자들은 누구인 것 같은가?
(A) 기자
(B) 건축가

어휘 popular [pάpjulər] 인기 있는, 대중적인 | consider [kənsídər] 여기다, 고려하다 | creative [kriéitiv] 창조적인

해설 화자들의 직업을 묻는 문제

여자의 첫 대사에서, 우리 회사가 이 콘서트 홀을 설계했다(When our company designed this concert hall)는 것으로 보아, 화자들의 직업은 건축가(architect)입니다.

8 M: Hi, Amber. It's James Cooper from the technology department. I need to update some network software today. Will three or four o'clock be OK for you?

W: Hmm, that might be a problem. I have to prepare some meeting materials because I have an urgent meeting in an hour. Can you change the update to tomorrow?

M: 안녕하세요, 앰버 씨. 저는 기술부서의 제임스 쿠퍼입니다. 저는 오늘 네트워크 소프트웨어 몇 가지를 업데이트해야 하는데요, 3시나 4시 괜찮나요?

W: 음, 문제가 있을 수 있겠네요. 저는 1시간 후에 긴급회의가 있어서 회의 자료를 준비해야 합니다. 업데이트를 내일로 변경할 수 있을까요?

Who most likely is the man?
(A) A computer technician
(B) A repairperson

남자는 누구인 것 같은가?
(A) 컴퓨터 기술자
(B) 수리공

어휘 technology department 기술부서 | material [mətíəriəl] 자료; 재료

해설 남자의 직업을 묻는 문제

부서명을 알면 쉽게 알 수 있습니다. 남자는 technology department(기술부서)에서 근무하고 있고, 소프트웨어를 업데이트해야한다(update some network software)고 언급하는 것으로 보아 정답은 (A)입니다.

9 W: Have you heard that Kimberly Jones is moving to the Chicago branch? I'm going to miss her. She's done such a great job with our new cosmetic line's advertising campaign.

M: I definitely agree with you. I didn't know it was happening that soon. How about giving her a farewell party?

W: 킴벌리 존스가 시카고 지점으로 옮긴다는 소식 들었나요? 그녀가 그리울 거예요. 그녀는 우리의 새로운 화장품 라인의 광고 캠페인을 잘 해주었거든요.

M: 당신 말에 동의해요. 이렇게 갑자기 갈 줄은 몰랐어요. 그녀에게 송별회를 열어주는 건 어때요?

Who is Kimberly Jones?
(A) A sales representative
(B) Advertising staff

킴벌리 존스는 누구인가?
(A) 영업 사원
(B) 광고부 직원

어휘 cosmetic [kazmétik] 화장품 | definitely [défənitli] 분명히, 틀림없이 | agree with ~에 동의하다 | happen [hǽpən] 일어나다, 발생하다 | how about ~? ~하는 게 어때요? | farewell party 송별회

해설 제3자의 직업을 묻는 문제

제3자의 직업을 묻는 문제는 남·여 대화를 모두 잘 들어야 합니다. 이 지문에서는 여자의 말에서 힌트를 찾을 수 있습니다. 킴벌리 존스가 광고 캠페인을 잘 해주었다(She's done such a great job with our new cosmetics line's advertising campaign.)고 언급하는 부분에서 그녀가 광고부 직원임을 유추할 수 있습니다.

10 M: Stephanie, have you watched Megan Turner's new film yet? I checked out the review in the newspaper yesterday and it must be very interesting.

W: I was planning on seeing it with my coworker, but there weren't any tickets available. I guess it's really popular.

M: 스테파니, 메건 터너의 새 영화 봤나요? 어제 신문에서 평가를 봤는데 아주 재미있을 것 같아요.

W: 동료와 함께 보려고 했는데 살 수 있는 표가 없더라고요. 정말 인기가 많은가 봐요.

Who is Megan Turner?
(A) An actress
(B) A reporter

메간 터너는 누구인가?
(A) 여배우
(B) 기자

어휘 review [rivjúː] 평가

해설 제3자의 직업을 묻는 문제
남자의 대사에서 메건 터너의 영화를 언급하고 있으므로, 그녀는 여배우임을 알 수 있습니다.

빈칸 채우고 정답 맞추기 p.183

1. (A)	2. (A)	3. (B)	4. (B)

Question 1 refers to the following conversation. [영국-미국 / 미국-호주]

W: I can't log on to my computer. I tried several times, but it didn't work. Do you know what the problem is?

M: Oh, didn't you know that the company changed all the computer passwords? You need to see Ms. Perez to receive your new password.

W: 컴퓨터에 로그인할 수가 없어요. 몇 번이나 해 봤지만, 안 되네요. 문제가 뭔지 아시나요?

M: 아, 회사에서 모든 컴퓨터 비밀번호를 바꾼 것을 몰랐나요? 새 비밀번호를 받으려면 페레즈 씨를 만나야 해요.

1 What is the woman's problem?
(A) She can't access her computer.
(B) She can't remember her password.

여자의 문제는 무엇인가?
(A) 그녀는 그녀의 컴퓨터에 접속할 수 없다.
(B) 그녀는 그녀의 비밀번호가 기억나지 않는다.

어휘 log on 로그인하다 | password [pǽswəːrd] 비밀번호 | access [ǽkses] ~에 접속·접근하다

해설 세부사항을 묻는 문제
여자의 문제점을 묻는 문제입니다. 여자는 컴퓨터에 로그인 할 수 없다(I can't log on to my computer.)고 말하기 때문에 정답은 (A)입니다. 대화의 log on(로그인하다)이 정답의 access(접속하다)로 패러프레이징 되었습니다.

Question 2 refers to the following conversation. [호주-미국 / 미국-영국]

M: Hey, Ella. How was the baseball game last night?

W: I couldn't go. I had to work late last night on the financial report. But I've got tickets for tonight. Would you like to go?

M: I'd love to go, but I have an appointment for dinner.

M: 안녕, 엘라. 어젯밤 야구 경기는 어땠어요?

W: 못 갔어요. 재무 보고서 때문에 늦게까지 일해야 했어요. 하지만 오늘 밤 표가 있어요. 갈래요?

M: 그러고 싶지만, 저녁 약속이 있어요.

2 What are the speakers talking about?
(A) A sporting event
(B) A dinner appointment

화자들은 무엇에 관해 이야기하는가?
(A) 스포츠 행사
(B) 저녁 약속

어휘 work late 늦게까지 일하다 | financial [finǽnʃəl] 재정의, 금융의

해설 대화의 주제를 묻는 문제
남자가 언급한 baseball game(야구 경기)이 sporting event(스포츠 행사)로 패러프레이징 되어 정답은 (A)입니다.

Question 3 refers to the following conversation.

M: Hello, I'm looking for *Gourmet Dinner* by Kelly Rodriguez, the recipe book she just published this year. Do you have it in stock?

W: Sorry, we are sold out at the moment. I know our downtown branch has it though. Do you want me to go ahead and order one for you?

M: Yes, please.

M: 안녕하세요, 켈리 로드리게즈가 올해 막 출판한 *미식가의 저녁식사*라는 요리책을 찾고 있습니다. 재고가 있나요?

W: 죄송하지만, 현재 다 팔렸습니다. 하지만 우리 시내 지점에는 있다고 알고 있어요. 제가 지금 하나 주문해 드릴까요?

M: 예, 그렇게 해주세요.

---

3 Why does the woman apologize?
(A) The price is higher than expected.
(B) An item is unavailable.

여자는 왜 사과하는가?
(A) 가격이 생각보다 비싸기 때문이다.
(B) 물건이 이용 불가능하기 때문이다.

어휘 recipe [résəpi] 조리(요리)법 | publish [pʌbliʃ] 출판하다 | in stock 재고가 있는 | at the moment 현재, 바로 지금 | downtown [dauntaun] 시내에, 번화가에 | go ahead 시작하다, 밀고 나가다

해설 세부사항을 묻는 문제
여자는 남자가 찾고 있는 책이 현재 다 팔렸다(Sorry, we are sold out at the moment.)며 유감을 표시하고 있고 정답은 (B)입니다. 대화의 book(책)이 정답의 item(물건)으로 패러프레이징 되었습니다.

Question 4 refers to the following conversation.

W: Did you hear the news that Mr. Evans just won the important contract with the Australian company?

M: This is great news. He's been working really hard on that deal. I think he deserves credit for that.

W: I know. I'm so happy, too.

W: 에반스 씨가 호주 회사와의 중요한 계약을 따냈다는 소식 들었나요?

M: 정말 좋은 소식이네요. 그는 이번 계약 건과 관련해서 정말 열심히 일했어요. 그는 칭찬받을 자격이 있어요.

W: 나도 알아요. 저 역시 기뻐요.

---

4 Why are the speakers proud of their colleague?
(A) He was promoted to manager.
(B) He was successful in getting the contract.

화자들은 직장 동료를 왜 자랑스러워하는가?
(A) 그가 부장으로 승진했기 때문이다.
(B) 그가 계약을 성공적으로 따냈기 때문이다.

어휘 contract [kɑ́ntrækt] 계약(서) | deal [di:l] 계약; 거래 | deserve [dizə́:rv] ~할 가치가 있다 | credit [krédit] 칭찬, 인정 | be proud of ~을 자랑스러워하다 | be promoted to ~로 승진하다 | successful [səksésfəl] 성공적인

해설 세부사항을 묻는 문제
대화의 내용을 통해 화자들은 에반스 씨가 계약을 따냈고 이를 자랑스러워함을 알 수 있습니다. 정답은 (B)입니다.

실전문제 p.185

| 1. (A) | 2. (C) | 3. (D) | 4. (C) | 5. (A) | 6. (B) |
| 7. (B) | 8. (D) | 9. (A) | 10. (A) | 11. (D) | 12. (C) |

Questions 1-3 refer to the following conversation.

M: Hi! [1] I'm staying here at the hotel. I was wondering if you could recommend a restaurant in the area. Something is within walking distance.

W: Let's see. There are too many restaurants nearby but [2] there is a pizza shop that you could order delivery from.

M: That sounds great. Could you give me the pizza shop's phone number?

W: Sure. It's 555-4242. I believe [3] we have some coupons in the office, so you can get a discount on your order. I'll get one for you.

M: 안녕하세요! 저는 이 호텔에 머무르고 있는데요. 근처에 있는 식당을 추천해 줄 수 있는지 궁금합니다. 걸어서 갈 수 있는 거리에 있는 곳으로요.

W: 한번 볼게요. 근처에 많은 식당이 있는데 배달시켜 드실 수 있는 피자가게도 있습니다.

M: 그거 괜찮네요. 피자가게의 전화번호 좀 알려줄 수 있나요?

W: 물론입니다. 555–4242번입니다. 아마 사무실에 쿠폰 몇 개가 있으니 할인을 받을 수 있을 겁니다. 제가 하나 가져올게요.

1 Where are the speakers?
(A) At a hotel
(B) At a restaurant
(C) In an office building
(D) In an airport

2 What does the woman suggest the man do?
(A) Visit a cafe
(B) Send an invitation
(C) Have food delivered
(D) Go to a market

3 What does the woman say she will get for the man?
(A) A menu
(B) A map
(C) A brochure
(D) A coupon

화자들은 어디에 있는가?
(A) 호텔
(B) 식당
(C) 사무실 건물
(D) 공항

여자는 남자에게 무엇을 하라고 제안하는가?
(A) 카페를 방문하는 것
(B) 초대장을 보내는 것
(C) 음식을 배달시키는 것
(D) 시장에 가는 것

여자는 남자를 위해 무엇을 가져다 줄 것이라고 말하는가?
(A) 메뉴
(B) 지도
(C) 브로슈어
(D) 쿠폰

어휘 wonder [wΛ́ndər] 궁금해하다 | recommend [rèkəménd] 추천하다, 권장하다 | within [wiðín] ~안에, ~내에 | walking distance 도보거리 | invitation [ìnvitéiʃən] 초대장

해설 1 대화 장소를 묻는 문제
대화 장소를 묻는 문제는 주로 앞부분에 힌트가 있으며, 직접적으로 장소를 언급하는 경우에는 비교적 쉽게 답을 찾을 수 있습니다. 남자는 첫 대사에서 이 호텔에 머무르고 있다(I'm staying here at the hotel.)며 식당 추천을 부탁하고 있으므로, 정답은 (A)입니다.

2 제안사항을 묻는 문제
여자의 말에 힌트가 있습니다. 여자는 식당 추천을 부탁하는 남자에게 배달해주는 피자가게(there is a pizza shop that you could order delivery from.)를 추천하므로 정답은 (C)입니다.

3 세부사항 관련 문제
여자는 마지막 대사에서 남자에게 할인 받을 수 있는 쿠폰을 가져다주겠다(we have some coupons in the office ~ I'll get one for you.)고 하므로 정답은 (D)입니다.

Questions 4-6 refer to the following conversation.

[영국-미국]

W: Good morning. Thank you for calling *The Daily News*. How can I help you?
M: Hello, this is Thomas Cooper. ⁴I am a subscriber to your newspaper. I am moving out of the area next month. ⁵So I am calling to cancel my newspaper subscription. Can you take care of that for me?
W: Of course, I can help you with that sir. ⁶If you give me your telephone number, I will find your information on the system and note the last day of the delivery.

W: 안녕하세요. *데일리 뉴스*에 전화 주셔서 감사합니다. 어떻게 도와드릴까요?
M: 안녕하세요. 저는 토마스 쿠퍼라고 합니다. 귀사의 신문의 구독자입니다. 제가 다음 달에 이사를 가게 되었습니다. 그래서 신문구독을 취소하려고 전화했어요. 처리해주실 수 있나요?
W: 물론이죠. 제가 도와 드리겠습니다. 전화번호를 주시면, 시스템에서 당신의 정보를 찾아 배송 마지막 날을 유의하겠습니다.

---

4 Where most likely does the woman work?
(A) At a department store
(B) At a moving company
(C) At a newspaper office
(D) At a bank

여자가 일하는 곳은 어디일 것 같은가?
(A) 백화점
(B) 이사업체
(C) 신문사
(D) 은행

5 Why is the man calling?

    (A) To stop a subscription

    (B) To make a payment

    (C) To ask about an order

    (D) To report a problem

6 What does the woman request?

    (A) An account number

    (B) A telephone number

    (C) A correct address

    (D) A payment amount

남자가 전화 건 이유는?
(A) 구독을 해지하려고
(B) 지불하려고
(C) 주문에 대해 문의하려고
(D) 문제점을 알리려고

여자는 무엇을 요청하는가?
(A) 계좌번호
(B) 전화번호
(C) 정확한 주소
(D) 납부금

어휘 subscriber [səbskráibər] 구독자, 가입자 | cancel [kǽnsəl] 취소하다 | subscription [səbskrípʃən] 구독(료) | take care 처리하다, 해결하다 | note [nout] 적어 두다; 유의하다

해설 **4** 여자가 일하는 장소를 묻는 문제

장소를 묻는 문제는 여러 대사에 힌트가 있습니다. 이 대화에서는 남자의 대사에서 newspaper(신문)라는 결정적인 단어가 언급되었기 때문에, 정답은 신문사(newspaper office)입니다.

5 전화를 건 목적을 묻는 문제

전화를 건 목적 및 이유는 I'm calling to/about~의 전형적인 표현 뒤에 힌트가 나옵니다. 남자는 신문 구독을 취소하려고 전화한다(I am calling to cancel my newspaper subscription)고 이야기하므로, 정답은 (A)이며 cancel(취소하다)이 stop(중지시키다)으로 패러프레이징 되었습니다.

6 요청사항을 묻는 문제

여자는 마지막 대사에서 전화번호를 달라(If you give me your telephone number)고 말하고 있으므로 정답은 (B)입니다.

Questions 7-9 refer to the following conversation. [미국-호주]

W: Excuse me. I bought this camera here a few days ago. ⁷ But when I returned home, I noticed that the lens had a crack in it.

M: I'm really sorry about that. ⁸ Would you like to exchange the camera for a new one? Or, I can give you a full refund as long as you have the receipt.

W: I think I'd just rather replace it with the same model.

M: Okay. ⁹ Let me get a new one. Please wait here.

W: 실례합니다. 며칠 전에 여기서 카메라를 구입했는데요. 집에 와서 보니까 렌즈에 갈라진 금이 있는 것을 발견했습니다.
M: 정말 죄송합니다. 새 카메라로 교환해 드릴까요? 아니면, 영수증을 갖고 계시다면 전액 환불도 가능합니다.
W: 그냥 같은 모델로 교체하고 싶어요.
M: 알겠습니다. 제가 새 카메라를 가져올게요. 여기에서 기다려 주세요.

---

7 What most likely is the man's job?

    (A) Model

    (B) Sales clerk

    (C) Repairman

    (D) Photographer

8 What is the woman's problem?

    (A) She couldn't find the same model.

    (B) She lost her receipt.

    (C) Her cell phone was broken.

    (D) She bought a defective product.

9 What will the man probably do?

    (A) Bring an item

    (B) Repair the camera

    (C) Give a discount

    (D) Get a refund

남자의 직업은 무엇일 것 같은가?
(A) 모델
(B) 판매원
(C) 수리공
(D) 사진사

여자의 문제는 무엇인가?
(A) 그녀는 같은 모델을 찾을 수 없다.
(B) 그녀는 영수증을 잃어버렸다.
(C) 그녀의 휴대폰이 고장 났다.
(D) 그녀는 불량제품을 구입했다.

남자는 아마도 무엇을 할 것인가?
(A) 제품 가져오기
(B) 카메라 수리하기
(C) 할인해주기
(D) 환불해주기

어휘 notice [nóutis] 알아차리다; 주목하다 | crack [kræk] (갈라진) 금 | exchange [ikstʃéindʒ] 교환하다, 맞바꾸다 | as long as ~하는 한 | would rather(= 'd rather) 차라리 ~ 하겠다 | replace [ripléis] 교체 · 대체하다 | defective [diféktiv] 결함이 있는

해설 7 남자의 직업을 묻는 문제

남자는 여자가 구입한 카메라 가게의 직원으로 볼 수 있으므로, 정답은 (B) Sales clerk(판매원)입니다.

8 세부사항 관련 문제

여자의 문제점을 묻고 있으므로, 여자의 말에 힌트가 있습니다. 여자는 구입한 카메라의 렌즈가 금이 갔다(the lens had a crack)고 문제점을 언급하고 있으므로 정답은 (D)입니다. 대화의 crack(갈라진 금)이 정답의 defective(하자가 있는)로 패러프레이징 되었습니다.

9 미래의 할 일을 묻는 문제

여자가 새 제품으로 교체해 달라고 요청하자, 남자는 가서 가져 올 거라고(Let me get a new one) 말하고 있습니다. 따라서 정답은 (A)입니다.

新 Questions 10-12 refer to the following conversation and receipt.　　　　　　[미국–미국]

Receipt	
Jackets	$50
Knitwear	$40
Pants	$30
¹¹ Skirts	$25

영수증	
자켓	50달러
니트웨어	40달러
바지	30달러
치마	25달러

M: Hello. Deborah Fashions. How may I help you?

W: I was here earlier today and I think I was overcharged. ¹⁰⁻¹¹ When I checked the ad on your website, it says skirts are on sale for $15 or less.

M: Let me see. Yes, all skirts are on sale right now. Can I see your receipt and the skirt?

W: OK, here you go.

M: You're right. It looks like this item wasn't priced down.

W: Can I get a refund for the difference?

M: Sure, but ¹² let me call my manager first and she'll take care of your request promptly.

M: 안녕하세요. 데보라 의상실입니다. 무엇을 도와 드릴까요?

W: 오늘 일찍 여기 왔었는데 가격이 과다 청구된 것 같아요. 웹사이트 광고를 체크해보니, 치마 가격은 15달러나 그 이하라고 쓰여 있거든요.

M: 한번 볼게요. 네, 현재 모든 치마는 할인 판매 중입니다. 영수증과 치마를 보여주시겠어요?

W: 네, 여기 있어요.

M: 당신이 맞네요. 이 품목은 할인되지 않는 것처럼 보이네요.

W: 차액을 돌려받을 수 있을까요?

M: 물론이죠. 먼저 제가 매니저에게 연락하면 그녀가 즉시 당신의 요청을 처리해 줄 겁니다.

10 Where did the woman learn about a discount?

(A) On a website
(B) In a magazine
(C) On a leaflet
(D) From her colleague

여자는 어디서 할인에 대해 알게 되었는가?
(A) 웹사이트에서
(B) 잡지에서
(C) 전단지에서
(D) 동료로부터

新 11 Look at the graphic. Which amount should be changed?

(A) $50
(B) $40
(C) $30
(D) $25

시각정보를 보시오. 어떤 액수가 바뀌어야 하는가?
(A) 50달러
(B) 40달러
(C) 30달러
(D) 25달러

12 What does the man say he will do next?

 (A) Launch a product

 (B) Provide the receipt

 (C) Call a supervisor

 (D) Exchange an item

남자는 다음에 무엇을 할거라고 말하는가?
(A) 상품 출시
(B) 영수증 발급
(C) 상사에게 전화
(D) 물건 교환

어휘 overcharge [|oʊvər|tʃɑːrdʒ] (금액을) 많이 청구하다, 바가지를 씌우다 | ad(= advertisement) 광고 | promptly [|prɑːmptli] 즉시

해설 **10** 세부사항 관련 문제

 여자가 웹사이트로부터 광고를 체크했다고 하는 부분에서 정답을 알 수 있습니다.

11 세부사항 관련 문제

 웹사이트에는 치마 가격이 15달러나 그 이하라고 했다는 부분에서 정답은 (D)입니다.

12 미래의 할 일을 묻는 문제

 매니저에게 연락하면 그녀가 처리해준다고 했고, manager(부장)가 supervisor(상사)로 패러프레이징 되었습니다.

기본 연습 문제

p.194

1. (A)	2. (B)	3. (A)	4. (B)	5. (B)
6. (B)	7. (A)	8. (A)	9. (B)	10. (B)

[미국–미국]

1 M: Lisa, the weekly sales meeting is scheduled for tomorrow and ==the meeting will run from noon until 2:00 P.M.==

W: Do I need to attend the meeting? I'm supposed to meet potential clients at 11:30 and I'm not sure how long it will last.

When will the sales meeting be held?

(A) At noon

(B) At 2:00 P.M.

M: 리사, 주간 영업회의가 내일로 예정되어 있는데 12시부터 2시까지 진행될 거에요.

W: 회의에 꼭 참석해야 하나요? 11시 30분에 잠재 고객을 만나기로 했는데 얼마나 오래 걸릴지 확신할 수 없어서요.

영업회의는 언제 열릴 것인가?

(A) 12시

(B) 오후 2시

어휘 run [rʌn] 진행되다, 계속되다 | be supposed to ~하기로 되어있다 | potential client 잠재 고객 | last [læst] 지속하다

해설 특정 시점을 묻는 문제

영업회의가 시작하는 시간을 물어봄에 유의해야 합니다. 남자의 대사에서 회의는 12시부터 2시까지 열린다(the meeting will run from noon until 2:00 P.M.)고 했으므로 정답은 (A)입니다.

[미국–미국]

2 M: Jill, will you be joining me for dinner this evening?

W: I'm afraid I can't make it, Joe. The company will be hosting a conference call today at 6:00 P.M.

M: I hope the call goes well. ==Let's have dinner tomorrow evening then.==

When will they probably have dinner?

(A) Tonight

(B) Tomorrow

M: 질, 오늘 저녁 같이 할래요?

W: 미안하지만 안 되겠어요, 조. 회사에서 오늘 오후 6시에 화상회의를 해요.

M: 잘 되길 바라요. 그럼 내일 저녁에 함께 저녁 먹죠.

그들은 언제 저녁식사를 할 것인가?

(A) 오늘밤

(B) 내일

어휘 join [dʒɔin] 합류하다, 참가하다 | make it 성공하다; 시간 맞춰 가다; 참석하다 | host [houst] 열다, 개최하다 | conference call 화상회의 | go well 잘 되어가다

해설 특정 시점을 묻는 문제

남자가 내일 저녁에 저녁을 먹자(Let's have dinner tomorrow evening)고 했으므로 정답은 (B)입니다.

[미국–미국]

3 M: Hello, my name is Jacob Liu. ==I'm calling about the editor position you advertised on your website.== Is it still available?

W: Yes, we are. But we're only considering applicants who have at least 2 years experience because there are so many people applying.

M: That's not a problem. I've been an editor at a publishing company in LA for 3 years now.

M: 안녕하세요, 저는 제이콥 리우입니다. 귀사의 웹사이트에서 광고하는 편집자 직책에 대해 문의하려고 전화합니다. 여전히 자리 있나요?

W: 예, 있습니다. 하지만 너무 많은 사람이 지원하고 있어 최소 2년 이상의 경력을 가진 지원자만 고려하고 있어요.

M: 문제없습니다. 저는 LA의 한 출판사에서 3년 동안 편집자로 일했습니다.

How did the man learn about the job?
(A) From a website
(B) From a newspaper

남자는 그 일에 대해 어떻게 알게 되었는가?
(A) 웹사이트에서
(B) 신문에서

어휘 editor [édətər] 편집자 | experience [ikspíəriəns] 경력, 경험 | publishing company 출판사

해설 세부사항을 묻는 문제
남자는 웹사이트 광고에 난 구인광고를 보고 전화를 걸고(I'm calling about the editor position you advertised on your website.)있으므로 정답은 (A)입니다.

[미국-미국]

4 W: Aiden, are you free tonight? The convention center's having a photo exhibition and I was wondering if you wanted to go with me after work.
   M: Oh yes, I read about it in the newspaper. Let's see. I'm leaving work at 6, so I could go anytime after that.
   W: OK, that would be great. I think I'll be home by 6:30. Can you come by then?

W: 에이든, 오늘밤 시간 있나요? 컨벤션 센터에서 사진 전시회가 있는데 퇴근 후에 함께 가고 싶은지 궁금하네요.
M: 아 네, 저도 그것에 관해 신문에서 읽었어요. 한번 볼게요. 저는 6시에 퇴근하니까, 그 이후에는 언제든지 괜찮아요.
W: 알겠어요, 그거 좋겠네요. 저는 6시 30분쯤 집에 도착할 것 같은데, 그때 들릴래요?

When will the speakers most likely meet?
(A) At 6:00 P.M.
(B) At 6:30 P.M.

화자들은 언제 만날 것 같은가?
(A) 오후 6시
(B) 오후 6시 30분

어휘 exhibition [èksəbíʃən] 전시(회) | after work 퇴근 후에 | anytime [énitàim] 언제나, 언제라도

해설 특정 시점을 묻는 문제
남자는 6시 이후는 언제든지 괜찮다고 하고, 여자는 6시30분쯤에 만나자(I think I'll be home by 6:30. Can you come by then?)고 제안하고 있습니다. 정답은 (B)입니다.

[미국-미국]

5 M: Excuse me. Do you have this sweater in a larger size? I'm looking for a medium, but I can only find a small.
   W: I'm sorry, sir. But that's all we have left. We're getting in our spring goods next week, so we're no longer carrying winter items.
   M: Oh, that's too bad. I haven't seen anything like it in other stores.

M: 실례합니다. 이 스웨터 더 큰 사이즈 있나요? 저는 중간 사이즈를 찾고 있는데 작은 사이즈 밖에 없네요.
W: 죄송합니다, 손님. 여기 남아있는 물건이 전부입니다. 다음 주에 봄 상품이 들어올 예정이라, 더 이상 겨울 상품을 취급하지 않습니다.
M: 오, 안타깝네요. 다른 매장들에서 이 스웨터만한 물건을 보지 못했거든요.

What is the man interested in purchasing?
(A) A coat
(B) A sweater

남자는 무엇을 사는 데 관심이 있는가?
(A) 코트
(B) 스웨터

어휘 medium [mí:diəm] 중간의 | goods [gudz] 상품 | no longer 더 이상 ～하지 않다 | carry [kǽri] 취급하다; 보유하다

해설 세부사항 관련 문제
남자는 스웨터 사이즈를 묻고 있으므로 정답은 (B)입니다.

[미국-미국]

6 M: Hello, I'd like to get two tickets for tomorrow's opera. We'd like the best seats you have available.
   W: Let's see. We've got a few seats left in the front row. But they are 80 dollars each.
   M: Oh, that's quite a bit higher than I was expecting.

M: 안녕하세요. 내일 오페라의 티켓 두 장을 구입하고 싶습니다. 가능한 가장 좋은 좌석을 원합니다.
W: 봅시다. 앞줄에 남아있는 티켓 몇 장이 있습니다. 하지만 각각 80달러입니다.
M: 아, 제가 예상했던 것보다 조금 많이 비싸네요.

Why is the man disappointed?
(A) There are no seats left.
(B) The tickets are expensive.

어휘 front row 앞줄 | quite a bit 꽤 많은, 상당히

해설 세부사항 관련 문제
남자는 오페라 티켓의 가격이 생각한 것보다 비싸다(that's quite a bit higher than I was expecting)고 언급하므로 정답은 (B)입니다.

[미국-미국]

7 M: Mindy, I think we're going to have to hire some part time workers at the design team. We only have one illustrator working on this month's magazine and I'm afraid we're going to miss the deadline.
W: Yes, you're right. Why don't you contact Ted in Human Resources and ask him to post a job ad on the newspaper?
M: Okay, I'll call him right away.

M: 민디, 우리는 디자인팀에 임시 직원을 고용해야 할 것 같아요. 이번 달 잡지에 삽화가가 단지 한명 뿐이라 마감일을 놓칠까봐 걱정되네요.
W: 예, 맞아요. 인사부의 테드에게 연락해서 신문에다 구인광고를 해 달라고 부탁해보는 건 어떨까요?
M: 좋아요. 당장 연락할게요.

What is the man concerned about?
(A) Meeting the deadline
(B) Posting an ad

남자는 무엇을 걱정하는가?
(A) 마감일을 맞추는 것
(B) 광고를 게시하는 것

어휘 part time worker 임시직원 | illustrator [íləstrèitər] 삽화가

해설 세부사항 관련 문제
남자는 마감일을 놓칠까봐 걱정하고 있으므로(I'm afraid we're going to miss the deadline.), 정답은 (A)입니다.

[미국-미국]

8 M: Gloria, let me congratulate you on your promotion to general manager. You really deserve it. I heard you're moving to the Detroit branch, is that correct?
W: That's true. I'm so excited about this opportunity. In fact, my parents live in the Detroit area. I'm so glad that I'll be able to spend more time with them.

M: 글로리아, 총 지배인으로 승진한 거 축하해요. 당신은 정말 그럴 자격이 있어요. 디트로이트 지점으로 옮긴다고 들었는데, 맞아요?
W: 사실이에요. 이 기회가 기대되네요. 사실, 제 부모님이 디트로이트 지역에 살고 계세요. 저는 그들과 더 많은 시간을 보낼 수 있게 되어 기뻐요.

Why does the man congratulate the woman?
(A) She has received a promotion.
(B) She has started her own business.

남자는 왜 여자를 축하하는가?
(A) 그녀는 승진을 했다.
(B) 그녀는 사업을 시작했다.

어휘 congratulate [kəngrǽtʃulèit] 축하하다 | deserve [dizə́:rv] ~할 자격이 있다 | correct [kərékt] 옳은, 맞는 | excited [iksáitid] 신나는, 흥분된 | opportunity [àpərtjú:nəti] 기회

해설 세부사항 관련 문제
남자는 여자가 총 지배인(general manager)으로 승진한 것에 대해 축하하고 있습니다. 따라서 정답은 (A)입니다.

[미국-미국]

9 W: I can't believe that next month is our company's 20th anniversary already! How about having a party for all our employees?
M: Yes, that would be fun. Do you think we should have the party here at the office, or we could hold it at a restaurant? For example, Reynolds Steak House is close by.
W: Reynolds Steak House? Excellent! I'll check to see if we can book their patio on July 13th.

W: 다음 달이 우리 회사의 20주년 기념일이라는 게 믿어지지 않네요! 모든 직원을 위해 파티를 여는 것은 어떨까요?
M: 예, 재미있겠네요. 파티를 여기 사무실에서 열어야 할까요? 아니면 레스토랑에서 열 수 있다고 생각하시나요? 예를 들어, 근처에 레이놀즈 스테이크 하우스가 있거든요.
W: 레이놀즈 스테이크 하우스요? 좋네요! 제가 7월 13일에 테라스를 예약할 수 있는지 확인해 볼게요.

What does the man want to know about the event?

(A) Who will be invited

(B) Where it will be held

남자는 행사에 대해 무엇을 알아보려 하는가?

(A) 누가 초대될 것인지

(B) 그것이 어디에서 열릴 것인지

어휘 anniversary [æ̀nəvə́ːrsəri] 기념일 | book [buk] 예약하다 | patio [pǽtiòu] 테라스

해설 세부사항 관련 문제

남자는 회사의 20주년 기념 파티를 사무실에서 열지 레스토랑에서 열지 묻고 있으므로 정답은 (B)입니다.

[미국-미국]

10 **W:** Hi, I'm calling to reserve a meeting room at your hotel for next week. My company is planning a one day workshop for our new interns.

M: I can take care of that for you. We have a variety of meeting spaces that can accommodate groups of different sizes. Do you know how many people will be attending?

W: We expect about 50 attendees.

W: 안녕하세요, 다음 주에 당신의 호텔에서 회의실을 예약하려고 전화 드렸어요. 저희 회사는 새로운 인턴을 위해 하루 동안 워크숍을 계획하고 있거든요.

M: 제가 처리해 드리겠습니다. 저희는 여러 규모의 사람들을 수용할 수 있는 다양한 회의 공간이 있습니다. 몇 명이 참가하는지 아시나요?

W: 대략 50명 정도로 예상합니다.

What information does the man request?

(A) The budget of an event

(B) The size of a group

남자가 요청하는 정보는 무엇인가?

(A) 행사의 예산

(B) 그룹의 규모

어휘 take care of ~을 처리하다 | a variety of 다양한 | accommodate [əkάmədèit] 수용하다 | attendee [ətèndíː] 참가자

해설 요청사항을 묻는 문제

남자는 여자에게 몇 명의 인원이 참가하는지(Do you know how many people will be attending?)를 물어봅니다. 따라서 정답은 (B)입니다.

빈칸 채우고 정답 맞추기 p.195

| 1. (A) | 2. (B) | 3. (B) | 4. (A) |

Question 1 refers to the following conversation.

[영국-호주 / 미국-미국]

W: Good morning, sir. Would you like to have some breakfast now?

M: No thanks. Just some juice, please. How long before the landing?

W: About two and a half hours. We should be on the ground by 10:30.

W: 안녕하세요, 손님. 지금 아침 식사 하시겠습니까?

M: 괜찮아요. 그냥 주스 부탁해요. 착륙까지는 얼마나 남았죠?

W: 2시간 반 정도요. 10시 30분이면 지상에 있을 겁니다.

1 Where is this conversation taking place?

(A) On a plane

(B) On a cruise

대화는 어디에서 이루어지는가?

(A) 비행기 안에서

(B) 유람선 안에서

어휘 breakfast [brékfəst] 아침 식사 | how long (시간·기간이) 얼마나 오래 | land [lænd] 착륙하다

해설 대화의 장소를 묻는 문제

남자는 여자에게 착륙까지 남은 시간(How long before the landing?)을 물어보고 있으므로, 정답은 비행기(On a plane)안 입니다.

Question 2 refers to the following conversation.

[미국-영국 / 호주-미국]

M: Ms. Carter, I need to change my itinerary for my business trip to Istanbul. I was planning to return immediately after my meeting, but the supervisor wants me to stay an extra day to visit the plant that has been recently renovated.

W: Sure, that shouldn't be a problem. I'll change the flight and hotel reservations.

M: 카터 씨, 이스탄불 출장 일정을 변경해야 해요. 회의 마치고 바로 돌아올 계획이었는데, 상사가 새로 보수된 공장을 방문하기 위해 하루 더 머물기를 원합니다.

W: 물론이죠, 문제없습니다. 비행기와 호텔 예약을 변경할게요.

---

2 What is the conversation mainly about?
(A) A factory
(B) Travel plans

대화는 주로 무엇에 관한 것인가?
(A) 공장
(B) 여행 계획

어휘 itinerary [aitínərèri] 여행 일정(표) | extra [ékstrə] 추가의; 여분의 | renovate [rénəvèit] 개조하다, 보수하다

해설 대화의 주제를 묻는 문제
남자가 여자에게 출장 일정을 변경해야 한다고 말합니다(I need to ~ Istanbul.). 대화의 itinerary(여행 일정)가 정답의 Travel plans(여행 계획)으로 패러프레이징 되었습니다.

Question 3 refers to the following conversation.

[미국-호주 / 영국-미국]

W: Excuse me. I saw the flyer posted in the window of your museum advertising some classes. I wonder if I could register for the ancient history class on Monday evening.

M: Sorry, that class is already full. The classroom is not big enough to accommodate all the people.

W: 실례합니다. 박물관 창문에 게시된 전단지에서 몇몇 수업을 광고하는 것을 봤습니다. 혹시 월요일 저녁 고대 역사 강좌에 등록할 수 있는지 궁금합니다.

M: 죄송하지만, 그 수업은 이미 꽉 찼습니다. 교실이 모든 사람을 수용할 만큼 크지 않아서요.

---

3 What does the woman want to do at the museum?
(A) Buy a guidebook
(B) Sign up for a class

여자는 박물관에서 무엇을 하기를 원하는가?
(A) 안내책자 구입하기
(B) 수업에 등록하기

어휘 flyer [fláiər] 전단지 | register [rédʒistər] 등록하다, 신청하다 | ancient [éinʃənt] 고대의 | accomodate [əkámədèit] 수용하다; 숙박시키다

해설 세부사항 관련 문제
여자가 하고 싶어 하는 것을 물어보는 문제입니다. 여자는 고대 역사 강좌에 등록하고 싶어(I wonder if could register for the ancient history class)하고 있으므로 정답은 (B)입니다. 대화의 register(등록하다)가 정답의 sign up for(등록하다)로 패러프레이징 되었습니다.

Question 4 refers to the following conversation.

[미국-미국 / 호주-영국]

M: Are we going to have dinner together sometime this week?

W: Let me see. I'll be out of town Monday to Wednesday. But I'm free Thursday or Friday evening.

M: I can't make it Friday. Thursday sounds good.

M: 이번 주 언제 저녁 같이 할 건가요?

W: 어디 봅시다. 월요일부터 수요일까지는 출장 갈 겁니다. 하지만 목요일이나 금요일 저녁은 한가해요.

M: 제가 금요일은 안 돼요. 목요일은 괜찮아요.

---

4 When will they probably see each other again?
(A) Thursday
(B) Friday

두 사람은 아마 언제 다시 만날 것인가?
(A) 목요일
(B) 금요일

어휘 sometime [sʌ́mtàim] 언젠가, 한때 | be out of town 출장 중이다 | make it 성공하다; 시간 맞춰 하가; 참석하다

해설 특정 시점을 묻는 문제
남자는 마지막 대사에서 목요일이 괜찮다(Thursday sounds good.)고 합니다. 정답은 목요일(Thursday)입니다.

1. (B)	2. (C)	3. (D)	4. (B)	5. (D)	6. (D)
7. (A)	8. (B)	9. (A)	10. (D)	11. (A)	12. (B)

Questions 1-3 refer to the following conversation. [영국-미국]

W: Mr. Suzuki. Here is the receipt for your new table. ¹Now, when would you like it delivered? We make deliveries from Monday to Thursday.

M: ²The only day I'll be home is Wednesday, so I guess it'll have to be there. Will there be an extra charge?

W: No. there's no charge for delivery. ³But if you want your old table removed, you have to pay a small fee.

M: I'll have to let you know about that. My neighbor Sam wants it since it's still in good condition.

W: 스즈키 씨, 여기 새 테이블 영수증입니다. 자, 언제 이것을 배송해 드릴까요? 저희는 월요일부터 목요일까지 배송합니다.

M: 제가 수요일에만 집에 있으니, 그때 꼭 배달해 주세요. 추가요금이 있나요?

W: 아니요, 배달에 추가요금은 없습니다. 하지만 오래된 테이블을 제거하려면, 요금을 조금 지불해야 합니다.

M: 그것에 대해서 나중에 꼭 알려드려야겠네요. 제 이웃인 샘이 제 테이블 상태가 괜찮다고 갖고 싶어 하거든요.

1 What are the speakers mainly discussing?
(A) Paying for an item
(B) Arranging a delivery
(C) Having furniture repaired
(D) Hiring a designer

화자들은 주로 무엇에 관해 이야기하는가?
(A) 물건값 지불하기
(B) 배송 준비하기
(C) 가구 수리하기
(D) 디자이너 고용하기

2 What day will the man be available?
(A) Monday
(B) Tuesday
(C) Wednesday
(D) Thursday

남자는 무슨 요일에 시간이 있는가?
(A) 월요일
(B) 화요일
(C) 수요일
(D) 목요일

3 According to the woman, what requires an extra fee?
(A) Express shipping
(B) Additional order
(C) Interior design
(D) Removal of an old table

여자에 따르면, 추가요금을 필요로 하는 것은 무엇인가?
(A) 빠른 배송
(B) 추가 주문
(C) 인테리어 디자인
(D) 오래된 테이블 철거

어휘 receipt [risí:t] 영수증 | extra charge 추가 요금 | remove [rimú:v] 제거하다, 없애다 | fee [fi:] 요금 | neighbor [néibər] 이웃 | condition [kəndíʃən] 상태 | removal [rimú:vəl] 제거, 철거

해설 1 대화의 주제를 묻는 문제
대화의 초반부에 힌트가 있으니 잘 들어야 합니다. 화자들은 테이블을 배송하는 일에 관해 이야기를 나누고 있으므로 정답은 (B)입니다.

2 세부사항 관련 문제
남자의 말에 힌트가 있습니다. 남자는 수요일에만 집에 있다(The only day I'll be home is Wednesday)고 말하므로 정답은 (C)입니다.

3 세부사항 관련 문제
추가 요금에 대해서 묻고 있습니다. 문제에서 여자에 따르면(According to the woman)이라고 했기 때문에 여자의 말에 힌트가 있습니다. 여자는 오래된 테이블을 옮기는 데 비용이 발생한다(But if you want your old table removed, you have to pay a small fee)고 말합니다. 따라서 정답은 (D)입니다.

Questions 4-6 refer to the following conversation.

[미국—미국]

W: Jake, is that you? 4 I didn't know you exercised here in the park. Did I see you here running the other day?

M: Good morning, Tina. This is actually going to be my first time running. 5 My doctor told me that I have to lose weight. But I'll think of another plan for days when it's cold or rainy.

W: Oh, I'm a member at a fitness center in our building. 6 I can get you a class schedule if you want to see.

W: 제이크, 당신이에요? 저는 당신이 여기 공원에서 운동했는지 몰랐네요. 며칠 전에 여기서 달리기 하던 사람이 당신이었나요?

M: 안녕하세요, 티나. 사실은 이번이 처음 하는 달리기예요. 의사가 체중을 줄이라고 했거든요. 그런데 춥거나 비가 올 때는 어디서 운동할지 생각해 봐야겠어요.

W: 아, 제가 우리 건물 안에 있는 피트니스 센터의 멤버예요. 원하신다면 수업 스케줄을 가져다 드릴게요.

4   Where most likely are the speakers?
(A) In a store
(B) In a park
(C) At a fitness center
(D) At a hospital

화자들은 어디에 있는 것 같은가?
(A) 가게에
(B) 공원에
(C) 피트니스 센터에
(D) 병원에

5   Why did the man decide to start running?
(A) To enjoy outdoor activities
(B) To reduce stress
(C) To prepare for a race
(D) To follow his doctor's orders

남자는 왜 달리기를 시작하기로 결심했는가?
(A) 실외 활동을 즐기려고
(B) 스트레스를 덜어내려고
(C) 경주를 준비하려고
(D) 의사의 주문을 따르려고

6   What does the woman offer to get for the man?
(A) A pamphlet
(B) A guest pass
(C) A map
(D) A class schedule

여자는 남자를 위해 무엇을 얻어줄 것인가?
(A) 팸플릿
(B) 고객 입장권
(C) 지도
(D) 수업 스케줄

어휘 exercise [éksərsàiz] 운동하다 | the other day 지난 번, 일전에 | lose weight 체중을 줄이다

해설 4   대화하는 장소를 묻는 문제
여자가 남자를 우연히 만나서, 여기 공원에서 운동했는지 몰랐다(I didn't know you exercised here in the park.)고 언급하므로 정답은 공원에(In a park)입니다.

5   세부사항 관련 문제
남자가 달리기를 하기로 결심한 이유를 묻습니다. 남자의 의사는 남자에게 살을 빼라고 충고했고(My doctor told me that I have to lose weight.) 남자는 이 때문에 운동을 시작했음을 알 수 있습니다.

6   세부사항 관련 문제
여자의 마지막 말에 힌트가 있습니다. 날씨를 걱정하는 남자를 위해 여자는 피트니스 센터의 수업 스케줄을 가져다주겠다(I can get you a class schedule if you want to see.)고 제안합니다. 정답은 (D)입니다.

Questions 7-9 refer to the following conversation.

[호주—미국]

M: Do you want to have lunch at the new Thai restaurant near the Grand Hotel?

W: 7 Oh, I went there with a coworker last Saturday. 8 The food was great, but the prices were much higher than I'd expected.

M: Really? That's too bad. I heard it got a great review in the newspaper. Um, where do you want to go then?

W: 9 Let's buy some sandwiches and take them to the park. Come on, enjoy this beautiful day.

M: 그랜드 호텔 근처에 새로 생긴 태국 음식점에서 점심 먹을래요?

W: 아, 지난 주 토요일에 동료와 함께 그곳에 갔었어요. 음식은 괜찮았지만, 가격이 예상보다 훨씬 비쌌어요.

M: 정말인가요? 안됐군요. 신문에서 좋은 평가를 받았다고 들었는데. 음, 그럼 어디로 갈까요?

W: 샌드위치를 사서 공원으로 가죠. 이렇게 좋은 날씨를 즐겨 봐요.

7 What did the woman do last weekend?

(A) She had a meal with a coworker.

(B) She reserved a room.

(C) She traveled to Bangkok.

(D) She read an article about a restaurant.

8 What does the woman say about the restaurant?

(A) It's too far from her building.

(B) It's quite expensive.

(C) The place was crowded.

(D) It doesn't taste good.

9 What are they likely to do?

(A) Go to the park

(B) Go to the Grand Hotel

(C) Eat at a sandwich restaurant

(D) Have some food delivered

여자는 지난주에 무엇을 했는가?

(A) 동료와 식사를 했다.

(B) 방을 예약했다.

(C) 방콕을 여행했다.

(D) 식당에 관한 기사를 읽었다.

여자는 식당에 관해 무엇이라 하는가?

(A) 그녀의 건물에서 너무 멀다.

(B) 꽤 비싸다.

(C) 장소가 붐볐다.

(D) 맛이 없다.

그들은 무엇을 할 것 같은가?

(A) 공원 가기

(B) 그랜드 호텔 가기

(C) 샌드위치 식당에서 먹기

(D) 음식 배달시키기

어휘 coworker [kóuwə̀ːrkər] 동료 | enjoy [indʒɔ́i] 즐기다 | far from ~에서 멀리 | crowded [kráudid] 붐비는

해설 7 세부사항을 묻는 문제

특정 시점인 last weekend(지난 주)가 키워드입니다. 여자는 지난 토요일에 동료와 함께 음식점에 갔다(I went there with a coworker last Saturday)고 말합니다. 정답은 (A)입니다.

8 세부사항을 묻는 문제

여자는 음식은 맛있지만 가격이 비싸다(The food was great but the prices were much higher than I'd expected.)고 말합니다. 대화의 higher(더 비싼)가 정답의 expensive(비싼)로 패러프레이징 되었습니다.

9 미래의 할 일을 묻는 문제

여자는 샌드위치를 포장해서 공원으로 가자(Let's buy some sandwiches and take them to the park.)고 제안합니다. 아마도 이들은 공원에서 샌드위치를 먹을 것임을 알 수 있습니다.

新 Questions 10-12 refer to the following conversation and hotel directory.

[미국–미국]

SUN SET HOTEL

Floor 1   Lobby

¹²Floor 2   Business Center

Floor 3   Meeting Rooms

Floor 4   Gym & Pool

Floor 5-10   Guest Rooms

선 셋 호텔

1층   로비

2층   비즈니스 센터

3층   회의실

4층   체육관 & 수영장

5–10층   객실

W: ¹⁰Thank you for staying at the Sun Set Hotel. Now that you've checked in, I'd like to let you know about some of hotel's facilities.

M: Yes, I have one question. This is my first time here and I'm not sure where the fitness center is.

W: Let me get you the pamphlet shows what's located on each floor.

M: Thanks. One more thing. ¹¹Is there some place in the hotel where I can use the copy machine?

W: ¹²The business center. It's open 24 hours a day.

M: That sounds perfect! I'll try there.

W: 선 셋 호텔에서 머물러 주셔서 감사합니다. 체크인이 끝나셨으니, 호텔 시설들에 대해 알려 드리겠습니다.

M: 네, 질문이 한가지 있습니다. 제가 이곳에 처음 와 보는데 피트니스 센터가 어디 있는지 모르겠어요.

W: 층별로 위치한 시설을 보여 주는 책자를 가져다 드리겠습니다.

M: 고맙습니다. 한가지 더요. 이 호텔에 복사기를 사용할 수 있는 장소가 있을까요?

W: 비즈니스 센터입니다. 24시간 영업합니다.

M: 좋네요! 한 번 가 볼게요.

10 What most likely is the woman's job?
(A) A technician
(B) A guest speaker
(C) A travel agent
(D) A receptionist

여자의 직업은 무엇일 것 같은가?
(A 기술자
(B) 초청 연사
(C 여행사 직원
(D) 안내데스크 직원

11 What does the man say he needs to do?
(A) Make some copies
(B) Go to a pool
(C) Change a schedule
(D) Hold a conference

남자는 자신이 무엇을 해야 한다고 말하는가?
(A) 복사하기
(B) 수영장 가기
(C) 스케줄 바꾸기
(D) 회의 개최

新 12 Look at the graphic. Which floor will the man go to next?
(A) Floor 1
(B) Floor 2
(C) Floor 3
(D) Floor 4

시각정보를 보시오. 남자는 다음에 어느 층으로 갈 것인가?
(A) 1층
(B) 2층
(C) 3층
(D) 4층

어휘 facility [fəsíləti] 시설

해설 10 화자의 직업을 묻는 문제
여자가 호텔 시설을 안내하고 있으므로, 여자의 직업은 호텔 안내데스크 직원(receptionist)이라 할 수 있습니다.

11 세부사항 관련 문제
남자가 복사기를 이용하고 싶다(where I can use the copy machine)고 했으므로, 복사하기를 원한다고 할 수 있습니다.

12 세부사항 관련 문제
남자는 복사기를 이용하고 싶어 하므로, 다음에 복사기가 있는 비즈니스 센터로 갈 것입니다.

기본 연습 문제

p.206

1. (A)	2. (B)	3. (A)	4. (B)	5. (B)
6. (A)	7. (A)	8. (A)	9. (B)	10. (B)

[미국-미국]

1 W: Hello. This is Julie from the reception desk. Jeremy Russel is here for his 2 o'clock appointment.

M: Oh yes. He's a reporter for *Urban Life* Magazine. He'll be interviewing me for an article he's writing about our new line of cosmetics. I'm a little surprised he's here so early though.

W: Do you want me to tell him to wait or would you like to meet with him now?

W: 안녕하세요. 저는 접수창구의 줄리입니다. 제레미 러셀씨가 2시 약속 때문에 여기 왔다고 합니다.

M: 아, 네. 그는 *어반 라이프* 잡지의 기자입니다. 우리의 새로운 화장품 라인에 대해 그가 쓰고 있는 기사 때문에 저를 인터뷰할 겁니다. 그런데 이렇게 일찍 오다니 좀 놀랐네요.

W: 그에게 기다리라고 할까요 아니면 지금 만나실래요?

Who is Jeremy Russel?

(A) A magazine reporter

(B) A receptionist

제레미 러셀은 누구인가?

(A) 잡지 기자

(B) 접수원

어휘 reception desk 접수창구 | cosmetic [kazmétik] 화장품 | though [ðou] 그렇지만

해설 특정 인물의 직업을 묻는 문제

남자의 말(He's a reporter for *Urban Life* Magazine.)에서 제레미 러셀은 기자(reporter)임을 알 수 있습니다.

[미국-미국]

2 M: Good morning. I ordered a book from your website a few days ago and I want to know when I should expect the delivery. My name is Morris Black.

W: Just a moment, please. Let me check. My computer shows that the order has been shipped and should arrive at your house by tomorrow at the latest. Could you verify that your delivery address is 45 Washington Avenue?

M: 안녕하세요. 저는 며칠 전에 귀사의 웹사이트에서 책 한 권을 주문했고, 언제쯤 배달될지 알고 싶어서요. 제 이름은 모리스 블랙입니다.

W: 잠깐만 기다리세요. 한번 알아보겠습니다. 제가 컴퓨터로 조회해 본 결과 주문은 출고되었고 늦어도 내일까지 귀댁으로 발송될 것입니다. 배달될 주소가 45 워싱턴 가가 맞는지 확인해 주시겠습니까?

Why is the man calling?

(A) To request a refund

(B) To ask about a product

남자는 왜 전화를 하고 있는가?

(A) 환불을 요청하려고

(B) 제품에 대해 문의하려고

어휘 at the latest 늦어도 | verify [vérəfài] 확인하다, 입증하다

해설 전화를 건 목적을 묻는 문제

남자는 책 한권을 주문을 했고, 배송 날짜에 대해서 문의하고 있습니다(I ordered ~ the delivery). 따라서 정답은 (B)입니다.

[미국-미국]

3 W: Good morning. This is Western Airways. What can I do for you?

M: Hi. I have to book a flight to Florida today. Are there any flights leaving this evening?

W: Unfortunately, we only have one more flight departing for Florida today, and it's already booked up. If you'd like, I can reserve you a seat on the 7 A.M. flight tomorrow morning.

W: 안녕하세요. 여기는 웨스턴 항공사입니다. 무엇을 도와드릴까요?

M: 안녕하세요. 저는 오늘 플로리다로 가는 항공편을 예약해야 합니다. 오늘 저녁에 떠나는 비행편이 있을까요?

W: 안타깝게도, 오늘 플로리다로 출발하는 항공편이 하나밖에 없는데, 이미 예약이 꽉 찼습니다. 원하시면, 내일 아침 7시 항공편에 좌석을 예약해 드릴 수 있습니다.

What problem does the woman mention?
(A) The seats are fully booked.
(B) A ticket is missing.

여자는 어떤 문제를 언급하고 있는가?
(A) 좌석이 전부 예약되었다.
(B) 티켓이 사라지고 없다.

어휘 airways [ɛərweis] 항공사 | book a flight 항공편을 예약하다 | depart for ~을 향해 출발하다

해설 세부사항 관련 문제

여자는 모든 항공편이 예약 완료 되었다(it's already booked up)고 합니다. 정답은 (A)입니다.

[미국—미국]

4 M: Hi. I purchased a pair of shoes from your summer catalog, but it turns out that they are the wrong size. I'd like to return them and get a smaller size.

W: Okay. You can return them at any of our store locations or you can just mail them back. Do you have a preference?

M: 안녕하세요. 제가 최근 여름 상품 카탈로그를 보고 신발을 주문했는데, 사이즈가 잘못 왔네요. 반품을 하고 작은 사이즈로 받고 싶어요.
W: 예. 근처에 있는 저희 매장에서 반품하시거나 우편으로 반송하시면 됩니다. 어떤 방법을 선호하시죠?

What does the man want to do?
(A) Place an order
(B) Exchange a purchase

남자는 무엇을 하고 싶어 하는가?
(A) 주문하는 것
(B) 구입품을 교환하는 것

어휘 catalog [kǽtəlɔ̀ːg] 카탈로그, 목록 | turn out 드러나다, 밝혀지다 | preference [préfərəns] 선호하는 것

해설 세부사항 관련 문제

남자는 주문한 물건의 사이즈가 잘못되어 반품을 하고 작은 사이즈로 받고 싶어합니다(I'd like ~ size.). 따라서 정답은 (B)입니다.

[미국—미국]

5 W: Hi. I'm calling about the advertisement for a studio apartment on Pike Avenue. I'm wondering if the rental includes a reserved parking area.

M: Unfortunately, we don't have our own parking space. But there are public parking lots on both sides of the main street.

W: Oh, that's not far. How much does it cost to rent a space there for a month?

W: 안녕하세요. 파이크 가에 있는 원룸형 아파트에 대한 광고를 보고 전화 드립니다. 임대료에 지정된 주차공간이 포함되는지 궁금합니다.
M: 유감스럽게도, 우리는 자체 주차장이 없습니다. 하지만 메인가 양쪽에 공영 주차장이 있어요.
W: 아, 그 정도면 멀지 않네요. 그곳에 한 달 주차공간을 빌리는 것은 얼마인가요?

What does the woman want to know about?
(A) Building a parking lot
(B) Having a place to park

여자는 무엇을 알고 싶어하는가?
(A) 주차장을 짓는 것
(B) 주차장소를 갖는 것

어휘 studio apartment 원룸형 아파트 | rental [réntl] 임대료, 사용료 | reserved [rizə́ːrvd] 지정된 | public parking lot 공영 주차장 | rent [rent] 임대하다, 임차하다

해설 세부사항 관련 문제

여자는 원룸을 알아보면서, 지정 주차공간에 대해서 문의하고 있습니다. 따라서 정답은 (B)입니다.

[미국—미국]

6 M: Hi, Monica. I'm calling to see if you'd be able to go over the marketing report I've prepared. It's not the job I always do, so I need your advice.

W: I'm afraid that I have to wait for an important call from San Diego. If you want, I can e-mail you a copy of the data that I used last year.

M: Thank you. That would be a big help.

M: 안녕하세요, 모니카. 저는 제가 준비해온 마케팅 보고서를 당신이 검토해 줄 수 있는지 궁금해서 전화 드렸습니다. 제가 항상 하던 일이 아니어서, 당신의 조언이 필요합니다.
W: 죄송하게도 제가 샌디에이고에서 중요한 전화를 기다리고 있어요. 원한다면, 제가 작년에 사용했던 자료의 사본을 이메일로 보내 드릴 수 있어요.
M: 감사합니다. 큰 도움이 될 거에요.

Why does the man call the woman?

(A) To ask for some advice

(B) To schedule a meeting

남자는 여자에게 왜 전화하는가?
(A) 조언을 얻으려고
(B) 회의시간을 정하려고

어휘 prepare [pripéər] 준비하다 | advice [ædváis] 충고 | wait for ~을 기다리다

해설 전화를 건 목적을 묻는 문제
남자는 익숙하지 않은 일에 대해 여자에게 조언을 구합니다. 따라서 정답은 (A)입니다.

[미국–미국]

7 W: Hello. This is Linda Goodman. I have an appointment with Dr. Kyle this morning, but I don't think I will be there at that time. Could I see Dr. Kyle later in the afternoon?

M: Unfortunately, Dr. Kyle is fully booked until next week. But I can put your name on the waiting list if you want.

W: 안녕하세요. 저는 린다 굿맨입니다. 카일 박사님과 오늘 아침에 약속이 있는데, 그때까지 도착할 수 없을 것 같습니다. 이따 오후에 만나 뵈면 안 될까요?
M: 유감스럽게도, 카일 박사님은 다음 주까지 예약이 꽉 차있습니다. 하지만 원하시면 대기자 명단에 이름을 올려드릴 수 있습니다.

Why is the woman calling?

(A) To change an appointment

(B) To cancel a reservation

여자는 왜 전화를 하고 있는가?
(A) 예약을 변경하려고
(B) 예약을 취소하려고

어휘 on the waiting list 대기자 명단에

해설 전화를 건 목적을 묻는 문제
여자의 말에 의하면 여자는 아침 예약을 오후로 바꾸고 싶어 합니다. 따라서 정답은 예약 변경을 언급한 (A)입니다.

[미국–미국]

8 M: Hi, Ms. Ito. It's Jack Willis calling from Hilltop Realtors. An office has just been listed that I think you might be interested in. It's available immediately and near Green Park.

W: Near Green Park? Oh, that's wonderful news. The park is very close to my apartment. That's exactly what I hoped for!

M: 안녕하세요, 이토 씨. 저는 힐탑 부동산의 잭 윌리스입니다. 당신이 관심 가질만한 사무실이 나왔습니다. 당장 들어갈 수 있고 그린 공원 근처입니다.
W: 그린 공원 근처요? 아, 정말 기쁜 소식이네요. 공원은 제 아파트와 가깝거든요. 그것은 제가 바랬던 거예요!

Why is the woman pleased?

(A) An office is conveniently located.

(B) A job position is opening soon.

여자는 왜 기뻐하는가?
(A) 사무실이 편리한 곳에 위치해서
(B) 일자리가 곧 생겨서

어휘 list [list] (팔 물건으로) 내놓다 | be interested in ~에 관심·흥미가 있다

해설 세부사항 관련 문제
여자의 말에 힌트가 있습니다. 여자는 관심을 갖고 있는 사무실이 아파트와 가까워서 기뻐하고 있으므로, 정답은 (A)입니다. 대화의 close to(가까이)가 정답의 conveniently located(편리한 곳에 위치한)로 패러프레이징 되었습니다.

[미국–미국]

9 W: Hi. I'd like to speak to Mr. Tsang. He asked me to call him back about the desk lamps I wanted to order.

M: I'm sorry but Mr. Tsang is out of the office for the day. Why don't you leave your name and phone number? I'll give him the message as soon as he gets back.

W: 안녕하세요. 저는 창 씨와 통화하고 싶습니다. 그는 제가 주문하려는 탁상용 스탠드에 관해 전화 달라고 하셨거든요.
M: 죄송하지만 창 씨는 오늘 사무실에 안 계십니다. 성함과 전화번호를 남겨주시겠요? 그가 돌아오자마자 메시지를 전해 드릴게요.

What does the man offer to do?

(A) Call his supervisor

(B) Take a message

남자는 무엇을 하겠다고 제안하는가?
(A) 그의 상사에게 전화하는 것
(B) 메시지를 받아두는 것

어휘 desk lamp 탁상용 스탠드 | out of the office 사무실을 비운 | as soon as ~ 하자마자

해설 제안사항을 묻는 문제

남자는 창 씨가 돌아오면 메시지를 전해주겠다(I'll give him the message as soon as he gets back.)고 하므로, 정답은 (B)입니다.

[미국-미국]

10 M: Hi, I'm interested in having some towels made for our customers and I saw your advertisement in the newspaper. Could you give me some information about your prices?

W: Certainly. Towels are $4 each. But if you order more than 50, you'll get a 20% discount off of the total price.

M: That price seems affordable.

M: 안녕하세요. 저는 저희 고객들을 위해 수건 몇 개를 구입하는데 관심이 있는데, 신문에서 귀사의 광고를 봤습니다. 가격 정보를 주실 수 있나요?

W: 물론입니다. 수건은 한 장에 4달러입니다. 하지만 50장 이상을 주문하시면, 전체가격의 20퍼센트를 할인받을 수 있습니다.

M: 가격이 적당하네요.

How can the man receive a discount?

(A) By paying in advance

(B) By placing a large order

남자는 어떻게 할인을 받을 것인가?

(A) 미리 계산을 함으로써

(B) 대량 주문을 함으로써

어휘 affordable [əfɔ́:rdəbl] (가격이) 적당한

해설 세부사항 관련 문제

여자는 수건을 50장 이상 주문을 하면 할인을 해주겠다고 제안합니다(But if ~ of the total price.). 따라서 남자는 50장 이상의 대량 주문을 해야만 할인을 받을 수 있습니다. 정답은 (B)입니다.

빈칸 채우고 정답 맞추기			p.207
1. (B)	2. (B)	3. (B)	4. (B)

Question 1 refers to the following conversation. [미국-미국 / 영국-호주]

W: Hello, I'm calling about the advertisement in the paper for a marketing position.

M: Wonderful. Can you fax or e-mail me a copy of your résumé by the end of this week?

W: I will fax it to you right away.

W: 안녕하세요. 저는 신문에 난 마케팅부서 구인광고 때문에 연락했습니다.

M: 잘됐군요. 이력서 사본 한 부를 팩스 또는 이메일로 이번 주 안에 보내 주실래요?

W: 지금 바로 팩스로 보내드리겠습니다.

---

1 Why is the woman calling?

(A) To place an advertisement

(B) To apply for a position

여자가 전화하는 이유는 무엇인가?

(A) 광고를 하기 위해서

(B) 일자리에 지원하려고

어휘 paper [péipər] 신문 | right away 즉시, 곧, 바로

해설 전화 건 목적을 묻는 문제

여자는 구인광고를 보고 전화를 걸었고, 상대방은 이력서를 요청하고 있습니다. 따라서 여자는 일자리에 지원하고 있음을 알 수 있습니다.

Question 2 refers to the following conversation. [미국-영국 / 호주-미국]

M: Hi, I'd like to check on a package that was supposed to be delivered today.

W: OK. It should be on its way now. Maybe the delivery car is caught in traffic. Why don't you call our warehouse? The number is 555-0404.

M: Thanks. I'll do that right away.

M: 안녕하세요, 오늘 배송 예정이었던 소포를 확인하려고 합니다.

W: 알겠어요. 지금 배송 중에 있을 겁니다. 아마 배송차량이 교통체증 때문에 지체되는 것 같습니다. 저희 창고에 전화해 보는 건 어때요? 번호는 555-0404입니다.

M: 고마워요. 지금 바로 해볼게요.

---

2 What is the purpose of the telephone call?

(A) To cancel an order

(B) To check on a delivery

전화를 건 목적은 무엇인가?

(A) 주문을 취소하려고

(B) 배송품을 확인하려고

어휘 package [pǽkiʤ] 소포 | on one's way 가는 도중에 | catch in traffic 교통체증에 걸려 | warehouse [wérhaus] 창고

해설 전화 건 목적을 묻는 문제

남자는 첫 대사에서 소포를 확인하고 싶다(I'd like to check on a package)고 합니다. package(소포)가 delivery(배송품)로 패러프레이징 되어 정답은 (B)입니다.

Question 3 refers to the following conversation.

[미국-미국 / 영국-호주]

W: Thank you for calling Moshi Moshi restaurant. How may I help you?

M: Good morning. My name is Andy Brooks. I'm hosting a company dinner for 10 people tomorrow night and I'd like to know if there is a free table at around 7:30.

W: Let me see. I'm sorry but it doesn't look like we have anything open at that time for your group's size.

W: 모시모시 레스토랑에 전화 주셔서 감사합니다. 어떻게 도와드릴까요?

M: 안녕하세요. 저는 앤디 브룩스입니다. 저는 내일 밤 10명의 회사 사람들과 저녁식사를 하려고 하는데 7시 30분쯤 비어있는 테이블이 있을지 알고 싶네요.

W: 잠시만요. 죄송하지만 그 시간에 손님 인원에 맞는 자리가 마련이 안 될 것 같군요.

3 What is the purpose of the man's call?

(A) To cancel an appointment

(B) To make a reservation

남자가 전화한 목적은 무엇인가?

(A) 약속을 취소하려고

(B) 예약을 하려고

어휘 host [houst] 열다, 개최하다 | open [óupən] 비어있는 | at that time 그때에, 그 즈음에

해설 전화를 건 목적을 묻는 문제

남자는 레스토랑에 전화를 걸어 비어있는 테이블을 확인합니다. 따라서 정답은 (B)입니다.

Question 4 refers to the following conversation.

[영국-호주 / 미국-미국]

W: Hello, I'd like to put my house on the market. May I speak to Mr. Griffin? He is the realtor I talked to when I bought the home last time.

M: Unfortunately, Mr. Griffin doesn't work here anymore. He was transferred to another branch last month.

W: Oh, I didn't know that. In that case, could you give me the number for his new office?

W: 안녕하세요. 제 집을 시장에 내놓고 싶어요. 그리핀 씨와 통화할 수 있을까요? 그는 제가 집을 샀을 때 중개업자였거든요.

M: 유감스럽게도 그리핀 씨는 더 이상 여기서 일하지 않습니다. 지난달에 다른 지점으로 전근 갔어요.

W: 아, 몰랐네요. 그렇다면 그의 새로운 사무실 연락처를 알려 줄 수 있나요?

4 What is the woman's call about?

(A) To make an appointment

(B) To put her house up for sale

여자가 전화를 건 목적은 무엇인가?

(A) 약속을 잡으려고

(B) 집을 팔기 위해 내놓으려고

어휘 realtor [ríːəltər] 부동산 중개업자 | in that case 그런 경우에는 | for sale 팔려고 내놓은

해설 전화건 목적을 묻는 문제

여자가 집을 시장에 내놓고 싶다고 언급하고(I'd like to put my house on the market.) 있으므로, 정답은 (B)입니다.

1. (C)	2. (B)	3. (D)	4. (C)	5. (B)	6. (A)
7. (A)	8. (A)	9. (C)	10. (B)	11. (B)	12. (D)

Questions 1-3 refer to the following conversation.

[미국-호주]

W: Mr. Caldwell, this is Betty Davis from IBM Company. We were impressed with your job interview on Wednesday. [1] We want to hire you as our new sales manager.

M: I'm so glad to hear that. I've been looking forward to joining your sales team. When can I start?

W: We want you to start next week, [2] but you'll need to fill out some forms first.

M: Sure, no problem. [3] I'll be meeting a colleague near your office tomorrow. I can stop by then.

W: 콜드웰 씨, 저는 IBM사의 베티 데이비스입니다. 저희는 수요일에 있었던 면접에서 당신에게 아주 깊은 인상을 받았습니다. 당신을 영업부장으로 고용하고 싶습니다.

M: 좋은 소식에 기쁘네요. 저도 영업팀에 합류하기를 고대해 왔습니다. 언제 시작하면 될까요?

W: 우리는 당신이 다음 주부터 시작하기를 바라는데요, 하지만 그 전에 몇 가지 양식을 작성하셔야 합니다.

M: 그럼요, 문제없습니다. 내일 그쪽 사무실 근처에서 동료를 만나기로 했습니다. 그때 들르겠습니다.

1 Why is the woman calling the man?
(A) To arrange an interview
(B) To request a résumé
(C) **To offer him a job**
(D) To place an order

여자는 왜 남자에게 전화를 거는가?
(A) 면접 일정을 잡기 위해
(B) 이력서를 요청하기 위해
(C) 일자리 제안을 하기 위해
(D) 주문을 하기 위해

2 What does the woman want the man to do?
(A) Join a picnic
(B) **Complete some forms**
(C) Give a presentation
(D) Make a speech

여자는 남자가 무엇을 하기를 원하는가?
(A) 야유회 합류하기
(B) 양식 작성하기
(C) 발표하기
(D) 연설하기

3 What is the man going to do tomorrow?
(A) Attend a meeting
(B) Submit a report
(C) Read a document
(D) **Meet a coworker**

남자는 내일 무엇을 할 것인가?
(A) 회의에 참석하기
(B) 보고서를 제출하기
(C) 문서를 읽기
(D) 동료를 만나기

어휘 impressed [imprést] 좋은 인상을 받은 | job interview 구직 면접 | look forward to ~ing ~을 고대하다 | fill out 작성하다 | colleague [káli:g] 동료 | by then 그때

해설 **1** 전화를 건 목적을 묻는 문제
여자의 첫 대사에 힌트가 있습니다. 여자는 남자를 영업부장으로 고용하고 싶다(We want to hire you as our new sales manager.)고 언급하고 있으므로, 정답은 (C)입니다.

2 세부사항 관련 문제
여자의 제안·요청사항 문제라 할 수 있고, 여자의 말에 힌트가 있습니다. 여자는 남자에게 몇 가지 양식을 작성하라(you'll need to fill out some forms first)고 요청하고 있고, 대화의 fill out(작성하다)이 정답의 complete(완성하다)으로 패러프레이징 되었습니다.

3 특정 시점과 관련된 문제
문제에 특정시점인 tomorrow가 언급되었으므로, 남자의 마지막 대사를 잘 들으면 됩니다. 남자는 내일 사무실 근처에서 동료를 만난다(I'll be meeting a colleague near your office tomorrow.)고 언급하므로 정답은 (D)입니다. 대화의 colleague(동료)이 정답의 coworker(동료)로 패러프레이징 되었습니다.

Questions 4-6 refer to the following conversation.

M: Hi, Melissa. This is David Ivanov calling. Since you've helped the annual awards banquet last year, ⁴I was wondering if you might want to volunteer again this year. It's on May 14 and 15 on Thursday and Friday.

W: I'd be happy to help out. ⁵I'm OK Thursday afternoon.

M: I'm afraid the Thursday afternoon shift is taken, but we still need someone for Friday afternoon. Are you available for that shift?

W: Sorry, I have a doctor's appointment on Friday afternoon. ⁶I think you'll have to find someone else this time.

M: 안녕하세요, 멜리사. 저는 데이빗 이바노프입니다. 당신이 지난 해 연례 시상식을 도와주셨기 때문에, 올해도 지원하고 싶어 하시는지 알고 싶어서요. 올해는 5월 14일과 15일, 목요일과 금요일에 열립니다.

W: 기꺼이 도와드리겠습니다. 저는 목요일 오후가 괜찮겠네요.

M: 유감이지만 목요일 오후 교대조는 인원이 다 찼습니다. 하지만 금요일 오후에는 아직 지원자가 필요합니다. 그때 시간되시나요?

W: 죄송하지만, 제가 금요일 오후에 병원 예약이 있습니다. 이번에는 아무래도 다른 사람을 찾아보는 게 낫겠네요.

---

4 Why is the man calling?
(A) To set up an interview
(B) To reserve a ticket
(C) To recruit staff for an event
(D) To change the schedule

남자는 왜 전화하는가?
(A) 인터뷰 시간을 정하려고
(B) 표를 예매하려고
(C) 행사를 위한 직원을 모집하려고
(D) 스케줄을 바꾸려고

5 What time would the woman prefer?
(A) Thursday morning
(B) Thursday afternoon
(C) Friday morning
(D) Friday afternoon

여자가 선호하는 시간은 언제인가?
(A) 목요일 아침
(B) 목요일 오후
(C) 금요일 아침
(D) 금요일 오후

6 What will the man have to do?
(A) Try to find another volunteer
(B) Cancel a doctor's appointment
(C) Reschedule a meeting
(D) Post a job advertisement

남자는 무엇을 해야만 하는가?
(A) 다른 지원자 알아보기
(B) 병원 예약 취소하기
(C) 회의시간 변경하기
(D) 구인 광고 게시하기

어휘 annual [ǽnjuəl] 연례의, 일 년에 한번 | awards banquet 시상식, 시상 연회 | volunteer [vὰləntíər] 지원하다 | shift [ʃift] 교대(조) | set up 정하다; 마련하다 | recruit [rikrúːt] 모집하다 | reschedule [rìːskédʒuːl] 일정을 변경하다

해설 4 전화 건 목적을 묻는 문제
전화건 목적을 묻는 질문은, 전화 건 사람의 첫 대사에 거의 힌트가 있습니다. 남자는 여자에게 올해 행사를 도와줄 수 있는지 물어보고(I was wondering if you might want to volunteer again this year.)있습니다. 따라서 정답은 (C)입니다.

5 세부사항 관련 문제
여자가 선호하는 시간을 묻는 질문입니다. 시간·날짜 관련 질문은 주로 단답형이고 패러프레이징 되지 않는 편이기 때문에 비교적 쉬우니 틀리지 마세요. 여자의 첫 대사에서 목요일 오후가 좋다(I'm OK Thursday afternoon.)는 것을 알 수 있습니다.

6 미래의 할 일을 묻는 문제
남자가 앞으로 할 일을 물어봅니다. 여자는 병원 예약 때문에 시간이 안 되니 다른 사람을 찾아보라(I think you'll have to find someone else this time.)고 남자에게 요청합니다. 남자는 어쩔 수 없이 다른 지원자를 알아봐야 할 것임을 알 수 있습니다.

Questions 7-9 refer to the following conversation.

W: Hello. My name is Samantha Luis. ⁷I'm calling because I was looking at the job posting in this week's newspaper and saw that there was an opening for a photographer. Is that position still available?

M: Yes, it is. Do you have any experience in this field?

W: I do. ⁸I've worked as an assistant photographer for *Fashion Style Magazine* in Paris for the past 3 years. But I left last month to move to Milan to be close to my family.

M: Oh, yes. I'm familiar with that magazine. ⁹Why don't you e-mail us your résumé? Once we look it over, we'll give you a call back.

W: 안녕하세요. 저는 사만다 루이스라고 합니다. 이번 주 신문에 난 채용공고를 보고, 사진 작가를 구하고 있다고 해서 전화 드립니다. 여전히 구하시나요?

M: 예, 그렇습니다. 이 분야에 경험이 있으신가요?

W: 예. 저는 파리에 있는 패션 스타일 잡지에서 보조 사진 기사로 3년간 일했습니다. 하지만 지난달에 가족들 근처로 이사 오기 위해 밀라노로 왔습니다.

M: 아, 그렇군요. 그 잡지를 잘 알고 있습니다. 이력서를 이메일로 보내주실래요? 일단 검토해보고, 다시 연락드리죠.

---

7 What type of position has been advertised?
(A) Photographer
(B) Fashion model
(C) Graphic designer
(D) Sales staff

어떤 종류의 직업이 광고되는가?
(A) 사진 작가
(B) 패션 모델
(C) 그래픽 디자이너
(D) 판매 사원

8 Where did the woman work most recently?
(A) In Paris
(B) In Tokyo
(C) In Madrid
(D) In London

여자는 최근에 어디서 일했는가?
(A) 파리
(B) 도쿄
(C) 마드리드
(D) 런던

9 What does the man ask the woman to do?
(A) Submit a portfolio
(B) Fill out an application
(C) Send a résumé
(D) Schedule an interview

남자는 여자에게 무엇을 요청하는가?
(A) 포트폴리오를 제출하라고
(B) 양식을 작성하라고
(C) 이력서를 보내라고
(D) 인터뷰를 잡으라고

어휘 job posting 구인 공고 | opening [óupəniŋ] 빈자리 | photographer [fətágrəfər] 사진 작가 | look over 검토하다

해설 7 세부사항 관련 문제
신문에서 광고 중인 직업의 종류를 물어보는 문제입니다. 여자의 첫 대사에서 여자가 신문에서 사진작가 채용공고를 보고 전화한다(I'm calling because I was looking at the job posting in this week's newspaper and saw that there was an opening for a photographer.)고 했고, 남자가 이에 동의했기 때문에 정답은 (A)입니다.

8 세부사항 관련 문제
여자가 최근에 일했던 장소를 물어보기 때문에, 세부사항 관련 문제입니다. 여자는 파리에 있는 잡지사에서 일했다(I've worked as an assistant photographer for *Fashion Style Magazine* in Paris.)고 말하므로 정답은 (A)입니다.

9 요청사항을 묻는 문제
요청사항을 묻는 질문은 대화의 후반부에 힌트가 있습니다. 남자가 여자에게 하는 요청사항을 물어보기 때문에 남자의 마지막 말을 잘 들어야 합니다. 남자는 마지막 대사에서 여자에게 이력서를 이메일로 보내달라(Why don't you e-mail us your résumé?)고 요청하고 있으므로 정답은 (C)입니다.

Questions 10-12 refer to the following conversation.

M: Hello, ¹⁰ I'm calling from the Colorado Convention Center. ¹¹ The receptionist found a brown leather briefcase. And I called the phone number on the business card I found inside. Are you missing a briefcase?

W: Yes, thank you so much. I just realized it was missing a few minutes ago and was about to contact you. I'll send my assistant to pick it up immediately.

M: I'm sorry. It's our policy to ship found items directly to the owner. ¹² If you give me your home address, I will send it there.

M: 안녕하세요, 저는 콜로라도 컨벤션 센터에서 전화 드립니다. 저희 접수원이 갈색 가죽 서류가방을 발견했습니다. 그리고 저는 가방 안 명함의 전화번호를 보고 전화 드립니다. 혹시 서류가방 잃어버리셨나요?

W: 예, 정말 감사합니다. 몇 분 전에야 잃어버린 것을 알고 막 연락하려던 참이었어요. 제 조수를 당장 보내서 찾아 오라고 할게요.

M: 죄송합니다. 저희 방침이 잃어버린 물건은 주인에게 직접 전해 드리는 것입니다. 집 주소를 알려주시면, 그쪽으로 보내드리겠습니다.

---

10 Where does the man work?
(A) At an airport
(B) At a convention center
(C) At a museum
(D) At a shopping mall

남자는 어디에서 일하는가?
(A) 공항
(B) 컨벤션 센터
(C) 박물관
(D) 쇼핑몰

11 Why is the man contacting the woman?
(A) A store has been closed.
(B) A briefcase was found.
(C) A shipment has arrived.
(D) A meeting has been delayed.

남자는 왜 여자에게 연락하는가?
(A) 가게가 문을 닫았다.
(B) 서류가방을 찾았다.
(C) 주문품이 도착했다.
(D) 회의가 지연되었다.

12 What does the man say he will do?
(A) Make a reservation
(B) Write the address
(C) Update the system
(D) Send an item

남자는 무엇을 할 것이라고 말하는가?
(A) 예약하기
(B) 주소 쓰기
(C) 시스템 업그레이드하기
(D) 물건 보내기

어휘 receptionist [risépʃənist] 접수원 | leather [léðər] 가죽 | business card 명함 | pick up ~을 찾아 가다 | ship [ʃip] (배·철도·트럭·비행기 등으로) ~을 보내다

해설 **10** 남자가 일하는 장소를 묻는 문제

남자의 대사에서 직접적으로 장소를 언급하는 비교적 쉬운 문제입니다. 남자의 첫 대사에서 남자가 콜로라도 컨벤션 센터에서 일한다(I'm calling from the Colorado Convention Center)는 사실을 알 수 있습니다.

11 세부사항 관련 문제

남자가 여자에게 연락하는 이유를 묻는 질문입니다. 남자의 첫 대사에 힌트가 있습니다. 남자는 서류가방을 찾아서, 가방 안의 명함에서 연락처를 보고 전화를 걸고 있으므로 정답은 (B)입니다.

12 미래의 할 일을 묻는 문제

남자가 나중에 할 일을 묻는 문제입니다. 남자의 마지막 대사에 힌트가 있습니다. 남자는 분실한 서류가방을 집 주소로 직접 보내주겠다고 제안하고 있으므로(If you give me your home address, I will send it there.), 정답은 (D)입니다.

Day 05 ● 전화 메시지   107

기본 연습 문제   p.224

1. (A)	2. (B)	3. (A)	4. (B)	5. (B)
6. (A)	7. (B)	8. (A)	9. (A)	10. (A)

[미국]

1 Hi, Kelly. It's Riley. I received your message about getting a ride home from work on Wednesday. Usually, it'd be okay, but I have a very important appointment with our new president tonight. Sorry, I won't be able to help you out.

안녕하세요. 켈리. 라일리입니다. 수요일에 퇴근할 때 집까지 태워줄 수 있는지 물어보는 메시지를 받았어요. 평상시라면 괜찮지만, 제가 오늘밤에 새로운 사장님과 매우 중요한 약속이 있어요. 죄송하지만 도와드릴 수 없을 것 같아요.

What did Kelly request?
(A) Transportation from work
(B) Help with the report

켈리는 무엇을 요청했는가?
(A) 퇴근길에 태워주기
(B) 보고서 도와주기

어휘 get a ride (차를) 얻어 타다 | usually [júːʒuəli] 평상시에는 | help out 도와주다

해설 요청사항을 묻는 문제
켈리가 라일리에게 수요일에 퇴근할 때 태워줄 수 있을지 메시지를 남겼으므로 정답은 (A) Transportation from work(퇴근길에 태워주기)입니다.

[미국]

2 Hello, everyone. I'm happy that you all made it to our Walking Event for charity. We'll be walking 5 miles to the Lilac Forest this morning. We'll take a lunch break next to the Great Lake, where you'll have thirty minutes to eat.

안녕하세요, 여러분. 자선을 위한 걷기대회에 참가해주셔서 기쁩니다. 오늘 아침에는 라일락 숲까지 5마일을 걷겠습니다. 그레이트 호수 근처에서 점심식사를 위해 잠시 휴식할 예정이며 식사시간은 30분 정도가 될 것입니다.

What will listeners do when they arrive at Great Lake?
(A) Take photographs
(B) Enjoy a meal

화자들은 그레이트 호수에 도착하면 무엇을 할 것인가?
(A) 사진 찍기
(B) 식사 즐기기

어휘 make it to ~ ~를 해내다; 도착하다 | lunch break 점심 시간

해설 세부사항 관련 문제
화자는 처음에 걷기대회에 대해 이야기하면서, 그레이트 호수 근처에서 점심식사를 할 것이라(We'll take a lunch break next to the Great Lake)고 밝히고 있으므로 정답은 (B)입니다.

[미국]

3 I would like to update you on our plans for releasing our new Diet Sodas. As you already know, we originally planned to launch them next month. However, we're experiencing an unexpected delay.

다이어트 소다 출시에 따른 계획에 대해 여러분들께 새로운 사항을 알려 드리겠습니다. 아시다시피, 원래 다음 달에 제품을 출시할 계획이었습니다. 하지만, 예상치 못한 지연상황이 벌어지고 있습니다.

What is the announcement mainly about?
(A) A product release
(B) A store opening

이 안내는 무엇에 관한 것인가?
(A) 제품 출시
(B) 매장 오픈

어휘 update [ʌ̀pdéit] 최신정보를 알려주다 | release [rilíːs] 출시하다, 공개하다 | launch [lɔːntʃ] 출시하다 | unexpected [ʌ̀nikspéktid] 예상치 못한 | delay [diléi] 지연, 지체

해설 주제를 묻는 문제

주제를 묻는 문제는 지문의 초반부에 대부분 언급됩니다. 첫 문장에서 새로운 다이어트 음료의 출시를 알리고 있으므로 정답은 (A) A product release(제품 출시)입니다.

[미국]

4 Hi, I'm calling for Mr. Hunt. This is Angela from the Tech Electronics store. I'm calling about the microwave oven you wanted last Tuesday. I'm sorry it was out of stock when you visited the store.

안녕하세요, 헌트 씨와 통화하려고 연락 드렸습니다. 저는 테크 전자제품 매장의 안젤라입니다. 지난주 화요일에 요청하셨던 전자레인지 때문에 전화드리는데요. 지난번에 방문하셨을 때 제품이 품절되어 죄송합니다.

Why was Mr. Hunt unable to get the product he wanted?
(A) It was broken.
(B) It was not available.

헌트 씨는 왜 원하던 제품을 구할 수 없었는가?
(A) 고장났다.
(B) 품절되었다.

어휘 electronics store 전자제품 매장 | microwave oven 전자레인지 | out of stock 품절된, 매진된

해설 세부사항 관련 문제

화자는 지난주 화요일에 요청했던 전자레인지 때문에 전화한다고 하며, 품절되어서 죄송하다(I'm sorry it was out of stock when you visited the store.)고 하고 있으므로 정답은 (B)입니다.

[미국]

5 Attention passengers, Sphere Airlines flight 520 to Bangkok is now boarding at Gate 19. All passengers should report to Gate 19 with their boarding passes. Flight 520 was originally scheduled to depart at 10 A.M. but it was delayed for 30 minutes because of mechanical problems.

승객 여러분께 안내 말씀드립니다. 방콕으로 출발하는 스피어 항공 520편의 탑승이 지금 19번 게이트에서 시작되었습니다. 승객 여러분들은 탑승권을 가지고 19번 게이트로 가 주시기 바랍니다. 520편은 원래 오전 10시에 출발할 예정이었지만, 기계적인 결함 때문에 30분 지연되었습니다.

According to the speaker, what has changed?
(A) The departure gate
(B) The departure time

화자에 따르면, 무엇이 변경되었는가?
(A) 출발 게이트
(B) 출발 시각

어휘 airlines [ɛərlain] 항공사 | board [bɔːrd] 탑승하다 | boarding pass 탑승권 | originally [ərídʒənəli] 원래 | be scheduled to ~ 하기로 되어있다 | depart [dipάːrt] 출발하다, 떠나다 | mechanical [məkǽnikəl] 기계적인

해설 세부사항 관련 문제

원래 오전 10시에 출발하려고 했던 520편이 30분간 지연되었다(Flight 520 was originally scheduled to depart at 10 A.M. but it was delayed for 30 minutes because of mechanical problems.)고 하고 있으므로 정답은 (B)입니다.

[미국]

6 Hi. You've reached Marion Public Library. We're closed today in honor of the Memorial Day holiday. This weekend's writing class will be held according to the schedule. The bestselling writer, Judy Robins will be joining the three-hour class on Saturday.

안녕하세요. 매리언 공립 도서관입니다. 오늘은 현충일 휴일을 맞아 문을 닫습니다. 이번 주말의 작문 교실은 일정대로 열릴 것입니다. 베스트셀러 작가인 주디 로빈스가 토요일에 3시간짜리 수업에 참여할 예정입니다.

Why is the public library closed?
(A) It's a holiday.
(B) It's under construction.

공립 도서관은 왜 문을 닫는가?
(A) 공휴일이다.
(B) 공사 중이다.

어휘 reach [riːtʃ] 연락이 닿다 | in honor of ~를 기념하여 | the Memorial Day (미국의) 현충일 | according to ~에 따라

도입 부분부터 도서관 이름을 언급했고, 오늘 문을 닫는 이유를 현충일을 기념하기(in honor of the Memorial Day holiday) 때문이라고 설명했으므로 정답은 (A)입니다.

[미국]

7 If you'd like to do something fun with your family this weekend, check out the Annual San Francisco Food and Beer Festival at the Greenwood park. At this year's event, you can sample food cooked by the most famous chefs in California and watch cooking demonstrations.

이번 주말 가족과 재미있는 것을 해보고 싶다면, 매년 열리는 샌프란시스코 음식과 맥주 축제를 그린우드 공원에서 확인해보세요. 올해 행사에서, 여러분들은 캘리포니아에서 가장 유명한 요리사가 만든 음식을 맛볼 수 있고 요리 시범도 볼 수 있습니다.

What is being advertised?
(A) A music performance
(B) A food festival

무엇이 광고되고 있는가?
(A) 음악 공연
(B) 푸드 축제

어휘 check out ~을 확인해보다 | sample [sǽmpl] (음식을) 맛보다, 시식하다 | demonstration [dèmənstréiʃən] 시범, 시연

해설 주제를 묻는 문제

주말에 그린우드 공원에서 열리는 샌프란시스코 음식과 맥주 축제를 확인해보라고(check out the Annual San Francisco ~ Greenwood park) 했으므로 정답은 (B)입니다.

[미국]

8 Hello. This is Brody Wilkins from Worldwide Travel leaving a message for Colin Pitts. Mr. Pitts, your hotel and flight for your trip to Huston are booked. You'll be flying out of Chicago on Friday morning at 10 o'clock.

안녕하세요, 월드와이드 트래블의 브로디 윌킨스라고 하며 콜린 피츠 씨께 메시지 남깁니다. 피츠 씨, 당신이 휴스턴 출장시 묵을 호텔과 항공권 예약이 모두 완료되었습니다. 피츠 씨께서는 금요일 아침 10시에 시카고에서 비행기를 타고 출발하시면 됩니다.

Who is the caller?
(A) A travel agent
(B) A tour guide

전화 건 사람은 누구인가?
(A) 여행사 직원
(B) 여행 가이드

어휘 leave a message 메시지를 남기다 | booked [bukt] 예약된

해설 직업을 묻는 질문

일반적인 유형의 문제(목적, 직업, 장소 등)는 무조건 초반부에 집중합니다. 여기서도 첫 문장에 자기를 소개하면서 월드와이드 트래블이라는 상호명을 언급하고(This is Brody Wilkins from Worldwide Travel) 있으므로 정답은 (A)입니다.

[미국]

9 Hello, Ms. Gates. This is Bob Miller from Lindsey Associates calling you back. Yes, my company will be happy to create a business website for your furniture store. Please give us a call at 555-2525 and let us know some dates that are convenient for you.

안녕하세요, 게이츠 씨. 저는 린제이 연합의 밥 밀러이며 답신 전화드립니다. 예, 저희 회사는 당신의 가구점을 위해 비즈니스 웹사이트를 만들어 드릴 수 있습니다. 555-2525번으로 전화해서 편리한 시간을 말씀해 주세요.

What is the reason for the message?
(A) To answer an inquiry
(B) To purchase a chair

메시지를 남긴 이유는 무엇인가?
(A) 질문에 응답하기 위해
(B) 의자를 구입하기 위해

어휘 call back 답신 전화하다 | create [kriéit] 만들어 내다 | convenient [kənvíːnjənt] 편리한

해설 전화 건 이유를 묻는 문제

답신 전화라고 언급하는 부분(This is Bob Miller from Lindsey Associates calling you back.)에서 정답이 유추 가능합니다. 특히 'calling you back' 부분을 잘 들어야 합니다.

---

10 I want to remind you that the employee parking lot will be closed during the expansion project. While the construction is going on, you will park in the public parking lot across the street. If there are no spaces available, you can try parking in the visitor parking lot.

직원 주차장이 확장 프로젝트로 인해 폐쇄된다는 사실을 다시 한 번 알려 드립니다. 공사가 진행되는 동안 여러분께서는 길 건너편 공영 주차장에 주차할 수 있습니다. 만약 주차공간이 없을 경우, 방문객 주차장에 주차하셔도 됩니다.

What is the speech about?
(A) Parking rules
(B) Work schedules

이 담화는 무엇에 관한 것인가?
(A) 주차 규정
(B) 작업 스케줄

어휘 remind [rimáind] ~을 상기시키다 | expansion [ikspǽnʃən] 확장 | construction [kənstrʌ́kʃən] 건설

해설 주제를 묻는 문제
초반부에 확장 프로젝트를 언급하면서 주차장 폐쇄와 관련된 이야기를 하고 있습니다. 전반적으로 주차 규정에 관련된 이야기이므로 정답은 (A)입니다.

빈칸 채우고 정답 맞추기

p.225

1. (B)	2. (B)	3. (A)	4. (A)

Question 1 refers to the following radio broadcast.

[영국-미국]

This is KFM radio. The song you just listened to was *Sleepless nights* by Amy Cruz. She is one of the most popular female R&B singers in America. And she recently released a track titled *Don't cry* through several websites. If you want to know more about her, don't miss tomorrow evening at this time.

KFM 라디오입니다. 방금 여러분이 들으신 곡은 에이미 크루즈가 부른 *Sleepless nights*였습니다. 그녀는 미국에서 가장 유명한 여성 알앤비 가수입니다. 최근에 *Don't cry*라는 타이틀곡을 몇몇 웹사이트를 통해 발표했습니다. 그녀에 대해 더 알고 싶으시다면 내일 이 시간을 놓치지 마세요.

1 Who is Amy Cruz?
(A) An actress
(B) A singer

에이미 크루즈는 누구인가?
(A) 여배우
(B) 가수

어휘 female [fíːmeil] 여성의 | R&B(= rhythm and blues) 알앤비, 리듬 앤드 블루스 | release [rilíːs] 발매하다, 출시하다 | track [træk] (음반·테이프에 녹음된 음악) 한 곡 | several [sévərəl] 몇 개의

해설 특정인물의 직업을 묻는 문제
특정인물의 직업을 묻는 문제는 특정인물의 이름이 언급되고 나서 나오는 경우가 많습니다. 에이미 크루즈는 미국에서 가장 유명한 알앤비 가수(She is one of the most popular female R&B singers in America.)라고 했으므로 정답은 (B)입니다.

Question 2 refers to the following report.

[영국-미국]

In local news, Stanley power company has asked all residents in this town to reduce power during the summer. Recent hot weather led to an increase in electricity use because the customers kept the air conditioners on for a long time. Therefore, the company is asking residents to follow some saving tips.

지역 뉴스에서, 스탠리 전력 회사가 이 지역 모든 주민들에게 여름동안 전력을 줄여 달라고 요청했습니다. 최근의 더운 날씨가 전력 증가를 초래했습니다. 왜냐하면 소비자들이 오랫동안 에어컨을 틀어놓았기 때문입니다. 그래서 회사는 주민들에게 절약 방법을 지켜달라고 요구하고 있습니다.

2 What kind of business does the report discuss?
(A) A radio station
(B) A power company

보도에서는 어떤 종류의 비즈니스가 논의되고 있는가?
(A) 라디오 방송국
(B) 전력 회사

어휘 power company 전력 회사 | resident [rézədnt] 거주자, 주민 | lead to 야기하다, 유발하다 | increase [inkrí:s] 증가시키다; 증가 | electricity [ilektrísəti] 전기의 | for a long time 오랫동안 | therefore [ðéərfɔ̀:r] 그러므로

해설 업종을 묻는 문제

지문 초반부에 회사 이름만 들어도 알 수 있습니다. 스탠리 전력회사(Stanley power company)라고 했기 때문에 정답은 (B)입니다.

Question 3 refers to the following broadcast.

[호주-미국]

Good morning. I'm Victoria Russo reporting for Manchester City News. This evening, the city council is going to hold its annual meeting. On the agenda of the meeting is a discussion about new ways to attract tourists to Manchester City. Mayor Kyle Newman will be talking about how to develop our tourism industry.

안녕하세요, 저는 맨체스터 시티 뉴스의 빅토리아 루소입니다. 오늘 저녁, 시의회는 연례회의를 엽니다. 회의의 안건은 맨체스터 시티로 관광객을 유치하는 새로운 방법들에 관한 토론입니다. 시장인 카일 뉴먼이 관광산업을 발전시키는 방법에 대해 이야기할 것입니다.

3 What is the city council trying to do?
(A) Increase tourism
(B) Redecorate a city hall

시의회에서 무엇을 하려고 하는가?
(A) 관광 증진
(B) 시청 재단장

어휘 city council 시의회 | annual meeting 연례회의 | agenda [ədʒéndə] 안건, 의제 | attract [ətrǽkt] 끌어들이다

해설 세부사항 관련문제

시의회의 안건이 나오는 부분에 정답이 등장합니다. 관광객을 유치하는 새로운 방법들(new ways to attract tourists to Manchester City)이 언급된 부분에서 시의회가 하려고 하는 일은 관광객을 유치하려는 일임을 알 수 있습니다. 시장이 앞으로 언급할 내용에서도 관광산업을 발전시킨다(develop our tourism industry)는 내용이 있으므로 전반적으로 관광 산업에 관한 내용임을 알 수 있습니다.

Question 4 refers to the following traffic report.

[미국-미국]

Good morning. This is Tristan Young with your eight o'clock traffic report. Many roads are absolutely clear for Thursday morning. Even the roads surrounding the airport and downtown are empty, but you can expect delays on the 220 Freeway. One lane of the road is closed for construction.

안녕하세요, 저는 8시 교통방송을 맡고 있는 트리스탄 영입니다. 목요일 아침에는 많은 도로가 완전히 잘 뚫리고 있습니다. 심지어 공항과 도심을 둘러싼 도로들도 비어 있습니다. 하지만 220번 고속도로에서는 정체가 예상됩니다. 한 차선이 공사 때문에 차단되어 있습니다.

4 Where can listeners expect delays?
(A) On the 220 Freeway
(B) Near the airport

청취자들은 어디에서 지체를 예상하는가?
(A) 220번 고속도로
(B) 공항 근처

어휘 traffic report 교통 방송 | absolutely [ǽbsəlú:tli] 완전히 | clear [kliər] (길·도로 등이) 뚫린 | surround [səráund] 둘러싸다, 에워싸다 | expect [ikspékt] 예상하다 | freeway [frí:wèi] 고속도로 | lane [lein] 차선 | construction [kənstrʌ́kʃən] 건설

해설 특정 장소를 묻는 문제

지체를 예상한다(expect delays)는 말을 키워드로 잡고 그 부분을 잘 들어야 합니다. 지문 후반부에 220번 고속도로에서 지체가 예상된다(you can expect delays on the 220 Freeway)고 했으므로 정답은 (A)입니다.

1. (D)	2. (C)	3. (B)	4. (B)	5. (B)	6. (A)
7. (C)	8. (A)	9. (D)	10. (D)	11. (D)	12. (C)

Questions 1-3 refer to the following news report.

[미국]

In business news, ¹the fastest growing producer of sports goods, HiTek, has made an agreement to provide some parts for the new athletic shoes. To improve the production, HiTek, recently purchased a factory in Amsterdam and ²decided to begin the operation in August. This afternoon, the mayor of Amsterdam mentioned that he's very happy with the new business project of HiTek because ³more than 1000 jobs will be offered to society.

경제 소식입니다. 빠르게 성장하고 있는 스포츠 용품 회사 HiTek가 새로운 운동화를 위해 몇 가지 부품을 공급하는데 합의했습니다. HiTek는 생산을 늘리기 위해, 최근에 암스테르담에 있는 공장을 구입하여 8월부터 가동을 시작하기로 결정했습니다. 오늘 오후, 암스테르담 시장은 HiTek의 새 프로젝트가 1000개 이상의 일자리를 창출하기 때문에 기쁘다고 언급했습니다.

1 What does the company produce?
(A) Electronic goods
(B) Furniture
(C) Auto parts
(D) Sports items

회사는 무엇을 생산하는가?
(A) 전자 제품
(B) 가구
(C) 자동차 부품
(D) 스포츠 제품

2 What does the company plan to do in August?
(A) Perform a new IT project
(B) Create a new company logo
(C) Begin operations in a new factory
(D) Close down their plant

회사는 8월에 무엇을 할 계획인가?
(A) IT 프로젝트 수행하기
(B) 새로운 회사 로고 개발하기
(C) 새 공장에서 생산 시작하기
(D) 그들의 공장 폐쇄하기

3 What does the mayor think will take place in Amsterdam?
(A) Traffic jams will happen often.
(B) More jobs will be created.
(C) The new items will be launched.
(D) A new subway line will be built.

시장은 암스테르담에서 무슨 일이 일어날 것이라고 하는가?
(A) 교통정체가 자주 일어날 것이다.
(B) 더 많은 직업이 창출될 것이다.
(C) 새 상품들이 출시될 것이다.
(D) 새로운 지하철 노선이 건설될 것이다.

어휘 fastest growing 가장 빠르게 성장하고 있는 | producer [prədjúːsər] 제작자 | sports goods 스포츠 용품 | agreement [əgríːmənt] 합의 | athletic [æθlétik] 운동의 | athletic shoes 운동화 | operation [ɑ̀pəréiʃən] 운영; 작업 | mayor [méiər] 시장

해설 1 세부사항을 묻는 문제
지문 초반부에 스포츠 용품회사인 HiTek가 스포츠용품(sports goods)을 생산한다고 했고, 이 단어가 정답인 (D) Sports items(스포츠 제품)으로 패러프레이징 되었습니다.

2 세부사항을 묻는 문제
문제의 키워드는 8월(August)입니다. 회사는 새 공장에서 8월부터 가동을 시작한다(decided to begin the operation in August)고 했으므로 정답은 (C)입니다.

3 앞으로 일어날 일을 묻는 문제
지문의 마지막 부분에 힌트가 있습니다. 시장은 HiTek의 새 프로젝트가 1000개 이상의 직업을 창출해 준다(more than 1000 jobs will be offered to society)고 언급했으므로 정답은 (B)입니다. offer(제공하다)가 create(창출하다)로 패러프레이징 되었습니다.

Questions 4-6 refer to the following radio broadcast.

[미국]

Do you have any ideas for dinner this evening? There are 365 days in a year and it is almost impossible to cook something new every time. So here's *Old Spaghetti Factory* for every housewife. [4] The author is one of the most famous chefs, Michael Bruno. As he is Italian-American, [5] most of the recipes in this book are your favorite Italian foods. However, it is not available in normal bookstores. [6] You can purchase this book over the telephone and via the internet only.

오늘 저녁에 어떤 식사를 준비해야 할지 아이디어 있나요? 일 년 365일 동안 매번 새로운 음식을 만드는 것은 거의 불가능하죠. 그래서 여기에 모든 주부를 위한 *Old Spaghetti Factory*가 있습니다. 작가는 가장 유명한 요리사중 한 명인 마이클 브루노 씨입니다. 그는 이탈리아계 미국인이기 때문에, 이 책의 대부분의 요리법은 당신이 좋아하는 이탈리아 음식입니다. 하지만 이 책은 일반 서점에서 구입할 수 없습니다. 전화상으로나 인터넷으로만 구입 가능합니다.

4 Who is Michael Bruno?
(A) A real-estate agent
(B) A cook
(C) A bookstore clerk
(D) A restaurant owner

마이클 브루노는 누구인가?
(A) 부동산 중개인
(B) 요리사
(C) 서점 직원
(D) 레스토랑 주인

5 What kind of menus can readers make using this book?
(A) Various salads
(B) Pizza and pasta
(C) Some dessert
(D) Fried foods

독자들은 이 책을 사용하여 어떤 종류의 요리를 만들 수 있는가?
(A) 다양한 샐러드
(B) 피자와 파스타
(C) 후식
(D) 튀김요리

6 Where can this book be purchased?
(A) Online
(B) A restaurant
(C) A gift shop
(D) A bookstore

이 책은 어디에서 구입될 수 있는가?
(A) 인터넷에서
(B) 레스토랑에서
(C) 선물가게에서
(D) 서점에서

어휘 impossible [impάsəbl] 불가능한 | something new 뭔가 새로운 것 | every time 매번, ~할 때마다 | housewife [háuswàif] 주부 | author(= writer) 작가 | recipe [résəpi] 요리법 | via [váiə] ~을 통하여

해설 **4** 제3자의 직업을 묻는 문제
마이클 브루노는 유명한 요리사(The author is one of the most famous chefs, Michael Bruno.)라고 했으므로 정답은 (B)입니다.

5 세부사항을 묻는 문제
마이클 브루노는 이탈리아계 미국인(Italian-American)이고, 대부분의 레시피가 이탈리아 음식이다(most of the recipes in this book are your favorite Italian foods)라고 했으므로 정답은 (B)입니다.

6 장소를 묻는 문제
지문의 마지막 부분에서 요리법이 담긴 책은 일반 서점이 아니라 전화나 인터넷을 통해서(over the telephone and via the internet only) 구입할 수 있다고 했고, internet(인터넷)이 online(온라인)으로 패러프레이징 되었습니다. 따라서 정답은 (A)입니다.

Questions 7-9 refer to the following radio broadcast.

[영국]

Welcome to Today's Focusing where we give you the latest news. This weekend, [7] the Carmen Performance team will be presenting the new musical *Señorita* written by team members. [8] Maria Diaz, the writer of the musical, won the author-of-the-year award last year. If you want to have fun this weekend, go and get the tickets from the Carmen Performance box office now. [9] And I'm coming back with international news after the weather update.

여러분들에게 최신 소식을 전하는 Today's Focusing에 오신 것을 환영합니다. 카르멘 공연 팀이 이번 주말에 팀 구성원이 쓴 새 뮤지컬 세뇨리타를 선보입니다. 이 뮤지컬의 작가인 마리아 디아즈는 지난 해에 올해의 작가상을 수상했습니다. 이번 주말에 즐거운 일을 원한다면, 카르멘 공연 매표소로 가서 티켓을 구입해 보세요. 그리고 저는 최신 기상소식 후에 국제뉴스로 돌아오겠습니다.

7 What is the broadcast about?
(A) A new book
(B) A concert tour
(C) **A new performance**
(D) An awards ceremony

8 What has Maria Diaz recently done?
(A) **She won an award.**
(B) She took the main role.
(C) She published her first book.
(D) She bought a ticket.

9 What will listeners hear next?
(A) A commercial
(B) Business news
(C) An interview
(D) **The weather report**

이 방송은 무엇에 관한 것인가?
(A) 새로운 책
(B) 순회공연
(C) 새로운 공연
(D) 시상식

마리아 디아즈는 최근에 무엇을 했는가?
(A) 그녀는 상을 탔다.
(B) 주연을 맡았다.
(C) 그녀의 첫 번째 책을 출판했다.
(D) 티켓을 구입했다.

청자들은 다음에 무엇을 들을 것인가?
(A) 광고
(B) 비즈니스 뉴스
(C) 인터뷰
(D) 일기예보

어휘 latest [léitist] 최신의 | performance [pərfɔ́ːrməns] 공연 | present [préznt] 상연하다; 공개하다 | author-of-the-year award 올해의 작가상 | award [əwɔ́ːrd] 상 | box office 매표소 | international [ìntərnǽʃənəl] 국제적인 | weather update 최신 기상예보

해설 **7** 주제 및 목적을 묻는 질문
지문 초반부에서 카르멘 공연 팀이 새로운 뮤지컬을 선보인다(the Carmen Performance team will be presenting the new musical)고 했으므로 정답은 (C)입니다.

8 세부사항 관련 문제
사람이름인 마리아 디아즈(Maria Diaz)가 키워드입니다. 마리아는 지난해에 올해의 작가상을 수상했다(Maria Diaz won the author-of-the-year award last year)고 했으므로 정답은 (A)입니다.

9 발생할 일을 묻는 질문
지문의 마지막 부분에 힌트가 있습니다. 진행자가 최신 기상소식 후에 국제뉴스로 돌아오겠다(I'm coming back with international news after the weather update)고 했으므로 정답은 (D)입니다.

新 Questions 10-12 refer to the following news report and chart.

[호주]

In local news, the city government has mentioned that Snake Lake in the national park will open for local residents this weekend. To catch people's attention, ¹⁰ the city will have a fishing contest from this Friday with interesting activities. So call your friends and family and get your fishing equipment ready. ¹¹ There's no entrance fee for children and teenagers. For the best of your satisfaction, ¹² free lunch service will be provided from Friday 10 A.M. to 2 P.M.

지역뉴스입니다. 시 정부는 국립공원 안에 있는 스네이크 호수를 이번 주말 지역주민들을 위해 개장한다고 발표했습니다. 사람들의 주목을 끌기 위해, 시는 이번 금요일부터 흥미로운 활동들과 함께 낚시대회를 개최합니다. 그러니 여러분의 친구들과 가족에게 전화하셔서 낚시 용품을 준비시켜 놓으세요. 어린이와 십대들은 입장료가 없습니다. 여러분을 더 만족시켜 드리기 위해, 무료 점심 서비스가 금요일 오전 10시부터 오후 2시까지 제공됩니다.

Park Admission Fees		
Adults - Age 20 or older	Students - Age 14 -19	Children - Age 13 or younger
Individuals - $20 Groups - $10	Individuals - Free Groups - Free	Individuals - Free Groups - Free

공원 입장료		
성인 - 20세 이상	학생 - 14세에서 19세	어린이 - 13세 이하
개인 - 20달러 단체 - 10달러	개인 - 무료 단체 - 무료	개인 - 무료 단체 - 무료

10 What will happen in Snake Lake on Friday?

(A) A benefit concert

(B) A fundraiser

(C) Fireworks

(D) A competition

금요일 스네이크 호수에서 무슨 일이 있을 것인가?

(A) 자선 콘서트

(B) 기금 모금 행사

(C) 불꽃놀이

(D) 대회

新 11 Look at the graphic. How much is the entrance fee for high school students?

(A) 1 dollar

(B) 2 dollars

(C) 10 dollars

(D) No charge

시각정보를 보시오. 고등학생들의 입장료는 얼마인가?

(A) 1달러

(B) 2달러

(C) 10달러

(D) 무료

12 What will be offered on Friday afternoon?

(A) Free city tour

(B) Free parking

(C) Free meal

(D) Free coupon

금요일 오후에 무엇에 제공될 것인가?

(A) 무료 시티 투어

(B) 무료 주차

(C) 무료 식사

(D) 무료 쿠폰

어휘 local news 지역 뉴스 | city government 시 정부 | national park 국립공원 | resident [rézədnt] 주민 | catch one's attention 주목을 끌다 | attention [əténʃən] 주목 | fishing equipment 낚시 도구 | equipment [ikwípmənt] 장비, 용품 | entrance fee 입장료 | teenager [tíːnèidʒər] 10대 | satisfaction [sæ̀tisfǽkʃən] 만족

해설 10 세부사항 관련 문제

Friday(금요일)가 키워드입니다. 시 정부는 이번 금요일에 낚시 대회를 개최한다(the city will have a fishing contest from this Friday)고 했고, contest가 competition으로 패러프레이징 되었습니다.

11 세부사항 관련 문제

입장료(entrance fee)에 관련된 문제입니다. 어린이와 십대들은 입장료가 없다(There's no entrance fee for children and teenagers.)고 했으므로 정답은 (D)입니다.

12 발생할 일을 묻는 질문

지문의 마지막 부분에서 무료 점심 서비스가 금요일 오전 10시부터 오후 2시까지 제공될 것이다(free lunch service will be provided from Friday 10 A.M. to 2 P.M.)고 했으므로 정답은 (C)입니다. lunch가 meal로 패러프레이징 되었습니다.

p.236

기본 연습 문제

1. (B)	2. (B)	3. (A)	4. (B)
5. (A)	6. (B)	7. (B)	8. (B)

● 눈으로 보고 푸는 문제

1 Before we start the meeting, I'd like to introduce Ricky Olson, our new marketing director.

회의를 시작하기 전에, 신임 마케팅 이사인 리키 올슨 씨를 소개하겠습니다.

What is the purpose of the speech?
(A) To launch a product
(B) To introduce a new employee

연설의 목적은 무엇인가?
(A) 제품을 출시하기 위해
(B) 새 직원을 소개하기 위해

어휘 introduce [ìntrədjúːs] 소개하다 | marketing director 마케팅 이사

해설 주제·목적을 묻는 문제
지문의 new marketing director(새 마케팅 이사)가 정답의 new employee(새 직원)로 패러프레이징 되었습니다.

2 Hello, my name is Troy and welcome everyone. We're going to start today's tour in the assembly line area.

안녕하세요, 제 이름은 트로이고 모두를 환영합니다. 오늘의 견학은 생산조립 라인 구역에서부터 시작할 것입니다.

What is the talk about?
(A) Heavy machinery
(B) A tour of a factory

담화는 무엇에 관한 것인가?
(A) 중장비
(B) 공장 견학

어휘 assembly line 생산조립 라인 | area [ɛ́əriə] 구역, 지역

해설 대화 주제를 묻는 문제
지문의 생산조립 라인(assembly line)이라는 단어에서 장소가 공장(factory)임을 추측할 수 있습니다.

3 Attention shoppers. Our grocery store will be closing in twenty minutes. We will reopen tomorrow at our regular time of 9 A.M.

손님 여러분 주목해주세요. 우리 식료품점은 20분 후에 폐장합니다. 내일 정규 영업 시간인 오전 9시에 다시 열 것입니다.

What is the main purpose of the announcement?
(A) To announce the closing of a store
(B) To offer special discounts

공지의 목적은 무엇인가?
(A) 가게의 폐장을 공지하기 위해
(B) 특별 할인을 제공하기 위해

어휘 attention [ətɛ́nʃən] 주목하다 | grocery store 식료품점 | reopen [riːóupən] 재개장하다 | regular time 정규 영업시간

해설 주제·목적을 묻는 문제
식료품점이 20분 후에 폐장한다(Our grocery store will be closing in twenty minutes.)고 했으므로 정답은 (A)입니다.

4 This message is for Jennifer Adams. My name is Carl Summers. I'm calling to remind you of our annual conference next week.

이 메시지는 제니퍼 애덤스를 위한 것입니다. 제 이름은 칼 서머스입니다. 저는 당신에게 다음 주에 있을 연례회의를 알려 드리기 위해 전화 드립니다.

What is the purpose of the message?
(A) To discuss a plan
(B) To inform her of an upcoming meeting

메시지의 목적은 무엇인가?
(A) 계획을 논의하기 위해
(B) 다가오는 회의를 알리기 위해

어휘 remind [rimáind] 상기시키다, 알리다 | annual [ǽnjuəl] 연례의, 매년의

해설 주제·목적을 묻는 문제

지문의 remind(상기시키다)가 inform(알리다)으로, annual conference(연례회의)가 upcoming meeting으로 각각 패러프레이징 되었습니다.

● 귀로 듣고 푸는 문제

[미국]

5 Good morning everyone. Our department store's first regular sale begins this weekend and we're almost ready for the event. I would like to express my deepest gratitude to you for your help.

안녕하세요, 여러분. 우리 백화점의 첫 번째 정규 세일이 이번 주말에 시작될 예정이고 행사 준비는 거의 다 되었습니다. 도움을 주신 여러분께 깊은 감사를 표합니다.

What is this announcement about?
(A) Preparing for an event
(B) Opening a new store

이 안내는 무엇에 관한 것인가?
(A) 행사 준비
(B) 새 가게 오픈

어휘 department store 백화점 | regular sale 정규 세일 | be ready for ~할 준비가 되다 | express [iksprés] 나타내다, 표하다 | gratitude [grǽtətjùːd] 고마움, 감사

해설 주제·목적을 묻는 문제

행사를 위한 준비가 다 되었다(we're almost ready for the event)는 부분에서 정답이 (A)라는 것을 알 수 있습니다. be ready for(~할 준비가 되다)가 prepare for(~를 준비하다)로 패러프레이징 되었습니다.

[미국]

6 The New York Foreign Language Festival will kick off on June 12 at Central Park. To promote communication in foreign languages, there will be a variety of activities including songs, dances, arts and crafts, and food.

뉴욕 외국어 축제가 센트럴 공원에서 6월 12일에 시작합니다. 외국어로 하는 의사소통을 홍보하기 위해, 노래, 춤, 공예, 음식을 포함하는 다양한 행사들이 열릴 것입니다.

What is the purpose of the festival?
(A) To raise funds for the park
(B) To publicize foreign languages

축제의 목적은 무엇인가?
(A) 공원을 위한 기금을 마련하기 위해
(B) 외국어를 홍보하기 위해서

어휘 Foreign Language Festival 외국어 축제 | kick off 시작하다 | promote [prəmóut] 홍보하다 | communication [kəmjùːnəkéiʃən] 의사소통 | foreign language 외국어 | a variety of 다양한 | activity [æktívəti] 활동 | arts and crafts 공예

해설 주제·목적을 묻는 문제

뉴욕 외국어 축제가 외국어로 하는 의사소통을 홍보하기 위해(To promote communication in foreign languages) 열릴 것이다라는 부분에서 정답이 (B)라는 것을 알 수 있습니다. promote(홍보하다)가 publicize(홍보하다)로 패러프레이징 되었습니다.

[미국]

7 Hello and welcome to CBN's rush hour traffic update. I'm Tracy Boone. Traffic is moving smoothly on highway 22 this morning except for one area where expansion work is causing some problems.

안녕하세요, CBN 러시아워 최신 교통 속보입니다. 저는 트레이시 분입니다. 오늘 아침 22번 고속도로는 확장 공사가 문제들을 야기하는 한 지역만 제외하고는 순조롭게 움직이고 있습니다.

What is the report mainly about?
(A) A weather update
(B) A traffic report

보도는 주로 무엇에 관한 것인가?
(A) 일기 예보
(B) 교통 정보

어휘 rush hour 러시아워, 통 근 시간 | traffic update 교통 속보 | smoothly [smúːðli] 순조롭게 | except for ~를 제외하고는 | expansion work 확장 공사 | cause [kɔːz] 야기하다

해설 주제·목적을 묻는 문제

초반부에 traffic update(교통 속보)라는 말이 들리는 것으로 보아 정답은 교통 정보입니다.

[미국]

8 Before we begin the lunch break, I'd like to inform everyone about the renovations that are going to take place starting tomorrow. We don't want the construction to interrupt our work, so follow these instructions thoroughly.

점심시간을 시작하기 전에, 내일 실시할 예정인 보수공사에 대해서 여러분께 알려드리려고 합니다. 이 공사가 우리 업무에 방해되지 않게끔 다음 지시사항을 철저하게 지켜주시기 바랍니다.

What is being discussed?
(A) Organizing a meeting
(B) Getting ready for renovations

무엇이 논의되고 있는가?
(A) 회의 준비하기
(B) 보수공사 준비하기

어휘 lunch break 점심시간 | inform [infɔ́:rm] 알리다 | renovation [renəvéiʃən] 보수공사 | take place 일어나다, 발생하다 | construction [kənstrʌ́kʃən] 공사 | interrupt [ìntərʌ́pt] 방해하다 | follow [fάlou] 따르다 | instruction [instrʌ́kʃən] 지시사항 | thoroughly [θə́:rouli] 철저히

해설 주제 · 목적을 묻는 문제
첫 부분에 renovations(보수 공사)라는 단어가 언급되었기 때문에 정답은 이 단어가 포함된 (B)입니다.

빈칸 채우고 정답 맞추기   p.237

1. (A)	2. (A)	3. (B)	4. (A)

Question 1 refers to the following announcement.   **[호주-미국]**

Welcome to your first day at Bell Architectural firm. My name is Shane Fox, the head of security. As you've heard, we expect our employees to take security seriously here at Bell Architectural firm. Today, you'll be given a password that is necessary to log on to our computer system.

벨 건축회사에서의 첫 날을 환영합니다. 제 이름은 쉐인 폭스이며 보안 책임자입니다. 여러분도 들으셨다시피, 우리는 우리 직원들이 이곳 벨 건축회사에서 보안을 매우 중요하게 생각하기를 바랍니다. 오늘 여러분은 회사 컴퓨터 시스템에 접속하는데 필요한 비밀번호를 받을 것입니다.

1 What division does the speaker probably work in?
(A) Corporate security
(B) Human resources

화자는 어떤 부서에 근무하는 것 같은가?
(A) 회사 보안팀
(B) 인사부

어휘 architectural [ὰːrkətéktʃərəl] 건축의 | head of security 보안 책임자 | seriously [síəriəsli] 진지하게 | password [pǽswəːrd] 비밀번호 | necessary [nésəsèri] 필요한

해설 직업 · 업종을 묻는 문제
도입부분에 the head of security(보안 책임자)라는 단어가 들린다면 정답은 쉽게 맞출 수 있습니다. security(보안)가 포함된 (A)가 정답입니다.

Question 2 refers to the following announcement.   **[미국-호주]**

Attention passengers. Unfortunately, we're experiencing some delays for trains on the blue line because of the power outage next to the Brisbane Station. Local technicians are working to repair the problem, but we don't know how long it will take for the power to come back on.

승객 여러분께 안내 말씀 드립니다. 안타깝게도, 브리즈번 역 근처에서 일어난 정전 사태로 블루라인 열차들이 지연되고 있습니다. 현지 기술자들이 문제 해결을 위해 작업하고 있지만, 전력을 복구하는 데까지 얼마만큼의 시간이 걸릴지는 알 수 없습니다.

2 According to the announcement, what caused the problem?
(A) A power failure
(B) A natural disaster

안내에 따르면 문제를 일으킨 것은 무엇인가?
(A) 정전
(B) 자연 재해

어휘 passenger [pǽsəndʒər] 승객 | power outage 정전 | local [lóukəl] 현지의 | technician [tekníʃən] 기술자

해설 이유 · 원인을 묻는 문제

지문에서 언급된 power outage(정전)가 정답에서 power failure(정전)로 패러프레이징 되었습니다.

Question 3 refers to the following announcement.

[미국—미국]

The French Cultural Center is happy to announce that we have a new addition to our class schedule. Jean Petit who's a qualified instructor that's been here for over 5 years, will be teaching a beginner's French class every Wednesday. This fun, interesting class will be open to people of all ages.

프랑스 문화센터는 새로운 강좌가 추가되었다는 사실을 알리게 되어 기쁩니다. 이곳에서 5년 넘게 근무한 자격 있는 강사인 장 쁘띠가 매주 수요일 초보 프랑스어 강좌를 가르치게 됩니다. 이 재미있고 흥미로운 강좌는 모든 연령의 사람들에게 개방됩니다.

3   What is this announcement about?
     (A) French food
     (B) A new class

안내는 무엇에 관한 것인가?
(A) 프랑스 음식
(B) 신규 강좌

어휘 addition [ədíʃən] 추가 | qualified [kwάləfàid] 자격이 있는 | instructor [instrʌ́ktər] 강사 | beginner [bigínər] 초보자 | of all ages 모든 나이의

해설 주제 · 목적을 묻는 문제

도입부분에서 새로운 강좌가 추가 되었다(we have a new addition to our class schedule)고 했으므로 정답은 (B)입니다.

Question 4 refers to the following factory floor announcement.

[영국—미국]

Before we end this meeting, I'd like to remind everyone that the machinery is being inspected tomorrow. Safety inspectors are going to be checking to see that all the equipment is in proper working condition. Because of this, we will be closed between 6 A.M. and 11 A.M. tomorrow morning.

이 회의를 끝내기 전에, 여러분 모두에게 내일 기계 점검이 있다는 점을 알립니다. 안전 검사관들이 모든 설비가 제대로 작동하고 있는지 확인할 예정입니다. 이번 작업 때문에 우리는 내일 오전 6시부터 11시 사이에는 문을 닫습니다.

4   Who will visit the plant?
     (A) Safety inspectors
     (B) Civil engineers

누가 공장을 방문하는가?
(A) 안전 검사관들
(B) 토목 기사들

어휘 remind [rimáind] 상기시키다, 알리다 | machinery [məʃíːnəri] 기계(류) | inspect [inspékt] 검사하다, 점검하다 | safety inspector 안전 검사관 | equipment [ikwípmənt] 설비, 장비 | proper [prάpər] 적합한 | be in working condition 제대로 작동하고 있다

해설 특정인의 직업을 묻는 문제

안전 검사관들이 모든 설비가 제대로 작동하고 있는지 확인할 예정이다(Safety inspectors are going to be checking to see that all the equipment is in proper working condition.)에서 정답을 알 수 있습니다.

1. (B)	2. (C)	3. (B)	4. (B)	5. (D)	6. (A)
7. (A)	8. (A)	9. (A)	10. (A)	11. (C)	12. (C)

Questions 1-3 refer to the following announcement.   [영국]

I guess you must be enjoying the ¹ Tour and Accommodation Conference this year. Prior to the speech of our next speaker, ² I'd like to mention someone lost a digital camera in the elevator. Therefore, I'm asking you to check if everyone's cameras are still in their bags. If not, please go to the information desk on the first floor. ³ Mr. Goldberg, the head of security, must be more than happy to assist you.

저는 여러분들이 올해 Tour and Accommodation 회의를 틀림없이 즐기고 계실거라 생각합니다. 다음 연사의 연설 전에, 누군가 엘리베이터에서 디지털 카메라를 잃어버린 사실을 언급하려 합니다. 여러분들의 가방에 카메라가 있는지 확인해 보시기 바랍니다. 만약 없으면, 일층에 있는 안내데스크에 가시기 바랍니다. 보안 담당자인 골드버그 씨가 아마도 기꺼이 여러분을 도와드릴 것입니다.

1 Where is the announcement being made?
(A) At a hotel
(B) At an auditorium
(C) At an electronics shop
(D) At a bookstore

이 공지는 어디에서 일어나는가?
(A) 호텔
(B) 강당
(C) 전자제품 상점
(D) 서점

2 What is the announcement about?
(A) Planning a trip
(B) Sharing ideas
(C) Returning a lost item
(D) Updating computer programs

공지는 무엇에 관한 것인가?
(A) 여행 계획하기
(B) 의견 공유하기
(C) 잃어버린 물건 돌려주기
(D) 컴퓨터 프로그램 업데이트하기

3 What kind of job does Mr. Goldberg have?
(A) A consultant
(B) A security manager
(C) A travel agent
(D) A store clerk

골드버그 씨는 어떤 직업을 갖고 있는가?
(A) 상담원
(B) 보안 매니저
(C) 여행 담당자
(D) 가게 점원

어휘 prior to(= before) ~전에 | information desk 안내 데스크 | head of security 보안 책임자

해설 **1** 안내방송의 장소를 묻는 문제
Tour and Accommodation Conference를 통해 현재 청자들은 회의에 참석 중인 것을 알 수 있으며, 회의가 열리는 장소는 강당입니다.

2 주제 · 목적을 묻는 문제
누군가 디지털 카메라를 잃어버렸고(I'd like to mention someone lost a digital camera in the elevator.) 골드버그 씨가 보관하고 있다고 했으므로 정답은 (C)입니다.

3 직업 · 업종을 묻는 문제
지문의 the head of security가 정답인 security manager로 패러프레이징 되었습니다.

Questions 4-6 refer to the following announcement.   [호주]

Ladies and gentlemen, ⁴ this is your captain speaking. We're passing Egypt, ⁵ and you can see the Great Pyramid of Giza on your left, which is the oldest of the Seven Wonders of the Ancient World. Today we can see the pyramid well because the temperature is warm and the sky is clear. Even though it has been more than ten years ⁴ since I became a pilot, I'm sure this must be one of the most beautiful views I have ever seen. So if you have a digital camera or cell phone, ⁶ I want you to take some photos and show them to your family and friends.

신사 숙녀 여러분, 저는 이 비행기의 기장입니다. 우리는 지금 이집트를 지나고 있고 여러분 왼쪽 편에는 가장 오래된 세계 7대의 불가사의인 거대 기자 피라미드가 보일 것입니다. 오늘은 기온이 따뜻하고 하늘이 맑아 피라미드가 잘 보이네요. 제가 기장이 된지 10년이 넘었지만, 제가 본 광경 중에 가장 아름답다고 확신합니다. 그러니 혹시 디지털 카메라나 휴대폰을 가지고 계시면, 사진을 찍어서 나중에 가족이나 친구들에게 보여주시길 제안합니다.

4 Where is this announcement most likely given?
(A) On a cruise
(B) On a plane
(C) On a train
(D) On a tour bus

5 What did the speaker specifically mention?
(A) A local time
(B) An emergency
(C) A popular beach
(D) A historical site

6 What does the speaker suggest the listeners do?
(A) Take pictures
(B) Get some sleep
(C) Turn off the phone
(D) Enjoy refreshments

이 안내방송은 어디에서 이루어지는 것 같은가?
(A) 크루즈 위에서
(B) 비행기 안에서
(C) 기차 안에서
(D) 관광버스 안에서

화자는 무엇을 특별히 언급했는가?
(A) 현지 시각
(B) 긴급 상황
(C) 인기 있는 해변
(D) 유적지

화자는 청자들에게 무엇을 하라고 제안하는가?
(A) 사진을 찍으라고
(B) 잠을 좀 자라고
(C) 전화기를 끄라고
(D) 다과를 즐기라고

어휘 captain [kǽptən] 기장 | pass [pæs] 지나가다 | Seven Wonders of the Ancient World 세계 7대의 불가사의 | even though 비록 ~일지라도

해설 **4** 장소를 묻는 문제
장소를 묻는 문제는 힌트가 여러 곳에 나오기 때문에 관련된 필수단어를 반드시 알아야 합니다. 안내방송이 나오는 장소가 비행기 안이라는 사실을 알려주는 단어들은 captain, pilot(기장)이고 설명하는 정황상 정답은 (B)입니다.

5 세부사항 관련 문제
화자는 이집트의 피라미드(Great Pyramid of Giza)를 언급했고, 이는 유적지(historical site)에 해당하기 때문에 정답은 (D)입니다.

6 제안·요청에 관한 문제
마지막 부분에 사진을 찍어서 가족이나 친구에게 보여주라(I want you to take some photos and show them to your family and friends.)고 했으므로 정답은 (A)입니다.

新 Questions 7-9 refer to the following announcement and sign.　　　　　　[미국]

Good evening, everyone. Welcome to our band's first concert. I'm Wayne Looney, [7] the lead guitarist of this band. [8] It's truly unbelievable that tickets are all sold out, that means no tickets are available for tonight's performance. As a token of thanks, we decided to offer free beverages in the middle of our performance. You can get some drinks from bars around each corner of this concert hall. [9] All the money from this concert will go to support the music programs at our local middle schools. Thank you again for your support and enjoy the performance now.

안녕하세요, 여러분. 우리 밴드의 첫 번째 콘서트에 와 주셔서 감사합니다. 저는 이 밴드의 리드 기타리스트인 웨인 루니라고 합니다. 모든 티켓이 다 팔렸다니 상당히 놀랍고, 결국 오늘 공연표는 더 이상 구입이 불가능합니다. 감사를 표시하고자, 저희는 공연 중 음료를 무료로 제공하기로 결정했습니다. 콘서트장 각 코너에 있는 바에서 음료를 받으실 수 있습니다. 이 콘서트의 모든 수익금은 우리 지역의 중학교 음악 프로그램을 후원하는데 쓰일 예정입니다. 다시 한 번 성원에 감사드리며 이제 공연을 즐기시기 바랍니다.

Wayne Looney's Band
First concert of dreams tour
April, 10th Saturday, Liverpool
Sold Out
No Tickets Available At the door

웨인루니 밴드
드림투어의 첫 번째 콘서트
4월 10일 토요일 리버풀
매진
현장에서 티켓을 구입할수 없음

7 Who is the speaker?
(A) A musician
(B) A fan
(C) A lead singer
(D) A box office worker

新**8** Look at the graphic. What made the speaker surprised?
(A) Sold out concert
(B) Sudden rain
(C) Presents from the fans
(D) A special event

9 How will proceeds from the concert be used?
(A) To support school programs
(B) To fix the concert hall
(C) To donate to the charity
(D) To buy musical instruments

화자는 누구인가?
(A) 음악가
(B) 팬
(C) 리드 싱어
(D) 매표소 직원

시각정보를 보시오. 화자는 무엇에 놀랐는가?
(A) 매진된 콘서트
(B) 갑작스런 비
(C) 팬으로부터의 선물
(D) 특별 이벤트

콘서트 수익금은 어떻게 사용될 것인가?
(A) 학교 프로그램을 후원하는데
(B) 콘서트 홀을 수리하는데
(C) 자선단체에 기부하는데
(D) 악기를 구입하는데

어휘 truly unbelievable 정말 믿을 수 없는 | sold out 매진된, 다 팔린 | as a token of ~의 표시로 | beverage [bévəridʒ] 음료 | support [səpɔ́ːrt] 후원하다

해설 **7** 화자의 직업을 묻는 문제
지문의 lead guitarist(리드 기타리스트)가 musician(음악가)으로 패러프레이징 되었습니다.

8 세부사항 관련 문제
정말 믿을 수 없는(truly unbelievable) 사실은 티켓이 매진된(tickets are all sold out) 사실이므로 정답은 (A)입니다.

9 세부사항 관련 문제
지문의 All the money가 문제의 proceeds(수익금)로 패러프레이징 되었습니다. 후반부에서 수익금은 지역 중학교 음악 프로그램 후원에 쓰인다(support the music programs at our local middle schools)고 했으므로 정답은 (A)입니다.

Questions 10-12 refer to the following announcement.

[미국]

Attention passengers waiting for the train departing for Queenstown at 6 P.M. ¹⁰Unfortunately, it will be canceled due to an equipment malfunction with the train. There is a problem with some engine parts. ¹¹All the passengers with tickets can use express buses located outside the station. ¹²As you board the bus, you'll receive a 50% discount coupon for your next trip. This coupon is valid for a year. We apologize again and thank you for your understanding.

오후 6시 퀸즈타운으로 출발하는 기차를 기다리는 승객 여러분 주목해 주십시오. 안타깝게도, 장비 오작동으로 인해 기차가 취소될 예정입니다. 엔진 부품에 문제가 있습니다. 티켓을 소지한 모든 승객은 역 밖에 있는 고속버스를 이용할 수 있습니다. 버스를 타시면, 다음번 탑승 시 이용할 수 있는 50% 할인 쿠폰을 받을 것입니다. 이 쿠폰은 일 년 동안 유효합니다. 다시 한번 사과드리며 이해해주셔서 감사드립니다.

10 What is the reason for the schedule change?
(A) Mechanical problems
(B) Bad weather conditions
(C) A sudden accident
(D) A power outage

11 What does the speaker ask the listeners to do?
(A) Book a hotel in Queenstown
(B) Get a refund
(C) Change a bus
(D) Wait for the next train

스케줄이 변하게 된 이유는 무엇인가?
(A) 기계적인 문제
(B) 악천후 상황
(C) 갑작스런 사고
(D) 정전

화자는 청자들에게 무엇을 하라고 요청하는가?
(A) 퀸즈타운에 있는 호텔을 예약하라고
(B) 환불을 받으라고
(C) 버스로 갈아타라고
(D) 다음 기차를 기다리라고

12 What will be offered for some passengers?

    (A) A free ticket

    (B) A guidebook

    (C) A discount coupon

    (D) A free beverage

몇몇 승객들에게 무엇이 제공될 것인가?
(A) 무료 티켓
(B) 가이드북
(C) 할인 쿠폰
(D) 무료 음료

어휘 depart for ~을 향해 출발하다 | cancel [kǽnsəl] 취소하다 | due to ~때문에 | malfunction [mælfʌ́ŋkʃən] 오작동 | engine parts 엔진 부품 | express bus 고속버스 | valid [vǽlid] 유효한 | apologize [əpɑ́lədʒàiz] 사과하다

해설 **10** 이유·원인을 묻는 문제

장비 오작동으로 기차가 취소될 것이라고(Unfortunately, it will be canceled due to an equipment malfunction with the train) 했으므로 정답은 (A)이며 equipment malfunction(장비 오작동)이 mechanical problems(기계적인 문제)로 패러프레이징 되었습니다.

11 요구·요청사항을 묻는 문제

티켓을 소지한 사람은 역 밖에 있는 고속 버스를 탈 수 있다(All the passengers with tickets can use express buses located outside the station.)고 했으므로 정답은 (C)입니다.

12 세부사항 관련 문제

다음 탑승 시 50% 할인을 받을 수 있는 쿠폰(you'll receive a 50% discount coupon for your next trip)을 준다고 했으므로 정답은 (C)입니다.

기본 연습 문제   p.248

| 1. (B) | 2. (A) | 3. (B) | 4. (A) | 5. (B) |
| 6. (A) | 7. (A) | 8. (A) | 9. (B) | 10. (B) |

[미국]

1 Welcome to our new employee training. I'm Oscar Fleming, the Personnel director. We're pleased to have many motivated new employees.

> 우리 신입사원 교육에 오신 것을 환영합니다. 저는 인사부장인 오스카 플레밍입니다. 많은 의욕적인 신입 직원들이 함께하게 되어 기쁩니다.

Where is the talk taking place?
(A) At a train station
(B) At an orientation

> 이 담화는 어디에서 일어나고 있는가?
> (A) 기차역에서
> (B) 오리엔테이션에서

어휘 training [tréiniŋ] 훈련, 교육 | Personnel director 인사부장 | be pleased to ~하게 되어 기쁘다

해설 지문이 들리는 장소를 묻는 문제
신입사원 교육(new employee training)을 언급한 것으로 보아 신입사원 예비교육인 오리엔테이션이 정답입니다.

[미국]

2 I'm excited to be here to let you know who I am and what I can do for this company. I have a master's degree in engineering and I have 5 years of professional experience as a civil engineer.

> 이 자리에서 제가 어떤 사람이고 귀사를 위해 무엇을 할 수 있을지 보여드리게 되어 기쁩니다. 저는 공학 석사학위를 갖고 있으며 5년 동안의 전문 토목 기사의 경력을 갖고 있습니다.

Where does this speech most likely take place?
(A) At a job interview
(B) At a presentation

> 이 연설은 어디에서 이루어지는 것 같은가?
> (A) 취업 면접에서
> (B) 발표에서

어휘 master's degree 석사 학위 | engineering [èndʒiníəriŋ] 공학 | civil engineer 토목 기사

해설 화자 · 청자가 있는 장소를 묻는 문제
귀사를 위해 무엇을 할 수 있을지 보여드리게 되어 기쁘다(I'm excited to be here to let you know who I am and what I can do for this company.)고 하며 자신의 전공 및 경력을 이어서 진술하고 있으므로 취업 면접 상황임을 유추할 수 있습니다.

[미국]

3 Hi, Jimmy. It's Anton Summers. You called me last night asking me to teach a yoga class at the fitness center on October 1st. Thank you for giving me such an opportunity. I'd be thrilled to teach the class.

> 안녕하세요, 지미. 저는 앤톤 서머스입니다. 어젯밤 저에게 전화하셔서 10일 1일에 헬스클럽에서 요가 수업을 맡아 달라고 전화하셨죠. 좋은 기회 주셔서 감사합니다. 정말 가르치고 싶습니다.

Where is the class going to take place?
(A) At a stadium
(B) At a gym

> 수업은 어디에서 있을 것인가?
> (A) 경기장에서
> (B) 체육관(헬스장)에서

어휘 fitness center 헬스클럽 | opportunity [ɑ̀pərtjúːnəti] 기회 | be thrilled to 짜릿함을 느끼다

해설 화자 · 청자가 있는 장소를 묻는 문제
지문에서 들리는 fitness center(헬스클럽)가 gym(헬스장)으로 패러프레이징 되었습니다.

4 Thank you for joining us on the guided tour of the Calson Folk Museum. I'm sure we will have a great time showing all of you around. This month's exhibition is a collection of 50 original paintings by the local artist Felicia Liu.

칼슨 민속 박물관의 가이드 투어에 참여해 주셔서 감사합니다. 우리는 분명 모두 즐거운 시간을 보낼 수 있을거라 확신합니다. 이번 달 전시에는 지역화가인 펠리시아 리우의 원화 50점을 전시합니다.

Where does the speech take place?
(A) At a museum
(B) On a bus

이 담화는 어디에서 일어나는가?
(A) 박물관에서
(B) 버스 안에서

어휘 guided tour 가이드가 동반하는 투어 | Folk Museum 민속 박물관 | exhibition [èksəbíʃən] 전시회 | original painting 원화

해설 지문이 들리는 장소를 묻는 문제
첫 문장에서 박물관 투어에 참여해 주셔서 감사하다(Thank you for joining us on the guided tour of the Calson Folk Museum)고 했으므로 장소는 박물관입니다.

---

5 Before we open the restaurant for lunch, let's go over the new promotion that begins today. We placed a coupon in this month's newspaper advertisement. Customers that bring in the coupon will get a free beverage with a sandwich order.

점심식사를 위해 레스토랑을 오픈하기 전에, 오늘부터 시작하는 새로운 홍보에 대해서 검토해 봅시다. 우리는 이번 달 신문 광고에 쿠폰을 게시했습니다. 그 쿠폰을 가져오는 손님들은 샌드위치를 주문 시 무료 음료를 받을 것입니다.

Where is this talk taking place?
(A) At a food store
(B) At a restaurant

이 담화는 어디에서 일어나는가?
(A) 식료품점
(B) 레스토랑

어휘 go over 검토하다 | promotion [prəmóuʃən] 홍보 | place [pleis] 게시하다 | beverage [bévəridʒ] 음료

해설 화자들이 있는 장소를 묻는 문제
점심식사를 위해 레스토랑을 오픈하기 전에(Before we open the restaurant for lunch) 이야기하고 있으므로 정답은 (B)입니다.

---

6 You're listening to CBN World. I'm thrilled to have bestselling author Connie Gates as our guest. Connie has written a book on the experiences of her travels in Africa.

여러분은 CBN 월드를 듣고 계십니다. 저는 오늘 베스트셀러 작가인 코니 게이츠를 우리의 게스트로 모시게 되어 매우 기쁩니다. 코니는 아프리카에서의 여행 경험을 담은 책을 썼습니다.

Who is Connie Gates?
(A) A writer
(B) A host

코니 게이츠는 누구인가?
(A) 작가
(B) 진행자

어휘 thrilled [θrild] 매우 기쁜, 황홀해하는 | bestselling author 베스트셀러 작가

해설 제3자의 직업을 묻는 문제
지문의 author가 writer로 패러프레이징 되어 정답은 (A)입니다.

---

7 Good morning, this is Antonio Ryan with the morning traffic report. There is severe traffic congestion on Highway 22. If you are heading northbound on Maple street, we recommend taking route 12 instead.

안녕하세요. 아침 교통 정보의 리포터 안토니오 라이언입니다. 22번 고속도로가 심하게 정체되어 있습니다. 메이플 가에서 북쪽으로 가는 중이라면 대신 12번 도로를 이용할 것을 추천합니다.

Who is the intended audience?

(A) Motorists

(B) Reporters

어휘 severe [sivíər] 극심한 | **traffic congestion** 교통 정체 | **head** [hed] 향하다 | **instead** [instéd] 대신에

해설 청자의 신분 · 직업을 묻는 문제

정답이 지문에 언급되지 않았기 때문에 정황상으로 추측해야 합니다. 도입부에서 아침 교통 정보(morning traffic report)라고 언급했고, 교통상황에 대해서 알려주고 있으므로 듣는 사람은 운전자들(motorists)이라고 할 수 있습니다.

[미국]

8 Today, Mayor Josh Schneider announced plans to build a new community hall. Construction will begin next Friday and it is scheduled to be completed by the end of December.

오늘 조쉬 슈나이더 시장은 새로운 시민회관을 건설하는 계획을 발표했습니다. 공사는 다음 주 금요일에 시작해서 12월 말에 완공될 것입니다.

Who is Josh Schneider?

(A) A city official

(B) A designer

조쉬 슈나이더는 누구인가?
(A) 시 공무원
(B) 디자이너

어휘 mayor [méiər] 시장 | **community hall** 시민회관, 마을회관 | **complete** [kəmplíːt] 완성하다, 완공하다

해설 제3자의 직업을 묻는 문제

지문의 mayor(시장)가 city official(시 공무원)로 패러프레이징 되어 정답은 (A)입니다. mayor(시장)는 다른 말로 public official(공무원), government official(공무원)로 패러프레이징 되기도 합니다.

[미국]

9 Now, we're planning to hire local workers here in LA. But we also need experienced sales people like you. If you're interested in this opportunity, feel free to contact me after the meeting.

우리는 지금 로스엔젤레스 지역의 근로자를 고용할 계획을 하고 있습니다. 하지만 우리는 또한 여러분들과 같은 경험있는 판매 직원이 필요합니다. 이 기회에 대해 관심이 있다면, 회의 끝나고 언제든 연락 주십시오.

Who are the listeners?

(A) Volunteers

(B) Sales staff

청자들은 누구인가?
(A) 자원봉사자들
(B) 판매 직원들

어휘 experienced [ikspíəriənst] 숙련된 | **opportunity** [ὰpərtjúːnəti] 기회

해설 청자의 신분 · 직업을 묻는 문제

여러분들과 같은 판매 직원들(experienced sales people like you)이라고 한 부분에서 정답을 알 수 있습니다. sales people(판매 직원)이 sales staff(판매 직원)으로 패러프레이징 되었습니다.

[미국]

10 Hello, Ms. Shaw. This is Nancy Walker from Andersen accounting firm. I'm calling in regard to the secretary position you applied for. We've reviewed your résumé, and we think you might be suitable for the position.

안녕하세요 쇼 씨. 저는 앤더슨 회계회사의 낸시 워커입니다. 당신이 지원한 비서직에 관해 연락드립니다. 이력서를 검토한 결과 당신이 그 일에 적합하다고 생각합니다.

Who is the message for?

(A) A bank teller

(B) A job applicant

메시지는 누구를 위한 것인가?
(A) 은행 직원
(B) 구직자

어휘 accounting firm 회계법인 | **in regard to** ~에 관해서 | **apply for** ~에 지원하다 | **résumé** [rizúːm] 이력서 | **suitable** [súːtəbl] 적합한

해설 청자의 신분 · 직업을 묻는 문제

일단 지원을 했다(applied for)는 부분이 하나의 힌트고, 이력서를 검토했다(reviewed your résumé)는 부분에서 청자는 구직자(job applicant)라는 것을 알 수 있습니다.

Question 1 refers to the following advertisement.

[미국-영국]

Do you have an important business meeting soon? No hesitation anymore. Riverpark Square center is for you. We have 10 large rooms and 20 small rooms fully equipped with recent electronics. We provide beverages, pens and papers and even a copying service for free during business hours.

조만간 중요한 회의가 있나요? 더 이상 주저하지 마세요. Riverpark Square 센터가 있습니다. 저희는 최신 전자제품을 갖춘 10개의 큰 룸과 20개의 작은 룸이 있습니다. 영업시간 동안에는 음료, 펜, 종이 심지어 복사 서비스까지 무료로 제공합니다.

1   What business is being advertised?
   (A) Meeting place
   (B) Stationery store

어떤 사업이 광고 되는가?
(A) 회의 장소
(B) 문구점

어휘 hesitation [hèzətéiʃən] 망설임, 주저 | equipped with ~을 갖춘 | recent [rí:snt] 최신의 | business hours 영업시간

해설 세부사항 관련 문제

도입부에서 중요한 회의가 있나요?(Do you have an important business meeting soon?)라고 물으면서 회의 장소에 대한 설명을 이어갔기 때문에 정답은 (A) 회의 장소입니다.

Question 2 refers to the following advertisement.

[영국-미국]

Are you looking for furniture for your personal use or your office? Larry's Furnishing has it all from tables and chairs to beds and office furniture. We've recently upgraded our website so now you can place your order online and get free shipping on orders over $300.

개인용이나 사무실용의 가구를 찾고 있나요? 래리의 가구점은 테이블, 의자에서 침대, 사무용 가구에 이르기까지 당신이 원하는 모든 것을 갖추고 있습니다. 우리는 최근에 웹사이트를 업그레이드했기 때문에 이제 여러분은 온라인으로 주문하실 수 있고 300달러 이상의 주문에 대해서는 무료 배송을 받을 수 있습니다.

2   What is the result of upgrading the website?
   (A) Online counseling
   (B) The convenience of shopping

웹사이트 업그레이드의 결과는 무엇인가?
(A) 온라인 상담
(B) 쇼핑의 편리함

어휘 personal [pə́rsənl] 개인적인 | furnishing [fə́:rniʃin] 가구 | place an order 주문하다 | free shipping 무료 배송

해설 세부사항 관련 문제

지문에서 웹사이트를 업그레이드 한 후부터 고객들은 온라인 주문을 할 수 있게 되었다(We've recently upgraded our website so now you can place your order online)고 했으므로 쇼핑이 좀 더 편리해졌다고 볼 수 있습니다.

Question 3 refers to the following advertisement.

[호주-미국]

Are you thinking about buying a laptop computer? Paul's Electronics has great news for you. In order to reduce our current inventory, we've cut our prices by 80%. Our prices are so low that we cannot even talk about them on the website or on the air. Don't miss your opportunity to get the incredible deal.

노트북 컴퓨터를 구입하려고 생각하고 있나요? 폴 전자매장이 여러분을 위한 좋은 소식을 가지고 있습니다. 현재 있는 재고를 줄이기 위해, 우리는 가격을 80%까지 낮췄습니다. 가격이 너무 저렴해서 웹사이트나 방송에 알리지도 않을 것입니다. 이 놀라운 기회를 놓치지 마세요.

3   What is the purpose of the store's sale?
   (A) To promote a new item
   (B) To decrease inventory

매장 세일의 목적은 무엇인가?
(A) 신상품을 홍보하려고
(B) 재고품을 줄이려고

어휘 laptop computer 노트북 컴퓨터 | inventory [ínvəntɔ̀:ri] 재고 | incredible [inkrédəbl] 믿을 수 없는

해설 세부사항 관련 문제

지문의 중간 부분에 현재 있는 재고를 줄이기 위해, 80%까지 가격을 낮췄습니다(In order to reduce our current inventory, we've cut our prices by 80%.)라고 했으므로 정답은 (B)입니다.

Question 4 refers to the following advertisement.

[미국-호주]

Do you always say you should learn how to cook but just don't have the time? If you've never been taught, join our various cooking classes! This summer, we will be offering a Chinese cooking class by award winning chef Jian Lin. For more details about registration, visit www.selfcooking. com or call 599-3535. Hurry up as class sizes are limited.

여러분은 항상 요리를 배워야 한다고 말하지만 시간이 없다고 말하시나요? 만약 한번도 배워 본 적이 없다면, 우리의 다양한 요리 강좌에 참여하세요! 이번 여름, 우리는 수상 경력이 있는 지안 린 쉐프가 가르치는 중국요리 강좌를 개설할 예정입니다. 등록에 관한 자세한 사항은, 웹사이트 www.selfcooking.com을 방문하거나 599-3535번으로 전화주세요. 수업 인원이 한정되어 있으니 서두르세요.

4 What most likely is Jian Lin's occupation?
(A) A famous author
(B) A cooking teacher

지안 리의 직업은 무엇인가?
(A) 유명한 작가
(B) 요리 강사

어휘 cooking class 요리 강좌 | award winning 수상 경력이 있는 | detail [dité il] 자세한 내용 | registration [rèdʒistréiʃən] 등록 | limited [límitid] 한정된, 제한된

해설 제3자의 직업을 묻는 문제

지문 서두에서 요리 강좌를 소개하고 있으며, 지안 린은 수상경력이 있는 요리사(award winning chef)라고 설명했으므로 지안 린의 직업은 요리 강사임을 알 수 있습니다.

실전문제　　p.251

| 1. (B) | 2. (C) | 3. (B) | 4. (C) | 5. (D) | 6. (A) |
| 7. (D) | 8. (B) | 9. (D) | 10. (A) | 11. (C) | 12. (A) |

Questions 1-3 refer to the following advertisement.

[미국]

Trying to find a great way to improve your concentration? Go to any convenience store and grab a can of Blue Bull. [1] Blue Bull is an energy drink, and it provides a number of essential nutrients like vitamin B6, B12, and C for your daily life. [2] Currently, there's a spring event where we offer you a voucher for your first try of Blue Bull. You can find more detailed information on our website, www.bluebull.com. There's one more bit of exciting news. [3] Our new sugarless drinks will go on the market next month. Look for it in stores nation-wide.

당신의 집중력을 개선하는 좋은 방법을 찾고 싶으신가요? 그렇다면 아무 편의점이나 가서 Blue Bull 캔을 집어 드세요. Blue Bull은 에너지 음료로 일상생활을 위해 필요한 B6, B12, C와 같은 필수 영양소를 제공합니다. 현재 처음 Blue Bull을 마시는 사람을 위해 상품권을 제공하는 봄 행사를 합니다. 저희 웹사이트 www.bluebull.com 에서 더 자세한 정보를 찾을 수 있습니다. 신나는 소식은 하나 더 있습니다. 새로운 무설탕 음료가 다음 달에 출시됩니다. 전국 어디에서나 찾을 수 있습니다.

1 What is being advertised?
(A) A snack
(B) A drink
(C) Diet food
(D) An ice cream

무엇이 광고되고 있는가?
(A) 스낵
(B) 음료
(C) 다이어트 음식
(D) 아이스크림

2 What can customers find in the company website?
(A) A list of stores
(B) A simple map
(C) Seasonal events
(D) Customer survey results

손님들은 회사 웹사이트에서 무엇을 찾을 수 있는가?
(A) 상점 리스트
(B) 간단한 지도
(C) 계절 행사
(D) 고객 설문조사 결과

3 What will happen next month?
(A) A new slogan will be developed.
(B) The company will launch new items.
(C) A new branch will be opened.
(D) A free concert will be held.

다음 달에는 무슨 일이 있을 것인가?
(A) 새로운 슬로건이 개발될 것이다.
(B) 회사가 새 제품을 출시할 것이다.
(C) 새 지점이 오픈할 것이다.
(D) 무료 콘서트가 열릴 것이다.

어휘 improve [imprúːv] 개선하다 | concentration [kὰnsəntréiʃən] 집중력 | convenience store 편의점 | grab [græb] 잡다, 붙잡다 | a number of(= many) 많은 | essential [isénʃəl] 필수적인 | nutrition [njuːtríʃən] 영양 | daily life 일상생활 | currently [kə́ːrəntli] 현재 | voucher [váutʃər] 상품권 | sugarless [ʃúgərlis] 무설탕의 | go on the market 시장에서 팔리다 | nation-wide 전국적인

해설 **1** 주제 · 목적을 묻는 문제
광고하고 있는 Blue Bull은 에너지 음료라(Blue Bull is an energy drink)고 소개하고 있으므로 정답은 (B)입니다.

2 세부사항 관련 문제
봄 행사에 대해 설명하면서, 더 자세한 정보는 웹사이트에 있다고 말하는 부분(there's a spring event where we offer ~ detailed information on our website ~)에서 웹사이트에서 찾을 수 있는 것은 이벤트 관련 사항이라는 점을 알 수 있습니다. 지문의 spring(봄)이 정답의 seasonal(계절의)로 패러프레이징 되었습니다.

3 앞으로 일어날 일을 묻는 문제
키워드는 next month(다음 달)입니다. 다음 달에 새로운 무설탕 음료가 출시된다(Our new sugarless drinks will go on the market next month.)고 했기 때문에 정답은 (B)입니다. 지문의 go on the market(시장에 내놓다)이 정답의 launch(출시하다)로, drink(음료)가 item(제품)으로 각각 패러프레이징 되었습니다.

Questions 4-6 refer to the following radio advertisement.

[미국]

It's the holiday season. ⁴Come to Glacier Park with your family and friends. You can have fun with mountain hiking and mountain biking. Especially, canoeing and kayaking is one of the favorite courses among young people. ⁵From this season, Glacier Park can start selling group tickets. With these tickets, groups of 10 or more receive a 20% discount! You don't have to worry about parking fees, either. ⁶You can simply pay 5 dollars per vehicle when you get in. It doesn't matter how many days you stay in the park. It's that simple!

휴가 철입니다. 가족 및 친구들과 함께 Glacier 공원으로 오세요. 당신은 등산과 산악자전거를 즐길 수 있습니다. 특히, 카누타기와 카약타기는 젊은이들이 가장 좋아하는 코스 중 하나입니다. 이번 시즌부터, Glacier 공원에서는 단체 티켓을 판매합니다. 이 티켓은 10명 이상의 단체라면 20% 할인이 가능합니다! 주차비 역시 걱정할 필요가 없습니다. 들어올 때 차량 한 대당 5달러를 내시면 됩니다. 공원에서 얼마나 머무는가는 중요하지 않습니다. 간단하지요!

---

4 What is the advertisement about?
(A) An amusement park
(B) A museum
(C) A park
(D) A spa

광고는 무엇에 관한 것인가?
(A) 놀이 공원
(B) 박물관
(C) 공원
(D) 온천

5 What is new this season?
(A) New parking system
(B) More activities available
(C) Extra business hours
(D) Special group promotion

이번 시즌에 새로운 것은 무엇인가?
(A) 신규 주차 시스템
(B) 가능한 더 많은 활동
(C) 추가된 영업시간
(D) 단체 할인행사

新·6 Why does the speaker say "It doesn't matter how many days you stay in the park."?
(A) Parking fees are fixed per vehicle.
(B) A promotional event will be held.
(C) All visitors can get 50% discounts.
(D) The park will be closed before midnight.

화자가 "공원에서 며칠을 머무는가는 중요하지 않습니다."라고 말하는 이유는 무엇인가?
(A) 주차비가 차량 한 대당 정해 져 있어서.
(B) 홍보 행사가 열릴 거라서.
(C) 모든 방문객이 50% 할인을 받을 수 있어서.
(D) 공원이 자정 전에 문을 닫을 거라서.

어휘 holiday season 휴가철 | hiking [háikiŋ] 산행, 등산 | biking [báikiŋ] 자전거 타기 | especially [ispéʃəli] 특히 | canoeing [kənú:iŋ] 카누타기 | kayaking [káiækiŋ] 카약타기 | among [əmʌ́ŋ] ~사이에, ~가운데에 | group ticket 단체 티켓

해설 4 주제·목적을 묻는 문제

도입부에서 휴가 철에 공원으로 오라(Come to Glacier Park with your family and friends.)고 하면서 공원 안에서의 다양한 활동을 설명하고 있습니다. 정답은 (C)입니다.

5 세부사항 관련 문제

이번 시즌부터 단체 티켓을 판매한다(From this season, Glacier Park can start selling group tickets.)고 했으므로 정답은 (D) Special group promotion(단체 할인행사)입니다.

6 화자의 의도를 묻는 문제

공원에 한번 주차를 하면 나갈 때까지 요금이 같기 때문에, 공원에 며칠을 머물던 별로 중요하지 않다고 언급하고 있습니다.

Questions 7-9 refer to the following advertisement.

[영국]

[7] Have you thought about how much money has been used for recycling plastic bottles? [8] If you have an excellent idea of how to reduce the costs of recycling, share your ideas! You can dial the number on the screen or give us an e-mail to bravenewworld@eco-challenge.com. Why don't we make the environment better? Please participate in this ECO-Challenge campaign. The winner of this campaign will receive $1,000,000 as a reward. [9] Additionally, we're giving away a free tote bag to all the participants who submit their ideas on Sunday afternoon.

플라스틱병을 재활용하기 위해 얼마를 쓰는지 생각해 봤나요? 만약 재활용하는데 들이는 비용을 줄일 수 있는 좋은 방법을 갖고 있다면, 아이디어를 함께 나눠요! 화면에 있는 번호로 전화하거나 아니면 bravenewworld@eco-challenge.com으로 이메일을 보내주세요. 우리 함께 더 나은 환경을 만들어 보는 건 어떨까요? 이 환경도전 캠페인에 참가 부탁드립니다. 이 캠페인의 우승자는 보상으로 100만 달러를 받을 것입니다. 게다가 아이디어를 제출한 모든 참가자에게는 일요일 오후에 무료 토트백을 드릴 것입니다.

7 What is this advertisement about?
(A) An air conditioner
(B) A homepage
(C) A beverage
(D) Recycling

이 광고는 무엇에 관한 것인가?
(A) 에어컨
(B) 홈페이지
(C) 음료
(D) 재활용

8 What's the purpose of this campaign?
(A) To clean the streets
(B) To exchange great ideas
(C) To join a website
(D) To save energy

이 캠페인의 목적은 무엇인가?
(A) 거리를 청소하는 것
(B) 아이디어를 교환하는 것
(C) 웹사이트에 가입하는 것
(D) 에너지를 절약하는 것

9 What will happen this Sunday afternoon?
(A) Someone will address the listeners.
(B) An internet service will be restored.
(C) People will gather at the square.
(D) A complimentary bag will be provided.

이번 주 일요일에 무슨 일이 있을 것인가?
(A) 누군가가 청자들에게 연설할 것이다.
(B) 인터넷 서비스가 복구될 것이다.
(C) 사람들이 광장에 모일 것이다.
(D) 무료 가방이 제공될 것이다.

어휘 recycle [ri:sáikl] 재활용하다 | plastic bottle 플라스틱 병 | excellent [éksələnt] 훌륭한, 탁월한 | reduce [ridjú:s] 줄이다 | environment [inváiərənmənt] 환경 | reward [riwɔ́:rd] 보상 | additionally [ədíʃənli] 게다가 | give away ~을 선물로 주다 | participant [pa:rtísəpənt] 참가자

해설 7 주제·목적을 묻는 문제

도입부를 반드시 들어야 합니다. 플라스틱 병의 재활용에 대한 생각(Have you thought about how much money has been used for recycling plastic bottles?)을 물어보고 있으므로 전반적인 토픽은 재활용(recycling)입니다.

앞의 문제가 전반적인 광고의 토픽을 묻는다면 이 문제는 광고내에 캠페인 주제를 묻는 것임을 명심합니다. 캠페인은 광고 주제인 재활용에 대한 아이디어를 모집하고 있으므로 정답은 (B)입니다. 지문의 share(나누다)가 정답의 exchange(교환하다)로 패러프레이징 되었습니다.

9 앞으로 일어날 일을 묻는 문제

지문 후반부에 아이디어 제출자들에게 무료 가방을 준다(we're giving away a free tote bag to all the participants who submit their ideas on Sunday afternoon)는 부분에서 정답을 알 수 있습니다. 지문의 free(무료의)가 정답은 complimentary(무료의)로 패러프레이징 되었습니다.

Questions 10-12 refer to the following radio advertisement.

[호주]

[10] Longhorn BBQ is going to hold the opening festival for its new branch in Atlanta. We proudly serve German sausages, grilled chicken and other great meals. It is located three blocks away from the fashion district. [11] Only for the first week of business, two side menus such as baked beans or coleslaw would be offered for free to all customers. Whether it's a special occasion or not, please stop by Longhorn BBQ for our great selection of meals. [12] Keep in mind that this Friday is the last day for the special promotion. I will see you soon!

Longhorn BBQ가 애틀랜타에 새 지점을 열게 되어 오픈 축제를 엽니다. 저희는 독일식 소시지, 구운 치킨 그리고 다른 훌륭한 음식을 제공합니다. 그것은 패션 구역에서 세 구역 떨어진 곳에 위치합니다. 오직 개장 첫 주에만, 구운 콩과 양배추 샐러드 같은 두 가지 사이드 메뉴를 모든 고객에게 무료로 제공합니다. 특별한 경우가 아니더라도, 다양한 음식을 즐길 수 있는 Longhorn BBQ에 방문해 보세요. 이번 금요일이 특별 행사의 마지막 날이라는 점을 명심하세요. 곧 뵙겠습니다!

10 What is the restaurant celebrating?
(A) A new business opening
(B) Wine festival
(C) A national holiday
(D) Sales growth

레스토랑은 무엇을 축하하는가?
(A) 새 사업 개장
(B) 와인 축제
(C) 국경일
(D) 매출 증가

11 What will be offered for the first week of business?
(A) An extra discount
(B) A coupon for cake
(C) Side dishes
(D) A frypan

사업 첫 주에는 무엇이 제공될 것인가?
(A) 추가 할인
(B) 케이크 쿠폰
(C) 사이드 메뉴
(D) 프라이팬

12 When is the last day for this special event?
(A) This Friday
(B) This Saturday
(C) Next Friday
(D) Next Sunday

특별 할인 행사의 마지막 날은 언제인가?
(A) 이번주 금요일
(B) 이번주 토요일
(C) 다음주 금요일
(D) 다음주 토요일

어휘 opening festival 개장 축제 | branch [bræntʃ] 지점 | proudly [práudli] 자랑스럽게 | district [dístrikt] 구역 | whether [hwéðər] ~인지 아닌지 | special occasion 특별한 경우 | stop by 들르다, 방문하다 | keep in mind 명심하다 | special promotion 특별 행사

해설 **10** 세부사항 관련 문제

첫 문장에서 새 지점을 열게 되어 오픈 축제를 연다고(Longhorn BBQ is going to hold the opening festival for its new branch in Atlanta) 했으므로 정답은 (A)입니다.

11 세부사항 관련 문제

사업 첫 주(the first week of business)가 키워드입니다. 사업 첫 주에는 사이드 메뉴(side menus)가 제공된다고 했으므로 정답은 (C)입니다.

12 세부사항 관련 문제

할인 행사의 마지막 날을 물어봅니다. 문제의 special event가 지문에서는 special promotion으로 표현되어 있습니다. 금요일이 특별 행사의 마지막 날이라고(Keep in mind that this Friday is the last day for the special promotion) 했으므로 정답은 (A)입니다.

기본 연습 문제　　　　　　　　　　　　　　　　　　　　　　　　　　p.260

1. (A)	2. (B)	3. (B)	4. (A)	5. (A)
6. (B)	7. (B)	8. (B)	9. (A)	10. (A)

[미국]

1 Hello, Tony. It's Phillip. I'm on my way to work, but my train's running incredibly late. And I won't be able to get to the restaurant in time for the beginning of the retirement party, the one in the large dining room.

안녕하세요, 토니. 저는 필립입니다. 지금 일하러 가는 중인데요. 제 기차가 엄청나게 늦네요. 큰 다이닝 룸에서 열리는 퇴임파티가 시작할 때까지는 도착 못 할 것 같아요.

Why is the speaker calling?
(A) To explain that he will be late
(B) To change a meeting place

화자는 왜 전화하는가?
(A) 그가 늦는다는 것을 설명하려고
(B) 회의 장소를 바꾸려고

어휘 on the way 가는 도중에 | run late 늦다 | incredibly [inkrédəbli] 엄청나게, 믿을 수 없게 | be able to ~할 수 있다 | in time 시간 맞춰 | beginning [bigíniŋ] 시작 | retirement party 은퇴 기념 파티

해설 세부사항 관련 문제
화자는 현재 목적지로 가는 중인데 늦어질 것 같다(I'm on my way to work, but my train's running incredibly late.)고 설명하고 있습니다. 정답은 (A)입니다.

[미국]

2 This weekend, come and celebrate the grand opening of Bonnie's Seaside Restaurant at Hudson bay. We specialize in dishes made from the finest fish caught right here in the bay. Whether you're having a business luncheon or a family affair, Bonnie's Seaside Restaurant is the right choice.

이번 주말에, 허드슨 만에 있는 Bonnie's Seaside 레스토랑의 개업식에 오셔서 축하해 주세요. 우리는 여기 만에서 바로 잡은 가장 훌륭한 생선으로 만든 요리를 전문으로 합니다. 사업상 오찬이나 가족 행사가 있을 때, Bonnie's Seaside 레스토랑이 알맞은 선택입니다.

What does the restaurant specialize in?
(A) Steak
(B) Seafood

레스토랑은 무엇을 전문으로 하는가?
(A) 스테이크
(B) 해산물

어휘 celebrate [séləbrèit] 축하하다 | grand opening 개장, 개업 | bay [bei] 만(灣) | specialize in ~를 전문으로 하다 | luncheon [lʌ́ntʃən] 오찬, 만찬 | family affair 가족 행사 | choice [tʃɔis] 선택

해설 세부사항 관련 문제
여러 단어로 정답을 유추할 수 있습니다. 만에서 잡은 생선으로 만든 요리(dishes made from the finest fish caught right here in the bay)부분이 결정적 힌트입니다.

[미국]

3 Welcome to the Royal Motor's factory. Since it is quite noisy on the production floor, information for that part of the tour will be delivered as an audio recording. You will each receive your own pair of headphones before we enter that section of the building so you can adjust the volume as you wish.

로얄 자동차 공장에 오신 여러분을 환영합니다. 생산 현장은 꽤 시끄럽기 때문에, 그곳에서는 오디오 녹음장치로 정보가 전달될 것입니다. 여러분은 그 건물의 구역으로 들어가기 전에 볼륨을 원하는대로 조절할 수 있도록 각각 자신의 헤드폰을 받을 것입니다.

What will be distributed to the visitors?
(A) Tour schedules
(B) Headphones

방문객들에게는 무엇이 배포될 것인가?
(A) 견학 스케줄
(B) 헤드폰

어휘 production floor 생산 현장 | deliver [dilívər] 전달하다 | audio recording 오디오 녹음장치 | adjust [ədʒʌ́st] 조절하다, 조정하다

해설 세부사항 관련 문제
지문에서 견학의 정보를 듣기 위해 여러분은 헤드폰을 받을 것입니다(You will each receive your own pair of headphones)라고 했으므로 정답은 (B)입니다.

[미국]

4 Do you have free time this weekend? Mercury Hotel will host a special celebration for VIP customers during this weekend. So we're looking for people to assist with cleaning the venue. If you want to apply, please stop by the hotel's front desk by tomorrow afternoon.

이번 주말에 시간 있으신가요? 머큐리 호텔은 이번 주말동안 VIP 고객들을 대상으로 특별한 축하행사를 엽니다. 그래서 우리는 행사 장소를 청소하는 일을 도와줄 사람 몇 명을 찾고 있습니다. 지원하고 싶다면, 내일 오후까지 호텔의 프런트 데스크를 방문해 주세요.

How should people apply for the job?
(A) By visiting the front desk
(B) By visiting a website

사람들은 그 일에 어떻게 지원할 수 있는가?
(A) 프런트 데스크에 방문함으로써
(B) 웹사이트를 방문함으로써

어휘 special celebration 특별 행사 | during [djúəriŋ] ~동안 | venue [vénju:] 장소, 개최지 | stop by 들르다

해설 세부사항 관련 문제
지원을 원하면 호텔의 프런트 데스크를 방문하라(stop by the hotel's front desk)고 했으므로 정답은 (A)입니다.

[미국]

5 Hi, Cheryl. This is Kent. I'm going to have to change a lunch meeting this week. We were originally going to meet on Tuesday at noon, but I forgot I'm supposed to be at the dental clinic then and my dentist is only available on Tuesday. Could we meet Wednesday at noon instead?

안녕하세요, 셰릴. 저는 켄트입니다. 이번 주 점심 회의를 변경해야만 할 것 같아요. 우리는 원래 화요일 12시에 만나기로 되어 있었는데, 그 때 치과에 가야 된다는 사실을 깜빡했네요. 그리고 제 치과 의사는 화요일에만 시간이 있다고 합니다. 대신 수요일 정오에 만나면 안 될까요?

What does the speaker say he has to do on Tuesday?
(A) Go to a dentist
(B) Meet with a client

남자는 화요일에 무엇을 해야한다고 말하는가?
(A) 치과 방문하기
(B) 고객 만나기

어휘 originally [ərídʒənəli] 원래, 본래 | noon [nu:n] 정오 | dental clinic 치과 | instead [instéd] 대신에

해설 세부사항 관련 문제
화요일에 치과에 가야 한다는 사실을 깜빡했다(I forgot I'm supposed to be at the dental clinic)고 하고 있으므로 정답은 (A)입니다.

[미국]

6 Hello. This is Erin Porter from Web Travel leaving a message for Fred Wise. Mr. Wise, your hotel and flight for your trip to Dallas are booked. You'll be flying out of Cincinnati on Monday morning at 9 o'clock. I went ahead and e-mailed you the itinerary for your trip.

안녕하세요, 저는 웹 여행사의 에린 포터이며 프레드 와이즈 씨에게 메시지를 남깁니다. 달라스 출장시 묵을 호텔과 항공권 예약이 모두 완료되었습니다. 와이즈 씨께서는 월요일 아침 9시에 신시내티에서 비행기를 타고 출발하시면 됩니다. 제가 미리 이메일로 여행 일정표를 보내드렸습니다.

What has the speaker e-mailed to Mr. Wise?
(A) A list of hotels
(B) An itinerary

화자는 와이즈씨에게 이메일로 무엇을 보냈는가?
(A) 호텔 목록
(B) 여행 일정

어휘 leave a message 메시지를 남기다 | book [buk] 예약하다 | go ahead 진행하다 | itinerary [aitínərèri] 여행 일정

해설 세부사항 관련 문제
여행사 직원이 고객에게 예약상황에 대해 알려준 뒤, 이메일로 일정표를 보냈다(e-mailed you the itinerary)고 했으므로 정답은 (B)입니다.

[미국]

7 We hope you enjoyed listening to all the journalists and outstanding writers. To end the program, we have a Special Lifetime Achievement Award to recognize the author Carol Danes. Ms. Danes is best known for ranking No.1 in Canada's monthly best-selling history record 10 times in her writing career.

여러분들이 모든 기자 분들과 뛰어난 작가 분들의 스피치를 잘 들으셨기를 바랍니다. 프로그램을 끝내면서, 우리는 작가인 캐롤 데인즈에게 특별 평생 공로상을 표창합니다. 데인즈 씨는 그녀의 작가경력에서 1등으로 유명한데, 캐나다에서 월별 베스트셀러 작가로 10번이나 선정되었습니다.

What is Carol Danes known for?
(A) Editing popular movies
(B) Writing best-selling novels

캐롤 데인즈는 무엇으로 알려져 있는가?
(A) 유명한 영화를 편집하는 것
(B) 베스트셀러 책을 쓴 것

어휘 Special Lifetime Achievement Award 특별 평생공로상 | recognize [rékəgnàiz] 인정하다, 표창하다 | record [rikɔ́ːrd] 기록 | writing career 글쓰기 경력

해설 세부사항 관련 문제
캐롤 데인즈는 캐나다에서 베스트셀러를(best-selling) 쓴 사람으로 10번이나 선정되었다고 했으므로 정답은 (B)입니다.

[미국]

8 This is Kim Harris from accounting. I'm calling because our printer has jammed again. I tried to remove the paper, but a small piece is still stuck in there. Since this is the third time the problem has occurred this week, I was hoping that you could just replace the printer with a new one.

저는 회계부에 킴 해리스입니다. 프린터에 종이가 또 걸려 전화드립니다. 종이를 빼보려고 해도 작은 조각이 여전히 안에 걸려있습니다. 이번 주에만 이 문제가 3번째 발생하였으니, 그냥 새 프린터로 교체해 주기를 바랍니다.

What problem does the speaker report?
(A) A computer will not turn on.
(B) A printer is not working properly.

화자는 무슨 문제를 보고하는가?
(A) 컴퓨터가 켜지지 않는다.
(B) 프린터가 잘 작동하지 않는다.

어휘 accounting [əkáuntiŋ] 회계(부) | jam [dʒæm] 작동하지 못하게 되다 | remove [rimúːv] 치우다, 없애다 | small piece 작은 조각 | stuck [stʌk] 꼼짝 못하는 | occur [əkə́ːr] 일어나다, 발생하다 | replace [ripleis] 교체하다

해설 세부사항 관련 문제
프린터에 종이가 또 걸렸다(I'm calling because our printer has jammed again.)고 했으므로 정답은 (B)입니다.

[미국]

9 On Saturday, the City Library will be hosting a special event on the classic film *Chinatown*. The film, which was first released 40 years ago, was recently re-released with a brand new music soundtrack created by Linda Roberts. This Saturday only, Ms. Roberts will be performing in a live concert right after the film screening.

토요일에 시립 도서관에서 고전 영화 *차이나타운*을 상영하는 특별 이벤트를 합니다. 40년 전에 처음 선보인 이 영화는 린다 로버츠가 만든 새로운 사운드 트랙과 함께 최근에 다시 개봉되었습니다. 이번 토요일에, 그녀는 영화 상영 후에 라이브 콘서트를 열 예정입니다.

What will Linda Roberts do?
(A) A live performance
(B) A signing event

린다 로버츠는 무엇을 할 것인가?
(A) 라이브 공연
(B) 사인회

어휘 City Library 시립 도서관 | classic film 고전 영화 | release [rilíːs] 개봉하다, 발매하다 | brand new 완전 새것인 | film screening 영화 상영

해설 세부사항 관련 문제
지문의 live concert(라이브 콘서트)가 live performance(라이브 공연)로 패러프레이징 되었습니다.

10 Beginning today, we are offering free fitness center memberships to all employees. <mark>After lunch break, employees from several local fitness centers will be in our reception area to help you sign up.</mark> Those who are interested should visit the company's website to compare prices.

오늘부터 우리는 무료 피트니스 센터 회원권을 모든 직원에게 제공합니다. 점심시간 후에는, 몇 개의 지역 피트니스 센터 직원들이 우리 안내처에서 여러분들의 등록을 도와줍니다. 흥미가 있는 직원은 가격을 비교해 보려면 회사 웹사이트를 방문해 보세요.

Who will be available in the reception area after the break?
(A) Local business employees
(B) Professional trainers

휴식 후에 안내실에는 누가 있는가?
(A) 지역 업체 직원들
(B) 전문 트레이너들

어휘 membership [mémbərʃip] 회원 | lunch break 점심 휴식 | local [lóukəl] 현지의, 지역의 | reception area 응접실 | sign up 등록하다 | those who ~ ~하는 사람들 | compare [kəmpéər] 비교하다

해설 세부사항 관련 문제
점심시간 후 응접실에 지역 피트니스 센터 직원들이 있을 것(employees from several local fitness centers will be in our reception area)이라고 했으므로 정답은 (A)입니다.

빈칸 채우고 정답 맞추기　　　　　　　　　　　　　　　　　　　　　　p.261

1. (B)	2. (A)	3. (B)	4. (B)

Question 1 refers to the following talk.

Welcome to Sapporo Food Products, the creator of Japan's favorite instant noodles. In a few minutes, we will begin the tour. You will see all the steps to make a variety of noodles you know. There is only one rule. <mark>Please do not touch any of the factory equipment.</mark> If you want to have fun, you have to follow our safety regulations.

일본이 가장 좋아하는 인스턴트 면의 창시자인 삿포로 식품 회사에 오신 것을 환영합니다. 몇 분 후에, 우리는 투어를 시작합니다. 여러분이 알고 있는 다양한 면을 만드는 모든 단계를 볼 수 있습니다. 한 가지 규칙이 있습니다. 공장의 어떤 장비도 건드리지 마십시오. 즐겁기 위해서는, 우리의 안전 규정을 따라야 합니다.

1 Where does the talk most likely take place?
(A) At a museum
(B) At a factory

이 담화는 어디에서 일어나는가?
(A) 박물관에서
(B) 공장에서

어휘 creator [kriéitər] 창조자, 창시자 | a variety of 다양한 | equipment [ikwípmənt] 기구, 장비 | follow [fálou] 따르다 | safety regulation 안전 규칙 | regulation [règjuléiʃən] 규정

해설 담화 장소를 묻는 문제
공장의 장비를 건드리지 말라(do not touch any of the factory equipment)는 부분에서 정답을 찾을 수 있습니다.

Question 2 refers to the following speech.

<mark>I am happy to announce this year's Best Sales Person Award goes to Jerry Blonsky.</mark> Here at Modern Office Supply Inc, we have had a number of outstanding sales people. However, none of them has come close to reaching Mr. Blonsky's sales figures. Thanks to his hard work, the addition of new clients has increased our sales by more than 15 percent. So, let's all congratulate Jerry Blonsky.

올해 최우수 영업상 수상자로 제리 블론스키를 발표하게 되어 기쁩니다. 모던 사무용품 회사에서는 여러 뛰어난 영업사원들이 있었습니다. 하지만 누구도 블론스키의 매출 실적 근처에도 오지 못합니다. 그의 노고 덕분에 신규고객이 추가되어 매출 실적이 15% 이상 증가 했습니다. 자 모두 제리 블론스키를 축하해 줍시다.

2 What is the purpose of the speech?
(A) To give an award
(B) To announce the budget

연설의 목적은 무엇인가?
(A) 시상하기 위해서
(B) 예산을 발표하기 위해서

thanks to ~덕분에 | hard work 노고 | addition [ədíʃən] 추가 | by ~만큼 | congratulate [kəngrǽʧulèit] 축하하다

해설 주제 · 목적을 묻는 문제

올해의 최우수 영업상 수상자(this year's Best Sales Person Award)를 발표하게 되어 기쁘다고 했으므로, 목적은 (A)입니다.

Question 3 refers to the following talk.

[호주-영국]

We're excited to <u>conduct product demonstration</u> for you of our latest treadmill. <mark>We hope the demonstration will help you sell the treadmill in your store.</mark> We'll start by showing you the treadmill's <u>newly added features</u> and you'll be asked to tell us what you think about them.

우리는 여러분을 위해 최신 러닝머신을 소개하는 제품 시연회를 열게 되어 기쁩니다. 이번 시연회가 여러분의 매장에서 러닝머신을 판매하는데 도움이 될 바랍니다. 러닝머신의 새로 추가된 기능을 소개하는 것으로 시작하겠으며 여러분은 어떻게 생각하는지 이야기하도록 요청받을 것입니다.

---

3 Who is the intended audience?
    (A) Technicians
    (B) Sales people

의도된 청중은 누구인가?
(A) 기술자들
(B) 영업사원들

어휘 conduct [kǽndʌkt] 실시하다, 행하다 | product demonstration 제품 시연 | treadmill [tredmil] 러닝머신 | newly added 새롭게 추가된 | feature [fíːtʃər] 특징, 특성

해설 세부사항 관련 문제

시연회가 매장에서 러닝머신을 팔 때 도움이 된다(the demonstration will help you sell the treadmill in your store)고 했으므로 정답은 (B) 영업사원들입니다.

Question 4 refers to the following excerpt from a meeting.

[미국-미국]

The first topic of discussion on our agenda is the <u>new machinery</u> we're going to be installing in the packaging department. As you already know, we've had some difficulty <u>meeting our shipping deadlines</u> <mark>because the equipment we have now is not fast enough to keep up with demand.</mark>

의제의 첫 번째 주제는 포장 부서에 설치할 새 장비에 관한 것입니다. 여러분들도 이미 아시다시피, 현재 우리가 보유하고 있는 장비는 수요를 충분히 따라가지 못해, 배송 마감일을 맞추는데 어려움이 있습니다.

---

4 What problem is mentioned?
    (A) The machine is broken.
    (B) Some equipment is too slow.

어떤 문제점이 언급되는가?
(A) 장비가 고장 났다.
(B) 일부 장비가 느리다.

어휘 agenda [ədʒéndə] 안건 | install [instɔ́ːl] 설치하다 | packaging department 포장 부서 | have difficulty ~ing ~하는데 어려움을 겪다 | meet the deadline 마감일을 맞추다 | shipping [ʃípiŋ] 배송 | keep up with ~를 따라 가다 | demand [dimǽnd] 수요

해설 세부사항 관련 문제

장비가 수요를 따라잡기에 너무 느리다(the equipment we have now is not fast enough to keep up with demand)고 했으므로 정답은 (B)입니다. 지문의 not fast가 slow로 패러프레이징 되었습니다.

1. (B)	2. (A)	3. (B)	4. (D)	5. (A)	6. (B)
7. (C)	8. (A)	9. (A)	10. (D)	11. (C)	12. (C)

Questions 1-3 refer to the following introduction.   [미국]

Hi, everyone. ¹ Welcome to cooking for beginners. I'm Lauren, your course instructor and I've been teaching for this class for about 5 years. Before we get started, I want to make sure that ² everyone has the class schedule which I've added my e-mail address to. You can use this to contact me if you have any questions. In addition, you should all have a bright yellow piece of paper that explains how to stay safe in the kitchen. I'd like everyone to look at that sheet now so ³ we can review some important procedures.

안녕하세요, 여러분. 초보자를 위한 요리수업에 오신 것을 환영합니다. 저는 로렌이라고 하고 이 요리 수업의 강사입니다. 저는 이 클래스를 5년 동안 가르쳐왔습니다. 수업을 시작하기 전에, 제 이메일 주소가 추가되어 있는 수업 스케줄을 받으셨는지 확인하고 싶습니다. 질문이 있을 때 제 이메일 주소로 저에게 연락할 수 있습니다. 덧붙여, 주방에서 안전하게 있을 수 있는 방법을 설명하는 밝은 노란색 종이가 있어야 합니다. 지금 여러분들은 그 종이를 보기 바랍니다. 그것을 보면서 중요한 절차를 검토하겠습니다.

1 What is being introduced?
(A) A recipe
(B) A cooking class
(C) An internet service
(D) A kitchen tool

무엇이 소개되는가?
(A) 요리법
(B) 요리 강좌
(C) 인터넷 서비스
(D) 부엌 도구

2 What extra information can be found on the schedule?
(A) Contact details
(B) The refund policy
(C) Website address
(D) The cost of materials

어떤 추가정보를 스케줄에서 발견할 수 있는가?
(A) 연락처
(B) 환불 정책
(C) 웹사이트 주소
(D) 재료의 가격

3 What topic will the speaker cover next?
(A) Organic food
(B) Safety procedures
(C) Kitchen equipment
(D) Cooking techniques

화자는 다음에 어떤 주제를 다룰 것인가?
(A) 유기농 음식
(B) 안전 절차
(C) 주방 도구
(D) 요리 기술

어휘 beginner [bigínər] 초보자 | instructor [instrʌ́ktər] 강사 | add [æd] 추가하다 | in addition 게다가 | a piece of paper 종이 한 장 | explain [ikspléin] 설명하다 | sheet [ʃiːt] 한 장 | procedure [prəsíːdʒər] 절차

해설 **1** 전반적인 주제를 묻는 문제
초보자 요리수업에 오신 것을 환영한다(Welcome to cooking for beginners.)고 했으므로 정답은 (B)입니다.

2 세부사항 관련 문제
수업스케줄에는 강사의 이메일 주소가 추가되어 있다(everyone has the class schedule which I've added my e-mail address to)고 했으므로 정답은 (A)입니다.

3 앞으로 있을 일을 묻는 문제
화자는 주방에서의 안전사항에 대한 이야기를 하면서, 중요한 절차를 지금부터 살펴보겠다(we can review some important procedures)고 합니다. 따라서 정답은 (B)입니다.

Questions 4-6 refer to the following excerpt from a meeting.

Before I wrap up the meeting, I'd like to remind everyone about the new parking rules going into effect next week. ⁴⁻⁵Now, our company is doing all it can to protect the environment. So, we've reserved the back row of parking spots in our main parking for employees who car pool. Riding with colleagues to work will help reduce pollution and allow our company to contribute to environmental protection efforts. ⁶If you are interested in participating in this plan, please contact Camilla Gibb, our transportation planner.

회의를 마무리하기 전에 여러분들에게 새 주차 정책이 다음 주에 효력이 발생한다는 사실을 상기시키고 싶습니다. 현재, 우리 회사는 환경보호에 최선을 다하고 있습니다. 그래서 우리는 카풀을 하는 직원들을 위해 본관의 주차장 공간 뒷줄을 따로 남겨두었습니다. 동료와 차를 함께 타면 오염을 줄이고 환경 보호를 하는데 기여하게 됩니다. 이 계획에 동참하고 싶으시다면, 교통 플래너인 카밀라 깁에게 연락하기 바랍니다.

4 What does the company plan to do?
(A) Donate money to charity
(B) Discount traffic charges
(C) Build a new swimming pool
(D) Create special parking spaces

회사는 무엇을 계획하고 있는가?
(A) 자선단체에 기부
(B) 교통비 할인
(C) 새 수영장 건설
(D) 특별한 주차 공간 만들기

5 Why is a change being made?
(A) To protect the environment
(B) To increase employee benefits
(C) To keep up with the demand
(D) To reduce the cost of production

왜 변화가 일어나는가?
(A) 환경을 보호하려고
(B) 직원 복지를 증가시키려고
(C) 수요를 따라잡으려고
(D) 생산비용을 줄이려고

6 Why should listeners contact Camilla Gibb?
(A) To ask about parking fees
(B) To take part in a program
(C) To schedule an appointment
(D) To submit the application

청자들은 왜 카밀라 깁에게 연락해야 하는가?
(A) 주차요금을 문의하기 위해
(B) 프로그램에 참가하기 위해
(C) 약속을 정하기 위해
(D) 지원서를 제출하기 위해

어휘 wrap up (회의를) 마무리하다 | remind [rimáind] 상기시키다 | go into effect 효력이 발생하다 | protect [prətékt] 보호하다 | environment [inváiərənmənt] 환경 | parking spot 주차 공간 | car pool 카풀, 승용차 함께 타기 | pollution [pəlú:ʃən] 오염 | contribute to ~에 기여하다 | participate in ~에 참여하다 | transportation planner 교통 플래너

해설 **4** 주제 · 목적을 묻는 문제
회사가 환경에 기여하기 위해 주차장 공간 뒤편을 따로 남겨두었다(we've reserved the back row of parking spots)고 하므로 정답은 (D)입니다.

5 세부사항 관련 문제
회사는 환경보호에 동참하고 있기 때문에(our company is doing all it can to protect the environment) 카풀을 하는 직원들을 위해 주차 공간을 지정했다고 볼 수 있습니다. 정답은 (A)입니다.

6 세부사항 관련 문제
마지막 문장에서 카풀을 원하는 직원들은 교통 플래너인 카밀라 깁에게 연락하라(If you are interested in participating in this plan, please contact Camilla Gibb)고 하고 있으므로 정답은 (B)이며, 지문의 participate in이 정답의 take part in으로 패러프레이징 되었습니다.

Questions 7-9 refer to the following short talk. [영국]

My name is Bobby Hunt and I'm the director of the Personnel department. ⁸ I'd like to welcome you all to your very first day at SPA Software Company. ⁷ Let's quickly review the agenda before getting started. First, you'll have your photos taken for our company ID cards. Then, you'll join us for a tour of the different departments. ⁹ After that, we'll have lunch, where Lynn Silverman, the president of SPA Software Company, will be joining us. She'll tell you all about the company's 50 year history in the software industry. Lastly, there will be a short break after lunch.

제 이름은 바비 헌트이고 인사 부장입니다. SPA 소프트웨어 회사의 첫 날인 여러분을 환영합니다. 시작하기 전에 빠르게 안건을 살펴보겠습니다. 우선, 여러분은 사원증을 만들기 위해 사진을 찍을 겁니다. 그리고 회사의 여러 부서를 견학할 것입니다. 그 후에는, 린 실버맨 회장님과 점심식사를 하게 됩니다. 회장님은 업계에서 50년 이상 이어온 회사 역사에 대해 이야기해줄 것입니다. 마지막으로, 점심식사 후에는 간단한 휴식이 있을 겁니다.

---

7 What is the purpose of the talk?
(A) To increase sales
(B) To discuss a policy
(C) **To review a schedule**
(D) To attend an orientation

이 담화의 목적은 무엇인가?
(A) 매출을 증가시키는 것
(B) 정책을 논의하는 것
(C) 스케줄을 검토하는 것
(D) 오리엔테이션에 참석하는 것

8 Where does the man work?
(A) **A software company**
(B) A manufacturing plant
(C) An art gallery
(D) A security company

남자는 어디에 근무하는가?
(A) 소프트웨어 회사
(B) 제조 공장
(C) 미술관
(D) 보안 회사

9 What will the president probably do?
(A) **Speak during lunch**
(B) Take a tour
(C) Discuss a budget
(D) Hand out brochures

회장은 무엇을 할 것인가?
(A) 점심 동안 이야기하기
(B) 투어하기
(C) 예산 논의하기
(D) 브로슈어 나누어주기

어휘 director [diréktər] 이사, 부장 | personnel department 인사부 | quickly [kwíkli] 빠르게 | get started (어떤 일을) 시작하다 | agenda [ədʒéndə] 안건 | take a photo 사진을 찍다 | president [prézədənt] 회장, 사장 | history [hístəri] 역사, 연혁 | industry [índəstri] 산업, 업계 | lastly [lǽstli] 마지막으로 | short break 짧은 휴식

해설 **7** 주제 · 목적을 묻는 문제
지문의 앞부분에서 화자는 빠르게 안건을 검토하자(Let's quickly review the agenda)고 하며 앞으로 진행될 스케줄에 대해 소개하고 있으므로 정답은 (C)입니다.

8 근무 장소를 묻는 문제
청자들에게 소프트웨어 회사의 첫 날을 환영한다(I'd like to welcome you all to your very first day at SPA Software Company.)고 했으므로 정답은 (A)입니다.

9 앞으로 할 일을 묻는 문제
점심 식사에 회장님이 합류한다고 하며, 그녀가 회사의 역사에 대해서 이야기해준다고 했으므로 정답은 (A)입니다.

Questions 10-12 refer to the following talk.

Hi, my name is Paul. ¹⁰ I'm the chief safety officer here at Cosmos Amusement park. Thank you all for coming for the training. ¹¹ You're hired to help the safety inspection during our busy season, which as you know starts May 1st. We've got a lot of training to do before the tourists begin to arrive. So let's get started. ¹² I've got your name tags here. Please put them on, so I know who I am talking to. After that, we are going to look at some of the various rides in the park.

안녕하세요, 제 이름은 폴입니다. 저는 여기 코스모스 놀이공원의 안전 담당 책임자입니다. 여러분 모두 교육에 와주셔서 감사합니다. 여러분은 5월 1일부터 시작하는 성수기 안전 검사를 도와주기 위해 고용되었습니다. 그래서 관광객들이 오기 전에 해야 할 교육이 많습니다. 그럼 지금 시작하겠습니다. 여기 여러분의 명찰이 있습니다. 제가 누구와 이야기하는지 알 수 있도록 일단 착용해주세요. 그 후에, 공원안의 놀이기구들을 둘러보려고 합니다.

---

10 Where is the talk taking place?
(A) At a seminar
(B) At a tourist center
(C) At a factory
(D) At an amusement park

담화는 어디에서 일어나는가?
(A) 세미나
(B) 관광 센터
(C) 공장
(D) 테마 파크

11 What does the speaker say will happen on May 1st?
(A) A park will close.
(B) A festival will begin.
(C) The busy season will start.
(D) A coupon will expire.

화자는 5월 1일에 무슨 일이 있을거라고 말하는가?
(A) 공원이 문을 닫는다.
(B) 페스티벌이 시작한다.
(C) 성수기가 시작한다.
(D) 쿠폰의 효력이 끝난다.

12 What are listeners asked to do?
(A) Arrive early
(B) Change the date
(C) Put on a name tag
(D) Provide an e-mail address

청자들에게 무엇이 요청되는가?
(A) 일찍 도착하는 것
(B) 날짜를 변경하는 것
(C) 명찰을 착용하는 것
(D) 이메일 주소를 주는 것

어휘 amusement park 놀이공원 | safety inspection 안전 점검 | tourist [túərist] 관광객 | name tag 명찰 | put on 착용하다 | ride [raid] 놀이기구

해설 10 세부사항 관련 문제
첫 부분에 남자가 자신을 소개하면서 코스모스 놀이공원의 안전 담당 책임자(the chief safety officer here at Cosmos Amusement park)라고 했으므로 정답은 (D)입니다.

11 세부사항 관련 문제
5월 1일(May 1st)이 키워드입니다. 5월 1일부터 성수기가 시작된다(during our busy season, which as you know starts May 1st)고 했으므로 정답은 (C)입니다.

12 세부사항 관련 문제
명찰이 있으니 일단 착용해달라고(I've got your name tags here. Please put them on,) 했으므로 정답은 (C)입니다.

기본 연습 문제

p.272

1. (B)	2. (B)	3. (A)	4. (B)	5. (B)
6. (A)	7. (B)	8. (B)	9. (A)	10. (B)

[미국]

1 Welcome to the Baltimore Convention Center. First, I'd like to show you a video of how we developed. I think you'll quickly see the potential of our company in today's market.

볼티모어 컨벤션 센터에 오신 여러분을 환영합니다. 우선, 여러분에게 우리가 어떻게 발전해 왔는지에 대한 비디오를 보여드리려고 합니다. 여러분은 현재 시장에서 우리 회사의 잠재성을 빠르게 볼 수 있을 것이라고 생각합니다.

What will listeners probably do?
(A) Read a brochure
(B) Watch a video

청자들은 아마도 무엇을 할 것인가?
(A) 브로슈어 읽기
(B) 비디오 보기

어휘 develop [divéləp] 성장하다, 발달하다 | potential [pəténʃəl] 잠재성, 잠재력 | today's market 오늘의 시장

해설 앞으로 할 일을 묻는 문제
비디오를 보여주겠다(I'd like to show you a video)고 했으므로 정답은 (B)입니다.

[미국]

2 Before we start today's official tour of the factory, I'd like to ask you to stay with the group at all times when you are at the plant. OK, are there any questions before we get started?

오늘의 공장 공식 투어를 시작하기 전에, 여러분들에게 공장에 있는 동안 항상 단체와 함께 있으라고 요청합니다. 좋습니다. 시작하기 전에 혹시 질문이 있나요?

What are visitors asked to do?
(A) Speak quietly
(B) Remain with the group

방문객들은 무엇을 요청받는가?
(A) 조용히 말하기
(B) 단체와 머무르기

어휘 official tour 공식 투어 | at all times 항상 | plant [plænt] 공장

해설 제안·요청 관련 문제
단체와 함께 있으라(stay with the group)고 했으므로 정답은 (B)이고 지문의 stay가 remain(머무르다)으로 패러프레이징 되었습니다.

[미국]

3 My name is Christopher Murray, and I hope you'll be interested in investing. Now, I'd like to distribute the latest earnings reports so you can see the profitability of this company for yourselves.

제 이름은 크리스토퍼 머레이이고, 저는 여러분이 투자에 관심이 있기를 바랍니다. 이제, 최신 수익 보고서를 여러분에게 나누어 드릴 테니, 여러분은 스스로 이 회사의 수익성을 판단하시기 바랍니다.

What will the speaker hand out?
(A) Financial reports
(B) Product samples

화자는 무엇을 나누어주는가?
(A) 재정 보고서
(B) 제품 견본

어휘 be interested in ~에 흥미·관심이 있다 | invest [invést] 투자하다 | distribute [distríbju:t] 배포하다 | latest [léitist] 최근의, 최신의 | earnings report 수익 보고서 | profitability [prɑ́fitəbiləti] 수익성

해설 세부사항 관련 문제
지문의 earnings reports(수익 보고서)가 (A) Financial reports(재정 보고서)로 패러프레이징되어 정답입니다.

4 After the meeting, we'll discuss the design of our new living room table. If you'd like to participate, <mark>please get in touch with your manager during the break</mark>. We'll probably need about 6 people.

회의가 끝나고, 우리는 새로운 거실 탁자의 디자인을 논의할 것입니다. 만약 토론에 참여하고 싶다면, 휴식시간 동안 당신의 매니저에게 연락하시기 바랍니다. 우리는 아마도 6명의 사람이 필요할 것입니다.

What should listeners do if they want to participate?
(A) Check their work
(B) Contact their manager

청자들은 참여하고 싶다면 무엇을 해야 하는가?
(A) 그들의 작업을 점검하기
(B) 그들의 매니저에게 연락하기

어휘 discuss [diskʌs] 논의하다 | living room 거실 | participate [pɑːrtísəpèit] 참여하다 | get in touch with ~와 연락하다 | during the break 휴식시간 동안 | probably [prάbəbli] 아마도

해설 앞으로 할 일을 묻는 문제
참여하고 싶다면 매니저에게 연락해라(get in touch with your manager)라는 부분에서 정답은 (B)입니다. 지문의 get in touch with(연락하다)가 contact로 패러프레이징 되었습니다.

[미국]

5 Hi, Marge. This is Rudolph. I'm going to have to change a lunch meeting this week. Could we meet Thursday at noon instead? <mark>You'll love to go to French Bistro.</mark> I think they even have a lunch special on Thursdays. Let me know if that works for you. I'll talk to you soon.

안녕하세요, 마지. 저는 루돌프예요. 이번 주 점심 회의를 변경해야만 해요. 대신 이번 주 목요일 정오에 만날 수 있을까요? 당신은 프랑스 식당을 마음에 들어 할 거예요. 그 식당에는 목요일 점심 스페셜이 있는 것 같아요. 만약 괜찮다면 저에게 알려주세요. 조만간 이야기해요.

What does the speaker say the listener will enjoy?
(A) A theater
(B) A restaurant

화자는 청자가 무엇을 즐길 것이라고 말하는가?
(A) 극장
(B) 레스토랑

어휘 instead [instéd] 대신에 | French [frentʃ] 프랑스의; 프랑스사람 | bistro [bístrou] 작은 식당

해설 세부사항 관련 문제
지문의 bistro(작은 식당)가 restaurant(식당)으로 패러프레이징되어 (B)가 정답입니다.

[미국]

6 This is Maria calling from Delton contractors. When I visited your office last week, you mentioned that you'd like the entire project to be completed by November 1st. Well, after consulting with my partner, <mark>I found out that we won't be able to finish the entire project by November 1st.</mark>

델턴 계약업체의 마리아입니다. 제가 지난주에 당신 사무실을 방문했을 때, 당신은 전체 프로젝트가 11월 1일까지 완료되길 원한다고 언급했습니다. 하지만 제가 파트너와 상의를 해보니, 우리는 11월 1일까지 전체 프로젝트를 끝낼 수 없을 것 같다는 사실을 알게 되었습니다.

What problem does the speaker mention?
(A) A deadline cannot be met.
(B) A part is not available.

화자가 언급하는 문제는 무엇인가?
(A) 마감일을 맞출 수 없다.
(B) 부품 하나를 이용할 수 없다.

어휘 contractor [kάntræktər] 계약업체, 하청업체 | mention [ménʃən] 언급하다 | entire [intáiər] 전체의 | complete [kəmplíːt] 완성하다 | consult [kənsʌ́lt] 상담하다 | find out 알아내다

해설 세부사항 관련 문제
요구 날짜까지 프로젝트를 완성할 수 없다(we won't be able to finish the entire project)고 했으므로 정답은 (A)입니다. meet은 '만나다'가 아니라 '맞추다, 충족시키다'의 의미로 쓰였습니다.

7 I'd like to apologize for the mistake we've made in your stationary order. And to compensate you for the mistake, we'd like to offer you free overnight shipping. If you have any further questions about this order, please call at the customer service department.

당신의 문구류 주문에 대해서 실수가 있었던 점을 사과드립니다. 그리고 이 실수를 보상해 드리기 위해, 저희는 무료로 속달 배송을 제공하고자 합니다. 주문에 대해서 질문이 더 있으시다면, 저희 고객 서비스부서로 전화 주시기 바랍니다.

What will the company provide at no cost?
(A) A full refund
(B) Express shipping

회사는 무료로 무엇을 제공할 것인가?
(A) 전액 환불
(B) 속달 배송

어휘 apologize [əpάlədʒàiz] 사과하다 | stationary [stéiʃənèri] 문구류 | compensate [kάmpənsèit] 보상하다 | overnight shipping 다음날 배송 | customer service department 고객 서비스부서

해설 세부사항 관련 문제
지문의 overnight shipping(다음날 배송)이 (B) Express shipping(속달 배송)으로 패러프레이징 되었습니다.

8 Maintenance work is scheduled to start on highway 24 tomorrow morning and major delays are expected throughout the construction. Commuters are advised to take the subway instead because both the Blue Line and the Yellow Line will be running more frequently.

내일 아침에 24번 고속도로에서 보수공사가 시작될 예정입니다. 그래서 공사하는 내내 극심한 정체가 예상됩니다. 통근자들은 대신 지하철을 이용하기를 권장합니다. 왜냐하면 블루 라인과 옐로우 라인은 더 자주 운행될 예정이기 때문입니다.

What are listeners advised to do?
(A) Take another route
(B) Use public transportation

청자들은 무엇을 권고 받는가?
(A) 다른 길 이용하기
(B) 대중교통 이용하기

어휘 maintenance work 보수공사, 정비작업 | highway [háiwèi] 고속도로 | major delay 극심한 정체 | throughout [θru:áut] ~동안, ~내내 | commuter [kəmjú:tər] 통근자 | be advised to ~ ~하도록 충고를 받다 | frequently [frí:kwəntli] 자주

해설 세부사항 관련 문제
통근자들은 지하철을 이용하라(Commuters are advised to take the subway)고 했으므로 정답은 (B)입니다. 지문의 subway가 정답의 public transportation(대중교통)으로 패러프레이징 되었습니다.

9 You're listening to Weekly Entertainment. I'm your host Tamrat Fenn. In a few minutes, movie director Christian Lewis will join us to talk about his latest action movie, *Upon the sky*. Christian promised to answer our listeners' questions, so submit your questions by calling the studio or sending us a text message at 9898.

주간 연예를 듣고 계십니다. 저는 진행자 탐랫 펜입니다. 몇 분 후에 영화감독 크리스챤 루이스가 그의 최신 액션 영화 *Upon the sky*에 대해서 얘기하기 위해 함께 방송에 참여할 것입니다. 크리스챤은 청취자의 질문에 대답해 주기로 약속을 했으니, 스튜디오에 전화해서 질문을 하거나 아니면 9898번으로 문자 메시지를 보내주세요.

What does the speaker encourage listeners to do?
(A) Call the station
(B) Send an e-mail

화자는 청자들에게 무엇을 권장하는가?
(A) 방송국으로 전화하기
(B) 이메일 보내기

어휘 entertainment [èntərtéinmənt] 오락, 연예 | host [houst] 진행자 | movie director 영화감독 | latest [léitist] 최신의 | promise to ~할 것을 약속하다 | text message 문자 메시지

해설 제안·요청 관련 문제
스튜디오에 전화해서 의견을 말해달라(submit your questions by calling the studio)는 부분에서 정답이 (A)라는 것을 알 수 있습니다.

[미국]

10 Now, here is the KWS radio morning local update. Be aware that there are extensive delays on Route 14 near the city center. The traffic is backed-up for miles because of a Jazz concert taking place tonight. If you are driving in that area, be sure to allow additional time for travel.

자, 이제 KWS 라디오의 아침 지역소식입니다. 도심 근처 부근의 14번 도로에 광범위한 정체가 있다는 점을 알고 계십시오. 오늘 밤에 열리는 재즈 콘서트 때문에 차량이 몇 마일 밀려습니다. 이 지역으로 운전하신다면, 반드시 이동하는데 추가 시간을 더하시기 바랍니다.

What does the speaker suggest?
(A) Using public transportation
(B) Allowing extra time

화자는 무엇을 제안하는가?
(A) 대중교통 이용하기
(B) 추가 시간 더하기

어휘 be aware that ~ ~을 알다 | extensive [iksténsiv] 광범위한 | delay [diléi] 지연, 정체 | city center 도심부 | backed-up 차가 막히는 | take place 열리다 | allow [əláu] 허가하다 | additional [ədíʃənl] 추가의

해설 제안 · 요청사항 관련 문제
정체 구역으로 갈 때는 추가 시간을 더하라(be sure to allow additional time)고 했으므로 정답은 (B)이며 지문의 additional(추가의)이 extra(추가의)로 패러프레이징 되었습니다.

빈칸 채우고 정답 맞추기   p.273

| 1. (B) | 2. (A) | 3. (B) |

Question 1 refers to the following recorded message.

[미국─미국]

Hello. This is Megan Holly. I have a dinner reservation for 5 people this Saturday and I'd like to change it to 7 people. We'd still like to eat at 8 P.M. I'd appreciate it if you could call me back and confirm the new reservation as soon as possible. I can be reached at 535-0942. Thank you very much.

안녕하세요, 저는 메간 홀리입니다. 이번 주 토요일에 5명으로 저녁식사 예약을 했는데 7명으로 변경하고 싶습니다. 시간은 오후 8시로 같습니다. 가능한 빨리 저에게 전화주셔서 새 예약을 확인해주시면 감사하겠습니다. 535-0942로 연락 주시면 됩니다. 감사합니다.

---

1 What change does the speaker make?
(A) Meal time
(B) The number of people

화자가 변경하고자 하는 것은 무엇인가?
(A) 식사 시간
(B) 인원 수

어휘 reservation [rèzərvéiʃən] 예약 | appreciate [əprí:ʃièit] 감사하다 | confirm [kənfə́:rm] 확인하다 | reach [ri:tʃ] 연락이 닿다

해설 세부사항 관련 문제
여자는 같은 날짜, 같은 시간에 인원만 변경해서 저녁식사를 하기를 원하므로, 정답은 (B)입니다.

Question 2 refers to the following telephone message.

[영국─미국]

Thank you for calling Investment Bank USC. The office is currently closed because of the national holiday. The regular hours are from 9:00 A.M. to 4:30 P.M. Monday to Friday and we are closed for all national holidays. If you need to speak to one of our customer service agents, please call back during regular business hours.

USC 투자은행에 전화 주셔서 감사합니다. 오늘은 국경일이기 때문에 사무실이 문을 닫았습니다. 정규 영업시간은 월요일부터 금요일 오전 9시에서 오후 4시 30분까지이며 모든 국경일에는 영업을 하지 않습니다. 고객 서비스센터 직원과 직접 통화를 원하시면, 정상 영업시간에 다시 전화 주시기 바랍니다.

---

2 What is mentioned about the customer service agent?
(A) The customer service agent is not working now.
(B) The customer service agent is answering another call.

고객 상담 직원에 대해서 무엇이 언급되는가?
(A) 현재 근무하지 않는다.
(B) 다른 전화를 받고 있다.

어휘 national holiday 국경일 | regular hours 정규 영업시간 | customer service agent 고객 상담 직원

해설 세부사항 관련 문제

오늘은 국경일이기 때문에 현재 문을 닫았다(we are closed for all national holidays)고 했으므로 정답은 (A)입니다.

Question 3 refers to the following recorded message. [호주—미국]

Thank you for calling Truenet Communications. Your call for assistance is very important to us. But due to large volumes of telephone calls, our service representatives are busy. Please hold on for our next available representative. If you are calling about an interruption of an internet service, we are aware of the problem and have technicians currently fixing it.

트루넷 커뮤니케이션즈에 전화 주셔서 감사합니다. 도움을 필요로 하는 여러분의 전화는 저희에게 매우 중요합니다. 하지만 전화량이 너무 많아, 저희 상담원이 바쁩니다. 잠시만 다음 상담원이 연결될 때까지 기다려 주시기 바랍니다. 여러분이 만약 인터넷 서비스 중단 때문에 전화했다면, 저희는 이미 그 문제를 알고 있으며, 현재 기술자들이 수리 중에 있습니다.

3 According to the speaker, why is there a wait?
(A) Staff members are taking a break.
(B) There is a large number of calls.

화자에 따르면, 대기의 이유는 무엇인가?
(A) 직원들이 휴식중이다.
(B) 통화량이 많다.

어휘 large volumes of telephone calls 통화량이 많음 | service representative 상담원 | hold on 기다리다 | interruption [ìntərʌ́pʃən] 중단 | be aware of ~을 알다 | technician [tekníʃən] 기술자 | currently [kə́:rəntli] 현재

해설 세부사항 관련 문제

전화량이 너무 많아서(due to large volumes of telephone calls) 다음 상담원이 연결될 때까지 기다려 달라(Please hold on for our next available representative.)고 했으므로 정답은 (B)입니다. 지문의 hold on(기다리다)이 문제의 wait(대기)로 패러프레이징 되었습니다.

실전문제					p.275
1. (C)	2. (B)	3. (A)	4. (B)	5. (C)	6. (C)
7. (B)	8. (D)	9. (D)	10. (C)	11. (A)	12. (A)

Questions 1-3 refer to the following recorded message. [영국]

Hello. ¹ You've reached Dr. Alexander's office. ² The office is currently closed in observance of the national holiday. If this is an emergency, please contact the doctor on call at 555-0135. Otherwise, if you'd like to make an appointment or speak with the receptionist, ³ please call back on Monday during our regular business hours.

안녕하세요. 당신은 알렉산더 박사님의 병원에 연결되셨습니다. 사무실은 현재 국경일을 기념하여 문을 닫았습니다. 긴급한 상황이라면, 대기 중인 의사에게 555-0135번으로 연락 주십시오. 그 외에 예약을 원하거나 직원과 통화를 하고 싶다면, 월요일 정규 영업시간에 전화 주세요.

1 What kind of business did the caller reach?
(A) A department store
(B) A moving company
(C) A doctor's office
(D) A travel agency

전화 건 사람은 어디에 전화를 했는가?
(A) 백화점
(B) 이삿짐센터
(C) 병원
(D) 여행사

2 Why is the business closed?
(A) A nurse is sick.
(B) A holiday is being observed.
(C) Construction is being made.
(D) All employees are on vacation.

업체는 왜 문을 닫았는가?
(A) 간호사가 아프다.
(B) 국경일을 기념하는 중이다.
(C) 공사가 진행 중이다.
(D) 모든 직원이 휴가 중이다.

3 When will the business reopen?

    (A) On Monday

    (B) On Tuesday

    (C) On Wednesday

    (D) On Thursday

업체는 언제 문을 다시 열 것인가?
(A) 월요일
(B) 화요일
(C) 수요일
(D) 목요일

어휘 currently closed 현재 문을 닫은 | in observance of ~를 기념하여 | national holiday 국경일 | emergency [imə́ːrdʒənsi] 비상(사태) | be on call 대기 중이다 | otherwise [ʌ́ðərwàiz] 그렇지 않으면, 그 외에 | make an appointment 약속하다 | receptionist [risépʃənist] 접수원 | regular business hours 정규 영업시간

해설 **1** 업종을 묻는 문제

알렉산더 박사님의 병원에 연결되었다(You've reached Dr. Alexander's office.)고 했으므로 정답은 (C)입니다.

2 이유 · 원인을 묻는 문제

국경일을 기념해서 문을 닫았다(The office is currently closed in observance of the national holiday.)고 했으므로 정답은 (B)입니다.

3 세부사항 관련 문제

직원과 통화하고 싶다면 월요일에 전화하라(please call back on Monday.)고 했으므로 정답은 (A)입니다.

Questions 4-6 refer to the following telephone message.

Good afternoon Mr. Hamilton. This is Joanna Davis. ⁴ I'm the hiring manager at Lavin Incorporated. We want to thank you for applying for a position in our advertising department and invite you to come in for an interview sometime next week. I'll be conducting the interview and ⁶ I'll be available between noon and three o'clock on Thursday. ⁵ Please call me at 535-0172 to schedule your interview for sometime on Thursday. I look forward to hearing from you.

안녕하세요, 해밀턴 씨. 저는 조애나 데이비스입니다. 라빈 주식회사의 채용 매니저입니다. 우리 광고부서에 지원해 주셔서 감사드리고 다음 주 쯤에 면접을 보러 오라고 요청하고 싶습니다. 제가 면접을 할 예정이며 목요일 정오부터 오후 3시까지 시간이 있습니다. 535-0172번으로 전화주시면 목요일 가능한 시간 중에서 면접 일정을 잡겠습니다. 답변 기대하겠습니다.

4 Who most likely is the speaker?

    (A) A company president

    (B) A hiring manager

    (C) A radio reporter

    (D) An advertising intern

화자는 누구인 것 같은가?
(A) 회사 회장
(B) 채용 매니저
(C) 라디오 기자
(D) 광고부 인턴

5 Why is the speaker calling?

    (A) To buy some supplies

    (B) To report a billing problem

    (C) To set up an interview

    (D) To confirm a work schedule

화자는 왜 전화하는가?
(A) 물품을 구매하려고
(B) 청구서 문제를 알리려고
(C) 면접 일정을 잡으려고
(D) 작업 일정을 확인하려고

6 Which day is the speaker available?

    (A) Monday

    (B) Tuesday

    (C) Thursday

    (D) Friday

화자는 무슨 요일이 가능한가?
(A) 월요일
(B) 화요일
(C) 목요일
(D) 금요일

어휘 hiring manager 채용 매니저 | Incorporated [inkɔ́ːrpərèitid] 주식회사 | apply for ~에 지원하다 | position [pəzíʃən] 일자리, 직위 | advertising department 광고부서 | conduct [kándʌkt] 실시하다, 실행하다 | between A and B A와 B사이에 | look forward to ~ing ~를 고대하다

해설 **4** 화자의 직업을 묻는 문제

지문 초반부에서 본인 소개를 할 때, 라빈 주식회사의 채용 매니저(I'm the hiring manager at Lavin Incorporated.)이라고 했으므로 정답은 (B)입니다.

5 전화건 이유를 문제

5 전화건 이유를 문제

면접을 보러 오라 요청을 하면서, 목요일 가능한 시간 중에 일정을 잡고싶다(Please call me at 535-0172 to schedule your interview)고 하고 있으므로 정답은 (C)이며, 지문의 schedule이 정답의 set up으로 패러프레이징 되었습니다.

6 세부사항 관련 문제

화자가 목요일에 면접이 가능하다(I'll be available between noon and three o'clock on Thursday.)고 했으므로 정답은 (C)입니다.

Questions 7-9 refer to the following telephone message.

[미국]

Hi, Rex. This is Leslie Turner from the Human Resources department. [7]I'm sorry, but I have to cancel our appointment to look over the job applications. I just found out I have to go on a two-week business trip tomorrow. [8]I know they have to be reviewed as soon as possible, [9]so I suggest you work with my colleague Brett Camp instead. I checked with him and he has some time available to meet with you. Please give him a call at 555-5598 to arrange an appointment.

안녕하세요, 렉스. 저는 인사부의 레슬리 터너입니다. 미안하지만 입사 지원서를 검토하기로 한 우리 약속을 취소해야 할 것 같습니다. 방금 알게 되었는데 제가 내일부터 2주간 출장을 갑니다. 지원서는 될 수 있는 한 빨리 검토해야 한다고 알고 있습니다. 그래서 저는 제 동료인 브렛 캠프와 대신 작업할 것을 제안합니다. 제가 확인해 봤더니 그는 당신과 만날 시간이 있다고 하더군요. 555-5598로 전화해서 만날 약속을 잡길 바랍니다.

7 What does the speaker apologize for?
(A) Making a big mistake
(B) Canceling an appointment
(C) Forgetting to send a document
(D) Providing an incorrect address

화자는 무엇을 사과하는가?
(A) 큰 실수를 하는 것
(B) 약속을 취소하는 것
(C) 서류 보내는 것을 잊어버린 것
(D) 올바르지 않은 주소를 가르쳐 준 것

8 What needs to be completed soon?
(A) Correcting errors
(B) Making a budget
(C) Submitting a report
(D) Reviewing applications

무엇을 곧 끝내야 하는가?
(A) 오류를 고치는 것
(B) 예산을 짜는 것
(C) 보고서를 제출하는 것
(D) 지원서를 검토하는 것

9 What does the speaker suggest?
(A) Working at home
(B) Attending a training session
(C) Interviewing some applicants
(D) Meeting with a coworker

화자는 무엇을 제안하는가?
(A) 집에서 일하는 것
(B) 교육에 참가하는 것
(C) 지원자를 인터뷰하는 것
(D) 동료를 만나는 것

어휘 Human Resources department 인사부 | cancel [kǽnsəl] 취소하다 | look over 검토하다 | job application 입사 지원서 | business trip 출장 | as soon as possible 가능한 빨리 | colleague [kάliːg] 동료 | arrange [ərέindʒ] 준비하다, 계획하다

해설 **7** 세부사항 관련 문제

지문 초반부에 화자가 약속을 취소해서 미안하다(I'm sorry, but I have to cancel our appointment)고 하고 있으므로 정답은 (B)입니다.

8 세부사항 관련 문제

입사 지원서(job applications)를 검토하기 위한 약속을 취소하기로 했고, 이 지원서는 가능한 빨리 검토해야 한다(I know they have to be reviewed as soon as possible)고 하는 부분에서 빨리 끝내야 하는 것은 지원서 검토라는 사실을 알 수 있습니다.

9 제안·요청사항 관련 문제

화자는 갑자기 출장을 가게 되었으니 동료를 만나 지원서를 검토하라(I suggest you work with my colleague Brett Camp instead)고 제안하고 있으므로 정답은 (D)입니다.

Questions 10-12 refer to the following telephone message.

Hi, Mr. Gorden. [10] This is Rebecca from the Orange County Record Shop. [11] I'm calling about the used piano you wanted to sell us. Well, I have good news. We'd definitely like to buy it from you. But due to its condition, I'm afraid we can't offer you the price you're asking. In the past, we bought a similar piano for around $800, but [12] we're willing to work with you if you adjust the price. Please call me back, so we can discuss this. Again it's Rebecca and I am at 555-9071.

안녕하세요, 고든 씨. 저는 오렌지 카운티 음반 가게의 레베카라고 합니다. 저는 당신이 팔려고 하는 중고 피아노 때문에 전화드립니다. 음, 좋은 소식이 있습니다. 우리는 그 피아노를 구입하고 싶습니다. 하지만 피아노 상태 때문에, 당신이 요구하는 가격을 드릴 수는 없습니다. 예전에 우리는 비슷한 피아노를 대략 800달러에 구입했었습니다. 하지만 가격이 조정된다면 기꺼이 당신과 협상할 수 있을 것 같습니다. 전화 주시면 가격을 논의해 볼 수 있습니다. 다시 한 번 알려드립니다. 제 이름은 레베카이고 전화번호는 555-9071입니다.

---

10 Where most likely does the speaker work?
(A) At a concert hall
(B) At a repair shop
(C) At a music store
(D) At a car dealership

화자가 일하는 곳은 어디인 것 같은가?
(A) 콘서트 홀
(B) 수리 가게
(C) 음반 가게
(D) 자동차 대리점

11 What does Mr. Gorden want to do?
(A) Sell an item
(B) Attend a performance
(C) Sign up for a class
(D) Cancel a meeting

고든 씨는 무엇을 원하는가?
(A) 물건 팔기
(B) 공연 참가하기
(C) 수업 신청하기
(D) 회의 취소하기

新 12 What does the speaker mean when she says, "Please call me back, so we can discuss this"?
(A) She wants to negotiate a price.
(B) She wants to talk to a different employee.
(C) She wants to explain a sales policy.
(D) She wants to provide contact details.

화자가 "전화 주시면, 이것에 대해 논의해 볼 수 있습니다."라고 말하는 의미는 무엇인가?
(A) 그녀는 가격 협상을 원한다.
(B) 그녀는 다른 직원과 얘기하기를 원한다.
(C) 그녀는 판매 정책을 설명하고 싶어한다.
(D) 그녀는 연락처를 주고 싶어한다.

어휘 record shop 음반 가게 | used piano 중고 피아노 | definitely [défənitli] 분명히, 틀림없이 | due to ~ 때문에 | condition [kəndíʃən] 상태 | similar [símələr] 비슷한 | be willing to 기꺼이 ~ 하다 | adjust [ədʒʌ́st] 조절하다 | discuss [diskʌ́s] 논의하다

해설 10 근무 장소를 묻는 문제
화자가 지문 초반부에서 오렌지 카운티 음반 가게(Orange County Record Shop)라고 소개했으므로 정답은 (C)music store(음반 가게)입니다.

11 세부사항 관련 문제
화자가 고든 씨에게 당신이 팔기로 한 중고 피아노 때문에 전화한다(I'm calling about the used piano you wanted to sell us)고 했으므로 정답은 (A)입니다.

12 화자의 의도를 묻는 문제
화자가 고든 씨에게 가격이 조정된다면 다시 협상할 의사가 있다(we're willing to work with you if you adjust the price.)라고 하면서, 전화 주시면 이것에 대해 다시 논의해볼 수 있다(Please call me back, so we can discuss this.)고 하였으므로 정답은 (A)입니다.

Actual Test

1. (B)   2. (C)   3. (A)   4. (B)   5. (A)   6. (A)

[미국]

1

(A) Some people are walking towards a tower.
(B) There are birds flying in the sky.
(C) Some trees are growing in a row.
(D) Some buildings are being constructed.

(A) 몇몇 사람들이 탑을 향해 걸어가고 있다.
(B) 하늘에 새 몇 마리가 날아다니고 있다.
(C) 나무 몇 그루가 한 줄로 자라고 있다.
(D) 건물 몇 채가 건설되고 있다.

어휘 towards [tɔːrdz] ~쪽으로 | tower [táuər] 탑 | in a row 한 줄로 | be being constructed 건설되고 있는 중이다

해설 (A) 사진에 사람들이 없기 때문에 오답입니다.
(B) 하늘에 새들이 날아다니고 있으므로 정답입니다.
(C) 사진에 나무 몇 그루가 없기 때문에 오답입니다.
(D) 건물이 건설되고 있는 동작이 없기 때문에 오답입니다.

[호주]

2

(A) A woman is writing notes on paper.
(B) A man is giving a presentation to a group of people.
(C) A man is holding a pen in his hand.
(D) A man is speaking into a microphone.

(A) 한 여자가 종이 위에 메모를 하고 있다.
(B) 한 남자가 한 무리의 사람들에게 발표를 하고 있다.
(C) 한 남자가 그의 손에 펜을 쥐고 있다.
(D) 한 남자가 마이크에다 대고 말을 하고 있다.

어휘 write notes 메모하다, 필기하다 | give a presentation 발표하다 | hold [hould] 잡다 | microphone [máikrəfòun] 마이크

해설 (A) 여자가 메모를 하고 있지 않으므로 오답입니다.
(B) 남자가 발표를 하고 있지 않으므로 오답입니다.
(C) 남자가 손에 펜을 쥐고 있으므로 정답입니다.
(D) 사진에 마이크가 나와 있지 않으므로 오답입니다.

[미국]

3

(A) Boxes have been stacked on shelves.
(B) Store customers are selecting some products.
(C) Price tags are being attached to the boxes.
(D) Shoppers are pushing carts down the aisle.

(A) 상자들이 선반 위에 쌓여 있다.
(B) 가게 손님들이 물건 몇 개를 고르고 있다.
(C) 상자에 가격표들이 부착되고 있다.
(D) 쇼핑객들이 복도를 따라 카트를 밀고 있다.

어휘 stack [stæk] 쌓다 | select [silékt] 선택하다 | price tag 가격표 | attach [ətǽtʃ] 붙이다 | aisle [ail] 복도

해설 (A) 상자들이 선반 위에 쌓여 있으므로 정답입니다.
(B) 사진에 손님들이 없기 때문에 오답입니다.
(C) 상자에 누군가 가격표를 붙이고 있지 않으므로 오답입니다.
(D) 사진에 쇼핑객들이 보이지 않기 때문에 오답입니다.

4

(A) Computer equipment is being placed on the table.
(B) One of the men is wearing glasses.
(C) The men are watching a video presentation.
(D) Some chairs are unoccupied.

(A) 컴퓨터 장비가 테이블 위에 놓여지고 있다.
(B) 남자들 중 한명이 안경을 끼고 있다.
(C) 남자들이 비디오 발표를 보고 있다.
(D) 몇몇 의자가 비어 있다.

어휘 equipment [ikwípmənt] 장비 | place [pleis] 놓다, 두다 | unoccupied [ʌnάkjupàid] 비어있는

해설 (A) 남자들이 컴퓨터 장비를 놓는 동작을 하고 있지 않으므로 오답입니다.
(B) 남자들 중에 한 명이 안경을 착용하고 있으므로 정답입니다.
(C) 비디오 발표가 사진에 나와 있지 않으므로 오답입니다.
(D) 비어있는 의자가 보이지 않으므로 오답입니다.

5

(A) They are involved in a discussion at a table.
(B) They are all looking at a woman.
(C) They are sitting on a sofa.
(D) The blinds have been drawn halfway.

(A) 그들은 테이블에서 논의를 하고 있다.
(B) 그들은 모두 여자를 보고 있다.
(C) 그들은 소파 위에 앉아 있다.
(D) 블라인드가 반쯤 내려져 있다.

어휘 be involved in ～에 참여하다 | discussion [diskʌ́ʃən] 논의 | draw [drɔː] (커튼 등을) 걷다 | halfway [hǽfwei] 가운데 쯤

해설 (A) 사람들이 테이블에서 무언가 이야기를 하고 있으므로 정답입니다.
(B) 모든 사람들이 여자를 보고 있지 않으므로 오답입니다.
(C) 사진에 소파가 나와 있지 않으므로 오답입니다.
(D) 창문에 블라인드가 쳐져 있지 않으므로 오답입니다.

6

(A) There are some lamps turned on.
(B) The carpet has been spread out on the floor.
(C) The curtains are being pulled open.
(D) The seats in the room are unoccupied.

(A) 몇몇 램프가 켜 있다.
(B) 카펫이 바닥에 펼쳐져 있다.
(C) 커튼이 (누군가에 의해) 열리고 있다.
(D) 방 안에 의자가 비어있다.

어휘 turn on (불을) 켜다 | spread out 펴다, 펼치다

해설 (A) 침대 옆에 켜 있는 램프가 있기 때문에 정답입니다.
(B) 카펫이 사진에 없기 때문에 오답입니다.
(C) 커튼이 열리고 있지 않기 때문에 오답입니다.
(D) 방 안에 의자가 없기 때문에 오답입니다.

Part 2									p.282

7. (B) 8. (B) 9. (C) 10. (A) 11. (C) 12. (B) 13. (B) 14. (A) 15. (B) 16. (A)
17. (B) 18. (C) 19. (A) 20. (B) 21. (C) 22. (C) 23. (B) 24. (C) 25. (B) 26. (C)
27. (A) 28. (C) 29. (C) 30. (C) 31. (A)

[호주–미국]

7 Can you give me a ride to the airport?
(A) Yes, I will take a taxi.
(B) Sure, let me bring my car here.
(C) No thanks, I have a car.

공항까지 태워다 주실 수 있나요?
(A) 네, 전 택시를 탈게요.
(B) 물론이죠, 차를 여기로 가져올게요.
(C) 감사합니다만, 전 차가 있어요.

어휘 give a ride 태워주다 | airport [ɛərpɔːrt] 공항

해설 태워줄 수 있는지를 묻는 조동사 의문문
(A) 문제의 give a ride(태워주다)를 듣고 연상되는 단어인 taxi를 사용한 오답입니다.
(B) 태워줄 수 있는지 묻는 질문에 차를 가져오겠다(let me bring my car here)는 적절한 답변으로 정답입니다.
(C) 태워줄 것을 요청하는 질문에 차가 있다(I have a car)고 동문서답했으므로 오답입니다.

[미국–미국]

8 Would you like to go to a movie with me tomorrow?
(A) I like that movie.
(B) Sorry, but I have a lot of work to do.
(C) The weather will be fine tomorrow.

내일 저랑 영화 보러 갈래요?
(A) 저 그 영화 좋아해요.
(B) 미안하지만, 할 일이 많아요.
(C) 내일 날씨가 맑을 것입니다.

어휘 go to a movie 영화보러 가다 | lots of(=a lot of) 많은

해설 제안 · 요청 의문문
(A) 질문의 movie와 발음상 비슷한 move를 언급한 오답입니다.
(B) 영화를 보러가자는 권유에 할 일이 많다(I have lots of work to do)고 우회적으로 거절한 정답입니다.
(C) 질문의 tomorrow를 다시 한번 반복한 같은 단어 반복 오답입니다.

[호주–영국]

9 Are you going to take your time off this month or next month?
(A) Yes, to Seattle to see my grandparents.
(B) She is on vacation this month.
(C) I haven't decided yet.

당신은 휴가를 이번 달에 내실건가요 아니면 다음 달에 내실건가요?
(A) 네, 조부모님을 뵈러 시애틀로요.
(B) 그녀는 이번 달에 휴가예요.
(C) 아직 결정하지 않았어요.

어휘 take time off 휴가 내다 | on vacation 휴가 중

해설 문장을 연결한 선택 의문문
(A) 휴가 때 어디로 갈 것인지를 묻는 질문에 더 어울리는 응답으로 오답입니다.
(B) 언급되지 않은 3인칭 주어(She)로 응답한 오답입니다.
(C) 이번 달과 다음 달 중에 휴가를 언제 갈 것인지를 묻는 질문에 아직 결정하지 않았다고 응답했으므로 정답입니다.

[영국–미국]

10 How long is your vacation?
(A) It should be two weeks.
(B) He is on vacation.
(C) I'm planning to go to New Zealand.

당신 휴가는 얼마나 긴가요?
(A) 2주일 거예요.
(B) 그는 휴가 중이에요.
(C) 전 뉴질랜드로 갈 계획이에요.

어휘 vacation [veikéiʃən] 휴가, 방학 | on vacation 휴가 중

해설 휴가 기간을 물어보는 How long 의문문
(A) 기간을 물어보는 질문에 2주(two weeks)라는 구체적인 기간으로 대답한 정답입니다.
(B) 질문에 언급되지 않은 3인칭 He가 언급되었고, 같은 단어인 vacation이 언급된 오답입니다.
(C) 질문의 vacation이라는 단어를 들으면 연상되는 나라 이름인 뉴질랜드(New Zealand)를 언급한 오답입니다.

[미국-미국]

11 Our sales from last quarter dropped considerably.

(A) I can drop you off at the station.

(B) It starts a quarter after six.

(C) That sounds like a big problem.

지난 분기 우리 판매가 상당히 하락했어요.

(A) 제가 당신을 역에 내려드릴 수 있어요.

(B) 그것은 6시 15분에 시작합니다.

(C) 심각한 문제로 들리네요.

어휘 quarter [kwɔ́ːrtər] 분기(4분의 1) | drop [drap] 하락하다 | considerably [kənsídərəbli] 상당히 | drop someone off ~를 내려주다 | quarter after six 6시 15분

해설 판매가 하락했다고 말하는 평서문

(A) 질문의 dropped와 파생어 관계인 drop을 언급한 오답입니다.

(B) 질문의 quarter를 다시 한 번 언급한 같은 단어 반복 오답입니다.

(C) 판매가 하락했다는 말에 심각하게 들린다고 맞장구치며 동의하는 정답입니다.

[호주-영국]

12 Do you know where the advertising conference took place?

(A) Yes, take me there.

(B) At headquarters.

(C) I attended the conference.

어디서 그 광고 회의가 열렸는지 아세요?

(A) 네, 저 좀 거기 데려다주세요.

(B) 본사에서요.

(C) 저 그 회의 참가했어요.

어휘 advertising conference 광고 회의 | take place 열리다, 개최하다 | headquarters [hedkwɔ́ːrtərz] 본사 | attend [əténd] 참석하다

해설 장소를 묻는 간접 의문문

(A) 광고 회의가 열린 장소를 묻는 질문에 어울리지 않는 오답입니다.

(B) 간접 의문문은 중간에 의문사에 대한 응답이 이어져야 하는데, 장소를 묻는 질문에 대한 적절한 응답입니다.

(C) 질문의 conference가 반복 사용된 같은 단어 반복 오답입니다.

[미국-영국]

13 How do you like your new job so far?

(A) This sofa is really good.

(B) It's a little harder than I thought.

(C) You did a great job.

새로운 일이 지금까지는 어때요?

(A) 이 소파는 정말 좋네요.

(B) 내가 생각했던 것 보다 좀 더 힘드네요.

(C) 아주 잘했어요.

어휘 so far 지금까지 | a little 조금

해설 일이 마음에 드는지 물어보는 How 의문문

(A) 질문의 so far(지금까지)와 발음상 비슷한 sofa(소파)를 언급한 유사발음 오답입니다.

(B) 일이 잘 되어 가는지 물어보는 질문에 조금 힘들다(a little harder)고 대답했으므로 정답입니다.

(C) 질문의 job을 반복 사용한 같은 단어 반복 오답입니다.

[미국-호주]

14 Is Ms. Park going to attend the seminar with you on Friday?

(A) I don't think she'll be able to.

(B) They will be ready soon.

(C) I'm not going to that seminar.

박 씨가 금요일에 당신과 세미나에 참석할 예정인가요?

(A) 제 생각에 그녀는 참석 못할 것 같아요.

(B) 그들은 곧 준비될 거예요.

(C) 전 그 세미나에 가지 않을 거예요.

어휘 attend [əténd] 참석하다 | seminar [sémənɑːr] 세미나 | be able to ~할 수 있다 | soon [suːn] 곧

해설 세미나 참석 여부를 물어보는 be 동사 의문문

(A) 박 씨가 세미나에 참가할지 묻는 질문에 아마도 참석 못할 것이라고 응답한 정답입니다.

(B) 주어를 They(그들)라고 응답한 주어가 맞지 않는 주어 불일치 오답입니다.

(C) 질문에서 언급된 단어인 seminar를 반복 사용한 같은 단어 반복 오답입니다.

15 Wasn't the conference call supposed to take place yesterday?
  (A) Yes, he called you.
  (B) Yes, but I heard it was canceled.
  (C) I am planning to attend.

그 회의는 어제 열리기로 되어있지 않았나요?
(A) 네, 그가 당신에게 전화했어요.
(B) 네, 하지만 그것이 취소되었다고 들었어요.
(C) 전 참석할 계획이에요.

어휘 be supposed to ~하기로 되어 있다, ~해야 한다 | take place 개최되다 | cancel [kǽnsəl] 취소하다

해설 회의가 열릴 예정인지를 물어보는 부정 의문문
  (A) 질문에 언급되지 않은 3인칭(he)을 언급했고, call-called의 파생어 오답입니다.
  (B) 회의가 어제 열릴 예정이지 않았는지 묻는 질문에 취소되었다고 들었다(I heard it was canceled)고 응답한 정답입니다.
  (C) 회의가 열릴 예정이었는지 물어보고 있으므로, 본인이 참석하겠다고 응답하는 것은 동문서답이므로 오답입니다.

[호주-영국]

16 Why is it so chilly in the office today?
  (A) I think the heater isn't working.
  (B) He is out of town today.
  (C) I like chili sauce.

오늘 사무실이 왜 이렇게 추운 거죠?
(A) 제 생각엔 히터가 고장 났나 봐요.
(B) 그는 오늘 출장 갔어요.
(C) 전 칠리 소스가 좋아요.

어휘 chilly [tʃíli] 추운 | heater [hí:tər] 히터 | out of town 출장 중인 | chili sauce 칠리 소스

해설 이유를 물어보는 Why 의문문
  (A) 추운 이유를 물어보는 질문에 히터가 고장 났다고 적절하게 답변했으므로 정답입니다.
  (B) 질문에 언급되지 않은 3인칭 대명사(He)를 언급한 오답입니다.
  (C) 질문의 chilly와 발음이 유사한 chili를 사용한 유사발음 오답입니다.

[미국-영국]

17 Should I give you a call first or can I just pick you up at your office?
  (A) She will pick you up tomorrow.
  (B) You'd better call me first.
  (C) I'd like to call her.

제가 당신에게 전화를 우선 드려야하나요, 아니면 그냥 사무실로 데리러 가면 되나요?
(A) 그녀가 당신을 내일 데리러 갈 것입니다.
(B) 우선 나한테 전화하는 것이 좋겠어요.
(C) 전 그녀에게 전화하고 싶어요.

어휘 pick up 태우러 가다 | had better ~하는 것이 더 낫다

해설 문장을 연결한 선택 의문문
  (A) 질문에 언급되지 않은 3인칭 대명사(She)를 언급한 오답입니다.
  (B) 전화를 해야 할지 데리러 가야 할지를 선택하는 질문에 전화를 하라고 응답한 정답입니다.
  (C) 질문에 언급된 단어인 call을 반복 사용한 같은 단어 반복 오답입니다.

[영국-미국]

18 Let's call the party supplier we used for the event in June.
  (A) I think it will be a great party.
  (B) It's on Appleton street.
  (C) Good idea, do you know the number?

6월 행사를 위해 우리가 이용했던 파티용품 제공업체에게 전화해보죠.
(A) 멋진 파티가 될 거라고 믿어요.
(B) 그것은 애플턴 가에 있어요.
(C) 좋은 생각이네요, 번호 알고 계세요?

어휘 supplier [səpláiər] 공급업체

해설 제안/권유의 평서문
  (A) 질문에 언급된 단어인 party를 반복 사용한 같은 단어 반복 오답입니다.
  (B) 장소를 물어보는 Where 의문문에 알맞은 응답으로 오답입니다.
  (C) 전화를 해 보자는 권유에 좋은 생각(Good idea)이라고 응답한 정답입니다.

[영국-미국]

19 Could you show me how to use that copy machine?
  (A) Sure, I'll be happy to.
  (B) I would like some coffee.
  (C) He knows how to use it.

복사기 어떻게 사용하는지 좀 보여주실 수 있으세요?
(A) 물론이죠, 기꺼이 도와드릴게요.
(B) 커피 좀 마셨으면 해요.
(C) 그가 어떻게 사용하는지 알아요.

어휘 how to ~하는 방법 | copy machine 복사기

해설 사용법을 보여 달라고 요청하는 간접 의문문
　　(A) 복사기 사용법을 보여달라고 요청하는 질문에 기꺼이 좋다(I'll be happy to)고 응답했으므로 정답입니다.
　　(B) 질문의 copy와 발음이 유사한 coffee를 사용한 유사발음 오답입니다.
　　(C) 질문에 언급되지 않은 3인칭 대명사(He)를 언급한 오답입니다.

[호주-미국]

20 Have you finished cleaning the house?

　　(A) A room with a view of the ocean.

　　(B) Not yet. I had a lot of other work to do.

　　(C) The house has three rooms.

집 청소하는 것 끝냈어요?
(A) 바다 경치가 보이는 방이요.
(B) 아직요. 해야 할 다른 일이 많았어요.
(C) 그 집에는 세 개의 방이 있어요.

어휘 finish [fíniʃ] 끝내다 | ocean [óuʃən] 바다

해설 청소를 끝냈는지를 물어보는 조동사 의문문
　　(A) 질문에 언급된 house와 연관되는 단어인 room을 언급한 연상단어 오답입니다.
　　(B) 청소를 끝냈는지 물어보는 질문에 아직 아니다(Not yet)라고 응답했으므로 적절한 답변입니다.
　　(C) 질문에 사용된 단어인 house를 반복 사용한 같은 단어 반복 오답입니다.

[미국-미국]

21 Have you seen the laptop computer that I left on this table?

　　(A) Yes, I can fix the computer.

　　(B) No, I haven't seen her.

　　(C) Yes, I gave it to Steve.

제가 이 테이블 위에 놓았던 노트북 보셨나요?
(A) 네, 제가 그 컴퓨터를 고칠 수 있어요.
(B) 아니요, 난 그녀를 못 봤어요.
(C) 네, 제가 스티브에게 주었어요.

어휘 laptop computer 노트북 | leave-left-left [liːv] ~를 두고 오다 | fix [fiks] 고치다

해설 노트북을 봤는지 물어보는 조동사 의문문
　　(A) 질문에 사용된 단어인 computer를 반복 사용한 같은 단어 반복 오답입니다.
　　(B) 질문에 사용된 단어인 seen을 반복 사용한 같은 단어 반복 오답입니다.
　　(C) 노트북을 봤냐는 질문에 스티브에게 주었다고 응답했으므로 정답입니다.

[호주-영국]

22 How can I get the security card?

　　(A) Yes, I have the card.

　　(B) You should wear it in the office.

　　(C) Ask your manager about it.

제가 보안카드를 어떻게 얻을 수 있을까요?
(A) 네, 제가 그 카드를 가지고 있어요.
(B) 당신은 그것을 사무실에서 착용해야 해요.
(C) 당신의 매니저에게 그것에 대해 문의해 보세요.

어휘 security [sikjúərəti] 보안 | wear [wɛər] 입다, 착용하다

해설 보안카드를 얻을 방법을 물어보는 How 의문문
　　(A) 질문의 card를 반복 사용한 같은 단어 반복 오답입니다.
　　(B) 보안카드를 받을 수 있는 방법을 물어보는 질문에 사무실에서 착용해야 한다고 대답한 동문서답입니다.
　　(C) 보안카드를 받을 수 있는 방법을 물어보는 질문에 매니저에게 물어보라는 우회적인 응답으로 정답입니다.

[영국-미국]

23 Who's that woman in the pink dress?

　　(A) Should I dress formally?

　　(B) She is the new receptionist.

　　(C) In the supply room.

분홍색 옷을 입고 있는 여자가 누구죠?
(A) 정장을 입어야 하나요?
(B) 새 접수원이에요.
(C) 비품실에요.

어휘 formally [fɔ́ːrməli] 공식적으로 | receptionist [risépʃənist] 접수원 | supply room 비품실

해설 여자의 직업을 물어보는 Who 의문문
　　(A) 질문에 언급된 단어 dress를 반복 사용한 같은 단어 반복 오답입니다.
　　(B) 분홍색 옷을 입은 여자가 누구인지 물어보는 질문에 구체적인 직업으로 응답했으므로 정답입니다.
　　(C) 비품실이라는 장소로 응답했으므로 의문사 Where의 정답으로 어울리는 오답입니다.

24 Could you send me the price list for the new copy machine?
(A) I'll have tea instead of coffee.
(B) Yes, it was a good price.
(C) I've already e-mailed them to you this morning.

새로운 복사기를 위한 가격 목록을 저한테 보내 주실 수 있나요?
(A) 전 커피 대신에 차를 마실게요.
(B) 네, 가격이 좋았어요.
(C) 이미 오늘 아침에 당신에게 이메일로 보냈어요.

어휘 copy machine 복사기 | instead of ~대신에 | already [ɔːlrédi] 이미, 벌써

해설 가격 목록을 보내줄 수 있는지 물어보는 조동사 의문문
(A) 질문의 copy와 발음이 유사한 coffee를 사용한 유사발음 오답입니다.
(B) 질문에 사용된 단어인 price를 반복 사용한 같은 단어 반복 오답입니다.
(C) 목록을 보내줄 수 있는지 물어보는 질문에 이미 보냈다고 응답했으므로 정답입니다.

[영국-미국]

25 Do you have the tickets for tonight's concert?
(A) He didn't show up at the concert.
(B) Yes, they are in my bag.
(C) He asked for the tickets yesterday.

오늘 저녁 콘서트 표를 가지고 있나요?
(A) 그는 콘서트에 나타나지 않았어요.
(B) 네, 제 가방에 있어요.
(C) 그가 어제 표를 요구했어요.

어휘 show up 나타나다 | ask for ~을 요청하다

해설 콘서트 티켓을 가지고 있는지 물어보는 조동사 의문문
(A) 질문에 언급되지 않은 3인칭 대명사(He)를 언급한 오답입니다.
(B) 티켓을 가지고 있는지 묻는 질문에 가방에 있다고 응답했으므로 정답입니다.
(C) 질문에 사용된 단어인 tickets를 반복 사용한 같은 단어 반복 오답입니다.

[미국-호주]

26 When can I be reimbursed for the travel expenses?
(A) At the accounting department.
(B) No, it was too expensive.
(C) By the end of the month.

여행경비에 대해서 언제 상환받을 수 있을까요?
(A) 회계부서에서요.
(B) 아니요, 그것은 너무 비쌌어요.
(C) 이번 달 말까지요.

어휘 reimburse [rìːimbə́ːrs] 상환하다 | expense [ikspéns] 비용 | accounting [əkáuntiŋ] 회계 | expensive [ikspénsiv] 비싼

해설 여행경비 상환 날짜를 물어보는 When 의문문
(A) 의문사 Where의 응답으로 알맞은 오답입니다.
(B) 의문사 의문문에 Yes/No로 응답했으므로 오답입니다.
(C) 날짜를 물어보는 질문에 이번 달 말까지라고 언급한 정답입니다.

[영국-미국]

27 I've never seen such a good movie before.
(A) Me, too. It was really great.
(B) Yes, he works for a moving company.
(C) Let's meet at the box office.

난 그렇게 좋은 영화를 전에 본적이 없어요.
(A) 저도 그래요. 정말 훌륭했어요.
(B) 네, 그는 이삿짐 회사에서 일해요.
(C) 매표소에서 만나요.

어휘 moving company 이삿짐 회사 | box office 매표소

해설 의견을 말하는 평서문
(A) 좋은 영화를 봤다는 의견에 대해서 저도 그래요(Me, too)라며 호응하는 적절한 응답으로 정답입니다.
(B) 질문에 언급되지 않은 3인칭(he)을 사용한 오답입니다.
(C) 질문의 movie(영화)를 생각하면 연상할 수 있는 단어인 box office(매표소)를 사용한 오답입니다.

[호주-미국]

28 You must be new here.

(A) Yes, this is a new one.

(B) No, I have a used car.

(C) Yes. today is my first day.

당신은 여기 새로 오셨군요.
(A) 네, 이것은 새것이에요.
(B) 아니요, 전 중고차를 가지고 있어요.
(C) 네, 오늘이 제 첫날이에요.

어휘 must be ~임에 틀림없다 | used car 중고차

해설 의견을 말하는 평서문

(A) 질문에 언급된 단어 new를 반복 사용한 같은 단어 반복 오답입니다.

(B) 의견을 말하는 평서문에 대해서 중고차를 갖고 있다(I have a used car)고 동문서답했으므로 오답입니다.

(C) 새로 온 것 같다는 의견에 대해서 오늘이 첫날이라고 응답했으므로 정답입니다.

[미국-미국]

29 The library will be open soon, won't it?

(A) This book is due tomorrow.

(B) Please, keep the door open.

(C) Yes, the construction is almost finished.

그 도서관은 곧 문을 열거죠, 그렇지 않나요?
(A) 이 책은 내일이 기한이에요.
(B) 문을 열어 두세요.
(C) 네, 공사가 거의 끝났어요.

어휘 due [dju:] 예정된 | construction [kənstrʌ́kʃən] 공사

해설 도서관이 문을 열지를 물어보는 부가 의문문

(A) 질문의 도서관(library)과 연관 있는 단어인 책(book)을 언급한 오답입니다.

(B) 질문의 open과 같은 단어를 쓴 반복어휘 오답입니다.

(C) 도서관이 문을 열 것인지 물어보는 질문에 공사가 끝나서 문을 열 것이라고 응답한 정답입니다.

[호주-영국]

30 Pardon me, where is the conference room?

(A) No, I didn't attend the conference.

(B) I want to go there.

(C) Go straight, and you will see it on the left.

실례합니다. 회의실이 어디예요?
(A) 아니요, 전 회의에 참석하지 않았어요.
(B) 저는 그곳에 가기 원해요.
(C) 곧장 가세요, 그러면 왼쪽에 보일 거예요.

어휘 conference room 회의실 | straight [streit] 곧장

해설 장소를 물어보는 Where 의문문

(A) 의문사 의문문에 Yes/No로 답할 수 없으므로 오답입니다.

(B) 장소를 묻는 질문에 장소부사인 거기(there)를 써서 혼동시킨 오답입니다.

(C) 곧장 가면 왼쪽에 보일 것이라고 대답하고 있으므로 알맞은 정답입니다.

[영국-미국]

31 Could you help me to organize the fund-raising event?

(A) Sure, I'm free now.

(B) Yes, I asked for a raise.

(C) Thanks, but I can do it myself.

기금 모금 행사를 준비하도록 도와주실 수 있으세요?
(A) 물론이죠, 저 지금 시간 있거든요.
(B) 네, 전 임금 인상을 요구했었어요.
(C) 고맙지만 저 혼자 할 수 있어요.

어휘 organize [ɔ́:rgənàiz] 준비하다 | fund-raising 기금 모금 | raise [reiz] 임금 인상

해설 도와줄 수 있는지를 물어보는 조동사 의문문

(A) 행사 준비를 도와줄 수 있는지를 물어보는 질문에 시간이 있다(I'm free now)고 대답한 정답입니다.

(B) raising-raise의 파생어를 이용한 오답입니다.

(C) 도와달라고 물어보는 입장에서 할 수 있는 대답이 아니므로 오답입니다.

32. (C)	33. (D)	34. (D)	35. (B)	36. (C)	37. (A)	38. (B)	39. (D)	40. (C)	41. (A)
42. (D)	43. (A)	44. (D)	45. (B)	46. (A)	47. (B)	48. (C)	49. (B)	50. (D)	51. (C)
52. (B)	53. (A)	54. (C)	55. (A)	56. (C)	57. (A)	58. (B)	59. (C)	60. (C)	61. (A)
62. (A)	63. (C)	64. (A)	65. (A)	66. (D)	67. (A)	68. (A)	69. (B)	70. (C)	

Questions 32-34 refer to the following conversation.

[영국-미국]

W: ³² Hello, I'm calling because the ink cartridge I ordered yesterday hasn't arrived yet.

M: Delivery usually takes about five business days at the most. Can you tell me your account number please? If you don't know it, you can just give me your company name.

W: ³³ Oh, I know the account number. It's 2345-8808. I ordered it on August 12th.

M: Let me check. Ok, yes, your order was shipped out on August 15th. ³⁴ It should arrive tomorrow.

W: 안녕하세요. 어제 제가 주문했던 잉크 카트리지가 아직 도착하지 않아서 전화드려요.

M: 배송은 보통 영업일 기준 최고 5일이 걸립니다. 고객님 계정번호를 알려 주실 수 있나요? 만약 모르신다면, 회사 이름만 알려 주셔도 됩니다.

W: 계정번호 알고 있어요. 2345-8808예요. 8월 12일에 주문했어요.

M: 확인해 볼게요. 네, 8월 15일에 발송됐네요. 내일이면 도착할 거예요.

32 Why did the woman call?
(A) To change an address
(B) To cancel an order
(C) To check on a delivery
(D) To request a refund

여자가 전화를 건 이유는 무엇인가요?
(A) 주소를 바꾸기 위해
(B) 주문을 취소하기 위해
(C) 배송 상태를 확인하기 위해
(D) 환불을 요청하기 위해

33 What information did the woman provide?
(A) A company name
(B) Her address
(C) The phone number
(D) An account number

어떤 정보를 여자는 제공했는가?
(A) 회사이름
(B) 주소
(C) 전화번호
(D) 계정번호

34 What does the man say?
(A) The requested items are not in stock.
(B) He will have to speak with a supervisor.
(C) Bad weather is causing a delay.
(D) The order will arrive soon.

남자는 무슨 말을 하는가?
(A) 요청한 물품이 재고가 없다.
(B) 부서장과 이야기해야 한다.
(C) 악천후로 인해 지연되고 있다.
(D) 물품이 곧 도착할 것이다.

어휘 order [ɔ́ːrdər] 주문하다 | arrive [əráiv] 도착하다 | business day 영업일 | account number 계정번호, 계좌 | ship [ʃip] 배송하다 | request [rikwést] 요청하다 | refund [rifʌ́nd] 환불 | provide [prəváid] 제공하다 | item [áitəm] 물품 | stock [stak] 재고 | supervisor [súːpərvàizər] 관리자 | cause [kɔːz] 야기하다 | delay [diléi] 지연

해설 **32** 여자가 전화한 이유를 묻는 문제로 여자의 말에 집중해 듣습니다. 첫 문장에 주문했던 잉크 카트리지가 도착하지 않아서 전화하고 있다고 했으니 정답은 (C) To check on a delivery(배송을 확인하기 위해서)입니다.

33 여자가 제공하는 정보를 묻는 문제로 역시 여자가 하는 말에 답이 있습니다. 남자가 계정이나 회사이름을 알려달라고 했을 때 여자는 계정번호를 알고 있다고 하며 알려주고 있으므로 정답은 (D) An account number(계정번호)입니다.

34 마지막에 남자가 내일이면 도착할 것이라고 말했으니 정답은 (D) The order will arrive soon(물품이 곧 도착 할 것이다.)입니다.

Questions 35-37 refer to the following conversation. [호주—미국]

M: Excuse me, ³⁵ do you know where Loughton Park is?

W: Yes, but it's a little far from here. You need to walk more than 20 minutes south, and then turn right on Silver Creek Road. You will see the park at the end of Lakeside Drive.

M: Oh, it's too far. ³⁶ I have to meet someone there in 20 minutes. Could you tell me where the bus stop is?

W: Well, ³⁷ you can take a taxi over there. It will take you there directly.

M: 실례합니다. 로우튼 공원이 어디에 있는지 아시나요?

W: 네, 하지만 여기서 좀 먼데요. 남쪽으로 20분 이상을 걸어가고 나서 실버 크릭 가에서 오른쪽으로 도시면 됩니다. 레이크 사이드 드라이브 끝에서 공원을 보실 수 있을 거예요.

M: 오, 너무 머네요. 거기서 20분 후에 누구를 만나야 하는데요. 버스 정류장이 어디 있는지 좀 알려주실래요?

W: 저쪽에서 택시를 타실 수도 있어요. 택시가 곧장 거기로 데려다 줄 거예요.

---

35 What is the man looking for?
(A) A street
(B) A park
(C) A river
(D) A train station

남자가 찾는 것은 무엇인가?
(A) 거리
(B) 공원
(C) 강
(D) 기차역

36 Why does the man need to hurry?
(A) He has an interview.
(B) He is late for the train.
(C) He's meeting someone.
(D) He has to see an apartment.

남자가 서둘러야 하는 이유는 무엇인가?
(A) 면접이 있다.
(B) 기차 시간에 늦었다.
(C) 누군가를 만날 것이다.
(D) 아파트를 둘러봐야 한다.

37 What does the woman suggest?
(A) Taking a taxi
(B) Taking a bus
(C) Taking a train
(D) Walking

여자가 제안하는 것은 무엇인가?
(A) 택시를 탈 것
(B) 버스를 탈 것
(C) 기차를 탈 것
(D) 걸어갈 것

어휘 turn right 오른쪽으로 돌다 | directly [diréktli] 곧장 | hurry [hə́:ri] 서두르다 | suggest [səgdʒést] 제안하다

해설 35 남자가 찾고 있는 것을 묻는 문제로 남자의 말에서 답을 찾을 수 있습니다. 첫 문장에서 바로 로우튼 공원을 찾고 있다고 말하고 있으므로 정답은 (B) A park(공원)입니다.

36 남자가 I have to meet someone there라고 했으니 정답은 (C) He's meeting someone.(그는 사람을 만날 예정이다)입니다.

37 마지막 말에 여자가 택시가 곧장 공원으로 데려다 줄 것이라고 해서 정답은 (A) Taking a taxi(택시를 탈 것)입니다.

Questions 38-40 refer to the following conversation. [미국—영국]

M: There are two express buses heading into the town in the afternoon. One leaves at 2 P.M. and the other leaves at 4 P.M.

W: ³⁸ Let's take the 2 P.M. bus. I think this way, ³⁹ we could have some time for a cup of coffee before the meeting begins.

M: That's a good idea. ⁴⁰ Let's book our seats now.

M: 오후에 시내로 향하는 두 개의 고속버스가 있네요. 하나는 오후 2시에, 다른 것은 오후 4시에 떠나요.

W: 오후 2시 버스를 타죠. 제 생각엔 이렇게 하면 회의가 시작하기 전에 커피 한 잔 마실 시간을 가질 수 있겠어요.

M: 좋은 생각이에요. 이제 좌석을 예약하죠.

---

38 When do the speakers decide to depart?
(A) At 1 P.M.
(B) At 2 P.M.
(C) At 3 P.M.
(D) At 4 P.M.

화자들은 언제 출발하기로 결정하는가?
(A) 오후 1시
(B) 오후 2시
(C) 오후 3시
(D) 오후 4시

39 Why do the speakers take the earlier bus?

(A) They don't want to be late.

(B) They have a meeting.

(C) They need to make some copies.

(D) They want some time to drink coffee.

40 What will the speakers probably do next?

(A) Get on a bus

(B) Have some coffee

(C) Make a reservation

(D) Call their manager

왜 화자들은 더 이른 버스를 타기 원하는가?

(A) 늦고 싶지 않아서

(B) 회의가 있어서

(C) 복사를 해야 해서

(D) 커피를 마실 시간을 원해서

화자들은 이후에 무엇을 할 것인가?

(A) 버스 타기

(B) 커피 마시기

(C) 예약하기

(D) 매니저에게 전화하기

어휘 express [iksprés] 고속, 직행의 | head [hed] 향하다 | begin [bigín] 시작하다 | seat [siːt] 좌석 | reservation [rèzərvéiʃən] 예약

해설 **38** 여자가 오후 2시 버스를 타자고 했으므로 정답은 (B) At 2 P.M.(오후 2시)입니다.

39 여자가 오후 2시 버스를 타면 회의가 시작하기 전에 커피를 마실 시간이 있을 거라고 말하고 있으므로 정답은 (D) They want some time to drink coffee(커피를 마실 시간을 원해서)입니다.

40 마지막에 남자가 좌석을 예약하자고 말하고 있으므로 정답은 (C) Make a reservation(예약을 한다)입니다.

Questions 41-43 refer to the following conversation.

[영국–호주]

W: Justin, I heard that you are going to Paris on business next month. Paris is one of the best cities I've ever been to.

M: Well, this is my first time to visit Paris. I am so excited to see it. [41] I am planning to go to many wonderful museums and cafes there in my free time. [42] Can you recommend a nice place to visit?

W: A friend of mine who lives there told me some nice places to go. [43] But you can also check with your hotel front desk. They will give you good advice on where to go.

W: 저스틴, 다음 달에 사업차 파리에 간다고 들었어요. 파리는 제가 가본 데 중에서 최고의 도시 중 하나예요.

M: 저는 이번이 파리를 처음 방문하는 거예요. 너무 흥분돼요. 자유 시간에 거기 있는 많은 박물관과 카페들을 가볼 계획이에요. 가볼 만한 좋은 장소 좀 추천해 주실래요?

W: 거기 사는 제 친구 중 한 명이 가볼 만한 좋은 장소들을 알려 줬었어요. 하지만 호텔 프런트 데스크에 문의해 보셔도 될 거예요. 어디가 좋은지 조언을 해줄 거예요.

---

41 What are the speakers discussing?

(A) The man's free time plans

(B) An upcoming business conference

(C) The woman's favorite restaurant

(D) A recent museum opening

화자들은 무엇에 대해 이야기하는가?

(A) 남자의 자유 시간 계획

(B) 앞으로 있을 비즈니스 컨퍼런스

(C) 여자가 좋아하는 레스토랑

(D) 최근에 있었던 박물관 개관식

42 What does the man ask the woman to recommend?

(A) A sculpture exhibit

(B) A nearby hotel

(C) A menu choice

(D) A sightseeing attraction

남자가 여자에게 추천해 달라고 부탁하는 것은?

(A) 조각 전시회

(B) 근처의 호텔

(C) 메뉴 선택

(D) 유명 관광지

43 According to the woman, who should the man speak to?

(A) The front desk staff

(B) The restaurant owner

(C) The conference organizer

(D) The business colleagues

여자에 따르면 남자는 누구에게 이야기해야 하는가?

(A) 프런트 직원

(B) 레스토랑 주인

(C) 컨퍼런스 조직자

(D) 사업 동료

어휘 on business 사업차 | museum [mjuːzíːəm] 박물관 | recommend [rèkəménd] 추천하다 | advice [ædváis] 조언 | discuss [diskʌs] 논의하다 | upcoming [ʌpkʌ́miŋ] 다가오는 | recent [ríːsnt] 최근의 | opening [óupəniŋ] 개관식; 공석 | sculpture [skʌ́lptʃər] 조각 | exhibit [igzíbit] 전시 | sightseeing attraction 관광지 | organizer [ɔ́ːrgənàizər] 조직자 | colleague [kɑ́liːg] 동료

해설 **41** 남자가 파리에 출장 가서 자유 시간에 가볼 만한 좋은 장소를 추천해달라고 하고 있으므로 정답은 (A) The man's free time plans(남자의 자유 시간 계획)입니다.

42 남자의 말에서 가볼 만한 좋은 장소를 추천해달라고 하고 있는 것을 알 수 있으므로 정답은 (D) A sightseeing attraction(유명 관광지)입니다.

43 여자가 호텔 프런트 직원에게 문의하면 조언을 해줄 것이라고 했으므로 정답은 (A) The front desk staff(프런트 직원)입니다.

Questions 44-46 refer to the following conversation.

[미국-영국]

M: Hi, Sylvia. Do you know what time the department meeting is today?

W: ⁴⁵It's at 3 P.M. I need to meet with a client at 2 P.M. to close the deal with Langdon Inc. I am not sure how long it will take. ⁴⁴I think I may not be able to attend.

M: I see. By the way, what are they discussing at today's department meeting?

W: As far as I know, ⁴⁶they are going to discuss the new computer software we just implemented.

M: 안녕, 실비아. 오늘 부서회의가 몇 시인지 아세요?

W: 3시요. 랭던 사와의 거래를 마무리 짓기 위해서 오후 2시에 고객 한 분을 만나야 해요. 얼마나 걸릴지 모르겠어요. 저는 참석 못 할 수도 있겠어요.

M: 그렇군요. 그런데 오늘 부서 회의에서는 무엇을 논의하게 되나요?

W: 제가 알기로는, 우리가 막 설치한 새 컴퓨터 소프트웨어에 대해 의논할 거예요.

---

44 Why is the woman concerned about the meeting?
(A) She will be there early.
(B) She is leaving for the day.
(C) She's meeting with friends.
(D) She may be absent.

여자가 회의와 관련해 걱정하는 이유는 무엇인가?
(A) 일찍 도착할 거라서.
(B) 곧 퇴근할 거라서.
(C) 친구들을 만날 거라서.
(D) 참석하지 못할 수도 있어서.

45 When is the meeting scheduled to begin?
(A) At 2 P.M.
(B) At 3 P.M.
(C) At 4 P.M.
(D) At 5 P.M.

회의는 언제 시작될 것으로 예정되어 있는가?
(A) 오후 2시
(B) 오후 3시
(C) 오후 4시
(D) 오후 5시

46 What will be discussed at the meeting?
(A) Computer software
(B) New client contract
(C) Conference schedule
(D) A weekend seminar

여자가 회의에서 논의하려고 했던 안건은 무엇인가?
(A) 컴퓨터 소프트웨어
(B) 고객과의 새로운 계약
(C) 회의 일정
(D) 주말 세미나

어휘 department [dipá:rtmənt] 부서 | close the deal 거래를 마무리 짓다 | as long as ~하는 한 | implement [ímpləmənt] 시행하다 | concern [kənsə́:rn] 걱정시키다, 관련시키다 | absent [ǽbsənt] 결석한 | client [kláiənt] 고객

해설 **44** 여자가 회의 한 시간 전인 2시에 고객을 만나고 언제 끝날지 모른다고 했으므로 정답은 (D) She may be absent(참석하지 못할 수도 있다)입니다.

45 여자의 대답에서 3시라고 했으므로 정답은 (B) At 3 P.M.(오후 3시)입니다.

46 여자가 막 설치한 새 컴퓨터 소프트웨어에 대해 논의한다고 했으므로 정답은 (A) Computer software(컴퓨터 소프트웨어)입니다.

Questions 47-49 refer to the following conversation. [영국-호주]

W: ⁴⁷ Hi, I saw your television ad, and your shoes are up to 30 percent off, aren't they? I want to purchase the shoes on sale.

M: I am sorry. The shoes don't go on sale until Wednesday. ⁴⁸ But if you like, I could hold one for you and you can come again.

W: Gosh! I will be out of town at that time. Will the sale still be on Sunday?

M: Yes, it ends on Sunday evening. If you choose the shoes you like now, I can save them for you. ⁴⁹ Please write down your number here.

W: 안녕하세요. TV에서 광고를 봤는데요. 신발이 30퍼센트 할인이 맞나요? 세일 중인 신발을 사려구요.

M: 죄송하지만 신발은 수요일까지는 할인에 들어가지 않습니다. 하지만 원하신다면, 제가 고객님을 위해 하나 보관해 두고 고객님은 나중에 다시 오시면 될 것 같네요.

W: 이런! 전 그때쯤 출장을 가있을 예정이에요. 일요일에도 여전히 세일하나요?

M: 네, 일요일 저녁에 끝납니다. 원하시는 신발을 고르시면 제가 보관해 드리겠습니다. 여기 전화번호 좀 적어주세요.

47 What was advertised on television?
(A) The store's hours
(B) A sale on shoes
(C) A job opening
(D) Discounts on women's accessories

TV에 광고된 것은 무엇인가?
(A) 상점 영업시간
(B) 신발 세일
(C) 구인 광고
(D) 여성 액세서리 할인

48 What does the man offer to do?
(A) Call his manager
(B) Give the woman a receipt
(C) Put some merchandise aside
(D) Mail the woman her purchase

남자가 제안하는 것은 무엇인가?
(A) 매니저에게 전화하기
(B) 영수증 주기
(C) 상품 보관해 두기
(D) 구입 제품을 우편으로 보내기

49 What will the woman probably do next?
(A) Shop for shoes
(B) Write her contact information
(C) Leave the store
(D) Read the newspaper

여자는 이후에 무엇을 할 것인가?
(A) 신발 쇼핑하기
(B) 연락처 적기
(C) 상점에서 나가기
(D) 신문 읽기

어휘 purchase [pə́:rtʃəs] 구매하다 | on sale 할인중인 | out of town 출장 나간 | discount [dískaunt] 할인 | receipt [risíːt] 영수증 | aside [əsáid] 옆에 | mail [meil] 우편으로 보내다 | purchase [pə́:rtʃəs] 구매품; 구매하다 | probably [prάbəbli] 아마도 | contact information 연락처

해설 **47** 여자가 TV 광고에서 신발을 30% 할인하는 걸 알게 되었다고 했으므로 정답은 (B) A sale on shoes(신발 세일)입니다.

48 남자가 손님이 원한다면 상품을 보관해 둔다고 했으므로 정답은 (C) Put some merchandise aside(상품을 보관해 둔다)입니다.

49 여자가 다음에 무엇을 할지 묻는 문제로 일반적으로 마지막 내용을 보면 남자가 전화번호 좀 적어달라고 했으므로 정답은 (B) Write her contact information(연락처를 적는다)입니다.

Questions 50-52 refer to the following conversation. [미국-미국]

M: Helen, did you hear the news? ⁵⁰ Mr. Brown is leaving the company soon. He got a new position as financial executive for a new accounting company in New York.

W: That's great news! Do you know when he is leaving?

M: ⁵¹ At the end of this month. He's starting on the first of June. ⁵² He said the company wants him to start working there on the first official day.

M: 헬렌, 소식 들었어요? 브라운 씨가 곧 회사를 떠난대요. 뉴욕에 있는 새 회계 회사에 재무 담당 경영자로서 새 자리를 얻었대요.

W: 좋은 소식이네요! 그가 언제 떠나는지 아세요?

M: 이달 말에요. 6월 첫날에 시작한대요. 그 회사의 첫 공식 근무일에 그가 근무를 시작하기를 원한다고 말하더라구요.

50 What are the speakers discussing?

(A) A price list

(B) A new employee

(C) A work schedule

(D) A coworker's new job

화자들은 무엇에 대해 이야기하고 있는가?

(A) 가격 목록

(B) 신입 직원

(C) 작업 일정

(D) 동료의 새 직장

51 When is Mr. Brown leaving the company?

(A) This week

(B) Next week

(C) This month

(D) Next month

브라운 씨는 언제 회사를 떠나는가?

(A) 이번 주

(B) 다음 주

(C) 이번 달

(D) 다음 달

52 What do the speakers suggest about the New York company?

(A) It's in the center of the city.

(B) It has not opened yet.

(C) It's close to the company's headquarters.

(D) It has more than 50 employees.

뉴욕에 있는 회사에 대해 화자들은 무엇을 암시하는가?

(A) 시내 중심에 있다.

(B) 아직 열지 않았다.

(C) 회사의 본사와 가깝다.

(D) 50명 이상의 직원들이 있다.

어휘 financial executive 재무 담당 경영자 | official [əfíʃəl] 공식적인 | coworker [kóuwə̀ːrkər] 동료 | center [séntər] 중심 | headquarters [hedkwɔ́ːrtərz] 본사 | employee [ɪmplɔ́ːi:] 직원

해설 **50** 남자가 처음에 회사 동료 브라운 씨가 곧 회사를 떠나 뉴욕에 있는 새 회사로 이직한다고 했으므로 정답은 (D) A coworker's new job(동료의 새 직장)입니다.

51 마지막에 남자가 이달 말에 떠난다고 했으니 정답은 (C) This month(이번 달)입니다.

52 새 회사의 첫 공식 근무일에 브라운 씨가 일을 시작하기 원한다고 했으므로 정답은 (B) It has not opened yet.(아직 열지 않았다)입니다.

Questions 53-55 refer to the following conversation.

[미국-영국]

M: Did you have a look at this month's profit margins? ⁵³ Our profits are down by 5% compared to the last month.

W: Really? I was sure that the new advertising campaign was working well.

M: I think we need to revise our advertising strategy. ⁵⁴ Perhaps we are not targeting the right age group. ⁵⁵ Can we get together with marketing and start discussing new strategies this afternoon?

M: 이번 달 수익률을 확인해 보셨나요? 지난달과 비교해서 5퍼센트가 떨어졌어요.

W: 정말요? 전 새 광고 캠페인이 잘 되어가고 있다고 확신했는데요.

M: 전 우리 광고 전략을 수정할 필요가 있다고 생각해요. 아마도 적절한 연령층을 공략하지 못하고 있을 수도 있어요. 오늘 오후에 마케팅 팀과 만나서 새로운 전략을 의논할 수 있을까요?

53 What are the speakers discussing?

(A) This month's profits

(B) New products

(C) Schedules of the business trip

(D) A new ad campaign

화자들은 무엇에 관해 이야기하고 있는가?

(A) 이번 분기의 수익

(B) 신제품

(C) 출장 관련 일정

(D) 새 광고 캠페인

54 What is the man concerned about?

(A) The location of a hotel

(B) The size of the ad campaign

(C) The targeting of consumers

(D) The design of a product

남자가 걱정하는 바는 무엇인가?

(A) 호텔 위치

(B) 광고 캠페인의 규모

(C) 소비자 타겟층

(D) 제품 디자인

55 What does the man ask the woman to do?

(A) Hold a team meeting

(B) Buy a new computer

(C) Make a flight reservation

(D) Hire a sales assistant

남자는 여자에게 무엇을 요청하는가?

(A) 팀 회의를 열 것

(B) 새 컴퓨터를 구입할 것

(C) 항공편을 예약할 것

(D) 보조 영업 사원을 채용할 것

어휘 profit [prάfit] 이윤 | margin [mάːrdʒin] 차액, 여분 | compared to ~와 비교하여 | strategy [strǽtədʒi] 전략 | location [loukéiʃən] 위치 | assistant [əsístənt] 보조원

해설 **53** 남자의 첫 말에 수익률이 지난달에 비해 5프로가 떨어졌다고 했으므로 정답은 (A) This month's profits(이번 분기의 수익)입니다.

54 남자가 그들이 적절한 연령층을 공략하지 못하고 있는 것 같다고 했으므로 정답은 (C) The targeting of consumers(소비자 타겟층)입니다.

55 마지막에 남자가 오후에 마케팅 팀과 만나서 새로운 전략을 의논할 수 있냐고 묻고 있으므로 정답은 (A) Hold a team meeting(팀 회의를 열 것)입니다.

Questions 56-58 refer to the following conversation.

[미국-영국]

M: KNC Kitchen Appliances, how may I help you?

W: Hi, I bought one of your coffee makers recently. ⁵⁶ This morning I tried to make some coffee. ⁵⁸ I read the manual, and tried to follow the instructions, ⁵⁷ but the machine didn't work.

M: I think I can help you with the problem. This is the first time the machine is used, so you need to press the red button on the side of the machine until you see the button turn green. Then the machine will be ready for use.

W: Oh, I didn't know that. Thanks a lot.

M: KNC 주방 용품회사입니다. 무엇을 도와드릴까요?

W: 안녕하세요. 제가 그쪽 회사의 커피 메이커 중 하나를 최근에 구입했어요. 오늘 아침에 전 커피를 좀 만들려고 했는데요. 매뉴얼을 읽고 지시사항대로 했는데 기계가 작동을 안 했어요.

M: 도와드릴 수 있을 것 같네요. 기계가 처음 사용되는 것이기 때문에 기계 옆에 있는 빨간 버튼을 초록색으로 바뀔 때까지 누르셔야 합니다. 그러면 기계가 사용할 준비가 되게 됩니다.

W: 오, 그걸 몰랐네요. 감사합니다.

---

56 What are the speakers mainly discussing?
(A) How to buy an item
(B) An advertising campaign
(C) **Using a product**
(D) Renting a house

화자들은 무엇에 대해 주로 이야기하고 있는가?
(A) 물건을 사는 방법
(B) 광고 캠페인
(C) 제품을 사용하는 것
(D) 집을 빌리는 것

57 What was the woman not able to do?
(A) **Get the machine to start**
(B) Find an on-off switch
(C) Read a product model number
(D) Turn off the light

여자가 할 수 없었던 것은 무엇인가?
(A) 기계를 작동시키는 것
(B) 켜고 끄는 버튼의 위치를 찾는 것
(C) 제품 모델 번호를 읽는 것
(D) 불을 끄는 것

58 What does the woman say she has already done?
(A) Asked for a refund
(B) **Read the instructions**
(C) Fixed the machine
(D) Called customer service

여자가 이미 해보았다고 말한 것은 무엇인가?
(A) 환불을 요청하는 것
(B) 사용 설명서를 읽어보는 것
(C) 기계를 고치는 것
(D) 고객 서비스부에 전화하는 것

어휘 appliances [əpláiəns] 가전제품 | recently [ríːsntli] 최근에 | follow [fάlou] 따르다 | instruction [instrʌ́kʃən] 지시사항 | machine [məʃíːn] 기계 | mainly [méinli] 주로 | turn off 끄다 | refund [rifʌ́nd] 환불

해설 **56** 여자가 커피메이커를 구매하고 커피를 만들려고 했다고 했으므로 정답은 (C) Using a product(제품을 사용하는 것)입니다.

57 여자가 커피를 만들려고 했는데 작동을 안 한다고 했으므로 정답은 (A) Get the machine to start(기계를 작동시키는 것)입니다.

58 여자가 매뉴얼을 읽고 그대로 했는데도 작동을 안 했다고 했으므로 정답은 (B) Read the instructions(사용 설명서를 읽어보는 것)입니다.

---

164 정답 및 해설

Questions 59-61 refer to the following conversation.

[미국–영국]

M: Hi, ⁵⁹ I'm looking for a magazine on cars, but I can't find it here. It's published by Mnest.

W: Let me check on that for you. Sure. We have that magazine. It's *Automobile Digest*, isn't it? ⁶⁰ Unfortunately, we don't have it in stock now. But if you'd like, I could call another store and see if they have any.

M: Oh, thanks. How long do I have to wait to get it?

W: Well, if you give me your number, ⁶¹ I will contact you as soon as possible and let you know.

M: 안녕하세요. 자동차에 관한 잡지를 찾고 있는데요. 하지만 여기서 찾지를 못하겠어요. Mnest 사에서 출판한 책인데요.

W: 한번 확인해 보겠습니다. 아, 그 책이 있네요. 책 이름이 *Automobile Digest*죠? 안타깝게도 지금은 재고가 떨어졌어요. 하지만 원하신다면 다른 상점에 전화해서 혹시 있는지 알아보겠습니다.

M: 감사합니다. 제가 책을 받기까지 얼마나 기다려야 할까요?

W: 음, 번호를 주신다면 가능한 빨리 연락을 드려서 알려 드릴게요.

59 Who most likely is the man?
(A) A store manager
(B) An author
(C) A customer
(D) A motorcycle rider

남자는 누구인가?
(A) 상점 매니저
(B) 작가
(C) 손님
(D) 모터사이클 운전자

60 What does the woman say about the magazine?
(A) It is on the shelf.
(B) It is currently on sale.
(C) It is out of stock.
(D) It comes highly recommended.

잡지에 관해 여자가 언급한 내용은 무엇인가?
(A) 선반에 있다.
(B) 현재 판매 중이다.
(C) 재고가 떨어졌다.
(D) 많은 사람들이 추천하는 도서이다.

61 What will probably happen?
(A) The man will get a phone call.
(B) A magazine will be published.
(C) The woman will attend a conference.
(D) The store will count its inventory.

무슨 일이 있을 것인가?
(A) 남자가 전화를 받게 될 것이다.
(B) 잡지가 출판될 것이다
(C) 여자가 회의에 참석할 것이다.
(D) 상점 내의 재고품을 확인할 것이다.

어휘 publish [pʌ́bliʃ] 출판하다 | as soon as ～하자마자 | shelf [ʃelf] 선반 | currently [kə́:rəntli] 현재 | highly [háili] 매우 | count [kaunt] 세다 | inventory [ínvəntɔ̀:ri] 재고

해설 **59** 남자가 잡지를 찾고 있다고 했으므로 정답은 (C) A customer(손님)입니다.

60 여자가 서점에서 판매는 되는데 현재는 재고가 없다고 했으므로 정답은 (C) It is out of stock.(재고가 떨어졌다)입니다.

61 여자가 남자에게 가능한 빨리 연락을 준다고 했으므로 정답은 (A) The man will get a phone call(남자가 전화를 받게 될 것이다)입니다.

Discount voucher	
64 Orange Soda··············	$5 off
Lemonade ·················	$10 off
Melon Soda················	$15 off
Valid until March 10th	

할인 쿠폰	
오렌지 소다··········	5달러 할인
레모네이드···········	10달러 할인
멜론 소다···········	15달러 할인
3월 10일까지 유효	

M: Excuse me. 62 I'm looking for melon soda but I can't. I can only find other soft drinks in the refrigerator.

W: Let me check. Oh, melon soda is currently out of stock. 63 Our store recently started the biggest sale for all our soft drinks. Melon soda is one of the most popular drinks during the sale.

M: Oh, right. 64 Can I use this discount voucher for the orange soda?

W: Yes, of course. This voucher is still valid.

M: 실례합니다. 저는 멜론 소다를 찾고 있는데 찾을 수가 없습니다. 냉장고에는 다른 청량음료만 있네요.

W: 확인해 볼게요. 아, 멜론 소다는 현재 품절입니다. 최근 저희 매장이 모든 청량음료에 대한 큰 폭의 세일을 시작했어요. 멜론 소다가 세일 기간 동안 가장 인기 있는 음료 중 하나입니다.

M: 아, 그렇군요. 그러면 이 쿠폰을 오렌지 소다 할인에 사용해도 될까요?

W: 네, 물론이죠. 이 쿠폰은 여전히 유효합니다.

---

62 What problem does the man mention?

(A) **He cannot find the drink.**
(B) The event was cancelled.
(C) Melon soda contains caffeine.
(D) He was overcharged for an item.

남자는 어떤 문제를 언급하는가?
(A) 그는 음료를 찾을 수 없다.
(B) 행사가 취소되었다.
(C) 멜론 소다가 카페인을 포함하고 있다.
(D) 물건값을 과다청구 당했다.

63 What does the woman say recently happened?

(A) A job fair was held.
(B) The date has expired.
(C) **The sale at the store started.**
(D) The store is temporarily closed.

여자는 최근에 무슨 일이 있었다고 말하는가?
(A 취업박람회가 열렸다.
(B) 날짜가 만기 되었다.
(C) 매장 세일이 시작되었다.
(D) 가게가 일시적으로 문을 닫았다.

新 **64** Look at the graphic. Which discount will the man most likely get?

(A) **$5**
(B) $10
(C) $15
(D) $20

시각정보를 보시오. 남자가 받을 수 있는 할인은 어떤 것인가?
(A) 5달러
(B) 10달러
(C) 15달러
(D) 20달러

어휘 voucher(= coupon) [váutʃər] 상품권 | valid[vǽlid] 유효한 | soft drink 청량음료 | currently [kə́:rəntli] 현재, 지금 | out of stock 재고가 없는

해설 **62** 문제점을 찾는 문제
남자가 멜론음료를 찾지 못하고 있으므로 정답은 (A)입니다.

63 세부사항 관련 문제
최근에 세일을 시작했다(Our store recently started the biggest sale)고 했으므로, 정답은 (C)입니다.

64 세부사항 관련 문제
남자는 오렌지 음료의 쿠폰을 사용하길 원하므로, 정답은 (A)입니다.

W1: Hi, guys. ⁶⁵ Let's try to map out a strategy for the upcoming Trade Expo. What should we focus on first?

W2: Well, we have only one booth at the Expo for three days. How do we make a strong impression?

M:　I think ⁶⁶ we should demonstrate the cell phone's special features in front of our clients. As long as we've prepared well, it'll be no problem. Don't you think, Emma?

W2: Sure, but ⁶⁷ I'm a little worried about the tight deadline.

W1: 여러분, 안녕하세요. 다가오는 무역 박람회를 위한 전략을 세워 봅시다. 먼저 어느 부분에 초점을 맞춰야 할까요?

W2: 음, 엑스포 사흘 동안 부스가 하나밖에 없어요. 어떻게 하면 강렬한 인상을 줄 수 있을까요?

M:　고객들 앞에서 핸드폰의 새로운 기능을 시연해야 한다고 생각해요. 준비를 잘 해왔기 때문에 문제없을 거라 생각해요. 그렇게 생각하지 않나요, 엠마?

W2: 물론이죠. 하지만 빡빡한 마감이 조금 걱정되네요.

---

65 What is the conversation mainly about?

　(A) A Trade Expo
　(B) A special event
　(C) Office equipment
　(D) New devices

이 대화는 주로 무엇에 관한 것인가?
　(A) 무역 박람회
　(B) 특별 행사
　(C) 사무 기기
　(D) 신규 장비

66 What does the man suggest doing?

　(A) Calling the agent
　(B) Going to a booth
　(C) Making a brochure
　(D) Giving a demonstration

남자는 무엇을 제안하는가?
　(A) 에이전트에 전화하기
　(B) 부스에 가기
　(C) 브로슈어 만들기
　(D) 시연하기

67 What does Emma say she is concerned about?

　(A) The due date
　(B) Labor costs
　(C) The venue
　(D) The orientation

엠마는 무엇이 걱정된다고 말하는가?
　(A) 마감 날짜
　(B) 인건비
　(C) 장소
　(D) 오리엔테이션

어휘 map out ~을 계획하다 | strategy [strǽtədʒi] 전략 | upcoming [|ʌpkʌmɪŋ] 다가오는, 곧 있을 | impression [ɪm|preʃn] 인상 | demonstrate [|demənstreɪt] 실례를 들어가며 보여주다 | feature [|fiːtʃə(r)] 특색, 특징

해설 **65** 주제 · 목적을 묻는 문제
　다가오는 무역 박람회에 관해 준비하고 있으므로 정답은 (A)입니다.

66 제안 · 요청에 관한 문제
　남자가 고객 앞에서 새로운 기능을 시연해야 한다(we should demonstrate the cell phone's special features)고 말하는 부분을 보고 정답이 (D)임을 알 수 있습니다.

67 세부사항 관련 문제
　마감날짜(the tight deadline)가 걱정된다고 했고, deadline이 due date로 패러프레이징 되었습니다.

W: ⁶⁸ I'm searching for the résumés we received last week. Did you see them?

M1: I think you left those here on my desk.

W: Is that so? I need to go over them before the job candidates get here.

M2: ⁶⁹ You should ask your secretary first. I think she took them this morning.

W: She's out to lunch. I guess I should give her a call.

M1: Wait! All the candidates sent their résumés by e-mail. I'm sure I've saved them on my computer. ⁷⁰ I'll print them out for you.

W: 지난주에 받은 이력서를 찾고 있어요. 혹시 봤어요?

M1: 제 책상위에 둔 것 같은데요.

W: 그래요? 지원자들이 오기 전에 검토해 보아야 해요.

M2: 당신 비서에게 물어보세요. 오늘 아침에 그녀가 이력서를 가져간 것 같아요.

W: 그녀는 점심 먹으러 나갔어요. 비서에게 전화를 해봐야겠네요.

M1: 잠시만요, 모든 지원자들이 이력서를 이메일로 보냈잖아요. 제가 아마 컴퓨터에 저장해 놨을 거예요. 출력해 드릴게요.

---

68 What are the speakers discussing?
(A) Résumés
(B) A desk
(C) Job candidates
(D) A printer

화자들은 무엇에 관해 논의하는가?
(A) 이력서
(B) 책상
(C) 구직자
(D) 복사기

新 69 Why does the woman say, "I guess I should give her a call."?
(A) To fix the computer
(B) To review the résumés
(C) To check the schedule
(D) To e-mail a document

여자가 "비서에게 전화해 봐야겠어요."라고 말한 이유는?
(A) 컴퓨터를 고치기 위해
(B) 이력서를 검토하기 위해
(C) 스케줄을 체크하기 위해
(D) 서류를 이메일로 보내기 위해

70 What will the woman do next?
(A) Attend a meeting
(B) Meet the client
(C) Review the résumés
(D) Have a lunch

여자는 다음에 무엇을 할 것인가?
(A) 회의에 참석한다.
(B) 고객을 만난다.
(C) 이력서를 검토한다.
(D) 점심을 먹는다.

어휘 search [səːrtʃ] 찾다, 구하다 | go over 검토하다 | job candidate 입사 지원자 | secretary [sékrətèri] 비서

해설 **68** 세부사항 관련문제

여자가 찾고 있는 것을 묻는 세부사항 문제입니다. 질문의 look for(찾다)가 대화에서 search(찾다)로 패러프레이징되어 표현되었습니다. 여자는 지난주에 받은 이력서를 찾고 있으므로(I'm searching for the résumés we received last week) 정답은 (A)입니다.

69 화자의 의도를 묻는 문제

여자는 남자의 말을 통해 비서가 이력서를 갖고 간 것 같다고 예상하고 있습니다. 따라서 여자가 비서에게 전화를 해야겠다는 이유는 이력서를 검토하기 위함이라고 추측할 수 있습니다.

70 미래의 할 일을 묻는 문제

미래의 할 일을 묻는 문제는 마지막 대화에 힌트가 있습니다. 남자는 이력서를 찾고 있는 여자를 위해 이력서를 출력해 주겠다고 제안합니다. 따라서 여자의 다음 행동은 "출력한 이력서를 검토해 볼 것이다"고 추측할 수 있습니다. 정답은 (C)입니다.

71. (B)	72. (D)	73. (C)	74. (D)	75. (A)	76. (A)	77. (B)	78. (B)	79. (A)	80. (C)
81. (B)	82. (D)	83. (A)	84. (B)	85. (A)	86. (C)	87. (C)	88. (A)	89. (B)	90. (B)
91. (B)	92. (D)	93. (C)	94. (B)	95. (B)	96. (B)	97. (C)	98. (D)	99. (B)	100. (A)

Questions 71-73 refer to the following talk.   [영국]

⁷¹⁻⁷² Good Afternoon, members of the community board. It is a great pleasure to speak on behalf of Kingsley City Forestry on how we can make your neighborhoods greener and more environmentally-friendly. As you know, trees not only beautify our neighborhood but they also provide the necessary oxygen for us to breathe. They reduce noise and give us some shade in the summer. So, it is very important to have lots of trees surrounding us. ⁷³ Kingsley Forestry will begin planting trees in public spaces beginning May 3rd.

지역 위원회 여러분, 안녕하십니까? 우리 주변을 어떻게 더 푸르고 친환경적으로 만들 수 있는지에 관해서 킹슬리 농림부를 대표해서 발표를 하게 된 것을 큰 기쁨으로 생각합니다. 여러분도 아시다시피 나무는 우리 주변을 아름답게 할 뿐만 아니라 우리가 숨 쉴 수 있는 필요한 산소를 제공해주기도 합니다. 나무들은 소음을 줄여주고, 여름에 우리에게 그늘을 제공해줍니다. 그래서 우리 주변에 많은 나무를 가지는 것은 매우 중요합니다. 킹슬리 농림부는 5월 3일부터 시작해서 공공장소에 나무 심는 것을 시작할 것입니다.

71 What is the main topic of the talk?
(A) A neighborhood museum
(B) A community project
(C) An office building
(D) An apartment complex

이 담화의 주제는 무엇인가?
(A) 이웃 박물관
(B) 지역 사회 프로젝트
(C) 사무실 건물
(D) 아파트 단지

72 Who is the intended audience of the talk?
(A) Planning officials
(B) Architects
(C) Forest rangers
(D) Community members

이 담화는 누구를 대상으로 하는 것인가?
(A) 기획 담당 관리들
(B) 건축가들
(C) 산림 관리인들
(D) 지역 위원회 멤버들

新 **73** Why does the speaker say "it is very important to have lots of trees surrounding us."?
(A) To promote the community park
(B) To produce eco-friendly products
(C) To encourage people to plant trees
(D) To invite people to a special event

화자는 왜 "우리 주변에 많은 나무를 가지는 것은 중요합니다."라고 말하는가?
(A) 지역 공원을 홍보하기 위해
(B) 친환경 상품을 생산하기 위해
(C) 사람들에게 나무를 심을 것을 장려하기 위해
(D) 사람들을 특별 행사에 초대하기 위해

어휘 community [kəmjúːnəti] 지역사회 | on behalf of ~를 대표해서 | neighborhood [néibərhùd] 이웃 | environmentally-friendly 친환경적인 | beautify [bjúːtəfài] 아름답게 하다 | necessary [nésəsèri] 필요한 | oxygen [ɑ́ksidʒen] 산소 | reduce [ridjúːs] 줄이다 | shade [ʃeid] 그늘 | surrounding [səráundiŋ] ~를 둘러싸는 | complex [kɑmpléks] 복합단지 | audience [ɔ́ːdiəns] 청중 | planning [plǽniŋ] 기획 | official [əfíʃəl] 관리 | architect [ɑ́ːrkətèkt] 건축가 | ranger [réindʒər] 관리인 | existing [igzístiŋ] 현존하는 | workforce [wɔ́ːrkfɔːrs] 인력 | landscaping [lǽndskèipiŋ] 조경 | out-dated 구식의, 낙후된

해설 **71** 나무를 심어 주변을 푸르게 만들자고 하고 있으므로 정답은 (B) A community project(지역 사회 프로젝트)입니다.

72 처음에 지역 위원회 멤버들에게 인사를 하고 있으므로 정답은 (D) Community members(지역 위원회 멤버들)입니다.

73 화자의 의도를 묻는 문제입니다. 우리 주변에 많은 나무를 가지는 것은 중요하다고 말하며, 공공장소에 나무 심는 것을 시작할 것 (Kingsley Forestry will begin planting trees in public spaces beginning May 3rd.)이라고 했으므로, 정답은 (C)입니다.

Questions 74-76 refer to the following talk.

[미국]

[74] Are you all enjoying the tour of the chocolate factory? We have seen all the base ingredients of the chocolate bar. They are mixed to make the delicious chocolates we love to eat. [75] Now, you will see them pour the 100% whole milk into the chocolate. That huge device over there will blend the two mixtures and then add some nuts to the blend. [76] Next, we will observe how the chocolate bars are cut into the ones you see in the stores.

모두 초콜릿 공장 방문을 즐기고 계신가요? 우리는 초콜릿 바의 모든 기본 재료들을 살펴보았습니다. 그 재료들은 우리가 즐겨먹는 맛있는 초콜릿을 만들기 위해서 혼합됩니다. 이제 여러분은 그들이 초콜릿에 100퍼센트 원유를 섞는 것을 보게 될 것입니다. 저쪽에 있는 저 거대한 장치가 두 재료를 섞을 것이고 그리고 나서 그 혼합물에 견과류를 넣을 겁니다. 다음으로 우리는 어떻게 초콜릿 바가 어떻게 우리가 상점에서 보는 모양으로 잘리는지를 보게 될 것입니다.

74 Where does the talk take place?
(A) At a grocery store
(B) At a restaurant
(C) At an orchard
(D) At a factory

담화를 들을 수 있는 장소는 어디인가?
(A) 식료품점에서
(B) 레스토랑에서
(C) 과수원에서
(D) 공장에서

75 What is being demonstrated?
(A) How to add the ingredients
(B) How to wear the protective clothing
(C) How to display products
(D) How to pick fruit

무엇에 대해 설명하고 있는가?
(A) 재료를 첨가하는 방법
(B) 보호복 착용 방법
(C) 제품을 전시하는 방법
(D) 과일을 고르는 법

76 What will the speaker talk about next?
(A) Cutting methods
(B) Wrapping products
(C) Adding flavors
(D) Repairing machinery

화자는 다음으로 무엇에 대해 이야기할 것인가?
(A) 절단 방식
(B) 제품을 포장하는 일
(C) 재료를 첨가하는 일
(D) 기계를 수리하는 일

어휘 base [beis] 기본적인 | ingredient [ingríːdiənt] 재료 | delicious [dilíʃəs] 맛있는 | pour [pɔːr] 붓다, 따르다 | huge [hjuːdʒ] 거대한 | device [diváis] 장치 | mixture [míkstʃər] 혼합물 | observe [əbzə́ːrv] 관찰하다 | grocery store 식료품점 | orchard [ɔ́ːrtʃərd] 과수원 | demonstrate [démənstrèit] 시연하다, 증명하다, 제시하다 | protective [prətéktiv] 예방적인, 보호의 | display [displéi] 전시; 전시하다

해설 **74** 처음에 초콜릿 공장 견학을 즐기기를 바란다고 했으므로 정답은 (D) At a factory(공장에서)입니다.

75 초콜릿에 원유와 견과류를 섞는 것을 보게 될 것이라고 했으므로 정답은 (A) How to add the ingredients(재료를 첨가하는 방법)입니다.

76 초콜릿 바가 어떻게 잘리는지 보게 될 것이라고 했으므로 정답은 (A) Cutting methods(절단 방식)입니다.

Questions 77-79 refer to the following announcement.

[미국]

[78] Today, the National Theater Association will be having their annual get-together in the banquet hall. Please be reminded that no other guests are allowed in there during the luncheon. [77] This is the fourth consecutive year that the association has chosen our Queenshead Hotel for their annual luncheon. I believe our superior service and quality food has impressed them greatly. We should do our best not to disappoint them. [79] Please check your work assignments again.

오늘 전국 연극 협회가 연회장에서 연례 모임을 가질 예정입니다. 오찬 중에는 다른 손님들은 출입이 불가하다는 것을 기억해 주세요. 이번이 그 협회가 연례 오찬을 위해서 우리 퀸즈 헤드 호텔을 선택해준 것이 연속으로 4년 째입니다. 우리의 우수한 서비스와 고품질의 음식이 그들을 크게 감동시켰다고 믿고 있습니다. 우리는 그들을 실망시키지 않기 위해서 최선을 다해야 합니다. 각자 맡은 업무를 다시 한번 확인해 주세요.

77 Where most likely is the speaker?

(A) A marketing firm

(B) A hotel

(C) A convention center

(D) A private home

78 What is said about Queenshead Hotel?

(A) They are launching a new advertising campaign.

(B) They are hosting a special event.

(C) They are changing their working hours.

(D) They are receiving an award for excellent service.

79 What are the listeners asked to do next?

(A) Check their assignments

(B) Go to a dining room

(C) Serve lunch at a business office

(D) Enjoy an excellent meal

화자가 있는 장소는 어디인가?

(A) 마케팅 회사

(B) 호텔

(C) 컨벤션 센터

(D) 개인 주택

퀸즈헤드 호텔에 대해 언급된 내용은 무엇인가?

(A) 새 광고 캠페인을 시작하고 있다.

(B) 특별 행사를 개최하고 있다.

(C) 영업 시간을 변경하고 있다.

(D) 훌륭한 서비스로 인해 상을 받고 있다.

청자들은 다음에 무엇을 하도록 요청을 받는가?

(A) 자기 업무를 확인할 것

(B) 식당으로 갈 것

(C) 회사 사무실에서 점심식사를 대접할 것

(D) 훌륭한 음식을 즐길 것

어휘 association [əsòusiéiʃən] 협회 | banquet hall 연회장 | remind [rimáind] 상기시키다 | luncheon [lʌ́ntʃən] 오찬 | consecutive [kənsékjutiv] 연속의 | choose [tʃuːz] 선택하다 | superior [səpíəriər] 우수한 | quality [kwɑ́ləti] 질이 높은 | impress [imprés] 감동시키다 | disappoint [dìsəpɔ́int] 실망시키다 | assignment [əsáinmənt] 업무, 임무 | launch [lɔːntʃ] 시작하다, 출시하다

해설 **77** 화자가 우리 퀸즈헤드 호텔이라고 말하고 있으므로 정답은 (B) A hotel(호텔)입니다.

78 전국 연극 협회의 연례 모임을 연회장에서 주최한다고 했으므로 정답은 (B) They are hosting a special event.(특별 행사를 개최하고 있다)입니다.

79 마지막에 각자 맡은 업무를 다시 한번 확인하라고 했으므로 정답은 (A) Check their assignments(자기 업무를 확인할 것)입니다.

Questions 80-82 refer to the following report. [영국]

⁸⁰ This is WXP radio with your morning traffic report. You need to be careful when driving between 42nd Street and 68th Street. ⁸¹ Due to some maintenance work, now only one lane is open. And this will cause a delay of about forty minutes. So it seems to be a good idea to avoid this route if you can. Take Prince Avenue instead. Stay tuned to RXP for the traffic updates. ⁸² Let's get back to the music.

WXP 라디오 아침 교통방송입니다. 42번가와 68번가 사이를 운전할 때 주의하셔야 합니다. 보수공사 때문에 현재 한 개의 차선만이 열려있습니다. 그리고 이것이 약 40분 정도의 지연을 야기할 것입니다. 그래서 만약 가능하다면 이 노선을 피하시는 것이 좋은 생각으로 보입니다. 대신 프린스 가를 이용하세요. 새로운 교통 소식을 위해 RXP에 채널 고정하세요. 자 이제 다시 음악을 듣겠습니다.

---

80 What does the report mainly concern?

(A) Latest songs

(B) A weather forecast

(C) A traffic update

(D) A project schedule

보도의 주된 내용은 무엇인가?

(A) 최신 음악

(B) 날씨예보

(C) 교통 관련 최신 소식

(D) 프로젝트 일정

81 According to the speaker, what is causing the problem?

(A) A bus delay

(B) Road work

(C) A technical problem

(D) Rain storm

화자에 따르면, 문제를 일으키는 원인은 무엇인가?

(A) 버스 운행 지체

(B) 도로 보수 공사

(C) 기술 관련 문제

(D) 폭풍우

82 What will the listeners probably hear next?

(A) An interview

(B) A news update

(C) A commercial

(D) Some music

청취자들은 곧이어 무엇을 듣게 될 것인가?

(A) 인터뷰

(B) 최신 뉴스

(C) 광고

(D) 음악

어휘 maintenance [méintənəns] 유지보수 | cause [kɔːz] 야기하다 | route [ruːt] 길 | instead [instéd] 대신에 | stay tuned 채널 고정 | update [ʌ̀pdéit] 새 소식 | forecast [fɔ́ːrkæst] 예보 | commercial [kəmə́ːrʃəl] 상업용 광고

해설 **80** 처음에 WXP 라디오 아침 교통방송이라고 했기 때문에 정답은 (C) A traffic update(교통 관련 최신 소식)입니다.

81 보수공사 때문에 현재 한 개의 차선만으로 운행된다고 했으므로 정답은 (B) Road work(도로 보수 공사)입니다.

82 마지막에 이제 다시 음악을 듣겠다고 했으니 정답은 (D) Some music(음악)입니다.

Questions 83-85 refer to the following voice mail message.　　　　　　　　　　[영국]

Hello, Walter. ⁸³ This is Ellen from the events and planning department. You requested a business class ticket to Atlanta for next month and told me your preferred time of departure. ⁸⁴ Unfortunately, I cannot get a business class seat on the 6 o'clock flight for that day. They are all booked. There are some seats available in the economy section of the same plane. Could you let me know if an economy class seat is OK, too? ⁸⁵ Please call me as soon as possible.

안녕하세요, 월터. 저는 행사 기획부의 엘렌입니다. 다음 달 애틀랜타 행 비즈니스석 항공권을 요청하셨고 원하시는 출발시간을 말씀해 주셨잖아요. 안타깝게도, 그날 6시 비행 편에 비즈니스석을 구할 수가 없네요. 예약이 다 찼더라구요. 같은 비행기 이코노미 구역에는 약간의 좌석이 남아 있네요. 이코노미석도 괜찮은지 알려주시겠어요? 가능한 빨리 전화주세요.

83 Which department does the caller work in?

(A) In events and planning

(B) In marketing

(C) In accounting

(D) In personnel

전화를 건 사람이 근무하는 부서는 무엇인가?

(A) 행사 기획부

(B) 마케팅부

(C) 회계부

(D) 인사부

84 Why has the caller contacted Walter?

(A) To cancel a flight

(B) To confirm travel arrangements

(C) To request original documents

(D) To reschedule a meeting

화자가 월터에게 전화를 건 이유는 무엇인가?

(A) 항공편을 취소하기 위해

(B) 여행 계획을 확인하기 위해

(C) 원본 서류를 요청하기 위해

(D) 회의 일정을 재조정하기 위해

85 How should Walter contact the caller?

(A) By calling her

(B) By sending her an e-mail

(C) By calling her assistant

(D) By visiting her office

월터는 화자에게 어떻게 연락해야 하는가?

(A) 전화로

(B) 이메일을 보내서

(C) 비서를 통해서

(D) 사무실을 방문해서

어휘 departure [dipɑ́ːrtʃər] 출발 | available [əvéiləbl] 이용 가능한 | section [sékʃən] 구역 | accounting [əkáuntiŋ] 회계, 회계부 | personnel [pə̀ːrsənél] 직원, 인사부 | arrangement [əréindʒmənt] 예약, 준비

해설 **83** 초반에 행사 기획부의 엘렌이라고 했으므로 정답은 (A) In events and planning(행사 기획부)입니다.

84 항공권 좌석 예약에 대해서 문의하고 있으므로 정답은 (B) To confirm travel arrangements(여행 계획을 확인하기 위해)입니다.

85 마지막에 가능한 빨리 전화를 달라고 하고 있으므로 정답은 (A) By calling her(전화로)입니다.

Questions 86-88 refer to the following talk.

[미국]

Good morning everyone. Today, we will discuss how we can improve our image with the public. As you know, we have been receiving a lot of negative press. Although our customers do love our customer service, ⁸⁶⁻⁸⁷they are not satisfied with the delay in our flights. This was their number one complaint. ⁸⁸If you have any suggestions on improving customer perceptions, please don't hesitate to tell me.

좋은 아침입니다 여러분. 오늘 우리는 어떻게 대중들에게 우리 이미지를 개선시킬 수 있을지 논의해 보겠습니다. 여러분도 아시다시피 요즘 우리에 대한 부정적인 언론 기사가 많습니다. 비록 고객들이 우리 고객 서비스를 좋아하기는 하지만, 운행 지연에 대해서는 만족을 하지 않고 있습니다. 이것이 그들의 가장 큰 불만 사항입니다. 고객의 인식을 개선하는 것에 대한 제안 사항이 있다면 주저 말고 말씀해 주시기 바랍니다.

86 Who is the speaker talking to?
(A) Airplane passengers
(B) Press agents
(C) **Airline staff**
(D) Technicians

화자는 누구에게 이야기하고 있는가?
(A) 항공기 탑승객
(B) 홍보 담당자
(C) 항공사 직원
(D) 기술자

87 What did customers complain about?
(A) Billing service
(B) Customer service
(C) **Flight delays**
(D) The repair schedule

고객들이 불만을 제기하는 부분은 무엇인가?
(A) 금액 청구 서비스
(B) 고객 서비스
(C) 항공기 지연
(D) 수리 일정

88 According to the talk, what will happen next?
(A) **Suggestions will be offered.**
(B) The group will present projects.
(C) A budget update will be reviewed.
(D) Response cards will be filled out.

담화에 따르면, 이후에 무슨 일이 있을 예정인가?
(A) 제안 사항을 낼 것이다.
(B) 그룹이 프로젝트를 제시할 것이다.
(C) 개정된 예산안을 검토할 것이다.
(D) 응답 카드를 작성할 것이다.

어휘 negative [négətiv] 부정적인 | although [ɔːlðóu] 비록 ~할지라도 | satisfy [sǽtisfài] 만족시키다 | complaint [kəmpléint] 불평 | perception [pərsépʃən] 인식 | hesitate [hézətèit] 주저하다

해설 **86** 운행지연에 대해 언급하고 있으므로 항공사라는 것을 알 수 있고 대중들에게 이미지 개선할 수 있는 방법을 생각해 보자고 하고 있으므로 정답은 (C) Airline staff(항공사 직원)입니다.

87 고객들의 가장 큰 불만 사항이 운행지연이라고 하고 있으므로 정답은 (C) Flight delays(항공기 지연)입니다.

88 마지막에 제안 사항이 있다면 주저 말고 이야기해달라고 하고 있으므로 정답은 (A) Suggestions will be offered(제안 사항을 낼 것이다)입니다.

Questions 89-91 refer to the following announcement.

[영국]

The Baroness Hotel is opening a new location on the waterfront this summer. We need bright, exciting, and friendly individuals to work at our new hotel. ⁸⁹At this time, we are looking for experienced receptionists. ⁹⁰To apply, you must have at least five years of experience and be knowledgeable about this industry. ⁹¹All applicants must apply in person. Come down to our new location on Second street. We will be interviewing all day Thursday and Friday, between 10 A.M. and 6 P.M.

Baroness 호텔이 이번 여름에 해안가에 새로운 지점을 열 예정입니다. 우리는 우리의 새 호텔에서 일할 밝고, 활기차고, 친절한 직원들이 필요합니다. 현재 우리는 경험많은 접수원들을 찾고 있습니다. 지원하기 위해서, 적어도 5년의 경험이 있어야 하고 이 업계에 대해서 잘 알고 있어야 합니다. 전 지원자들은 반드시 직접 지원해야 합니다. 2번가에 있는 새로운 지점에 오세요. 목요일과 금요일 10시부터 6시까지 종일 인터뷰를 진행할 예정입니다.

89 What position is being advertised?
(A) Sales people
(B) Receptionists
(C) Cooks
(D) Bar staff

어떤 일자리에 대해 광고하고 있는가?
(A) 판매 사원
(B) 접수원
(C) 요리사
(D) 바 직원

90 What is required for job applicants?
(A) A college degree
(B) Work experience
(C) Language skills
(D) Good grades

지원자들에게 요구되는 사항은 무엇인가?
(A) 대학 학위
(B) 근무 경력
(C) 언어 능력
(D) 좋은 성적

91 What are prospective applicants asked to do?
(A) Submit a report
(B) Apply in person
(C) Call the manager
(D) Send an e-mail

예비 지원자들에게 무엇이 요구되는가?
(A) 보고서를 제출하는 것
(B) 직접 방문해 지원할 것
(C) 매니저에게 전화하는 것
(D) 이메일을 보내는 것

어휘 waterfront [wɔ́ːtərfrʌnt] 물가, 해안가 | friendly [fréndli] 우호적인 | individual [ìndəvídʒuəl] 개인 | apply [əplái] 지원하다 | at least 적어도 | knowledgeable [nálidʒəbl] 지식 있는 | location [loukéiʃən] 위치, 지점 | prospective [prəspéktiv] 잠재적인, 미래의

해설 **89** 현재 경험 많은 접수원들을 찾고 있다고 했으니 정답은 (B) Receptionists(접수원)입니다.

90 적어도 5년의 경험이 있어야 한다고 이야기하고 있으므로 정답은 (B) Work experience(근무 경력)입니다.

91 지원자들은 반드시 직접 지원해야 한다고 했으므로 정답은 (B) Apply in person(직접 방문해 지원할 것)입니다.

新 Questions 92-94 refer to the following tour information and schedule. [호주]

TOUR SCHEDULE	
Walking tour	10:00A.M.
Lunch	12:00P.M.
⁹³ Art museum	1:30P.M.
Souvenir shop	2:30P.M.

투어 일정	
도보 여행	10:00 A.M.
점심 식사	12:30 P.M.
미술 박물관	1:30 P.M.
기념품 가게	2:30 P.M.

Welcome to a guided tour of our city. ⁹³I hope you enjoyed your lunch at Mariam's Cafe. As I mentioned before, ⁹²it first opened in 1920 and has been operating longer than any restaurants in Orange City. Now, if you look out the window on the right, you'll see that we're entering the art museum. And according to our schedule, we're right on time. We'll be spending one hours here and remember that photography is not permitted in the exhibit area. As you get off the bus, ⁹⁴I'll distribute booklets with information about the museum.

우리 도시의 가이드 투어에 오신 여러분 환영합니다. 매리엄 카페에서의 점심이 즐거우셨기를 바랍니다. 이전에 언급했듯이, 매리엄 카페는 1920년에 오픈한 뒤, 오렌지 시티의 다른 식당들보다 더 오랜 기간 운영되었습니다. 이제, 오른쪽 창문 밖을 보시면, 우리가 방문할 미술 박물관을 볼 수 있습니다. 스케줄에 따르면, 아마도 정시에 도착할 것입니다. 우리는 박물관에서 한 시간을 보낼 것이며 전시장에서 촬영은 허가되지 않는다는 점 기억해 주세요. 버스에서 내리시면, 박물관에 관한 정보를 담은 책자를 나눠 드리겠습니다.

92 What does the speaker say about Mariam's cafe?
(A) It has recently closed.
(B) It serves Chinese food.
(C) It offers a 20% discount.
(D) It is the oldest restaurant in the city.

화자는 매리엄 카페에 대해 무엇이라고 말하는가?
(A) 최근에 문을 닫았다.
(B) 중국 음식을 판다.
(C) 20% 할인을 제공한다.
(D) 도시에서 가장 오래된 식당이다.

93 Look at the graphic. What time is this talk most likely being given?
(A) At 10:00 A.M.
(B) At 12:30 P.M.
(C) **At 1:30 P.M.**
(D) At 2:30 P.M.

시각정보를 보시오. 이 담화는 몇 시쯤 일어났을 것 같은가?
(A) 오전 10시
(B) 오후 12시 30분
(C) 오후 1시 30분
(D) 오후 2시 30분

94 What does the speaker say he will pass out?
(A) Famous paintings
(B) **Information booklets**
(C) Some snacks
(D) Passports

화자는 무엇을 나누어 줄 것이라고 말하는가?
(A) 유명한 그림
(B) 정보 책자
(C) 간식거리
(D) 여권

어휘 mention [ménʃən] 언급하다, 말하다 | permit [pərmít] 허가하다, 허용하다 | exhibit area 전시장 | distribute(= pass out) 나누어 주다 | booklet [búklit] 소책자, 팸플릿

해설 92 매리엄 카페는 이 도시의 어느 다른 카페보다 오래 운영되었다(it first opened in 1920 and has been operating longer than any restaurants)고 하는 부분에서 정답은 (D)입니다.

93 스케줄에 따르면, 미술 박물관에 정시에 도착한다고 했기 때문에, 정답은 (C)입니다.

94 버스에서 내리면 정보 소책자(booklets with information)를 나눠준다고 했으므로 정답은 (B)입니다.

Questions 95-97 refer to the following broadcast and map. [영국]

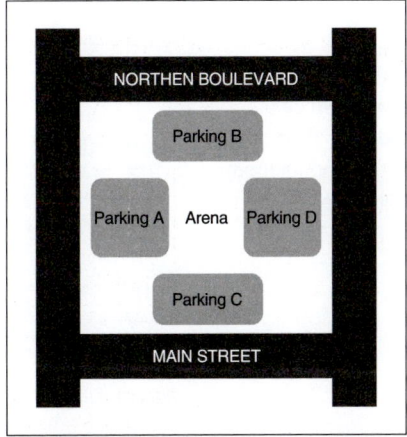

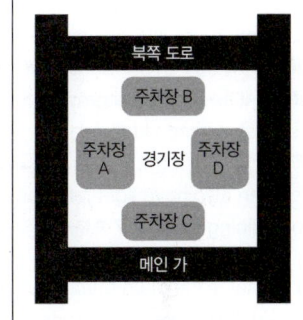

시티 스포츠 뉴스의 제시카 맥코이입니다. 우리 모두는 태풍 때문에 지난 금요일에 있던 축구 결승전이 취소되어 실망했습니다. 경기는 어배너 경기장에서 수요일 오후 6시로 변경되었습니다. 티켓이 빠르게 팔리고 있습니다. 만약 티켓을 구하지 못하셨다면, 지역 TV 채널에서도 경기를 시청하실 수 있습니다. 큰 태풍이 다가오고 있어 경기장의 한 곳을 제외하고 모든 주차 공간이 오픈될 것입니다. 폐쇄될 장소는 메인 가에서 가장 가까운 곳입니다.

This is Jessica McCoy for the City Sports News. We were all disappointed that ⁹⁵the Championship Soccer Game was cancelled last Friday night because of the typhoon. The game has been rescheduled for this Wednesday evening at 6 o'clock at the Urbana Arena. Tickets are going fast. ⁹⁶If you can't get a ticket, You can watch the game on the local television channel. A big typhoon is approaching and ⁹⁷all parking areas at the arena will be opening except one. The area that will be closed is the one closest to Main Street.

---

95 Why was the soccer game rescheduled?
(A) There was a traffic jam.
(B) **The weather was bad.**
(C) The arena was under construction.
(D) Some players were under stress.

축구 경기는 왜 시간이 변경되었는가?
(A) 교통 체증이 있었기 때문에.
(B) 날씨가 좋지 않았기 때문에.
(C) 경기장이 공사 중이었기 때문에.
(D) 몇몇 선수들이 스트레스를 받고 있었기 때문에.

96 According to the speaker, why might a listener watch a game on television?
(A) If a typhoon is expected.
(B) If tickets have been sold out.
(C) If the parking lot was full.
(D) If the broadcasting time decreased.

화자에 따르면, 왜 청취자는 TV로 경기를 시청해야 할지도 모른다고 하는가?
(A) 만약 태풍이 예상된다면.
(B) 만약 티켓이 매진이 된다면.
(C) 만약 주차장이 꽉 찬다면.
(D) 만약 방송 시간이 줄어든다면.

新 97 Look at the graphic. Which parking area will be closed?
(A) Parking A
(B) Parking B
(C) Parking C
(D) Parking D

시각정보를 보시오. 어느 주차장이 폐쇄될 것인가?
(A) 주차장 A
(B) 주차장 B
(C) 주차장 C
(D) 주차장 D

어휘 disappointed [dìsəpɔ́intid] 실망한, 낙담한 | championship game 결승전 | reschedule [rì:skédʒu:l] (일정을) 재조정하다 | arena [ərí:nə] 경기장 | approach [əpróutʃ] 접근하다, 다가오다 | under construction 공사중 | broadcasting time 방송 시간 | decrease [dikrí:s] 감소하다, 줄어들다

해설 95 태풍(typhoon) 때문에 결승전이 취소되었으므로, 날씨가 좋지 않음을 알 수 있습니다.

96 티켓을 구하지 못한다면(If you can't get a ticket) 지역 TV채널에서 시청이 가능하다고 하므로 정답은 (B)입니다.

97 폐쇄될 장소는 메인 가 근처이므로, 정답은 (C)입니다.

Questions 98-100 refer to the following speech.

[미국]

Good afternoon everyone, and ⁹⁸⁻⁹⁹ welcome to the International Biotechnology Conference. Over the next three days, more than 20 different speakers will present their latest work. There will also be discussions and video conferences you can participate in. ¹⁰⁰ First, we will have an informal meet and greet session in the hotel banquet room. You can also have light refreshments there. Dinner will be served in the hotel dining room at 7 P.M.

안녕하세요 여러분, 국제 생명공학 학회에 오신 걸 환영합니다. 앞으로 삼일 동안, 20명 이상의 연사들이 그들의 최근 연구들을 발표할 것 입니다. 여러분이 참석할 수 있는 토론과 화상회의도 있을 예정입니다. 우선 호텔 연회장에서 비공식적 만남과 환영의 시간을 갖겠습니다. 거기서 가벼운 다과도 드실 수 있습니다. 저녁은 7시에 호텔 식당에서 제공될 예정입니다.

98 What is the main purpose of the talk?
(A) To go over an agenda
(B) To explain policies
(C) To show research
(D) To welcome conference participants

이 담화의 주목적은 무엇인가?
(A) 의제 검토
(B) 정책 설명
(C) 연구 결과 제시
(D) 학회 참가자 환영

99 What field do the listeners work in?
(A) Technology
(B) Science
(C) Business
(D) Medicine

담화를 듣는 청자들은 어떤 분야에 종사하는 사람들인가?
(A) 기술
(B) 과학
(C) 비즈니스
(D) 의학

100 What will audience members probably do next?
(A) Meet each other
(B) Watch a video conference
(C) Eat dinner
(D) Attend a lecture

참가자들은 이후에 무엇을 할 예정인가?
(A) 서로 만나는 시간 갖기
(B) 화상 회의하기
(C) 저녁 식사하기
(D) 강연회 참석하기

어휘 Biotechnology [bàiouteknάlədʒi] 생명공학 | present [préznt] 제시하다, 발표하다 | refreshment [rifréʃmənt] 다과 | agenda [ədʒéndə] 안건, 의제 | research [risə́:rtʃ] 연구하다 | participant [pa:rtísəpənt] 참가자

해설 98 국제 생명공학 학회에 참가한 것을 환영한다고 했으니 정답은 (D) To welcome conference participants(학회 참가자 환영)입니다.

99 국제 생명공학 학회라고 했으니 정답은 (B) Science(과학)입니다.

100 우선 호텔 연회장에서 비공식적 만남과 환영의 시간을 갖겠다고 했으니 정답은 (A) Meet each other(서로 만나는 시간 갖기)입니다.